一次讀懂政治學經典50

POLITICS CLASSICS

湯姆．巴特勒－鮑登

TOM BUTLER-BOWDON

關於自由、平等與權力最重要的觀念捷徑

林麗雪——譯

時報出版

目次 *Content*

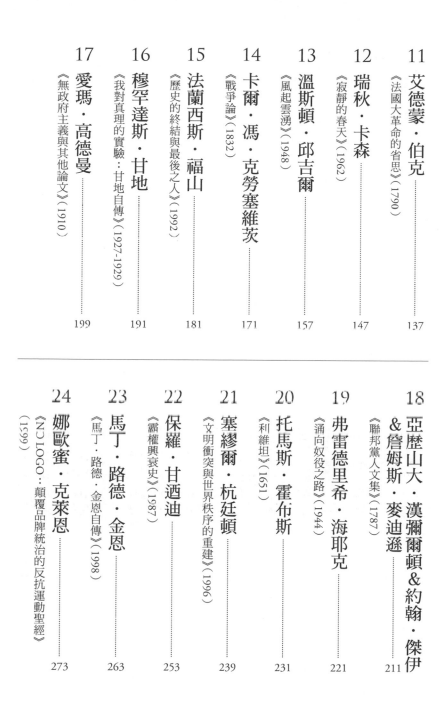

前言

什麼樣的社會給人最大的自由、最大的平等機會，而且擁有保障這些價值的最大力量？哪一種關於國家（state）[1]的知識最好？這些問題對當代的我們和古代的希臘人一樣重要，因此在本書中，透過有關這些答案的關鍵著作與寫作背景的評論，我閱讀著最著名的答案，而且不分新舊。

《一次讀懂政治學經典》提供從林肯（Abraham Lincoln）、邱吉爾（Winston Churchill）、柴契爾夫人（Margaret Thatcher）等重要領導人物的演講、小冊子、書籍，以及霍布斯（Hobbes）的《利維坦》（*Leviathan*，按：又譯《巨靈論》），到福山（Fukuyama）改變心靈與世界的《歷史的終結與最後之人》（*The End of History the Last Man*）文本的獨到洞見。在政治領域中，書寫的文字非常重要，因為它經常推動現實世界的改變：盧梭（Rousseau）的《社會契約論》（*The Social Contract*）與《論人類不平等的起源與基礎》（*Discourse on Inequality*）啟發了法國大革命；漢彌爾頓（Hamilton）、麥迪遜（Madison）、傑伊（Jay）合著的《聯邦黨人文集》（*The Federalist Papers*）給了呼籲一部美國新憲法的人關鍵的重要地位；馬克思（Marx）與恩格斯（Engels）的《共產黨宣言》（*The Communist Manifesto*）為受壓迫的工人發聲，並導致世界分裂了將近一個世紀；索忍尼辛（Solzhenitsyn）的《古拉格群島，一九一八－一九五六》（*The Gulag Archipelago*）與鄂蘭（Arendt）的《極權主義的起源》（*The Origins of Totalitarianism*），揭露了史達林（Stalin）與希特勒（Hitler）極權主義政權核心的邪惡本質；海耶克（Hayek）的《通向奴役之路》（*Road to Serfdom*）與歐威爾（Orwell）的《動物農莊》（*Animal Farm*），指責集體主義者以「中央計畫」作為公平社會的手段。孫逸仙的《三民主義》是中華民國（Chinese republic）擺脫幾世紀的帝王統治與殖民強權的重要關鍵理由，而梭羅（Thoreau）的《公民不服從》（*Civil Disobedience*）啟發了甘地（Gandhi）、曼德拉（Nelson Mandela）、金恩（Martin Luther King）推動追求正義的活動。卡森（Carson）的《寂靜的春天》（*Silent Spring*）催化了現代的環保運動，而克萊恩（Klein）的《NO LOGO：顛覆品牌統治的反抗運動聖經》（*No Logo*）具體呈現了反全球化抗議者的感受。最近有關政治經典的例子則是非常受歡迎的伏爾泰（Voltaire）的《論寬容》（*Treatise on Tolerance*，暫譯），這本書抨擊了宗教狂熱，在《查理周刊》槍擊案（Charlie Hebdo killings）事件之後，登上法國暢銷書排行榜。

凱因斯（John Maynard Keynes）曾經說過，「經濟學家與政治哲學家的觀點，比一般人理解的還要強大。事實上，這個世界是由少數人所統治的。認為自己完全不受知識影響的務實派，通常是某些已故經濟學家的奴隸。」在本書中，我會聚焦在政治哲學上，雖然這的確包含了某些政治經濟學書籍，

---

1 譯注：這個字同時有國家、政府的意思，全書會因前後文而彈性譯為國家或政府。

例如海耶克的《通向奴役之路》以及艾塞默魯（Acemoglu）與羅賓森（Robinson）的《國家為什麼會失敗》（*Why Nations Fail*）。這兩個領域顯然有所重疊，因為經濟學應該也有一定的分量，我計畫本書之後的下一本書就是《一次讀懂經濟學經典》。

《一次讀懂政治學經典》內容橫跨二千五百年，兼具左派與右派、思想家與實踐者，包括經濟學家奧爾森（Mancur Olson）、活動家阿林斯基（Saul Alinsky，按：美國社會運動戰術家）、戰爭策略家克勞塞維茨（Clausewitz）、前瞻的領導者孫逸仙、自由主義哲學家艾克頓勛爵（Lord Acton）、柏林（Isaiah Berlin）、諾齊克（Robert Nozick）、左派煽動分子盧梭（Jean-Jacques Rousseau）、高德曼（Emma Goldman）、沃斯通克拉夫特（Mary Wollstonecraft），還有保守主義者伯克（Edmund Burke）。本書也考慮到自由主義，這是一種強調以個人自由為最高價值，以及開放社會與市場經濟的政治哲學。

不管你認為自己是保守派、自由派、社會主義者或馬克思主義者，對於你所反對的哲學的發展以及背後的代表人物，本書可能會給你更多洞察。我嘗試著讓人理解傳奇政治領袖背後的真實人物，例如林肯、邱吉爾、甘地與曼德拉，這些人的成就可以說明，在偉大的改革運動中、在追求正義的抗爭中、在政府本身，「一個人的力量」（power of One）非常重要。總統與總理的決定，不只在政策事務上很重要，在引導全民意識上也很重要。

「人類天生是一種政治動物。」

——亞里斯多德（Aristotle），《政治學》（*Politics*）

到底政治是什麼？在古希臘文中，「politikos」是指雅典城邦的事務，而「polis」則是管理這座城市的市民全體。從一開始，「政治」就是人民所擁有的事務。由暴君或獨裁者管理就與政治（politics）無關，而與統治（rule）有關。

隨著時間的演變，政治這個字已經變成意指治理的藝術與科學，或是有關權威與權力的社會關係。直到今天，大部分的人把政治想成是在全國（nation）舞台上，政黨與觀念之間的衝突；或是在全球舞台上，國家與國家之間的關係。在更基本的社會與文化層面上，當我們說某一件事是政治性的，我們的意思是說，由於對生活以及什麼是「好的」的理解，有很多互相對立、更深刻的生活哲學，人們看待那件事的方式完全不同，因此是有爭議性的。

這些不同的看法部分來自我們的家庭，部分來自我們生活在其中的社會條件與時代，另外也可能是來自某些與生俱來的正義感。

亞里斯多德的這句名言，在二千三百年後的現在，意義似乎更加明顯。我們所有人幾乎都生活在某個政治社群中——通常是某一個國家（state）——並遵守其中的規則。無論我們目前的國家（nation）是開放或專制的，如果我們離開，很可能就會到另一個有自己的規則——可能截然不同——的國家

（country）。[2]即使我們真的找到某個沒有政府與法律的世界一角，很可能也不值得安住其中。我們為了形成社群而生活在一起，也有充分的理由遵守法律，因此我們的生活受到我們居住其中的政體所影響。亞里斯多德相信，國家是出現在個人**之前**的「自然的創造」（creation of nature）。對他來說，決定獨自居住的人「不是野獸，就是上帝」。從任何意義來看，國家都比個人更大，因此，成為國家的一分子是一種特權。人類是為了國家的榮耀而存在，反之則不然。

蘇格拉底（Socrates）的故事更進一步顯示了這種對國家的古老崇敬。蘇格拉底因為揭露雅典政府的虛偽和腐敗而被判死刑，朋友們要蘇格拉底賄賂獄卒，然後逃獄。為什麼不逃亡後繼續譴責它的規則呢？這當然是最有用（更不要說令人滿意）的事。但是蘇格拉底做的事恰恰相反。他完全接受他的命運，雅典的法庭已經做出判決，他選擇就死。這個行動說明的是，政府與它的規則比任何一個人更重要，即使是那些覺得法律有錯的人。

對古希臘人來說，我們和其他動物的不同之處在於，除了具有說話的權力，還有能力辨別正義與不正義、善與惡，而國家的宗旨基本上是符合道德的。雖然在社會應該如何運作的細節上有不同想法，但亞里斯多德與柏拉圖（Plato）都理解，當人類進入社會，就會向上提升，也會更有文明，因為他們是依據一個更高的原則在生活——正義。

當然，這種看待政府與公民關係的方式並沒有延續下來。基督教思想家奧古斯丁（Augustine）與阿奎納（Aquinas，按：兩人都是中世紀神學家）呼籲，在地球上建立「上帝之城」（City of God），這維持了政治的道德面向；之後的政治理論家馬基維利（Machiavelli）與霍布斯，則對國家發展提出更樂觀的看法。馬基維利支持共和體制，但他相信，共和體制只能透過強大的中央集權政府才能維持下去，即使這個政府的目的不是正義本身，也不是提升公民的生活，而只是維持法律與秩序。霍布斯對政府的看法更加明確，他指出，在文明出現之前，人們生活在不斷擔心暴力死亡與戰爭的狀態中。「更大的利益」（greater good）並不合乎理性，人只有追求權力、快樂或奢侈的個人欲望。霍布斯寫道，在這種自然狀態下，「人的一生是孤獨、貧窮、糟糕、野蠻而短暫的。」人類的生存條件只能在國家的內部改善，而在國家內部，單一、強大的君王擁有很大的權威，大到絕不能容忍戰爭與衝突。為了回報人們的尊崇，人們可以在和平中過自己的生活。

有些哲學家，例如彌爾（John Stuart Mill），對個人與國家之間的社會契約表達了更抽象簡約的觀點，他指出，即使有良好的意圖，任何國家權力的增加，都意味著個人的自由權利相對會減少。在二十世紀，柏林、海耶克與諾齊克都批評由盧梭啟發的法國大革命中充滿血腥的平等主義以及馬克思共產主義的死胡同，因此比較不那麼極端的就是魏柏夫婦（Beatrice and Sidney Webb）所謂的當代福利國家（welfare state）。根據超自由主義（ultra- liberal）的觀點，尋求促進社會正義以及確保公民福祉，

2 譯注：state、nation和country都有國家的意思，state強調的是國家體制，nation強調的是生活在一塊土地上擁有共同語言、文化、認同的族群，而country強調的是一定的疆域。

實際上可能是一種危險的自大主張。對人們比較好的是，付錢支持一個比較小而簡單的國家，以保護人們不受暴力威脅、強制執行契約、提供基本教育，並且不斷建設讓事情可以運轉的某些基礎建設。

政府要積極改善人們的生活，以及政府的主要目的是保障自由權利，在這兩派主張之間，這只是一個長期分歧的簡單勾勒。雖然這看起來似乎是一個細微的哲學差異，實際上卻能產生截然不同的結果。以下簡單介紹一下文獻，當成本書的主要內容。

自由的哲學

自由權利本身就是目的

「權力使人腐化，絕對的權力使人絕對地腐化。」

——艾克頓勛爵

艾克頓勛爵《自由與權力》
漢娜・鄂蘭《極權主義的起源》
以撒・柏林《自由的兩種概念》

弗雷德里希・海耶克《通向奴役之路》

羅伯特・諾齊克《無政府、國家與烏托邦》

卡爾・波普爾《開放社會及其敵人》

艾克頓勛爵把歷史視為邁向更大自由的長期運動，而且所有事件背後都有上帝的眷顧，以確保良善最終會戰勝邪惡。然而，他知道，政治的自由權利（political liberty）意味著行動的自由（freedom of action），他也從不幻想會實現一個完美的社會。當統治者或國家試著達成某種完美境界或覺得事情應該如何進行的「某種看法」時，就是情況開始變壞的時候。對艾克頓來說，自由權利是「成熟文明的嬌嫩果實」。要讓自由在制度中扎根需要很長的時間，即使扎了根，自由也是顛覆政府行為與腐敗的犧牲品。

鄂蘭指出，從自然或歷史「不可避免」的力量的主張中，極權主義運動（totalitarian movements）得到了發展的力量。和這些力量相較，個人的生命與自由根本微不足道，因此人變得可有可無。在呼籲更大的平等或權利時，柏林問了一個我們都必須問的問題：我們追求的這種自由，目的是為了讓人像現在一樣，還是給他們機會活出我們對人性與社會的願景？柏林指出，我們的意圖可能是良善的，但真正的自由是康德（Kant）所主張的「沒有人可以強迫我，用他的方式感到快樂」。不管有多麼良善的意圖，人類的完美是一種危險的迷思，一定會導致不自由與令人厭惡的結果。

從中世紀的義大利城邦國家到工業化的英國，海耶克檢視歐洲歷史指出，經濟上的自由（economic liberty，按：之後簡稱經濟自由）帶來更多政治上的自由（political freedom，按：之後簡稱政治自由），而這也助長了西方世界的勢力與財富。但是「做某事」以及讓國家介入解決問題的希望，無可避免地削弱了自由行為者（free agency）[3]的原則與潛力，並導致「計畫」經濟體的出現。計畫經濟的問題，不只是政府不善於有效率地分配資源，個人的生活選擇也會因為國家定義的目標而逐漸變得狹窄。十九世紀的彌爾在他的文章《論自由》（*On Liberty*）中，詳細闡述了這一點，他指出：「在一個文明社會中，對任何人正當行使權力而違反其意願的唯一理由，就是為了防止他對別人造成傷害。」這種自由哲學在邏輯上導致了一種立場，只有最小的政府才是合理的。諾齊克指出：「個人擁有權利，因此有些事是任何人或任何團體都不可以對他們做的（不侵犯他們的權利）。這些權利如此強大與廣泛，就引發了一個問題，如果有的話，政府或其官員可以做什麼事。」諾齊克瞄準了「分配正義」（distributive justice）這個詞彙。在我們開始探討「政府應該做的事」以導正錯誤之前，我們必須先討論問題的核心：**某個人**擁有什麼必須被分配的東西。政府進行重分配時，要怎麼做才會是符合正義的？

最後，波普爾的「開放社會」並不是建立一個烏托邦、一座上帝之城、一個偉大的共和國或一個工人的天堂，而是想為特定問題找出特定的解決方案，以及保留個人自由與責任的一種更溫和的願望。波普爾指出：「我們最大的問題」來自「我們沒有耐心對我們大部分的同胞更好」。立意良善的方案會得到所有的關注與噪音，但真正自由的聲音要很費力才會被聽見。

承認與權利

這些時代以來爭取平等的努力

「宇宙的道德弧線很長，但它向正義傾斜。」

——金恩

穆罕達斯・甘地《我對真理的實驗：甘地自傳》
馬丁・路德・金恩《馬丁・路德・金恩自傳》
納爾遜・曼德拉《漫漫自由路》
卡爾・馬克思&弗里德里希・恩格斯《共產黨宣言》
約翰・斯圖亞特・彌爾《女性的屈從地位》
喬治・歐威爾《動物農莊》
尚－雅克・盧梭《論人類不平等的起源與基礎》

3 譯注：一種支持自由意志的理論，指行為者在某些情況下也是事件的起因。

瑪麗・沃斯通克拉夫特《為女權辯護》

歷史也可以被視為一場爭取認同與權利的長期抗爭。

馬克斯為曾經在田裡替當地領主辛苦勞動的階級挺身而出，現在這個階級因工業化而淪為被工廠剝削的人。在被迫進入鄉鎮與城市之後，受壓迫的大多數人可能會意識到，他們是有政治力量的一個階級，而不是讓財閥與資產階級得利的划算商品。馬克思與恩格斯的《共產黨宣言》達到了點燃這種新意識的目的。

沃斯通克拉夫特的《為女權辯護》呼籲，重新評估女性的角色與能力，特別是有關女性教育的醜聞或缺少教育的問題。這個想法非常超越當時的時代，以至於在七十五年後，彌爾仍然必須推動同一個訴求，而英國婦女也必須再等二十五年，才能在地方選舉中投票。雖然從現在的眼光看來，這種對改變的抗拒態度令人難以理解，但這個漫長的抗爭過程可以讓人明白改革者與活動家為何而戰。

金恩原來以為透過基督之愛的力量可以打敗種族隔離，但他很快就發現還需要其他策略。直到借用了甘地的非暴力抵抗哲學，以及梭羅的公民不服從原則，金恩爭取黑人權利的努力才開始看見成效。曼德拉一開始曾經短暫考慮過採取恐怖主義手段，但後來也認為，羞辱壓迫者比武裝起義更強而有力。金恩、曼德拉與甘地的抗爭，不能看成是冒犯其他人的自由。事實上，面對種族隔離與殖民政權，民權與解放是人類尊嚴的重要元素，而自由鬥士的勝利最後也應該被視為全人類的勝利。

對盧梭來說，一個好社會就是，以基於法律的平等，取代人與人之間天生在生理與心理上的不平等，「因此雖然體力與智力不平等，人還是可以透過契約與法律而變得平等。」社會的存在不應該只是為了維持秩序或保護財產，必須有某些道德理由，例如公平或社會正義。否則，社會存在的時間越長，落入單純繼承者手中的獎品與利益就越多。在《公平之怒》（*The Spirit Level*）一書中，流行病學家威金森（Richard Wilkinson）與皮凱特（Kate Pickett）進行的研究顯示，大量的身心疾病似乎與收入和階級密切相關。不平等容易造成偏見、降低社會和諧、破壞社群，不只對窮人很糟，對族群的每一個人都不好。如果我們沒有低成本的醫療服務，或沒有道路可以使用，或不覺得我們和社會中的每一個人都是平等的，自由就沒有那麼重要了。就如某些評論家所言，如果我們目前正在親眼見證，在已開發經濟體中，財富的轉移正從工資轉到資本，不平等的爭論將會持續延燒，而且可能會引起一般人對馬克思主義的分析與工人權利的新一波關注。

歐威爾曾經認為自己是民主社會主義者，但出於對史達林的憎惡，促使他針對布爾什維克革命[4]與蘇聯的權力腐敗，寫下他最偉大的政治諷刺作品。《動物農莊》顯示，那些仍然相信史達林統治下的俄羅斯是一個崇高實驗的人，多麼地天真。這本書提出一個令人不寒而慄的警告：平等觀念

4　譯注：發生於一九一七年十月，又稱十月革命，列寧領導的布爾什維克黨武裝起義，推翻了當時的自由主義臨時政府，成立了蘇維埃政府。

可以如何被權力扭曲。當動物接管農場時，就開始執行所有動物一律平等的原則。直到最後，負責管事的豬拿了一枝畫筆，在穀倉的另一側寫上新的誡命：**所有動物一律平等，但有些動物比其他動物更平等**。

馬上行動

政治運動的作用

「沒有比一個人不再相信自己以及自己主導未來的力量，更黑暗或更具毀滅性的悲劇了。」

——阿林斯基

索爾．阿林斯基《判道：改變國家的基進力量》

瑞秋．卡森《寂靜的春天》

愛瑪．高德曼《無政府主義與其他論文》

娜歐蜜．克萊恩《NO LOGO：顛覆品牌統治的反抗運動聖經》

湯姆斯．潘恩《常識》

厄普頓・辛克萊《魔鬼的叢林》

亨利・大衛・梭羅《公民不服從》

阿林斯基在這本啟發了歐巴馬（Barack Obama）與其他人的手冊中指出，激進分子如果想要看到目標實現，就必須理解權力的本質。就像馬基維利的《君王論》（*The Prince*）變成幫助掌權者守住權力的工具，阿林斯基也想為「無產者」（have-nots）提供一本手冊，這樣他們就能拿回他們所沒有的東西。他主張：「歷史上的重大改變都是由革命促成的」，但在急於改變中，激進分子很少理解革命的機制。

雖然潘恩是英國人，卻是美國早期的活動家。現在一般人很容易忘記，即使殖民的主人大致上是受到鄙視的，但推翻英國統治的觀念，在當時仍是一個激進的想法。由於他了解這種矛盾心理，因此在他的小冊子《常識》中抨擊英國過分吹噓的憲法，並把它描繪成上層特權階級立法保護自身利益之作。他創造了一種歷史的必然性，說美國的理想只是人類長期追求更大的自由與平等的最新版本。這的確是歷史的正確發展。但是在七十五年之後，散文家梭羅非常不滿美國共和國後來變成的樣貌，因為美國以「昭昭天命」（manifest destiny）的名義，變成併吞墨西哥領土的侵略者，而且向西擴張在道德上也是錯的。但梭羅沒有權力，也沒有軍隊，因此他覺得，最好的抗議方法就是拒絕繳稅，因為稅款會被用來資助戰爭。雖然這件事的代價不大（梭羅在獄中過了一晚），但非暴力抵抗的觀念卻對政治運動造成深遠的影響，後來啟發了甘地的食鹽長征（Salt March）運動[5]、金恩的公車抵制運動，以及曼德拉的鄉鎮勞工罷工運動。

美國激進分子辛克萊與高德曼未能成功在一個深受資本主義影響的國家中引入社會主義的價值，但他們的思想的確留下了一些餘波。辛克萊廣為人知的美國肉品加工業曝光報導，是想指出原始資本主義（raw capitalism）的腐敗與使人失去人性的結果，但是引起人們更大震驚的是他揭露出來的低食品衛生標準，因此在幾個月內就引進了更嚴格的法律。高德曼的無政府主義導致了各種企圖讓她消音的行動，包括監禁與流放到俄羅斯，在她看來，這只是證明企業利益在操控，民主只是一場騙局，因為它對改變婦女或勞動階級的地位完全沒有作為。這股激進傳統的後繼者包括杭士基（Noam Chomsky，見《一次讀懂哲學經典》）與克萊恩。克萊恩在探討全球資本主義的黑暗面時，引起了人們對亞洲工人的注意，這些人負責製造電子產品與昂貴的品牌服飾，卻只能領到微薄的薪水。她反駁了全球化正在改變每個人的命運這種喜氣洋洋的「新自由主義共識」(neoliberal consensus)，與世界各地反資本主義抗議者的言論一致。

政治運動最突出的一點是，只需要一個人就能開啟改變的風潮。當卡森的《寂靜的春天》告訴美國大眾有關食物鏈汙染、熟悉的鳥類與動物遭到滅絕，以及作物噴灑物可能致癌的證據時，我們現在所謂的環保主義，忽然就成為主流的政治議題。甘迺迪（John F. Kennedy）的科學家證實了這本書的正確性，因此美國在一九七二年禁止DDT作為農業用途。卡森的故事說明，當人們不被現狀嚇到，改變才會發生，但反過來也要仰賴言論自由的保障才能成功。美國確實是一個強大的國家，不只讓人說出自己的想法，對於帶來政治革新的觀念，也依然保持開放的態度。

地緣政治學

權力永遠不會保持靜止狀態

「不論國際政治的最終目標是什麼，權力永遠是當前的目標。政治人物與各民族也許最後要追求的是自由、安全、繁榮……但只要他們透過國際政治的途徑努力實現他們的目標，他們就是在努力爭取權力。」

——摩根索（Hans Morgenthau）

諾曼·安吉爾《大錯覺：軍事力量與國家優勢的關係》

5 譯注：一九三〇年，為了抗議食鹽價格與稅收，甘地號召人民徒步走向海邊，然後自己煮鹽，後來英國殖民政府同意廢除相關法律。

卡爾・馮・克勞塞維茨《戰爭論》

塞繆爾・杭廷頓《文明衝突與世界秩序的重建》

保羅・甘迺迪《霸權興衰史》

漢斯・摩根索《國際政治：權力與和平的鬥爭》

約瑟夫・奈伊《權力大未來》

法理德・札卡瑞亞《後美國世界》

摩根索認為，政治行動的動機通常有三種基本類型：維持力量、增加力量、展示力量。我們可以用「國際關係」這個詞彙來讓國際事務顯得符合科學或理性，但在實際上，我們談的永遠都是利益，而不是平等或正義等抽象觀念。即使當國家試圖實現更高的目標如和平或正義時，也只有在它們被認為在某些方面是強大或有影響力的，才能達到這個目標。摩根索是冷戰時期的「現實主義者」，在那個時代，核子武器似乎威脅著這個世界，但現今我們依然很難反駁他對國際權力本質的主張。即使奈伊目前非常知名的「軟實力」(soft power）概念，也就是不使用武力來影響其他國家的能力，也往往是已經擁有某種程度強硬軍事力量的民族國家所做的一種選擇。奈伊指出，幾乎所有國家都希望被視為和平的國家，並被認可對超國家機構如聯合國有所貢獻，但同時，很多國家在國防上的開銷並沒有比以前少；龐大的軍事預算被視為一種昂貴的保單，任何明智的國家都不會不買單。權力也越來越意味著抵抗網路攻擊的能力。這種防禦可能只會花費海軍或陸軍的一小筆支出，但沒有投資，國家就會很脆弱。

現今世界的經濟如此緊密連結且互相依存，以至於主要強權之間的戰爭毫無意義？這正是安吉爾的論點，但僅僅在四年之後，相同的強權彼此開打，並在二十五年之後再打一次。在這兩個例子中，德國的民族自卑感從對領土與權力的渴望得到補償，這是很不理性的行為，但摩根索觀察到，政治永遠會回到人性，或為了生存、繁衍與支配的「生物－心理驅力」(bio-psychological drives)。的確，克勞塞維茨甚至主張，只有戰爭能夠把勇氣灌輸給某個民族，並抵抗「軟弱與對舒適的渴望，在持續繁榮與增加貿易的時候，這會降低人民的道德水準」。他也認為軍事實力是國家財富的基礎，然而十九世紀是相對和平的時期，相較於二十世紀的戰火而言，他描述的偉大戰役根本無足輕重。

關於軍事與經濟力量的關係，一九八〇年代的歷史學家甘迺迪觀察到，所有的大國與帝國都面臨保護邊界與利益的龐大成本，而這些成本通常在經濟達到巔峰之後花費最大。這個「帝國過度擴張」(imperial overstretch）論點很能說明大英帝國的衰落，但他暗示美國正在步上後塵，引起不少人的錯愕；問題在於，美國如何面對國力相對衰退的事實。一九九〇年代，杭廷頓主張，不只是美國，也包括整個西方世界本身，正在歷經權力日漸衰弱的過程。西半球的政治標記包括政教分離、社會多元化，以及代議制或民主體制，全部被非西方國家不同程度地拒絕了。當這些國家越來越富裕、強大，這個過程只會繼續加速。這個世界一直是被不同的文明所分裂，現在冷戰已經結束，二十一世紀的主要衝突來源將再度是文化與宗教，而不是經濟。九一一事件只是支持了這個論點，對於法國發生新聞記者被極端穆斯林殺害的事件或德國的反移民遊行，杭廷頓（於二〇〇八年過世）應該不會感到驚訝。

杭廷頓的觀點仍然屬於政治不正確，因為當代的專家仍然聚焦於經濟如何推動世界的權力動態。札卡瑞亞認為，二十一世紀將是「其他國家的崛起」(the rise of the rest，中國、印度、巴西等等)，但是他主張，即使在一個各國快速崛起的世界，美國仍然保有政治主導的潛力，因為美國不像之前的霸權，它的力量擁有經濟實力的支持。它擁有最好的大學，創新與技術超越其他任何國家，而其開放性能持續吸引全世界的人才。這些特點超越了新聞中的政治僵局、債務與赤字問題，並保證不管其他國家做什麼，美國的未來都將是光明的。如果可能的話，中國的軍事能力要接近美國的水準，還得再花上數十年。在可以預見的未來，美國在軍事上、經濟上、政治上，還是無懈可擊的。

政治領導

願景與執行

「牽涉其中的十四個人都非常重要，他們聰明、能幹、盡心盡力，所有人都對美國有最深的感情……如果其中六個人當了美國總統，我想美國就可能席捲這個世界。」

——羅伯·甘迺迪（Robert Kennedy）

格雷厄姆·艾利森&菲利普·哲利考《決策的本質：解釋古巴飛彈危機》
愛德華·伯內斯《宣傳》
卡爾·伯恩斯坦&鮑勃·伍德華《總統的人馬》
溫斯頓·邱吉爾《風起雲湧》
亞伯拉罕·林肯《蓋茲堡演說》
孫逸仙《三民主義》
瑪格麗特·柴契爾《柴契爾夫人自傳》

羅伯·甘迺迪對他哥哥在古巴飛彈危機期間決策能力的評論，提醒著我們，領導能力是什麼、可以是什麼。艾利森與哲利考對美國與蘇聯內部圈子的分析顯示，每一個國家的海軍與情報單位的偏見與能力，以及單純的政治因素，對於危機展開的方式有非常重要的影響（在豬玀灣慘敗之後，約翰·甘迺迪〔John F. Kennedy〕必須做些補救，因此在面對共和黨批評時顯得態度強硬）。然而這個總統採取的途徑，是以海軍封鎖有武力支持的蘇聯船隻，這為赫魯雪夫（Khrushchev）留了一點面子，事後已經證明的確是化解局勢、拯救世界免於核武衝突的正確途徑。甘迺迪的成功也來自於他把古巴事件放在一個更大的脈絡下檢視的能力（蘇聯想要重新占領柏林，因此不是一個孤立事件）。他最精采的時刻和尼克森白宮的華而不實呈現出鮮明的對比，正如伯恩斯坦與伍德華書中揭露的那樣。在水門事件時，尼克森還在當選期間的一個制高點，根本不必要出骯髒的手段，但是面對「做掉」(do in)對手的誘惑，讓他無法專心在更大的議題上，最後導致他的總統任期提早結束。

雖然在提出改變的理由時，金恩、甘地或曼德拉的那種道德領導可以非常重要，但是坐在總統或總理位子上做出影響數百萬人的決定，完全是另外一回事。邱吉爾擔任戰爭時期領導人的卓越才能，部分來自他當歷史學家的能力；他能夠把希特勒的崛起直接視為泛歐侵略（pan-European aggression）的另一個例子，而且身為戰時內閣中唯一在一次大戰擔任公職的人，對於德國的真正意圖，他的思維的確是非比尋常地清晰。他覺得，英國應該做的事像白晝一樣清楚。問題在於，當時機無可避免地來臨時，與希勒特的一戰到底要怎麼打，因此他花了十年的「荒野歲月」(wilderness years)，直到一九三九年，完全沉浸在英國海軍的能力與具體技術細節裡。邱吉爾的才華在於，在政策面絕對正確（張伯倫與其他人都沒能做到），同時也完全掌握細節。克勞塞維茨有一句名言：「業餘者專注於策略，專家專注於後勤。」真是再貼切不過了。

柴契爾對於英國在世界上的地位也有很深刻的認識，雖然她面對帝國的沒落比邱吉爾更務實，但仍然對戰後的英國似乎只是在政府的借貸與工會的反覆無常中勉強維持，深感震驚。重要領導人往往能印證澳洲總理基廷（Paul Keatin）名言中的真理：「好的政策就是好的政治。」選民不一定喜歡帶著激烈改變訴求的政治人物，但人民的確知道，目標是長期利益的政策以及用來贏得下次選舉的政策之間的差異。很少人預期到柴契爾的成功，因為她是激進的。她的放鬆管制與私有化計畫後來也被全世界仿效，而她和雷根（Ronald Reagan）一樣的小政府哲學則震驚了戰後的共同舒適氛圍。另外，她對蘇聯毫不畏懼的強硬路線，在道德上與政治上都被證明是正確的。

「宣傳」（propaganda）這個字眼受到很多中傷，但就如伯內斯（Edward Bernays）所言，這個詞彙只是指竭盡全力為某個理想號召人們支持的作為。根據這個定義，林肯就是其中最偉大的一個代表人物。林肯在一八五四年第一次發表重要的反奴隸制度演說，之後在演說、文字中，利用他的強大力量讓美國大眾相信他是對的。歷久彌新的蓋茲堡演說正確呈現了奴隸制度問題，是追求更大的國家誠信需求的一部分。另一位偉大的宣傳家孫逸仙，對於中國面對日本的侵略以及西方強權殖民剝削的脆弱，感到非常絕望。為了讓中國站起來，並擺脫數千年的王朝統治與外國影響，孫逸仙進行了長期的宣傳活動，而且大部分都是在流亡海外期間進行。他的《三民主義》呼籲建立一個可以恢復其偉大的新中華民族主義，有助於喚醒全民意識。在道德上，我們一直很難反對自決（Self-determination），但這需要領導力才能讓它化為現實。孫逸仙現在被尊稱為中華民國（Chinese republic）的「國父」（按：中華民國與中華人民共和國都尊他為國父）。

政府與國家

好的、壞的，還有醜陋的

「剝奪一個人的自由，就是把一個人降低到物的地位，而不是把他提升到人的地位。絕對不可以把人視為國家目的的手段，他永遠是他自己的目的。」

——金恩（Martin Luther King）

「誠如我所說，所有享有完全自由的國家與省份，進步速度最快。」

——馬基維利（Niccolò Machiavelli）

亞里斯多德《政治學》

艾德蒙・伯克《法國大革命的省思》

亞歷山大・漢彌爾頓&約翰・傑伊&詹姆斯・麥迪遜《聯邦黨人文集》

托馬斯・霍布斯《利維坦》

約翰・洛克《政府論兩篇》

尼可洛・馬基維利《論李維》

孟子《孟子》

柏拉圖《克里托》

亞歷山大・索忍尼辛《古拉格群島，一九一八－一九五六》

阿勒克西・德・托克維爾《民主在美國》

什麼是好政府？什麼樣的國家形式能為最多人提供最大的利益？人類為了尋求這些解答已經走了很多路，有些路光明燦爛，最後到了一個好地方；其他路卻凶險四伏，最後掉入黑坑。

不像柏拉圖在《理想國》一書中企圖做的事一樣，在亞里斯多德的心目中，政治科學的目的不在於發現「完美」制度，而是發現優點最多、缺點最少的制度。在考慮過專制獨裁、寡頭政治與民主體制之後，亞里斯多德認為，民主是最好的形式，這不是因為他看到所有人都平等，而是因為民主體制在先天上就比獨裁或寡頭統治更穩定。他說：「多數人比少數人更不容易腐化，就像大量的水比一點點的水更不容易被汙染。」建立成功社會或政體的基礎在於，擁有產權、在國家管理體制上有直接發言權的大規模公民階級。這提供了寡頭與獨裁政治所缺乏的穩定性。伯克（Edmund Burke）在他對法國大革命的爭議回應中，大致提出了相同的主張。由於法國已經被無產新秀所接管，這群人沒有什麼東西可以失去，所以即使法國的舊制度（Ancien Régime）有很多成效，也形成了法國社會的質地，他們仍然非常樂意把它毀掉。就像亞里斯多德，伯克認為，政府不只是管理經濟、維持法律與秩序的行政機構，它應該被尊崇為「一種夥伴關係」，而且不只是活著的人之間的夥伴關係，而是活著的人、死去的人及即將要出生的人之間的夥伴關係。

有些君王被權力蒙蔽，因此看不到即使是他們也必須在某種程度的同意之下行使統治權。孔子最優秀的詮釋者孟子說得很好：「民為貴，社稷次之，君為輕。」就像伯克，孟子也是一個保守派，想把很多中國的古老習俗與傳統保留下來，但在同時，他也希望建立更開明的政府基礎。他指出，帝國的實力與壽命靠的是人民與國家之間的仁慈與良好關係，而不是虛榮的征服或擴張。

洛克強調，人民的權利凌駕於君王的權利，為霍布斯的絕對主義（absolutism）與父權思想提供了完美的解藥。他認為，政府應該經由民意同意的哲學，雖然在今天看起來理所當然，但在十七世紀，提出這種觀念是非常危險的。洛克的政治哲學被指責為影響了隨後的法國與美國革命，以及西方社會的世俗化（洛克支持宗教寬容與政教分離），而他「每個人對自己的人身擁有所有權，這個權利只屬於他自己，不得為其他人擁有」的想法，也影響了反奴隸運動。

思想一樣超前時代的人還有馬基維利。雖然他最有名的著作是《君王論》，但這本權力手冊極可能是他迎合梅迪奇家族（Medicis）之作，當時梅迪奇在篡奪佛羅倫斯共和國（Florence's republic）之後，重新回來執政。但馬基維利真正的哲學是在篇幅更長的《政府論兩篇》，書中為一個穩定的共和體制提供了基礎理論。他認為，只有在一個允許衝突、衝突是制度真正一部分的社會，才是健全的社會，而且假以時日，這種國家往往會讓控制更多、同質性更高的國家相較之下黯然失色。在提出這些見解的時候，馬基維利為發展雜亂、多元的民主共和國提供了一個模型，這一直是現代最成功的政治組織形式。同樣地，托克維爾對十九世紀的美國有非常知名的描繪，他把威權或貴族政府的「寧靜」與民主的騷動對比，但他指出，這大致上是一種錯覺，因為一個民族被少數人的統治壓迫越久，而且這些人可能不是以眾人的利益來治理國家時，這個政權就會變得越脆弱，也更容易發生革命。托克維爾提出的結論是，從崇高完善的角度來看，更平等與更民主的社會所缺乏的東西，因為更正義而得到彌補。

美國新憲法的優越之處在於，承認人都是自私自利的，而且會讓自己的價值優先於別人的價值（建國元勛麥迪遜曾經寫道：「如果人是天使，就不需要政府了」），因此最好有一種制度允許多元的利益發展，但在數量上可以彼此制衡對方的力量。這個龐大而多元的共和體制，是漢彌爾頓、麥迪遜與傑伊在《聯邦黨人文集》中所描繪的願景，政府的機制建立在制衡的基礎上，結果證明，這正是這個新國家要繁榮所需要的制度。強大的中央政府並不意味著歐洲式的獨裁，只是允許它保護人民免於暴力、保護財產權，並提供各州進行商業活動時的統一法規。今天領導突破運動的人，也許可以從閱讀《聯邦黨人文集》中獲益，這可能提醒他們一個強大聯盟的很多好處，以及獨立的代價。

好政府有這麼多。歐威爾在《動物農莊》中描繪的史達林主義，被異議人士如索忍尼辛的文字紀錄所證實。他所寫的《古拉格群島，一九一八－一九五六》令人不寒而慄，而且是被人偷偷帶離蘇聯，在美國出版。這本書打破了蘇聯是追求平等的偉大社會實驗的神話。這本書提醒我們，儘管有最好的意圖，大部分的革命只是一個統治階級取代另一個而已。而宣稱「人民僕人」的政府，最後通常都是最殘酷的。

關於未來……

「能夠建立好政府的國家，將有公平的機會為其人民提供一個體面的生活水準。而做不到的國家，將會被宣告衰敗與功能失調。」

——米克斯威特（John Micklethwait）&伍爾得禮奇（Adrian Wooldridge）

「自由民主的發展，加上它的同伴——經濟自由主義，是過去四百年來最明顯的宏觀政治現象。」

——福山

戴倫．艾塞默魯&詹姆斯．A．羅賓森《國家為什麼會失敗：權力、富裕與貧困的根源》
法蘭西斯．福山《歷史的終結與最後之人》
約翰．米克斯威特&亞德里安．伍爾得禮奇《第四次國家革命：重新打造利維坦的全球競賽》

曼瑟・奧爾森《國家的興衰：經濟成長、停滯與社會僵化》

國家的繁榮是否有助於政治的穩定，或是反過來呢？根據經濟學家艾塞默魯與羅賓森的研究，世界上最貧窮的國家都有一個共通之處：失敗的政治制度。沒有好政府帶來的穩定性與透明度，就不會有創造財富的動力。他們在《國家為什麼會失敗》中指出，富國與窮國之間的關鍵差異就是，他們的經濟制度提供個人與企業不同的誘因，而這些誘因靠的是**政治**方面的法律與規則。長期的穩定與繁榮需要政府先把政治方面的制度做對。這本書的論點未必是新的（托克維爾寫過：「我一點也不懷疑，美國的民主制度……是居民從事活躍的商業活動的理由」），但作者大量收集的證據似乎讓這個論點無可爭辯。

這個論點也得到奧爾森的認同，他觀察到，一個社會存在越久，它的政策和法律就越可能受到特殊利益聯盟（行業組織、聯合行為、工會、農民遊說等等）的驅動，這些利益團體只想犧牲整個社會而圖利自己的成員。壓力團體可能被認為是民主社會中的一個健康組成部分，但在現實中，不是所有的團體都是平等的。（在資金、組織或影響力方面）具有優勢的團體傾向於看到這些優勢隨時間而增加，這對所謂的民主政體來說，具有一種腐化的效果。結果就是政治兩極分化，擁有豐沛資金挹注的遊說團體力量會不斷增強，社會中一小部分人的收入差距不斷擴大，並得以設法贏得稅收減免，而得到成長的大部分好處。當國家被人以這種方式占據（captured）時，不滿與不穩定就會增加。只有革命或戰爭可以重建社會，回到之前的社會流動性與經濟活力。

米克斯威特和伍爾得禮奇認為，在過去幾個世紀中，西方在經濟與政治上的主導地位，特別是美國與英國，是因為西方對政府的新觀念，從彌爾主張最小政府（minimal state）的自由主義，到美國憲法中開國元勛主張的技術官僚互相制衡，都採取開放的態度，並且願意實施。然而，政府的自然趨勢就是成長、成長再成長。這兩位作者指出：「政府在過去只是生活中一個偶爾要面對的夥伴，但現在卻是無所不在的保母。」其中要冒的風險在於，政府的規模明顯越來越大，卻沒有搭配相對的效能。在一九六〇年代，有七〇％的美國人表示對聯邦政府有信心。今天，由於國會僵局、赤字與日益嚴重的不平等，這個比例已經降到一七％。如果西方已經對自己的治理方式失去信心，再分析人口統計學也沒有幫助。歐洲的人口老齡化意味著，在社會福利與國防方面的政府支出會增加，但留給教育、投資或其他項目的資金就更少了。米克斯威特和伍爾得禮奇提出政府的「第四次革命」，部分原因是要運用更少資源創造更多成果，部分原因是國家之間的競爭，部分原因是單純有了可以幫助政府運作得更好的新觀念與技術。如果西方國家可以防止政府繼續膨脹，並讓民主真的更民主，就還有實現諾言的機會。

事實上，福山的論點指出，由於自由民主沒有威權與集體主義政府形式先天的「缺陷與非理性」，自由民主制度將證明自己是唯一可以永續的政府形式。福山在《歷史的終結與最後之人》中承認，自由民主國家有自己的問題，但這只是「自由與平等雙重原則無法完全實施」的問題。一個「目的在追求繁榮，但同時要大幅維持成員自由」的制度，是很難改善的。現在，對福山論點的明顯反證是中國與新加坡的威權式資本主義模式。時間將會告訴我們，尤其是當民主自由國家在大蕭條時已經過了好幾年苦日子之時，他們的成功是否會讓福山的論點顯得過時。隨著人們越來越富裕，通常會要求更多權利，並且會憎恨裙帶資本主義所帶來的不平等。新加坡致力於法治是為了防止腐敗，但在中國、俄羅斯或中東的石油王國，沒有什麼是確定的。相較之下，民主雖然混亂而低效率，但就像亞里斯多德所知道的，民主通常比寡頭或獨裁政治更穩定。

然而，抨擊西方或拒絕西方價值的風潮似乎方興未艾，有人認為，激進的伊斯蘭教為自由民主提供了另一種選擇，特別是它超越了民族或種族。另一方面，由於穆斯林世界缺少政治團結，並沒有推翻西方政府模式的一致行動，因此事實上，自由主義觀念可能有些扎根的機會。在埃及與突尼西亞，已經出現了反對伊斯蘭政府的行動，時間將會說明，政教分離不只是一種西方原則，而是全世界好政府的基本原則。當然，激進的伊斯蘭教從西方是「頹廢」而不道德的觀念中，得到很大的力量，但只是從對敵人的看法發展出來，卻對社會的長期繁榮無法提出一套完整替代哲學的政治願景，最後通常都會動搖。

沒有人可以預測未來的政治前景，但我們可以很有信心地說，無論出現什麼其他的觀念，能夠為個人帶來繁榮、和平與自由的觀念可能會延續下去。政府必須反映人性的現實面，看到人們不只是消費者而已。人們會感激能讓他們富裕、提供他們人身安全保護的政府，但在某種程度上，他們也會想要政府承認他們本身是自由人的尊嚴。柏拉圖與亞里斯多德認為，一座城市或一個城邦的目的不僅僅只是良好市政的管理者，它必須代表更崇高的東西，要提升其公民的美德。然而，要達成這個目的卻不傷害個人自由，是很困難的。要幫助人們提升，同時要承認他們是自由的，可能是我們這個時代最大的政治挑戰。

為什麼是這五十本經典？

《一次讀懂政治學經典》一定是主觀的。如果有更多篇幅，我可以包含一百本，但因為做不到，所以我在本書最後列出了另外五十本政治經典著作。其他幾個想提出來的重點是：

- 有些書可能很自然要包含進來，例如波娃（Simone de Beauvoir）的《第二性》（*The Second Sex*）、孔子的《論語》、馬基維利的《君王論》、彌爾的《論自由》（*On Liberty*）、羅爾斯（John Rawls）的《正義論》（*A Theory of Justice*）、盧梭的《社會契約論》（*The Social Contract*）和柏拉圖的《理想國》（*The Republic*）。這些書我已經寫在《一次讀懂哲學經典》裡，與其寫同樣的書，我在本書收錄了有些作者的不同著作。
- 政治觀念不斷變化，因此為了保持這份清單的相關性與即時性，也包含了一些最近的作品。《國家為什麼會失敗》、《權力大未來》、《公平之怒》、《第四次國家革命》與《後美國世界》在傳統的意義上也許還稱不上「經典」，但每一本書都為當代的政治與政治經濟增添了新的元素。

- 本書並未宣稱是一份針對每個國家政治情況所做的詳盡調查，而是聚焦在造成重大影響的書籍與觀念。如果很多都是西方的書籍與觀念，只是反映了這個事實，畢竟過去幾個世紀以來，政治上的創新大部分都是來自歐洲與美國。
- 有些章節的評論內容已經有豐富的傳記資訊，就不再包含獨立的傳記邊欄。
- 雖然對現代民主的興起很重要，但十三世紀的《大憲章》（Magna Carta）是一份法律文件，而不是政治文本，因此並未收錄。
- 最後，如果你想知道，為什麼這份清單中沒有希特勒的《我的奮鬥》（*Mein Kampf*）與毛澤東的《毛主席語錄》，那是因為我認為「經典」指的是擁有歷久彌新的正面價值的書籍。因此排除了種族主義或宣傳文件，這些文件應該只有基於歷史價值的意義才會被閱讀了。

紅利

請寄電子郵件到tombutlerbowdon@gmail.com給我，主旨欄寫「政治」（Politics），我會寄給你一大堆政治評論，包括法農（Franz Fanon）的《大地上的受苦者》（*The Wretched of the Earth*）、道格拉斯

（Frederick Douglass）的《美國奴隸道格拉斯自撰生平敘述》（*Narrative of the Life of Frederick Douglass*）、納伊姆（Moisés Naím）的《權力的終結》。我希望你會喜歡這些以及本書的內容。

1948

自由與權力

Essays on Freedom and Power

「歷史並不是一張由無辜的手編織而成的網。在所有使人退化與墮落的原因中，權力是最常見也最活躍的一個。」

「判斷一個國家是否真的自由，最能確定的檢驗就是，少數族群所能享有的安全程度。」

「自由權利並不是達成更高政治目的的一種手段，它本身就是最高的政治目的。」

總結一句

政治必須建立在道德基礎上，也就是賦予人自由。

同場加映

以撒・柏林《自由的兩種概念》(8章)
法蘭西斯・福山《歷史的終結與最後之人》(15章)
阿勒克西・德・托克維爾《民主在美國》(47章)

01

艾克頓勳爵

Lord Acton

你可能沒聽過艾克頓勳爵，但你一定聽過他的名言。

一八七七年，克萊頓（Mandell Creighton，按：主教、教會史學家）出版了他的《教皇的歷史》（*History of the Popes*），另外在一封私人信函中，出了名反對「教皇無誤論」（papal infallibility，按：天主教稱「教宗不能錯誤的特恩」）的艾克頓告訴克萊頓，他對教皇的權力爭奪、梵蒂岡氾濫的腐敗行為，可以抨擊得更猛烈，更不要說非婚生子女了。他寫道：

「我不能接受你的標準，我們將以不同於其他人的方式來評判教皇與國王，在有利的前提下說他們沒有錯。如果有任何推論，那也是正好相反，我們應該反對權力的掌控者，而且隨著權力增加，要更加反對。因為權力使人腐化，絕對的權力使人絕對地腐化。」

他接著說：

「大人物幾乎都是壞人，即使他們運用的是影響力而不是權力；如果加上被權力腐化的傾向或確定性，那就更是了。沒有比上位就成了聖人更糟糕的異端邪說了。」

因此，在一八七〇年第一屆梵蒂岡委員會中，在艾克頓極力反對教皇絕對正確的相關前後文中，一定會看到知名的「權力腐化」這句話。艾克頓是一個堅定的天主教徒，他相信教會的道德規律是完美的，但人類肯定是不完美的。為了保住權力，好人也可能變壞，而他們使壞的可能性也會和他們的權力範圍一致。

雖然艾克頓的一生中沒有出版過任何著作，但他花了好幾年的時間研究自由權利（liberty）的歷史，並記錄了從古典時代到現代世界緩慢出現的自由（freedom）觀念。但他還沒完成這部作品，而他的文集也是等到他死後才出版。事實上，艾克頓把歷史視為一則道德故事，自由權利與真理會隨著時間而展現價值，但這個看法於他在世期間並不流行；傳記作家希梅法（Gertrude Himmelfarb）指出，直到二次大戰期間，艾克頓堅定的道德觀才開始有了影響力，並被視為反對極權主義的預言警告。

自由的歷史

身為歷史學家，艾克頓有三個明顯的特色：具有世界性的觀點（我們必須跨越國家與文化以萃取出普世的真理，而不是堅守各國歷史）；對實證研究的信任（他是歐洲檔案館的常客）；根據超越時間的道德標準，最好是基督徒的標準，而做出歷史判斷（他寫道：「雅典自由權利觀念的短暫勝利與快速衰亡，是屬於一個沒有固定是非標準的時代」）。

艾克頓遵循自由派／輝格黨（Liberal/Whig）的方法，把歷史視為增加自由的進步過程。他寫道：「在有組織與有保障的自由的方向上……不斷進步。」而且，這是「現代歷史的特徵」。就像托克維爾，他相信天意（Providence）貫穿整個歷史，並會慢慢確保良善終將戰勝無知與邪惡。他也承認，這與杭卡（Ranke）與卡萊爾（Carlyle）等歷史學家的現代觀點衝突，他們認為，事件沒有模式或方向。

儘管如此，艾克頓指出：「神聖統治（divine rule）的智慧不是出現在完美中，而是出現在世界的改善中。」因此認可了這個方法。他對達成完美社會這種不可能的虛擬理想並沒有心存幻想，他知道政治自由（political liberty）就表示行動自由（freedom of action）。當一個統治者或政府想要達到完美境界，或是抱持著事情應該怎麼樣的「某種看法」時，就是情況開始變壞的時候。事實上，他把自由權利描述為「成熟文明的嬌嫩果實」，並提出「在所有的時代中，真誠的自由之友極為罕見」。自由觀念花了很長的一段時間，才開始在制度中扎根，即使如此，自由也是顛覆政府行為與腐敗的犧牲品。

但艾克頓也認為，雖然自由一向很脆弱，但專制與獨裁也從來無法持久。從來沒有任何權力團體可以長期取得內隱的服從（implicit obedience）。權力必須不斷為自己辯護，但通常很難做到。相較之下，某些社會「擁有長期的艱難經驗、經過考驗的信念與累積的知識，具相當程度的一般道德、教育、勇氣與自我克制」，經過一段時間後就能有一定的實力與韌性。專制政權看起來很強大，卻如雞蛋般不堪一擊。

自由與專制

艾克頓把自由權利定義為「保障每一個人從事他認為在盡自己責任而反對權威、多數、習俗與意見的影響時，應該受到保護」。他說要區別出一個更自由的社會，可以透過普遍代表制度、不存在奴隸制度、輿論的影響力，以及更關鍵的「弱勢族群的保障與良心的自由，因為良心的自由實際上在過去與現在保障了其他的一切」。艾克頓雖然富裕，而且人脈關係良好，但他也是一個長期受到歧視的少數族群的一員：在大多數人都是新教徒的英國，他是天主教徒，而且因為他的信仰，年輕時就被劍橋大學拒絕。因此不令人意外的是，對艾克頓來說，信仰自由是政治自由的基礎。而對於自由，他很清楚地留給了我們另一句名言：「自由權利並不是達成更高政治目的的一種手段，它本身就是最高的政治目的。」

艾克頓說，自由的歷史就是「從人的權力中……把人解救出來」的歷史。他很高興地承認，大部分的進步都發生在英國，因為比起其他國家，英國一向相對寬容，而且對權力比較不那麼渴望。然而，任何國家都不應該依賴它的政治或制度桂冠，我們只要想想希臘和羅馬就可以得到提醒。的確，自由的歷史距離完成還有很長的路要走，它需要很多心力去維護，而且從來不保證一定會成長。

自由與民主

艾克頓認為中世紀歐洲的特徵，是介於一股新興的民主觀念與根深蒂固的貴族之間的戰鬥，這些貴族只想堅決守住他們的社會與經濟權力。當時的國家不像現在那麼強大，它們的權力受制於強大的階級與聯盟關係（associations）。但是隨著時間的演變，教會與國家結合權力以平衡貴族的力量，但這也帶來了腐敗與濫用。這需要一個像馬丁・路德（Martin Luther）那樣的人去挑戰典範，以及在自由與善治之間適當混合的某種共識，才能改變。有限選舉權的初步民主建立了，沒有稅收就沒有代表權或同意權的原則成立了，雖然農奴制度還在，但奴隸制度消失了。

艾克頓在一篇評論梅（Erskine May）的《歐洲的民主》（*Democracy in Europe*）的文章中，闡明他對於自由與民主之間的差異的看法。我們不應該忘記他說的話，是民主國家允許奴隸貿易的蓬勃發展，而且，很多對宗教最不容忍的國家也是民主國家。此外，多數人的專制和一個人的專制一樣惡劣：「民主，就像君主制一樣，在有限制下是有益的；但過度就會導致災難。」我們在法國大革命之後的恐怖行動中看到了這一點，而這也在幾世紀之前的雅典發生過，當時的投票民眾認為，沒有人可以阻止這個強大的城邦國家，結果沉醉在權力中。艾克頓說，等他們看到這種方式的錯誤而想挽救共和國時，早就為時已晚。

艾克頓指出，美國憲法制定者結合了法國大革命堅持的人民主權，以及英國議會的謹慎。最後的成果是一套互相制衡的聰明制度，其中包括一個獨立的司法機構、一個被授權的行政機構；明確的政教分離，還有第二個議院（Second Chamber），而其中的深層結構則是聯邦制（federalism），這個制度確保擁有一個大到可以做事的中央政府，但它的權力也受到各州的平衡。艾克頓寫道：「這是民主的最完美形式，它所武裝警戒的對象，不再是貴族與君主，而是自己的弱點與過度。」

美國獨立革命和導致一七八九年巴黎事件的舊制度，所激起的強烈仇恨呈現出鮮明的對比，美國獨立革命在定義上是適度的，而且人們只有想要發跡的簡單願望。財產所有權與貨幣財富成為社會地位新的仲裁者。重要的是機會平等，而不是實際平等，艾克頓說，法國革命分子對財富分配的渴望，就像追求「被鮮血染透」的平等。兩者真的是強烈的對比。艾克頓最重要的一個論點是，自由、民主與平等，沒有明顯的關聯。一切都需要取捨，而他的信念是，自由是這三種價值中最重要的一個。如果不明文供奉並保護個人財產，民主還有什麼價值？如果是暴力盜取有錢人的財富，又如何合理化重分配的行為？

總評

研究艾克頓的學者阿洛托斯（Josef Altholz），在《牛津國家傳記字典》（*Oxford National Dictionary of Biography*）一個很長的詞條中說明，艾克頓的人生「大致上是失敗的」。艾克頓的確是一個失敗的政治人物，對他繼承而來的遺產也是很差勁的管理人（他必須舉債才能保有這些遺產，並在受到脅迫的情況下賣掉他的圖書館），雖然他勤奮學習，卻沒有完成任何一本書。他堅持一個成功的社會必須以有道德的基督徒為骨幹，在二十一世紀，甚至未來，似乎會降低他的重要性。

但是艾克頓關於自由、民主與權力的更重要思想，依然可以啟發人心，發揮指引作用。他的一個重大洞見就是，民主最後都必須在人民主權（這很容易變成「暴民統治」（rule of the mob））與法治之間做選擇。他認為，法治一向可以提供自由更強大的架構。一般人很容易把自由與民主放在一起，好像它們就是相同的東西，但艾克頓提醒我們，明顯的「民意」力量很容易踐踏個人自由。如果個人沒有受到憲法與法律的堅實保護，以保證他們的個人自由，包括相信想要的東西與想結盟的人的個人自由，一個全民投票的民主就沒有什麼價值。

艾克頓留給我們的最後訊息是，生活在民主制度中的我們，永遠不應該自滿。民主在加強與保護自由上是可取的。但如果民主不能做到這一點，在投票箱中投票就只是一個空洞的行為。

艾克頓勛爵

約翰・愛默里克・愛德華・達爾伯格－艾克頓（John Emerich Edward Dalberg-Acton）在一八三四年出生於那不勒斯，當時那不勒斯是一個主權國家，他的祖父曾經擔任過總理。他是費迪南・艾克頓爵士（Sir Ferdinand Acton）與瑪麗・路易斯・佩林・德・達貝格（Marie Louise Pelline de Dalberg）的獨生子，屬於一個貴族家庭。父親過世之後，母親帶他到英國生活，並在英國嫁給自由派政治家第二代格蘭維爾伯爵（second Earl Granville）－列文森爵士（Lord Leveson），後者成為格萊斯頓（William Gladstone）的外交大臣。

艾克頓出生於跨國家與文化的背景，當他還是個小男孩時，就能說流利的義大利語、德語、法語與英語（希梅法指出，艾克頓成年時，「和孩子講英語，和在巴伐利亞出生的妻子講德語，和嫂子講法語〔按：可能是指妻子的嫂嫂〕，和岳母講義大利語」）。在巴黎與英國的天主教奧斯科特學院（Catholic Oscott College）完成教育之後，他嘗試進入劍橋大學，但沒有成功。知名天主教歷史學家馮・

多林格（Ignaz von Döllinger）隨後成為他的導師，並灌輸他一種厭惡任何宗教與國家專制主義的態度。

在二十歲前後那幾年，艾克頓遇到了歐洲與美國的知名人物，包括教皇庇護九世（Pope Pius ix），並參加了俄國沙皇亞歷山大二世（Alexander ii）的加冕儀式。一八五七年，他在艾克頓家族基地什羅普郡的奧登漢（Aldenham）定居，並在那裡興建了宏偉的圖書館。他也開始進入政治圈，但並不完全成功。不過，他之後成為格萊斯頓的顧問與知己。艾克頓透過自己的編輯地位對《漫談者》（*The Rambler*）有很大的影響力，這是英國自由派天主教的一個機構，後來成為《國內外事務評論》（*Home and Foreign Review*）。在羅馬的壓力下，艾克頓把評論結束，轉而研究宗教迫害的歷史。

一八六五年，艾克頓娶了表親瑪麗亞伯爵夫人（the Countess Maria Anna Ludomilla Euphrosina）。一八六九年，在格萊斯頓的推薦下，他成了艾克頓男爵（Baron Acton），成為英國貴族中的第一位天主教徒。一八七二年，他獲得慕尼黑大學榮譽哲學博士學位，隨後得到劍橋大學（一八八九年）與牛津大學（一八九一年）的榮譽學士學位。一八九二年，他被任命為劍橋大學三一學院的現代歷史欽定教授（regius professor），[1]針對法國大革命與其他領域，主持大受歡迎的講座。他也被任命為劍橋現代史的編輯，但在一九〇一年因中風而癱瘓。隨後搬到妻子家族在巴利亞泰根塞（Tegernsee）的家，並於隔年辭世。

1 譯注：指牛津、劍橋大學中由國王設立的神學、希臘文、希伯來文、法學、醫學五種教授或講師的教席。

2012

國家為什麼會失敗：權力、富裕與貧困的根源

Why Nations Fail: The Origins of Power, Prosperity, and Poverty

「雖然決定一個國家是貧窮還是繁榮，經濟制度是最關鍵的；但決定一個國家採取什麼經濟制度，靠的是政治與政治制度。」

「壓榨性的經濟制度（extractive economic institutions）在結構上就是讓少數人從多數人身上壓榨資源，而且未能保護財產權，或提供經濟活動的誘因，相較之下，包容性的經濟制度（Inclusive economic institutions）強化財產權、建立公平的競爭環境，並在新的技術與技能上鼓勵投資，對經濟成長更有幫助。」

「中國到目前為止展現的成長結果，只是另一個壓榨性政治制度下的成長形式，不太可能轉化成永續的經濟發展。」

總結一句

全世界最貧窮的國家都有一個共通之處：失敗的政治制度。沒有好政府帶來的穩定性與透明度，就不會有創造財富的動力。

同場加映

艾克頓勛爵《自由與權力》（1章）
約翰・米克斯威特＆亞德里安・伍爾得禮奇《第四次國家革命》（31章）
曼瑟・奧爾森《國家的興衰》（36章）
卡爾・波普爾《開放社會及其敵人》（40章）

02

戴倫・艾塞默魯&詹姆斯・A・羅賓森

Daron Acemoglu & James A. Robinson

貧窮國家的人民最渴望什麼？《國家為什麼會失敗：權力、富裕與貧困的根源》書中一開始，就引用了協助推翻埃及穆巴拉克（Mubarak）政權的年輕抗議者的話，目的是想了解他們追求的是什麼。例如，運動領導人之一、軟體工程師與部落客哈利勒（Wael Khalil），就列了想改變的十二件事。他提的問題不是更高的工資與更低的物價，他所要求的都是政治性的問題。埃及的經濟萎靡是一群菁英壟斷政治與經濟機構的直接結果。如果這種情形不改變，其他事情也不會改變，包括經濟。

艾塞默魯（麻省理工學院經濟學家）與羅賓森（哈佛政治學家）指出，把政治問題放在首位，看起來似乎顯而易見，但教授與權威專家通常會對一個國家的失敗提出其他的解釋。以埃及的例子來說，問題還包括地理因素——和其他草木青翠的地方相比，埃及缺水，而且耕地的水資源永遠無法回復；還有文化因素——埃及人似乎缺乏成功的工作倫理，而且人民的伊斯蘭教信仰也與經濟成功互相牴觸；加上領導人不良的決策——如果這個國家有更好的管理與統治，現在可能也會好很多。

艾塞默魯與羅賓森認為，抗議者說對了，專家們錯了。不管是在埃及、獅子山共和國、辛巴威或北韓，最窮困的國家都有很多共通點。他們都有一群菁英掌握著政權，而且掠奪了幾乎所有的財富，把大眾的進步與繁榮機會吃乾抹淨。相較之下，成功的富裕國家往往擁有廣泛分配的政治權利，政府要對公民負責，而且經濟機會也對所有人開放。《國家為什麼會失敗》指出，富國與窮國的關鍵差異在於，它們的制度為個人與企業提供不同的誘因。這些誘因是由經濟制度所提供，但經濟制度靠的是**政治的**法律與規則。

歷史很重要。英國、法國、美國今天會富裕，是因為在很久以前，每一個國家都推翻了壟斷權力與財富的團體。當然，很多「革命」只是一個菁英團體取代另一個菁英團體（埃及被奧圖曼帝國統治，接著是被英國殖民，然後是君主制，接著是世俗獨裁），在政治權利上並沒有真正轉型，因此大眾財富也沒有增加。但偶爾（例如一六八八年的英國，或一七八九年的法國）也會發生長期的政治變革，把國家財富的金庫對所有人打開。

權力與財富：分享或不分享

透明的產權、交易的自由、一套強制執行合約的法律制度、興建道路以協助商業活動，只有國家才能實現這一切。當這一切組織起來，每一個人才能參與其中，並從中獲益，這種制度就稱為包容性的制度。然而，如果法律與經濟制度是設計來圖利一小群人（例如西班牙殖民的拉丁美洲、巴巴多斯的種植園主人、北韓的統治菁英），這類壓榨性的制度就沒有提供大眾誘因與能力，想去努力改善與爭取生活中的美好事物。當這種情況發生時，經濟就會停滯不前。

富國與窮國的差異不只是乾淨的水、不中斷的電力、狀況良好的道路與醫療保健服務等公共設施，更好的法律與秩序、刑法的透明度也是一般的特色。在一個已開發國家，一個人不會無緣無故在半夜被人從家中帶走，而且政府也不能直接沒收你的家或你的公司。也許更重要的是機會鴻溝。人們跨越墨西哥格蘭德河或搭乘擁擠不堪的船隻穿越地中海，不只是為了要讓家裡有自來水可以用，而是為了機會，是為了他們在自己的國家因為不屬於菁英團體，而從來不曾擁有過的機會。他們想要參與的勞動市場是，他們可以選擇最適合他們才能的工作領域，因此他們也會有最大的生產力。

然而，艾塞默魯與羅賓森問道，如果時間一再證明，包容性的經濟制度能讓國家富裕，為什麼不是每一個國家，甚至專制政權，都想建立這樣的制度？

任何國家的菁英通常都會抗拒建立更多元與開放的經濟制度，因為這會威脅到他們壓榨的權力，而且權力也很難放棄。大多數的獨裁者（作者的例子是獨裁者蒙博托〔Joseph Mobutu〕，他從一九六五年到一九九七年掌控剛果民主共和國）都認為，對自己最有利的事，就是洗劫自己的國家，花大錢在自己的飛機與豪宅上，而不只是當一個更富有國家的領導人。遺憾的是，蒙博托與像他這樣的人是對的。在像剛果這樣的地方，一個團體或另一個團體，會一直緊緊抓住並把持權力，不論這個團體是腐敗的國王、殖民的強權、社會主義革命家，或武裝起義的民兵。相反地，包容性的制度會分配財富與權力，讓人很難累積非法贓物並僥倖逃脫。如果真的發生這種情況，不管是誰掌權，都會被選票淘汰。

美國十九世紀發生的龐大壟斷事件——例如標準石油（Standard Oil）的壟斷行為——告訴我們，光是市場本身無法帶來包容性的制度。事實上，市場壟斷可以用來累積權力與財富，排擠別人的機會。壟斷取締（Trust busting）依然是政府最重要的作用。塔貝爾（Ida Tarbell）等揭發醜聞的記者，強調「強盜貴族」見不得光的做法，還包括范德比（Vanderbilt）與洛克菲勒（Rockefeller），他們會對政治人物施壓，要他們聽命行事，甚至有些政治人物本身就是這些強盜口袋中的人馬。對於壓榨性的傾向，新聞自由仍然是最重要的查核機制。事實上，在壓榨性的體系中，不管是電視、報紙或社交媒體，控制媒體可能是最重要的一環。

權力的分配：歷史的陰暗面

世界的不平等不只會持續下去，還會隨著時間而強化，因為一個國家的制度（艾塞默魯與羅賓森指出，通常「深深扎根於歷史中」）無論如何都會以某種方式推動下去。一個國家組織自己的方式，開始於一種看事情與做事情的方法，這很難改變。如果一開始沒有解決缺乏給所有人機會的問題，這種現象往往會變得根深蒂固。如果目前的安排適合某個特定團體或階級，他們也不會有誘因改變，以嘉惠人口中更大比例的族群。因此，形塑社會的並不是保證更多人可以得到更多利益的制度與政策的理性評估，而是掌權者為了保護自身利益而落實的政策。一個覺得被剝奪權利的團體，比如說一個左派政黨，為了讓自己的團體得到權力，也不在乎犧牲其他人，可能會推翻政府，因此不穩定的模式會持續下去。社會學家米歇爾斯（Robert Michels）把這稱為「寡頭政治的鐵律」（iron law of oligarchy），而且事實證明，這個鐵律很難推翻。

只有保證廣泛分配權力的制度，才能創造真正成功的國家，讓所有人都有機會分享繁榮與參與。通常，一個國家走向分配權力的方向，似乎是因為機會或某個「關鍵時刻」。北美殖民地本來也是要複製歐洲的封建制度，讓有錢地主透過便宜或奴隸的勞力來壓榨財富。雖然這在南方的種植園經濟中確實發生了，但在北方的殖民地中，由於缺乏可用的勞動力（白人與黑人），這意味著，移民有更大的談判能力，而且，土地本身也比較適合小規模自由持有的型態，由一個家庭就可以耕作。這些現實條件促成了自力更生的願景，因此英國當局也體認到，當人們有發財致富的誘因，新的土地才會被開發出來。

成長為什麼看起來不是一個樣

不是所有採取壓榨性制度的國家都表現不佳，至少在短期內也有表現良好的。一九三〇年代到一九七〇年代，蘇聯在經濟上快速成長，因為它把農業的資源轉移到工業上，並且動用國家力量來協助。然而，到了一九八〇年代，它就完全失去動力了。

有時候，一個壓榨性的政府如果壟斷了全世界想要的東西的生產（例如巴巴多斯生產的糖），或把資源從較沒價值的（如農業）轉移到較有價值的（工廠生產），也可以讓經濟成長快速，這就是史達林所做的事，他把農場集體化，然後把收入轉移到建立蘇聯的工業。即使這個過程和市場經濟比起來很沒有效率，技術也很落後，但透過強制執行，還是能達到經濟的成長。從一九二八年到一九六〇年之間，蘇聯經濟成長了六%，讓很多人誤以為這是可以永續的，而且這種模式可能會超越美國的經濟表現。事實上，到了一九七〇年代，艾塞默魯與羅賓森指出，「由於缺乏創新與不良的經濟誘因，阻礙了更進一步的發展」，成長勢頭戛然而止。

作者指出，中國過去十年來的成長，和蘇聯的成長破滅非常類似。他們承認，中國目前的經濟比蘇聯過去的經濟更多元化，中國也有數百萬名企業家。但相同的原則一樣適用。他們評論：「只要政治制度仍是壓榨性的，成長先天上就是有限的，就像其他所有類似的例子一樣。」如果中國經濟允許發生「創造性破壞」（creative destruction），中國經濟才可能永續成長，但是，當政府擁有或控制大部分的大型國營企業時，這樣的可能性又有多少？另外，創造性破壞只會經由包容性的政治制度而出現，但並沒有跡象顯示這一點正在發生。

總評

生活在富裕民主社會中的人，很容易指責某些國家沒有能力讓政治與憲法到位，但艾塞默魯與羅賓森一再指出，像議會民主、新聞自由、司法獨立和財產權等制度，如果不是花了數百年，也至少花了數十年，才發揮作用。而且這些制度會出現，通常不是透過高尚的動機，而是因為這些制度保證，為這個政體中最多人的團體帶來最大的經濟成果；矛盾的是，保證可以滿足人們的自私動機，為所有人提供了一個更公平的結果。但是作者反對他們的理論是決定論的（deterministic）。美國或英國或法國在現代史中成為主要的富裕國家，或者歐洲就必須殖民世界的其他地方，並不是歷史的必然。任何人都無法預測，某些國家會在何時做出永久的轉變，在很多錯誤的開始之後，從壓榨性的制度轉型成包容性的制度；會牽涉到很多意外事件或運氣，而且即使情況看起來似乎對了，也不應該低估寡頭政治的鐵律。

《國家為什麼會失敗》將會打開你的眼界，讓你看到殖民宗主國殖民作為的削弱結果，貫穿整個歷史，強大的奴隸制度非常普遍，在很大的程度上，只要一有機會，人類就會選擇掌控別人，即使分配權力會讓整個國家繁榮富裕，也不願和別人分配權力。讀到各種政權只因害怕威脅到他們的掌控權，如何無所不用其極，阻止國家的進步與致富時，你可能會很憤怒。但是這本書也會讓你想要讚嘆那些有利於自由與開放、長期下來會產生重大影響的小而罕見的決定。

戴倫・艾塞默魯&詹姆斯・A・羅賓森

戴倫・艾塞默魯（Daron Acemoglu）在一九六七年出生於伊斯坦堡，父母分別是律師與教師。在約克大學（York University）取得學位後，他在倫敦政經學院（London School of Economics）取得經濟計量學與數學碩士學位，並在那裡取得博士學位。他在一九九三年加入麻省理工學院，並在二〇〇〇年成為教授，目前是基利安經濟學教授（James Killian Professor of Economics）。他擔任好幾本經濟學期刊的主編或共同主編，也是美國藝術科學會（American Academy of Arts and Sciences）會員。其他書籍包括《現代經濟成長概論》（*Introduction to Modern Economic Growth*，二〇〇八）。

詹姆斯・A・羅賓森（James Arthur Robinson），擁有倫敦政經學院（London School of Economics）

與華威大學（Warwick University）的學位，並在耶魯大學（Yale University）取得博士學位。他過去曾在墨爾本大學（University of Melbourne）、南加大（University of Southern California）、加州大學柏克萊分校（University of California, Berkeley）任教。目前是哈佛大學佛羅倫斯政府學教授（David Florence Professor of Government）。羅賓森與艾塞默魯另外合著《獨裁與民主的經濟根源》（*Economic Origins of Dictatorship and Democracy*，二〇〇五）。

1971

判道：改變國家的基進力量

Rules for Radicals: A Pragmatic Primer for Realistic Radicals

「沒有比一個人不再相信自己以及自己主導未來的力量，更黑暗或更具毀滅性的悲劇了。」

「想像一個沒有權力的世界，是不可能的；唯一的概念選擇是有組織和無組織的權力。」

「馬基維利的《君主論》是為擁有權力的人如何保住權力而寫的；《判道：改變國家的基進力量》是為沒有權力的人如何取得權力而寫的。」

總結一句

激進分子如果想要看到目標實現，就必須理解權力的本質。

同場加映

穆罕達斯．甘地《我對真理的實驗：甘地自傳》（16章）
愛瑪．高德曼《無政府主義與其他論文》（17章）
娜歐蜜．克萊恩《NO LOGO：顛覆品牌統治的反抗運動聖經》（24章）
納爾遜．曼德拉《漫漫自由路》（28章）
亨利．大衛．梭羅《公民不服從》（46章）

03

索爾・阿林斯基

Saul Alinsky

麥卡錫時代對共產黨人的獵巫行動，大量殲滅了美國激進派的陣容，但並沒有挽救一九六〇年代的美國年輕人對政治人物與制度，以及他們的父母親所引進的物質生活，所感受到的幻滅。對年輕人來說，世界被安排的方式一點也不合理，而且充滿不義。但是當阿林斯基聽到人們在說想要一個更好的世界時，這個社群組織先驅感覺就像是在問：更好的世界到底是什麼樣的世界，以及如何實現？於是，他寫了《判道：改變國家的基進力量》（*Rules for Radicals: A Pragmatic Primer for Realistic Radicals*，按：原文書名為《基進者規則：給務實基進者的實用入門書》），給決心要達成真正改變的人，而不只是口頭上說說，想要有一個充滿和平與愛的世界。

平等、正義、和平、合作、教育機會、有意義的工作以及健康，都是值得爭取的理想，但並不容易實現；阿林斯基堅稱「歷史上的重大改變都是透過革命完成的」，但因為急著改變，激進分子很少理解群眾運動與革命性改變的機制。這是《判道》想要填補的落差。阿林斯基寫道：「不論場景或時間，在人類的政治活動中，有某些核心的行動概念在運作。想有效攻擊制度，了解這些概念是基本的功課。」在很多人之中，據說《判道》啟發了年輕的歐巴馬在芝加哥南部從事組織工作。

成為一名組織者

阿林斯基在基層社區開設組織課程，訓練來上課的每一個人，從中產階級的女性活動家到天主教神父，從黑豹（Black Panther）黑人民族主義者到激進的哲學家。他警告大家，活動家或組織者的生活並不容易，要全天候投入，而且通常看起來沒有什麼具體成果。

阿林斯基在領導人與活動家之間，也畫出一道明顯的對比。領導人的工作通常最後是對自己有利，但活動家的目的是賦予其他人權力。組織者必須具有的一個特質是溝通與激勵別人的能力。其中一部分是要會運用幽默感，但叛逆的一代很少人知道如何使用。阿林斯基說，如果想要突破保守派的心牆，真正的激進派會剪掉長髮；因為大眾通常對煽動暴亂者的大聲喊叫退避三舍，因此從來不會費心去了解抗議者追求的東西。阿林斯基也譴責一九六〇年代的抗議者把燒毀美國國旗當成抗議的一部分。這種行為只會造成疏離，焦點應該放在未能實現美國理想的個別政治人物。

如果只是為了達成更好的結果，組織者應該要願意運用想像力，站在敵人的立場思考。「妥協」並不是一個骯髒的字眼，事實上，這是形成一個自由而開放社會的關鍵。沒有妥協的社會，就是一個極權主義的社會。另外，阿林斯基說：「如果你從〇開始，要求達到一〇〇%，然後妥協了三〇%，其實你是提前了三〇%。」

但重要的是，組織者必須把問題看得很清楚。為了要達成目標，你必須相信，或讓別人相信，你的理想是百分之百正義的，而另一方完全是不道德的。舉例來說，美國開國元勳知道，為了要把充滿懷疑的各州與殖民地，變成一個統一的國家，他們必須對大家灌輸一種道德的優越感。因此《獨立宣言》（The Declaration of Independence）完全省略了英國做的好事，只提出壞事。

因此，組織者必須把自己分成兩部分：一方面，相信自己這一邊完全正確，另一方面，在實際的談判中，為了完成任務要願意妥協。

活動家的行動

對於目的是否能合理化手段的問題，阿林斯基並未退縮。對他來說，唯一的問題是，特定的目的是否合理化特定的手段。為了得到想要的東西，人生很自然會牽涉到不斷的取捨，而且，在某種程度上，沒有一個活著的人沒有做腐化自己的事。他寫道：「害怕腐化的人，害怕人生。」當我們採取行動時，比較好的方式是想著對人類最好的事，而不是是否符合個人的良知。如果我們選擇的是符合個人良知，這就意味著，我們不夠在乎人們為了自身利益就會腐化。當我們看見不正義的事，最不道德的行為就是不採取任何行動。

阿林斯基觀察到一個道德規則：一個人對一個議題越少直接參與，就會更有道德性。牽涉越深，對道德細節的疑慮就越少，也更能聚焦在把任務完成。

抗議的特權

阿林斯基說：「身為組織者，我從世界的現狀而不是從我希望的世界開始著手。」為了改變，我們必須在「現有制度」中做事，而不是脫離社會，去「做我們自己的事」。而且，如果人們已經決定想要有所改變，只能進行一場持久的革命。如果不是這樣，革命就會變成獨裁，就像我們在蘇聯與毛澤東的中國看到的一樣。定期主動參與對你很重要的議題，是一種責任，也是一種權利。阿林斯基認為，如果你不像公民一樣行動，你就失去了作為一個人的身分。

總評

阿林斯基寫這本書的時候，美國針對社會變革的文獻非常少，存在的文獻往往是共產主義或另一個對現狀歌功頌德的極端。他想提供的不是資本主義，也不是共產主義，而是為了所有「沒有」(have nots）的人，能夠有效改變現狀的東西。今天，這可以說包括了右派的茶黨運動（Tea Party movement），以及左派的占領運動（Occupy movement），而且事實上，茶黨活動家已經把阿林斯基的教導改寫到一本名為《愛國者規則》（*Rules for Patriots*）的手冊中。

《叛道》似乎具有超越時間的價值，因為書中沒有提出任何具體的意識型態，只談如何促成改變。阿林斯基譴責教條就像「人類自由的敵人」，並提出警告，在任何一種革命運動中，對於教條都要非常小心應對。任何形式的殘酷與不正義，都可以在某人所謂的真相中找到理由。本書較重要的訊息是權力本身：為了達成任何目標，我們必須成為小心學習權力的學生，因為如果處理不當，權力將會腐化或摧毀我們奮鬥追求的理想。

索爾・阿林斯基

索爾・阿林斯基（Saul Alinsky）在一九〇九年出生於芝加哥，父母親是俄羅斯–猶太移民。他在芝加哥大學（University of Chicago）學習考古學，並在伊利諾州政府擔任犯罪學家一段時間。在工業組織大會（Congress of Industrial Organizations, CIO）工作之後，從勞工運動轉為社區組織工作。

他為芝加哥的貧困地區而努力，特別是位於後院背後（Back of the yards）的肉品加工區（辛克萊《魔鬼的叢林》的場景，見42章），他的成功促成全美各地開始協助社區的行動。一九五〇年，他回到芝加哥為黑人貧民窟做事，然後到舊金山工作。他成立的工業區基金會（The Industrial Areas Foundation）訓練了很多社區組織人才。

阿林斯基在一九七二年死於心臟病，就在《叛道》出版一年之後。他一直是許多紀錄片與三本傳記的主角，包括霍夫曼（Nicholas von Hoffman）寫的《激進者：阿林斯基傳記》（*Radical: A Portrait of Saul Alinsky*，二〇一〇）。

1971/1999

決策的本質：解釋古巴飛彈危機

Essence of Decision: Explaining the Cuban Missile Crisis

「最終決策的本質對觀察者來說仍然是難以捉摸的，甚至對最密切參與其中的人也是神祕難解的。事實上，對決策者本身來說，在決策過程中，一定會有黑暗與糾結的一面。」

——約翰・F・甘迺迪

「牽涉其中的十四個人都非常重要，他們聰明、能幹、盡心盡力，所有人對美國都有最深的感情……如果其中六個人當了美國總統，我想美國就可能席捲這個世界。」

——羅伯・甘迺迪

總結一句

政治行動受到一連串的行為者與利益的影響，但仍需要一位優秀的領導人，從中選擇最佳途徑。

同場加映

卡爾・伯恩斯坦＆鮑勃・伍德華《總統的人馬》(10章)
漢斯・摩根索《國際政治：權力與和平的鬥爭》(33章)

04

格雷厄姆・艾利森&菲利普・哲利考

Graham T. Allison & Philip Zelikow

加勒比海地區一個貧窮的小國，怎麼會變成最危險的冷戰爆發點，以及幾乎滅絕人類的場景？艾利森與哲利考在《決策的本質：古巴飛彈危機的解釋》中提綱挈領指出，作為西半球唯一的共產主義國家，古巴對蘇聯極為重要；而它與美國的臨近性，又讓它成為對資本主義美國的一種侮辱。一九六一年，甘迺迪總統與中央情報局發動豬玀灣入侵古巴的災難性行動，希望古巴流亡的特遣隊能煽動一場革命，以推翻總統卡斯楚。這次行動的失敗，不只是甘迺迪的一項羞辱，還讓卡斯楚與蘇聯領導人赫魯雪夫（Nikita Khrushchev）變得偏執。

一九六二年夏天，蘇聯開始派遣武器與部隊到古巴，協助阻撓美國可能的攻擊。全世界開始高度警戒，然後甘迺迪提出警告，如果這些武器有任何「攻擊性」（offensive，指能抵達美國城市的核武彈頭），美國不會接受，也將會採取行動。直到這個時間點，雙方正式與非正式的溝通都遵守著外交威嚇的正常規則；情況雖然令人擔憂，但似乎受到了控制。另外，中央情報局一份考慮到蘇聯情勢的內部報告指出，在古巴部署攻擊性武器的風險，對蘇聯來說太大了。

但是到了十月十五至十六日，美國情報單位發現，古巴領土上的確發現了蘇聯的彈道飛彈[1]，一切都改變了。甘迺迪深感震驚，但他認為，柏林與哈瓦那一定也一樣震驚。蘇聯把民主、資本主義的西柏林視為一大威脅，就像一顆務必拔除的「壞牙」。赫魯雪夫已經在一九六一年發出最後通牒，要求西方軍隊在年底前撤離這座城市。艾利森與哲利考認為，甘迺迪的困境在於，不是對古巴開戰，就是對柏林開戰。但赫魯雪夫也面臨計畫失敗的國內沉重壓力，而且沒有看到他下的最後通牒有任何成果。古巴似乎是恢復他與蘇聯的驕傲的一個方式。

艾利森與哲利考把古巴飛彈危機，描寫為「核武時代的決定性事件，以及有史以來最危險的時刻」。但他們並不打算在《決策的本質》中一本一五一十詳盡交代事件始末，而是把它當成一個針對危機管理與決策的案例研究。看待這個危機最好的方式是什麼？這只是兩大冷戰人物之間的一場心理戰，或是美國與蘇聯軍事情報機構之間的一場衝突？這是和人有關，還是和制度有關？

這本書最初在一九七一年出版，艾利森是唯一作者，當時是一本暢銷書，但是由於學術界重新對這個危機感到興趣，加上出現新的資訊，以及在危機期間的白宮祕密錄音帶公開，因此於一九九〇年代末期，在哲利考的協助下，對原書做了大幅度的改寫。哲利考身兼外交人員與學者，並成立了白宮

---

1 譯注：通常沒有翼，燃料燒完之後，只能按照預定方向飛航，無法改變方向。

錄音帶網站（WhiteHouseTapes.org）。

三種看待危機的方式

艾利森因提出分析政治的「理性行為者」（rational actor）模式而出名，這挑戰了政府或國家像理性、自我最大化（self-maximizing）的個人那樣行動的假設。他覺得，現實複雜多了，國家最終採取的立場，會牽涉到很多政黨、利益與動力。因此，最好選擇一些模式或視角（lenses）來檢視事件，每一個模式或視角會提出不同的問題。

第一個模式應該檢視國家的目標：它希望如何達成？第二個必須考慮在關鍵決策上會牽涉到什麼組織：它們的標準作業程序會如何限制或協助它們的表現？第三個要考慮到做決策的人：有什麼政治或個人因素會影響到他們，以及他們做決策時遵循著什麼程序？

模式一：理性行為者

艾利森與哲利考認為，經濟學的觀念已經過度影響了國際關係的研究，特別是「理性預期」（rational expectations）的想法，認為一般人（與政府）面對一連串的選擇時，總是會根據自己的最佳利益行動。事實上，西蒙（Herbert Simon，按：中文名為司馬賀）已經證實，所有理性都受到知識以及處理資訊的能力所限制，因此，歷史上有很多例子，國家與政府採取的行動，從任何客觀的基礎來看，都是不理性的。舉例來說，海珊（Saddam Hussein）明明知道，美國的火力非常輕易就能摧毀他的武力，為什麼還要侵略科威特？這場侵略行動並不像某些專家所想，只是為了取得石油供應，讓他可以解決伊朗糟糕的財務問題（理性的看法）而已，事實上，這場侵略行動符合海珊對自己的看法，他想成為阿拉伯世界歷史上的領導人（一個非常特殊的非理性渴望）。

甘迺迪和他大部分的顧問，在得知赫魯雪夫於古巴部署飛彈的情報時都非常震驚，因為他們自己並不認為這是一個理性的舉動。他這樣做是真的要冒著引起核武戰爭的風險嗎？但對於非常特殊的蘇聯領導人來說，這件事對美國「傳達了一個訊息」，同時也提供了一個重新取回柏林控制權的談判籌碼。這大致上與蘇聯的驕傲有關，也是一個經過清楚考慮的軍事行為。

模式二：組織行為

根據模式二的分析，決策並不是單一領導人、內閣或政府，在理性與刻意下的結果，事實上，國家的行為是一連串關係鬆散、各有特定利益與任務的組織的輸出結果。

組織因素對古巴飛彈危機造成什麼影響？艾利森與哲利考指出，海軍與中央情報局，就像甘迺迪政府一樣，對這個情勢都有自己的看法。在世界屛息以待時，花了好幾天、開了好多次會議，才理清這些互相衝突的看法，並對於該如何因應達成某種共識。

而在蘇聯方面，赫魯雪夫決定在古巴部署一些核導彈的戰術，被蘇聯軍隊更進一步執行，在這個國家部署了所有類型的飛彈與彈頭。因此，美國對於蘇聯的軍火實力也感到震驚。然而，發現飛彈本身就是一項組織的成就，是美國強大而長期的情報收集制度的成果。

有一次，一名美國U2飛行員在阿拉斯加因為迷航進入蘇聯領空。這並不是故意安排的行動，而是電子問題的結果，而且和正在持續的危機毫無關聯，但儘管如此，美國軍人的「例行」行動，可能會引發第三次世界大戰。這個意外事件顯示，正常的機構活動可以如何影響領導人明顯有關主權的決策。

模式三：政府政治

歷史學家往往只看採取的行動，而不是看檯面上的選擇方案與互相衝突的意見。一般人也會忘記，決策可能是因為會議室裡的人之間的動力、某些有力人士、「宮廷政治」(court politics)，以及國際政治的影響。

古巴是甘迺迪政府的「阿基里斯腱」。豬玀灣入侵事件是一場軍事與政治災難。甘迺迪將其稱為他「最沉重的政治十字架」，也讓他下定決心，要在古巴危機中有果決表現，尤其是在國會選舉前夕。

如果有任何事出了差錯，共和黨就能從中得到很大的利益。因此司法部長羅伯・甘迺迪告訴他的兄弟說，什麼都不做，可能會受到彈劾。

參謀長聯席會議新任主席泰勒（Maxwell Taylor）想對古巴的蘇聯飛彈與飛機，來個閃電突襲，把它們打得落花流水。但另一方面，國防部長麥克納馬拉（Robert McNamara）並不認為這些飛彈大幅改變了整體的核武平衡狀態。這項部署比較是政治性的，而不是軍事性的問題，因此，他反對入侵；他比較支持封鎖。副國務卿鮑爾（George Ball）則提出了道德上的反對意見，認為入侵會導致很多人死亡，並把珍珠港事件拿來比較。羅伯・甘迺迪同意這個看法。甘迺迪總統的考慮則是，入侵會讓蘇聯有理由入侵西柏林，如此一來，美國除了以核武報復之外，就沒有太多選擇了。他說，因此「真正的問題在於，我們要採取什麼行動以降低互相核武攻擊的機會，因為這對我們來說，很明顯是重大的失敗」。然而，即使總統態度轉向封鎖這個選項與外交途徑，參謀長聯席會議現在卻認為，攻擊是唯一可能的行動。不管約翰・甘迺迪做什麼決定，某些行為者與他們所屬的組織一定會覺得被冷落。

結果

國家安全委員會（National Security Council）會議做出兩個選擇：封鎖前往古巴的蘇聯船隻，並對美國在土耳其與義大利（這是蘇聯方面的一根刺）與古巴關塔那摩灣的基地進行談判；支持封鎖，同時下一道最後通牒，如果蘇聯沒有停止對古巴進行軍事運輸，美國將對古巴發動空襲。

甘迺迪決定採用第二個選擇，並指出願意和赫魯雪夫商談軍事基地將讓蘇聯以為美國感到恐慌，並且會做任何事情來解決這個問題。而封鎖與最後通牒傳送一個更清楚、更強硬的訊息，如果奏效，將有機會永久削弱蘇聯在美洲的勢力範圍。然而，他並沒有對移除飛彈基地提出時間限制，也許是因為，這將會不必要地升高緊張情勢與戰爭的可能性。這也給了赫魯雪夫一些轉圜餘地，有機會保住面子。這一招真的奏效了。赫魯雪夫送了一封信給甘迺迪說：「給我們一個保證，不入侵古巴，我們就會移除導彈。」甘迺迪非常樂意效勞，而危機大致上也因此結束了。

艾利森與哲利考指出，赫魯雪夫最後決定停止軍事運輸，是受到一個蘇聯間諜提供的情報影響。這名蘇聯間諜在華盛頓特區全國新聞俱樂部擔任酒保，有一個《先驅論壇報》（*Herald Tribune*）記者告訴他，當時的攻擊行動「已經準備好了最後的細節」，而且「隨時都可以發動」。在這些模糊的細節上，歷史的走向大幅翻轉了。

總評

艾利森與哲利考指出，甘迺迪與赫魯雪夫雖然代表兩半邊互相敵對的人，但有很多共同點。兩個人都必須透過大量的建議、利益與資訊來擬訂出最佳路線；兩個人也都是數十億條人命潛在的「最後裁決者」。這件事似乎在之後刺激著赫魯雪夫的良知（他告訴主席團的同事：「為了拯救世界，我們必須撤兵」），而甘迺迪想避免核武衝突的熱切渴望，也因為需要保住對他擔任總司令的信心而強化。

儘管本書關注的是組織政治與命令的影響，但本書也提到甘迺迪的領導智慧；他不像赫魯雪夫，他從不衝動行事，而是不斷衡量不同的論點與選擇，直到出現最佳的途徑。無法理解領導的教訓，只是把一九六二年的事件視為冷戰的一段引人注目的情節，將會是一個錯誤，因為這可能會再次發生。正如艾利森與哲利考所言：「沒有其他事件比這次飛彈危機顯示得更清楚，基於對核戰的顧慮，在不可信與不可能之間，有一個很棒的空隙。」

格雷厄姆·艾利森&菲利普·哲利考

格雷厄姆·艾利森（Graham Allison）於一九四〇年出生，一九六二年於哈佛取得第一個學位，到牛津大學研讀兩年之後，回到哈佛取得政治學博士學位，並從一九六八年起，在哈佛擔任教職。一九七七年到一九八九年，他擔任約翰甘迺迪政府學院（John F. Kennedy School of Government）院長，目前是道格拉斯狄倫政府學教授（Douglas Dillon Professor of Government）；同時擔任貝爾佛科學與國際事務中心（Belfer Center for Science and International Affairs）主任。艾利森是五角大廈與國防部長的長期顧問，並因為他的研究工作影響了美國對前蘇聯國家的政策，特別是減少前蘇聯核武軍火庫的努力，而受到柯林頓總統的肯定。

菲利普·哲利考（Philip Zelikow）出生於一九五四年，擁有塔夫斯大學（Tufts University）弗萊徹法律與外交學院國際關係博士學位。他過去曾在小布希政府擔任選舉改革與反恐行動的顧問，並擔任九一一委員會執行主任。目前在維吉尼亞大學（University of Virginia）擔任歷史教授，曾是歐巴馬總統情報顧問委員會的成員。

1910

大錯覺：軍事力量與國家優勢的關係

The Great Illusion: A Study of the Relation of Military Power to National Advantage

「一個民族的商業與工業不再依賴政治力量的擴張……軍事力量在社會與經濟上都是沒有用的，而且與運用這個軍事力量的民族的繁榮無關……一個國家不可能以武力奪取另一個國家的財富或貿易；透過征服來讓自己富裕，或用武力強迫另一個國家接受自己國家的意志；簡單說，即使是勝利的戰爭，也不再能達成這些人民努力爭取的目標。」

總結一句

在經濟整合的時代，已開發國家之間的戰爭一點也不合理。

同場加映

戴倫・艾塞默魯＆詹姆斯・A・羅賓森《國家為什麼會失敗》（2章）
溫斯頓・邱吉爾《風起雲湧》（13章）
卡爾・馮・克勞塞維茨《戰爭論》（14章）
漢斯・摩根索《國際政治：權力與和平的鬥爭》（33章）

05

諾曼・安吉爾

Norman Angell

「每一個大國都必須儘可能努力運用最大的影響力，不只在歐洲，也在世界政治中；主要是因為，經濟實力最後訴諸的是政治力量，也是因為，在世界貿易中最大的參與可能性，對每一個國家都是非常重要的事。」

德國政治家卡爾男爵（Baron Karl von Stengel）的評論，代表了一九一四年之前歐洲的公認智慧。德國對英國的殖民地、統治版圖、貿易實力以及財富感到嫉妒，並且認為，英國能擁有這一切是來自優越的海軍力量。隨著人口的增加，德國也希望擁有英國所有的一切，並開始大規模建立軍隊，以達到這個目標，因此撒下第一次世界大戰的種子。

在一本於一九〇九年自費出版的長篇小冊子《歐洲的幻覺》（*Europe's Optical Illusion*）中，年輕的英國知識分子安吉爾（Norman Angell）抱持不同的看法。他寫道，自從歐洲上一次重大衝突（一八七〇年到一八七一年的普法戰爭）以來，各國之間的經濟整合程度已經非常密切，再次開戰根本不符合任何一個國家的利益。

在這個新時代，大規模衝突是最大的愚蠢行為。

但僅僅五年後，德國入侵比利時，隨後的大屠殺奪走了一千六百萬條人命。二十年後，又發生一次，這次犧牲了五千萬人的生命。

顯然，安吉爾與很多像他一樣聰明的人，都被迷惑了。經濟整合也許可以幫助歐洲維持和平，但顯然無法阻止人類的不理性（恐懼、貪婪與驕傲），這通常是導致戰爭的原因。過去一直都是如此，未來也永遠會一樣。

安吉爾的小冊子掀起了很大的爭議（甚至連邱吉爾都提出回應），以至於在一九一〇年，擴大並出版為一本書，書名是《大錯覺：軍事力量與國家優勢的關係》（*The Great Illusion:A Study of the Relation of Military Power to National Advantage*）。他後來的版本（包括一九三三年出版的一個版本，警告要對抗另一場戰爭的威脅）針對批評做出回應，並添加了新的素材以支持他的論點。

但安吉爾究竟說了什麼，我們今天是不是太快就否定他了？

權力的所在

安吉爾一開始就提到他那個時代的假設：「為了找到擴大人口與增加產業的管道，或者單純為國民保障最好的可能條件，一個國家就必須擴大領土，並且運用政治力量對抗其他國家。」舉例來說，德國海軍力量的提升，就是德國人口增加並希望透過征服取得英國殖民地與貿易財富的一種表現。更簡單一點說，就是這個觀念：國家的繁榮取決於政治力量。是的，國家可以和平競爭以贏得商業或貿易，但在彼此之間激烈的競爭中，最有軍事力量支撐的國家，最後將會贏得勝利。在達爾文的地緣政治鬥爭中，弱國也將會是窮國。

安吉爾把這個觀點視為舊時遺物。對他來說，國家財富並不是靠領土擴張；一個國家不需要靠大規模的軍事支撐，就可以變得富裕而有影響力，因為在現代時期，真正重要的是財富，而不是原始的力量（raw power）。安吉爾說，戰爭本身是沒有用的，因為即使一個國家接管並征服了另一個國家，也不會達成任何有價值的目標。是的，它可以擁有更多領土，但領土可以變成什麼呢？他寫道：「現代國家增加領土為國民增加的財富，比不上倫敦合併赫特福德郡為倫敦人增加的財富。」

安吉爾認為，在一個複雜而互相關聯的全球制度中，不只戰爭沒有意義，投入戰爭的國家在達爾文的意義上，實際上是「較不適合的」國家。也就是說，因為國內缺乏某種東西，所以他們要征服其他國家。而最適合的國家就是，在經濟上與政治上表現良好的國家，他們沒有理由企圖去非法取用其他國家的資源。安吉爾說：「好戰的國家不會繼承地球，他們只是代表衰敗中的人類元素。」他很有遠見地看到，在技術上互相關聯的時代，觀念傳播快速，試圖利用或否認人民某些權利的國家，很容易發生群眾起義的事件。只有弱國才會發動進攻戰，也許是為了支持政權的力量，並掩飾國內先天的不團結與缺點。

財富的所在

安吉爾認為，國家財富來自軍事力量，這種觀念是一種「迷信」，而國家軍隊的大小是繁榮的保證，這種想法更是一種神話。他說，歐洲很多小一點的國家，包括瑞士、比利時、荷蘭、丹麥與瑞典，以每人平均來計算，與像德國、俄國、法國與奧地利這樣的大國一樣富裕；在某些情況下，更是如此。他提出，和高度軍事化的俄國與證券價值較低的德國相比，最大的差異在於，沒有軍事支撐的小型貿易國家的金融證券價值。因此市場知道價值在哪裡，它不在軍事實力上，而是在一個國家的企業家與貿易商的聰明與能力上。金融家知道，不管荷蘭是不是受到德國的影響，荷蘭比德國富裕，而且會持續下去。這是因為，入侵一個國家並不會忽然取得這個國家的財富，畢竟財富是由個人創造出來的。創造財富靠的是人際關係，當戰爭或侵略發生時，通常會破壞這些關係。

安吉爾也嘗試反駁一種看法：英國會富裕只是因為靠海軍力量取得的殖民地。他指出，英國從來沒有「擁有」過它的殖民地；事實上，這些都是相當獨立的國家，它們只是一個貿易網絡的一部分而已；而且，它們從未以金錢進貢這個宗主國。因此，任何取得這些殖民地的國家，都不會比英國更會搜刮貢品了。

武力的哲學

在「戰爭的心理案例」一章中，安吉爾指出也許是他的理論中主要的反對理由：雖然在經濟互相關聯的國家當中，可能沒有理性的戰爭的例子，但是這無法對抗人類非理性本質的強大力量。

他說，戰爭的原因可能是「虛榮、敵意、地方的驕傲、想成為第一的渴望，想掌控一個很棒的世界情勢；也可能是兩個敵對國家之間，存在著來自羞辱或傷害而急速升高的怨恨，或來自『固有的敵意』」。如果戰爭只是經濟問題，就會少很多。事實上，國家會發動戰爭是當「他們血氣衝上來」，或和物質條件無關的某些道德理由。

安吉爾也扼要談到他所謂的「武力的哲學」。他指出，好戰的德國人把戰爭看成是增加德國生存空間的一個方式，同時也是一種理想主義者的權利。戰爭同時也被描繪成是上帝衡量國家美德的一種手段，因為忠誠、堅毅、英雄主義、創造力、經濟與身體健康情形，都是會在戰爭中暴露的特質。英國與美國的作家，也透過引用演化法則，為他們的親戰看法提供一點科學光采。他們說，很顯然，透過戰爭而崛起的國家就是最適合生存的。戰爭不是人類的墮落或反常，而是普遍法則的展現。然而，當一般人簡單接受戰爭是國家做的事情的一部分時，安吉爾指出，這往往排除了耐心的價值，但這在全球政治上和在個人生活中一樣重要。

和平的哲學

在安吉爾的時代，和平主義者一向被批評為「過度理想主義、多愁善感、對於在辛苦鬥爭世界中的人所承受的必要艱辛渾然不覺，而且問太多人性的問題」。但是這種態度已經有點改變。追求和平的人現在被視為物質主義者，否認戰爭的道德或理想主義的理由，反而選擇透過貿易與工業買到的舒適生活。

然而，對於安吉爾來說，這種指責沒看見一個更根本的改變。在過去，即使在民主國家，政府與國家會為了最微不足道的意識型態或獲得權力的理由而發動戰爭，但他正確地預測到，現在的國家，除非某個特定國家的一般民眾願意忍受，國家才會投入戰爭。他們必須考慮的是，如果參戰，是否會增加他們的福祉。果不其然，今天的民意調查可以決定總理與總統在戰爭議題上的決策，就和地緣政治的策略一樣重要。對於忽略這一點的人來說，例如小布希與布萊爾（Tony Blair，按：前英國首相），沒有得到大眾支持就發動戰爭，結果要付出很大的代價，而煽動戰爭的人甚至會被貼上戰犯的烙印。

安吉爾花了一些篇幅反駁達爾文的「生存競爭」比喻，在他那個時代，這是發動戰爭主要的支持知識。他說，英國變得繁榮和平，不是因為透過威塞克斯（Wessex，按：中世紀的國王）嘗試接管諾桑比亞（按：中世紀在英國北方的王國），而是這個國家不同部分的人都團結在一起。人們可以看到，部分的總和大於各個部分。從全球來看，「最適應」的國家將採取合作方式來為所有人達成最佳結果，而不只是為了自己。畢竟，人類的環境不只是國家的邊界，而是整個星球。當這種意識增強時，集體責任也會強化。安吉爾前瞻性地指出，現代世界的真正衝突在於看待世界的不同方式：民主與專制；社會主義與個人主義；反應與進步。

總評

第一次世界大戰一百週年前夕，《經濟學人》（*The Economist*，〈焦慮回顧〉，二〇一三年十二月）提出，今天日益密切的經濟互相依存關係，與一九一四年之前的情形，有令人不安的相似之處。文章指出，我們也許太過於沉迷於安吉爾的心態，太過於自滿了。這是一個預言式的想法，因為就在幾個月後，普丁（Vladimir Putin）的俄羅斯軍隊就攻占了主權國家烏克蘭的克里米亞，讓人想起希特勒或史達林的土地掠奪行為。之前的美好共識就是，沒有任何當代領導人會為了某些新領土的利益，瘋狂到冒著傷害自己國家的經濟、信用評等與國際地位的風險，但這些事都沒能阻止普丁。情緒已經超越了經濟與理性，安吉爾的論點，「在所有的人類活動範圍中，具體武力的作用正在減少」，再一次證明似乎是錯誤的。

然而，長期來看，人們也可以主張，安吉爾的看法「目前的侵略動機，大部分都將停止運作」已經被證實是正確的。就如平克（Steven Pinker）的《人性中的善良天使》（*The Better Angels of Our Nature*）書中所言，雖然二十世紀發生了兩次世界大戰以及多次種族滅絕事件，一般人因為戰爭死於暴力的機會，遠低於歷史上的任何時間點。

諾曼・安吉爾

勞夫・諾曼・安吉爾・蘭恩（Ralph Norman Angell Lane）於一八七二年出生於林肯郡霍爾比奇（Holbeach），是六個孩子中的一個。他的父親是一名富裕的商人。他在英國與法國就學，年輕時曾在倫敦一所商學院與日內瓦大學就讀過。由於對歐洲的問題感到絕望，他搬到美國加州，在舊金山當過手作勞工、採礦工人與記者。二十五、六歲時，安吉爾搬到巴黎為報紙寫稿，包括為美國的報紙撰寫德雷福斯事件（按：法國一名將軍陷害一名猶太軍官的醜聞）。他出版了一本書《三面旗下的愛國主義》（*Patriotism under Three Flags: A Plea For Rationalism in Politics*），並在一九〇五年成為《倫敦每日郵報》（*London Daily Mail*）巴黎版的主編。在郵報工作十年期間，出版了《歐洲的幻覺》（*Europe's Optical Illusion*）。這本書極為出名，共以二十四種語言出版，銷售超過二百萬冊，促使他辭去郵報的工作，專注於全職的寫作與演講。其他著作包括《美國與新世界狀態》（*America and the New World-State*，一九一二）、《為什麼自由很重要》（*Why Freedom Matters*，一九一七）、《外交政策與人性》（*Foreign Policy and Human Nature*，一九二五）、《一九三三大錯覺》（*The Great Illusion—1933*，一九三三）、《現在的大錯覺》（*The Great Illusion—Now*，一九三八），繼續鼓吹他最知名著作中的警告。他的自傳《歸根究柢》（*After All*）在一九五一年出版。

安吉爾在一九二八年到一九三一年，編輯《外交事務》期刊（*Foreign Affairs*），並在一九二九年到一九三一年期間，是布拉福德北區的工黨國會議員，但隨著工黨政府失勢而失去席位。他繼續針對和平與國際議題發表演說，每一年都到世界各地演講，直到九十歲。他在一九三三年榮獲諾貝爾和平獎。一生未婚，於一九六七年在倫敦辭世，享年九十四歲。

1951

極權主義的起源

The Origins of Totalitarianism

「恐怖主義是在執行一種運動法則，其終極目標不是人類的福利，或一個人的利益，而是打造虛構的人類。恐怖主義是為了整個物種而消滅了個人，為了『整體』而犧牲了『部分』。自然或歷史的超人力量（suprahuman force），有自己的開端，也有自己的終點。」

「極權主義統治的理想對象，不是堅定的納粹分子，或是堅定的共產主義者，而是不再有能力辨別事實與虛構、真與假的人。」

總結一句

極權主義運動從聲稱是自然或歷史不可避免的力量的展現而得到力量。與這些力量相比，個人的生命微不足道，也是可有可無的。

同場加映

溫斯頓·邱吉爾《風起雲湧》（13章）
弗雷德里希·海耶克《通向奴役之路》（19章）
喬治·歐威爾《動物農莊》（37章）
亞歷山大·索忍尼辛《古拉格群島》（43章）

06

漢娜・鄂蘭

Hannah Arendt

在第二次世界大戰的暴行之後，鄂蘭（Hannah Arendt）和數百萬其他人一樣，焦心地想知道這場暴行是如何發生的。當納粹黨（Nazi party）開始取得影響力與權力時，這名德國－猶太知識分子就被禁止在德國的大學教書，並被蓋世太保逮捕。她先是逃到法國，並在那裡和先生從一個德國集中營逃走，然後去了美國，並在一九五一年成為美國公民。她在紐約的公寓花了五年的時間寫出《極權主義的起源》，此書讓她贏得聲望。十年後，她以《平凡的邪惡：艾希曼耶路撒冷大審紀實》（*Eichmann in Jerusalem*）延續前書，這是有關納粹戰犯的研究，書中提出「平凡的邪惡」這個概念。

對鄂蘭來說，希特勒與史達林的極權政權，與過去只想控制人民的高壓統治與獨裁截然不同。極權主義最令人震驚的一個面向是：「當有組織的反對派都逐漸消失，極權統治者知道從此可以高枕無憂時，是很放鬆而自由的。」例如，史達林直到一九三四年才開始肅清異己，把所有可能的反對人士處死或是送到古拉格集中營。極權主義領導人不會只因控制人民而感到滿足；他還想要控制人民的情感與理智，因此領導人、國家與人民，就能合而為一，成為一體。這不只需要大規模的組織，也把邪惡帶到了一個新的層次，因為個人無足輕重，而且每一種國家犯罪行為都是合理的。

極權主義運動可以採取很多種形式。在德國，納粹主義是以種族為基礎（生命與自然的法則），而布爾什維克主義則聚焦在階級（辯證法與經濟學）。鄂蘭的卓越洞察在於，希特勒與史達林是極權硬幣的兩邊，在道德意義上是一樣的。在一九五〇年代初期，這是一個大膽的主張，因為當時史達林政權還沒顯露出真正的恐怖面目，很多西方知識分子仍然以為蘇聯是一個立意良善的社會主義實驗。當不同意見的紀錄開始出現，例如索忍尼辛的書，才證明鄂蘭的見解是正確的。

在書中的前兩部分，鄂蘭聚焦在希特勒出現前數十年的德國，她指出，當時的反猶太主義（anti-Semitism）與帝國主義是極權野獸的雙親。

反猶太主義

鄂蘭提出，傳統的解釋是，納粹只是利用反猶太主義作為「贏得群眾的藉口」，並成為創造民族熱情一個很好的號召理由。然而，納粹哲學一向遠遠超越德國民族主義，就像布爾什維克主義也遠遠超過俄羅斯一樣。

鄂蘭認為，只要經濟繼續繁榮，反猶太心理仍然會處於政治邊緣。事實上，在二十世紀，剛剛出現的「猶太人問題」，在德國因為不重要而被擱置一旁，但是在第一次世界大戰的破壞之後，德國面臨戰後的經濟低迷，這個問題才再度出現。在十七與十八世紀，有錢的猶太人扮演德國、奧地利、法國與英國政府的金融家，但在戰爭期間，猶太人象徵著「沒有用的財富」，對資本主義的企業與工業貢獻很少，也不再具有政治功能。他們將被視為矛盾的舊秩序遺跡而淘汰。

和一個基於「亞利安人血統」聯合德國與奧地利人的泛德（pan-German）國家這個願景相比，靠各民族拼湊起來的奧匈帝國，開始顯得疲弱而放縱。猶太人仍被認為是君主制度下國王與王子的僕人，代表的是一種泛歐主義（pan-Europeanism），在這樣的願景中，就不再有立足之地。對於住在維也納名叫希特勒（Adolf Hitler）的年輕人來說，所有的這一切極為明顯，他的優先要務就是把猶太人從歐洲中肅清。反猶太主義不會只是某些納粹分子的共同見解，而是納粹主義的核心。

帝國主義、民族主義與種族

一八八〇年代對非洲的瓜分，給了歐洲民族國家延長壽命的契機，因為這些國家已經面臨國內社會與政治力量的威脅。鄂蘭寫道，帝國主義「趕走了所有的麻煩，並產生了欺騙性的安全感」。中產階級大表支持，因為如果政治現狀發生變化，會造成他們很大的損失。擴大國內的經濟以擁抱海外領土的市場，甚至可以避免商業週期，以及各種崩潰與衰退。因此，帝國主義似乎是未來的一個希望，可以讓所有的社會階層利益均霑。資本家也警告，除非工人在帝國征服行動中發揮作用，否則他們將會輸給其他國家的人，最後就會出現「暴民」（也就是歐洲的工人階級）與資本的聯盟。於是世界開始分裂，不是根據富裕與貧窮，而是根據帝國在「主人」與「奴隸」、黑與白、人種的「高」與「低」的宣傳。殖民地與殖民地的財富，成為白人勞動者與生俱來的權利。這樣的論點在當時占了上風，因為這讓階級與不平等問題，不再成為問題。正如鄂蘭精闢地指出，在那個時代，當所有俄羅斯人都成為「斯拉夫人」，所有英國人都成為「白人」，所有德國人都成為「亞利安人」，你就可以掩蓋有關西方人的這個想法了。

鄂蘭認為，國家（state）這個觀念被「民族」（nation）觀念給綁架了。意思是說，任何民族國家都可以和主要族群緊密結盟，而排除其他少數民族。希特勒不把猶太人當德國人，因此為合法消除猶太人開了路。國家的法律元素，例如獨立的司法系統，也必須為這個民族服務，而不是保護這個國家中的所有公民。對鄂蘭來說，這就是「民族的意志是至高無上的，超越所有法律與『抽象』的機構」。她說，在心理層面上，比起往往支持平等觀念的民族國家效忠力量，種族思維更強大。這一切都有助於希特勒的崛起，他不只是德國的新國家領導人，也是注定要顯示其**種族**優越性的領頭者。德國未能戰勝明顯的帝國與海洋統治者英國，對希特勒是一大恥辱。這個損失，他下定決心要報復，但這樣做就要無情地淨化德國的民族。

極權主義的作為

雖然在歐洲已經看到大量的高壓統治，為了讓國家更好治理，而企圖平等化或扁平化社會的階層，但是並沒有摧毀社群與家庭這種非關政治的感情。史達林和希特勒兩人都看到，生活中的某些面向沒有納入政治領域的危險，因此務必要讓生活與人際關係中的每一個層面，都要以政黨和國家的名義來進行。出於這種絕對忠誠的要求，他們的政權也要求消除任何應有的理由。自然而然地，雖然列寧是以有否符合馬克思主義理論的角度看待一切政府政策，是否根據史達林的政策不重要，只有控制與權力最重要。於是蘇聯政府就成為史達林前一晚決定的政府形式，不管他的決定是什麼。

法西斯政府滿足於建立一個權力菁英集團，並強大到足以統治社會上的所有其他一切，鄂蘭說，極權主義政府「找到一種從人類內在支配與恐嚇人的手段」。國家與人民之間的差距被弭平了；國家與人民就是一體。希特勒也承認這一點，他在對納粹衝鋒隊（SA）的一場演講中說：「你的一切，都是透過我來呈現；我的一切，也只能透過你來呈現。」希特勒、史達林以及任何極權主義領導人真正的目標，並不是特定的國內或國外的成就，而是將整個人民融入政府的思維方式。這個目標是沒有限制的，因此也比單純只想扳倒貴族或順利侵略鄰國的高壓統治，更邪惡得多。對極權主義者來說，要占領的領土是**大腦**（mind）。為了達成這個目標，客觀事實變得無關緊要，一切由宣傳說了算。例如，國家直接取消失業福利金，然後就可以說，不再有失業問題了。

極權主義的目標是把宣傳訊息的核心，例如猶太人或托洛斯基主義分子（Trotskyites，按：馬列主義中的一個流派，十月革命的實際指揮者）的陰謀，轉變成一個運作良好的**組織**。再透過這個有組織而極端忠誠的階層團體，把反對人士消滅殆盡。當這些階層團體建立與強化之後，就不准任何人從中逃脫。事實上，生存或提升位階的唯一方式，就是外表比下一個人更極端的忠誠。就像好的納粹分子想更上一層樓，就要比同仁更關心如何消滅猶太人。在史達林主義下的蘇聯，只是致力於解放無產階級或國際階級鬥爭已經不夠了，一個人還必須要殘酷地貫徹執行他的安全或軍事角色。

鄂蘭說，極權主義政府很難解讀。而其他國家犯的錯誤是，認為他們正在和一個正常的國家打交道——不管它是官僚機構或獨裁政權，而沒有理解到，極權主義領導人把自己的國家視為「只是邁向征服世界的國際運動的臨時總部」。德國親衛隊（SS）不只是努力把德國領土拓展到其他歐洲土地上，而是把自己視為優等民族支配世界的種子。很多運動可以維持一個大謊言，但在政府中要呈現並維持這個謊言，必須付出更大的心力。鄂蘭提出，極權主義領導人並不是為了他的國家而存在，而是為了他對國家的偉大想法或幻想而存在，而人民的福祉是他最不關心的事。

總評

鄂蘭在序言中寫道，沒有極權主義，「我們永遠不會知道邪惡的真正激進本質。」希特勒與史達林並不是可以遮掩的異常現象，而是我們必須以新的方式看待人性的核心。這些政權所持有最令人震驚的武器，就是他們的意識型態，這種意識型態非常成功，因為他們可以宣稱自己是「科學的」。鄂蘭聯想到恩格斯在馬克思葬禮上所說的話：「就像達爾文發現了有機生命的成長法則，馬克思也發現了人類歷史的發展法則。」不幸的是，這樣的「法則」需要時間評估，但等到那個時候通常都太晚了。

鄂蘭提到一個可以令人安慰之處是，極權政權往往很短暫。他們出現得很突然，存在時是至高無上的，但很快就會崩潰，只留下一點點痕跡。她說，這是因為，只要一場運動把自己轉化成一個國家，就會出現一個致命的矛盾。一方面，極權主義領導人必須「把這場運動的虛構世界，建立成一個日常生活中具體可行的現實」，但另一方面，他又不能讓這個現實太穩定，因為這場運動的火焰會燃燒殆盡，就會失去支配世界的欲望，而成為只是各式各樣國際社會成員中的一個國家而已。最後，現實與不想面對的事實會從外面的世界不知不覺滲透進來，而這個虛構的世界就會開始瓦解。因此，即使光是警察就足以平息任何內部的異議，為了維持整體的思想控制而成立集中營，也是非常合理與勢在必行的事。為了政權的延續，它必須在統治上更完整，並消除「私人」生活，這樣所有的人和國家的關係，就會是一樣的。

現在希特勒與史達林都已經作古了，為什麼這本書還很重要？鄂蘭指出，從共和到獨裁，每一種政府的形式儘管暫時失利，但仍然繼續存在。因此沒有理由相信，極權主義不會再出現。由於她的書的仔細剖析，我們至少知道這頭野獸的真正本質。

漢娜・鄂蘭

漢娜・鄂蘭（Johanna Arendt）於一九〇六年出生於漢諾威，並在哥尼斯堡的一個猶太家庭中長大。七歲時，父親過世，但她和母親比較親近，母親是一名活躍的德國社會民主黨員。高中畢業後，鄂蘭在馬爾堡大學（University of Marburg）研究神學，當時有一個講師是海德格（Martin Heidegger），鄂蘭與他有一段婚外情。之後鄂蘭前往海德堡大學（University of Heidelberg）。在指導老師哲學家亞斯伯斯（Karl Jaspers）的指導下，她寫了一篇研究聖奧古斯丁（St Augustine）思想中愛的概念的博士論文。鄂蘭於一九三〇年結婚，當納粹黨的影響力大增時，她被禁止在德國的大學教書；她於是投入猶太復國運動的政治活動中，從一九三三年起，在德國猶太復國組織（German Zionist Organization）做事。後來蓋世太保將她逮捕，但她逃到巴黎，並在那裡為一個努力營救奧地利與捷克兒童的猶太人組織工作。

與第一任丈夫離婚後，她在一九四〇年嫁給布呂歇（Heinrich Blücher），但幾個月後，這對夫妻就被關押在法國南部的德國難民營。他們逃了出來，並找到去美國的管道。一九五〇年代，她進入了紐約的知識分子圈子，並擔任編輯工作。她的著作《人的境況》（*The Human Condition*，可參考《一次讀懂哲學經典》的評論），於一九五八年出版。她是普林斯頓大學（Princeton University）第一位女性政治學教授，同時也在芝加哥大學（University of Chicago）、衛斯理大學（Wesleyan University）、社會研究新學院（New School for Social Research）任教。一九七五年辭世。

西元前四世紀

政治學

Politics

「人類天生是一種政治動物。」

「人類的一個特徵就是，光是自己就有一種良善與邪惡感，或正義與不正義以及這類的感受，和擁有這類感受的人的聯盟關係，就形成了家庭與國家。」

「國家是出現在個人之前的自然創造的證據，就是個人在孤立的時候無法自給自足，因此他就像是整體的一部分。但是，因為可以自給自足而無法在社會中生活，或不需要在社會中生活的人，不是野獸，就是上帝——他不再是國家的一部分。」

「財產在某種意義上應該是共有的（common），但作為一般規則來說，也是私人的。因為，當每一個人都有不同的利益時，人就不會彼此抱怨，也會達成更大的進步，因為每一個人都會從事自己的事業。」

總結一句

國家的目的是促進公民的幸福與提升。

同場加映

柏拉圖《克里托》（39章）

07

亞里斯多德

Aristotle

亞里斯多德在《政治學》的第一段就寫到，人類是政治的動物，而且如果不和別人生活在一起，成為某個有意義的團體的一分子，就是迷失了。在這時候，他們「不是野獸，就是上帝」，只是根據例如欲望與暴飲暴食等衝動而存在。只有進入社會中，他們才會提升，受到教化，因為他們被迫根據更高的原則生活。

對古希臘人來說，一切事物是根據其目的或用途來定義，因此亞里斯多德對國家的看法也是一種目的論（teleological）的看法：國家是為了某種明確的目的或結果而存在。他認為，除了我們的言論力量，我們和其他動物的真正區別在於我們的道德感，或分辨正義或不正義、良善或邪惡的能力。因此，國家的目的基本上是道德性的：它之所以存在，不只是要確保我們可以在社會或經濟上蓬勃發展，也是因為我們將因此可以正義地活著。

亞里斯多德大膽斷言，國家本身「是一種出現在個人之前的自然的創造」。雖然城邦看起來似乎是為了保護公民而存在，但其真正目的是讓公民能達到一個更高的精神與哲學層次，同時有更豐盛的物質生活。亞里斯多德心目中的理想國家，不只是防止暴力傷害人民的瞭望塔，其目的很明顯是人民的繁榮發展與福利。亞里斯多德從提出這個說法之後，就開始對建立國家的人有很大的影響力，這讓他們有藉口削減某些人民的自由權利，以便制定為了積極達成這些正面目的的法律與政策。

亞里斯多德和他的老師柏拉圖，大致上同意國家的目的，但對於達成目的的手段看法分歧。柏拉圖相信，國家的素質只會和人民的素質一樣，因此必須進行社會改造工程。在他的概要審查概念中，為了達成社會的目標，共同財產（common property）以及由開明菁英統治，是必要的；他的《理想國》解釋了這個制度如何運作。亞里斯多德對人有更大的信心，因此認為，家庭單位（或至少是一戶〔household〕，包含奴隸）與私有財產是社會穩定的基礎。這兩位哲學家都懷疑混亂的民主能夠達成「正確」的社會目的，但亞里斯多德對人性有更熱情的肯定，這表示他的《政治學》更務實，因此這麼多世紀以來，對於國家與政府有更大的影響力。

家戶的目的

亞里斯多德指出，國家基本上是由家戶（household）組成的，因此值得檢視一下家裡的組成分子。他的分析包括擁有奴隸是否不正義的問題。他問道，如果一切事物是由其目的來定義，那麼有沒有人真的天生就想當奴隸？是的。有些人天生就是統治者，其他人就是被統治者，不只是這樣有其好處，也是因為這樣才能讓事情運作。因此，在宇宙中，到處可以看到二元性，那麼為什麼社會中就不應該存在呢？最基本的事實就是，有些人天生就比其他人優越；有些人適合政治生活，但其他人最好從事支持家庭的體力活。他們的理性足以從事各種工作，但他們的心智無法延伸到抽象事物。但只有雙方都認可與接受他們的位子，奴隸與主人的關係才能運作；這樣他們才能以善意互相服務或支持。亞里斯多德說，如果透過武力或法律形成這種關係，對雙方都不好。

亞里斯多德捍衛奴隸制度的問題在於，並沒有合乎邏輯的結論。舉例來說，有個奴隸有足夠的聰明才智可以管理一個家庭事務，如果他有機會接受教育，就很難爭論是否有些看不見的障礙，阻止他以一個自由人的層次去思考、行動與發言。但亞里斯多德知道，整個希臘城邦制度靠的就是奴隸制度，因此他無法同意移除這種支持制度。

亞里斯多德的結論是，一個家庭與一個國家的管理是不一樣的。在家庭裡面必須採取君主制，要承認成員之間根本上的不平等；但國家應該是由自由人與平等所組成，並根據憲法來統治。

國家的目的

在《尼各馬可倫理學》（*Nicomachean Ethics*，參見《一次讀懂哲學經典》）中，亞里斯多德主張，人生的主要目的是幸福，而幸福只能來自根據美德的生活。同樣的道理，他主張，在政治上，國家的目的也應該是類似的：

「國家是一群類似的人的團體，這些人的目標是儘可能有最好的生活。最好的生活就是幸福，要幸福，就要積極運用美德，而且是完全發揮美德的作用。」

他一開始就關注的問題是，一個國家如何組織最好。所有的一切應該都是共同的嗎？順著斯巴達的思路，人際關係與兒童無法共同擁有，那麼財產呢？雖然讓財產平分是一個好主意，但卻違背人性。人都喜歡擁有東西，而且想要經由自己的努力讓自己更豐盛，因此，如果讓人追求自己的利益，而不強迫分享，社會將會更穩定，也會更少敵意。我們應該鼓勵人們儘可能分享，但是只有當一個人擁有私有財產時，才會對鄰居做出最大的善意舉動。

柏拉圖認為，如果國家完全統一，而且嚴格控制社會與文化生活，國家就會強盛，但亞里斯多德堅持相反的見解：一個國家變得強大，是因為它有多元的聲音與想法。雖然柏拉圖譴責我們今天所謂的資本主義與財產累積，但亞里斯多德認為，這兩種行為都符合人性，只是要在某個限度以內。對累積財富與財產制訂相關法律，這種國家的作用將會讓所有人受益。

亞里斯多德比柏拉圖更像民主人士，因為柏拉圖認為，國家應該由一群「哲學家皇帝」(philosopher kings）來統治。亞里斯多德採取比較草根的看法，他說，只要是公民，就應該參與政治事務（希臘城邦並不是採取現在的代議民主制度，而是允許公民直接參與治理，不過公民並不包含婦女、奴隸與外國人）。他也提倡國家教育制度，理由是教育非常重要，不能任由個別家庭進行。這是他和柏拉圖共同的信念，只是亞里斯多德的國家教育願景比較像是公立學校體系，而不是柏拉圖想像的大規模灌輸體系。

政府的最佳形式

對亞里斯多德來說，政治科學是各種憲法類型之間的比較，以便得到正確的一個。目的不在於落在柏拉圖想的「完美」制度，而是最適合這個城市或國家，優點最多、缺點最少的制度。亞里斯多德花了很長的篇幅來探討君主制、寡頭政治與民主體制的利弊得失，並以克里特島、迦太基、斯巴達與其他地方為例子。

在他的新穎模式中，根據統治者的人數（一人，少數人，很多人）來區別政府，並為每一種政府形式提出一種「正確」或「異常」的版本。例如，以一個人的統治來說，帝王統治（Kingship）是正確的，但專制統治（Tyranny）就是異常的。以少數人的統治來說，貴族統治是正確的，而寡頭統治是異常的。以很多人的統治來說，政治組織（Polity，之後會概述）比民主更好。

亞里斯多德並不支持不受約束的民主，但覺得它比寡頭政治更穩定。他寫道：「多數人比少數人更不容易腐化，就像更大量的水比一點點的水更不容易被汙染。」成功的社會或政治組織是建立在一個擁有相當產權、並直接參與國家管理體制的大規模中產階級上。對於一個公平的政治組織來說，他說，「沒有一個人應該做更多統治的事而較少被統治，所有人都應該有機會輪到。」這樣的制度可以運作，是因為這種制度本身沒有先天的不平衡。只由有錢人（寡頭）統治，或只由窮人（民主）統治，就是先天不平衡的制度。有錢人有太多財產要保護，而窮人沒有什麼東西可以失去，這兩種制度都會為暴力與動盪創造理由。相反地，一個大規模中產階級的利益，就可以在有錢人與窮人之間形成一個穩定的大眾族群。

亞里斯多德警告，如果一個社會在經濟上變得太不平等，就會從民主轉變成寡頭政治：「當有錢人人數變多或財產增加，政府的形式就會變成寡頭政治或家人政府。」在目前有關「百分之一」的辯論，以及威金森與皮凱特的《公平之怒》（見48章）中提到的日益不公平的脈絡下，閱讀亞里斯多德二千三百年前的警告，真是令人感到有趣。

專制的缺點

亞里斯多德指出，「沒有政府形式像寡頭與專制政治一樣短命。」正如我們時代的鄂蘭在《極權主義的起源》（見6章）所指出的，專制政治似乎是帶著一股強大的力量忽然出現，但也一樣容易忽然崩潰。這是很合乎邏輯的，因為任何完全基於強制的政府形式，都會形成壓力與敵意，也可以忽然在革命中爆發。相反地，一個適度或民主的制度，可能會興盛或衰退，但可能都需要一段很長的時間。亞里斯多德觀察到，「最小的失誤就能摧毀病態的憲法與腐爛、管理不良的船隻，所以最糟的政府形式也需要最大的心力來關照。」人口眾多的大型民主國家，一般都會維持它的形式，因為多元化就是一種先天的穩定性；但在寡頭政治與專制中，必須投入龐大的資源維持秩序。我們看到今天的威權政權，為了嚴密控制人民而限制網路使用、禁止示威遊行與成立社團權利，或者控制法官，亞里斯多德應該一點也不會意外。另外，對於這些政權的脆弱性，他應該一點也不會驚訝。

總評

在問什麼是最好的政府形式時，任何政治組織首先必須問的是：我們要為住在這裡的人實現什麼樣的生活？我們要如何定義美好的生活？亞里斯多德指出，雖然外在利益對美好生活很重要，但美好生活通常是透過「靈魂的美德」來實現，例如誠實、節制等等之類的美德。而且外在事物終究有一個限度，或者外在利益太大往往會讓擁有者腐化，個人的美德則是無限的，而且可以有無限的正面效果。美德與正確的行動不會偶然出現，但是如果沒有它們，也無法建立良好的國家與社會。

如果就像亞里斯多德所看見的，一個人的最美好人生是追求美德，那麼一個國家就必須安排有序，才能往美德的方向前進。它就不應該只是用來規範市場或強制執行合約，或保衛國家而已。為了繁榮發展，並向美德前進，國家必須有更高的目標。

亞里斯多德

亞里斯多德（Aristotle）於西元前三八四年出生於馬其頓的史塔吉拉城（Stagira，位於現在的希臘北部），父親是馬其頓國王御醫。十七歲時，他開始在雅典的柏拉圖學院就學，直到他的老師於西元前三四七年過世為止。之後，他到土耳其與希臘的列士波斯島（Lesbos），進行我們今天所謂的海洋生物學、植物學、動物學、地理學與地質學的研究。亞里斯多德與他在柏拉圖學院的同學皮西亞斯（Pythias）結婚，但他的兒子尼科馬柯斯（Nicomachus）是由他和奴隸情婦赫皮利斯（Herpyllis）所生。

在亞里斯多德的一生中，由菲力普二世與亞歷山大（大帝）領導的馬其頓王國，是一個強大的征服者，接管了希臘各城市以及波斯王國。亞里斯多德享受著亞歷山大大帝的贊助，也是他親近的顧問，直到這個國王統治的最後幾年，後來因為其馬其頓王國的出身而失寵。六十二歲時，在尤比亞島

（Euboea）上過世。

亞里斯多德的著作有三分之二已經佚失，但他的文集涵蓋了大範圍的主題。值得注意的作品包括《形上學》（*Metaphysica*）、《解釋篇》（*On Interpretation*）、《論靈魂》（*De Anima*或"*On the Soul*"）、《修辭學》（*Ars Rhetorica*）、《大倫理學》（*Magna Moralia*或"*Great Ethics*"）。本評論中的引用文字，來自喬維特（*Benjamin Jowett*）的《政治學》翻譯本。

1958

自由的兩種概念

Two Concepts of Liberty

「人性是我強加在我的創意意志的原始材料；雖然在這過程中，人會受苦與死亡，但他們會被提升到一個高度，而且沒有我強制但具創意地對他們的生命施加暴力，他們就不可能提升到這個高度。這是每一個獨裁者、審問者與霸凌者，在為其行為尋求某種道德或甚至美學的理由時，所採用的論調。我必須為人們（或和他們）做他們自己無法做到的事，而且因為他們不具備知道什麼對自己最好的條件，所以我不能請求他們的許可或同意。」

「也許，在現代歷史中，不論在東方或西方，已經沒有哪一個時期有這樣的想法，事實上，由於狂熱堅持社會與政治教條，他們的人生被如此深刻地改變了，而且在某些例子中，還被暴力嚴重地擾亂了。」

總結一句

我們在追求什麼樣的自由：是允許人們成為他們自己，還是給他們機會活出我們對人性與社會的願景？

同場加映

艾克頓勛爵《自由與權力》（1章）
弗雷德里希・海耶克《通向奴役之路》（19章）
喬治・歐威爾《動物農莊》（37章）

08

以撒・柏林

Isaiah Berlin

柏林是政治哲學家與思想史學家，是二十世紀最優秀的一個知識分子。他的知名文章〈自由的兩種概念〉，最初是在一九五八年於牛津大學發表的演講內容。十年後，本文收錄在他的書《自由的四篇論文》（*Four Essays on Liberty*，一九六九）裡面，並在《自由》（*Liberty*，二〇〇二）中再次出版一次，這是一本編輯他的寫作文集的書。

這是一篇開創性的文章，因為在一九五〇年代，一般的主流觀點認為，不同形式的社會主義與共產主義，有助於「解放」受壓迫的人。但柏林並沒有這種幻想。就在布爾什維克革命之後，柏林富裕的木材商人父親，把全家人帶離蘇聯，並逃到英國。他很不明白，為什麼美國與英國的左派分子，會讚揚蘇聯與東方新成立的社會主義國家，同時卻對這些政權破壞個人自由的行徑視而不見。

在這篇文章的開頭幾個段落中，柏林提到針對「政治長久以來的核心問題」，兩種衝突觀點的一場「公開的戰爭」。這個問題是：我們應該隨心所欲自由地行事嗎？如果不是，我們應該服從到什麼程度，以及我們應該服從的對象是誰？因為這個問題牽涉到數十億人，柏林認為這個問題值得更深入研究，特別是「自由」到底是什麼**意思**。

兩種概念

柏林說，有兩種理解自由（freedom）與自由權利（liberty）的概念或方式。**消極的自由權利**（Negative liberty）是我們不受干涉的程度；也就是說，一個人或團體不受另一個人、團體或政府強迫，而可以享受的領域或空間。霍布斯在《利維坦》中總結了消極的自由權利為：「一個自由的人就是……不會受到阻礙去做他有意願要做的事。」

積極的自由權利（Positive liberty）是做某人或某事的自由，「要意識到自己是一個有思想、有意志、積極的存在，能為自己的選擇承擔責任，而且能夠以自己的想法與目的來解釋自己的選擇。」柏林說，我們是自由的，「如果我們相信這是真的；如果我們被迫了解到這並不是真的，我們就是被奴役了。」

積極的自由權利似乎非常值得讚許，柏林也有合乎邏輯的結論。他說：「這個觀念帶出了『自我主宰』（self-mastery）的道德觀，一種希望成為我『真正的』或『更高的』自己，如此一來，我的潛力就可以完全發揮。」如果我希望這樣做，或我可以看到這樣做的好處，可能有時候我會認為，強迫別人採取行動，以促成更大的公眾健康或教育或正義，也是合理的。畢竟，我的思考可能會有用，如果別人稍微開竅一點，他們無論如何也會自願採取這些行動，所以我只是為了他們的利益而行事。

柏林認為，這個問題在於，一旦你對人們採取這種看法，你就是允許自己「以他們『真正的』自己的名義或代表，去霸凌、壓迫與虐待別人」。畢竟，如果他們稍微開竅一點，也會選擇你已經為他們設定的路徑，而他們自由的程度，只是從自己的無知自我中解放而已。

柏林接受，為了一個人自己的好處，強迫有時候是合理的（例如：我們知道教育對孩子的未來有益，所以我們要孩子去上學），但是假裝成這是為了他們好，所以他們不是被強迫的，這是他們真正想要的，就完全是另外一回事了。格林（T.H. Green，按：英國政治改革家）在一八八一年指出：「真正的自由的理想是，人類社會的所有成員有最大的權力去充分發揮自己。」柏林指出，雖然格林是個自由派，「很多暴君可以用這個公式，為自己最惡劣的壓迫行為找到理由。」一個政權可以用這種說法來為任何行為辯護：「即使你不喜歡，或這會限制你的自由，我們會讓你像這樣或做這件事，因為這是為了你的成長，以及為了社會的進步。如果你拒絕配合，你顯然就是人民的敵人。」

但與此呈現鮮明對比的是，真正的自由的核心信念，就像康德所言：「沒有人能強迫我，以他的方式感到快樂。」雖然積極的自由概念是為了用來創造某種類型的人，但消極的自由支持者知道，人性的完美是一種危險的迷思；即使出於好意，也一定會導致不自由，而且通常是令人討厭的後果。

為了所有人的利益

史賓諾沙（Spinoza）、黑格爾與馬克思都認為，在一個理性的社會，人類追求權力與統治的欲望會逐漸消退。如果你建立了一個真正的理性社會，每一個人自然會想要追求他們與更大利益一致的目標，而且也沒有強制的需要。恩格斯把這個看法表達得很好，他寫道：「以物的管理，取代人的治理。」為了代替赤裸裸的權力，一個理性的社會有法律，這些法律雖然可能會妨礙或限制到個人的層次，但卻對整體有益。洛克說：「沒有法律的地方，就沒有自由。」孟德斯鳩（Montesquieu）、康德與伯克也有一樣的說法：政治自由不是允許我們做想做的事，而是「在一個理性的社會結構中，去做應該做的事」的權力與方法。十八世紀宣稱的人權背後的觀念是，解放與法律是一樣的，因為理性的法律背後擁有上帝、自然或歷史的權威，它們是「不證自明的」（self-evident）。簡而言之，我們需要國家與法律，來形塑我們朝向永恆的價值與有益的日標前進，並遠離我們的不理性以及基本的欲望與本能。對柏林來說，費希特（Fichte，按：德國唯心論哲學家）完美總結了這個看法：「沒有人有權利……違背理性。」

然而，無論有多麼好的意圖，一個理性社會鼓勵「做應該做的事」的欲望，無可避免會以自由權利為代價。畢竟，孔德（Comte，按：法國哲學家）指出，如果我們在化學與生物學上（也就是說，如果科學的基礎是理性，而不是幻想），不允許自由思考，為什麼在政治與社會事務上會允許呢？事實上，柏林指出，如果遵循理性的觀點到底，「最後只有一種正確的生活方式。」明智的人自然會遵循這種方式，但社會上的其他人就必須為了自己的利益而硬套了。這就是柏拉圖在《理想國》中描述開明的哲學家統治者（「守護者」）階級背後的理由，誰能義正詞嚴地問：「明顯的錯誤為什麼應該還要讓它存在與形成？」

柏林的評論是，其中的問題在於，只有在假設我們是理性的，而不同意我們的人是不理性的，這種看法才有道理。既然他們明顯不理性，那麼各種對自由的限制以及對他們的處罰，就變成可以接受了。從理性「明顯」的真理到獨裁，我們已經有一條明確的路了。

柏林列出了理性模式的基本假設：

一、所有人都有一個真正的目的：理性的自我導向（self-direction）。

二、所有理性生命的目的一定會符合一個普遍而和諧的模式，有些人比其他人更能辨識出這個模式。

三、所有的衝突，以及因此導致的所有悲劇，只是因為理性與不理性或不夠理性（不管是個人或社群，不成熟或未開發的元素）的衝撞。這樣的衝撞原則上是可以避免的，而且對完全理性的人來說，也是不可能發生的。

四、當所有人都變得理性時，他們將會服從自己天生的理性法則，這個理性法則只有一個，而且所有人都一樣，因此立刻完全守法，也完全自由。

但是，他問道，以上這一些，有任何一點是真實的或可以證明的嗎？他認為，以上各點不只不真實而無法證明，如果按照這個假設推論到底，將會得出一個令人不寒而慄的結論：如果我可以看到並意識到什麼是真實的，那麼我就有權形塑與控制你的生活。

據說，法國大革命解放了法國。然而，柏林指出，這個「人民主權」並不意味著個人擁有更多的自由。正如盧梭所想像的，由「民意」(popular will)統治，實際上就是表示「每一個人都被其他人統治」。彌爾就曾寫過，「多數人的專制」和任何其他類型的專制，沒有什麼不同。對於法國政治哲學家康斯坦(Benjamin Constant)來說，真正的問題不在於由**誰**掌權，而是政府應該擁有**多少**權力。康斯坦無法忍受盧梭宣稱「對所有人(例如民主體制政體)給出自己，就是沒有給任何人」。事實是，在這種類型的共和體制中，個人就像在專制體制中很容易被壓迫。霍布斯從來不想假裝，君主沒有壓迫或奴役人民，但至少，柏林評論說，他並沒有像盧梭一樣，把這樣的奴役說成是「自由」。如果某一種奴役狀態是自願的，它仍然是減少了個人的自由。

觀念很重要，政治很重要

柏林指出，某個教授在不為人知的研究中提出了一個想法，可以根除一個文明。他提到的人是德國詩人海涅（Heine），他警告法國人觀念的力量，例如他把盧梭的著作視為「羅伯斯比（Robespierre）手中染血的武器，已經摧毀了舊政權」。

柏林觀察到，當代哲學家非常樂於抽象的推理，而瞧不起政治。認為政治不可能產生璀璨的新發現，也太雜亂了。哲學家把這分成兩個領域，並走向自己的世界去了，但現實是，政治與任何一種哲學思想是「不可分割地交織在一起」。把抽象的哲學放在政治層次之上，危險就會慢慢出現。如果我們沒有意識到政治信念的力量，某些信念就會不受批判，也不受注意，直到為時已晚。

總評

柏林小心翼翼地指出，他不是反對所有想要改善大多數人類命運的社會與政治運動，他其實為他們鼓掌。他反對的是：「相信原則上可以找到一個單一公式，可以和諧地實現所有人類的多元目的。」這個單一公式一直是恐怖政權與父權國家的理由，所有人都認為他們符合自然或歷史，或單純地相信，他們做的是在他們的擺布下對人民最好的事。

然而正如康德告訴我們的，沒有比個人價值更高的價值了，因此當人們被當成達到某個目的的手段時，是行不通的。就像柏林所言：「操控人們，迫使他朝向你看到但他們可能沒看到的目標前進，就是否定了他們身為人類的本質，就是把他們看成沒有自己意志的物品，好像他們的目的沒有你的重要與神聖……這樣就是把他們降格了。」

就像艾克頓勛爵所說的，自由本身就是目的。這表示，會發生數百萬人的「生活實驗」（experiments in living，根據彌爾的說法），很多會失敗，但至少失敗的人會學到自己的教訓。對人類的宏大統一願景或絕對理論的問題在於，它們沒有考慮到實際上的人（有數不完的多樣性），而不是我們可能喜歡他們要怎樣。勸告人們活出某些更高的普遍標準，看起來似乎很正常，但是社會與政治生活，卻是問題最好間接處理的領域。在自由已經成為最高價值的時候，我們的立場更安全了。對於抱有透過改變人們以「改善」世界的使命的人，這個道理也許很難理解，但是，比起追求絕對性的希望，我們時代的多元倫理，其實更適合我們。柏林認為，追求絕對性的希望是一種道德或政治不成熟的標誌。他的文章讓人聯想到杜斯妥也夫斯基（Dostoyevsky，按：俄國文學家）的《卡拉馬助夫兄弟》（*The Brothers Karamazov*）中的大審判官，他很冷酷地宣告：「我們將會勝利，也將會成為凱撒，然後我們將會規畫人類的普遍幸福。」

以撒・柏林

以撒・柏林（Isaiah Berlin）出生於一九〇九年，在他十幾歲的時候，和說俄語的猶太人雙親搬到了倫敦。他在牛津爭取到一個位子，而且被認為才智過人，在二十五歲前後，就成為牛津大學高靈學院（All Souls College）成員。他寫了一本廣受好評的馬克思傳記（一九三九），並在戰爭期間與之後，在華盛頓與莫斯科擔任英國外交官。曾經當過牛津社會與政治理論講座教授；從一九六六年到一九七五年，擔任沃夫森學院（Wolfson College）院長。

他的其他著作包括《歷史的必然性》（*Historical Inevitability*，一九五四）、《啟蒙的年代》（*The Age of Enlightenment*，一九五六）、《維柯與赫德》（*Vico and Herder*，一九七六），還有很多值得注意的文章，包括〈刺蝟與狐狸〉（一九五三）。他也是屠格涅夫（Turgenev，按：俄國作家）的翻譯。參考伊格納季耶夫（Michael Ignatieff）寫的《他鄉：以撒・柏林傳》（*Isaiah Berlin: A Life*），這本書在柏林於一九九七年過世之後一年出版。

1928

宣傳

Propaganda

「有意而聰明地操控大眾系統性的習慣與意見，是民主社會的一個重要元素。操控這個看不見的社會機制的人，組成了一個看不見的政府，而這個政府就是國家真正的統治力量。」

「宣傳永遠不會消失。聰明的人必須理解，宣傳是一種現代工具，可以用來爭取有益的目的，幫助混亂的局面回復秩序。」

總結一句

宣傳是一種中性的工具，可以用來追求好或壞的目標，為了在現代社會中擁有權力，就必須知道宣傳的技術。

同場加映

卡爾·伯恩斯坦&鮑勃·伍德華《總統的人馬》（10章）
娜歐蜜·克萊恩《NO LOGO：顛覆品牌統治的反抗運動聖經》（24章）
約瑟夫·奈伊《權力大未來》（35章）
曼瑟·奧爾森《國家的興衰》（36章）

09

愛德華・伯內斯

Edward Bernays

從一六二二年，在梵蒂岡成立「信仰宣傳辦公室」以來，有很長的一段時間，宣傳單純只是指為了推廣某個特定哲學或一套觀念或做法的一致行動。直到二十世紀，政府開始越來越常採用宣傳，以啟發大眾或證明戰爭的合理性，這個詞彙才開始有了負面意義。第一次世界大戰爆發時，英國與美國的宣傳人士就把德國妖魔化為「匈奴」（the Hun），德國人都是「普魯士的野蠻人」（Prussian barbarism），並把自己描繪為民主與自由的高貴堡壘。這樣的行動非常成功，年輕的伯內斯在威爾遜（Woodrow Wilson）政府中也扮演了一個關鍵角色，因此他把學到的知識，用來開創了一門「公共關係」的全新領域。

伯內斯把公共關係描述為，是從單純大吹大擂的廣告與公開推廣中，看到有機會就聰明應用的技術。政治評論家李普曼（Walter Lippmann）對此有一個知名的說法「製造共識」（manufacture of consent）。大家公認伯內斯是這個全新領域的專家。李普曼對於一般選民做出理性判斷的能力，採取比較低調的看法，由於選民被很多關注與刺激的資訊分心，民主要能運作，只能靠一群無私的行政人員仔細檢查資訊並做出聰明的決策。宣傳只是表示，解釋一個較好的行動方案，並確保得到民眾的支持。

在這個知識武器中，伯內斯加入他的舅舅佛洛伊德（Sigmund Freud，按：奧地利精神醫師與心理學家）針對人類基本的非理性觀念，並加上「群眾心理學」的新思維，其中最知名的擁護者就是特羅特（Wilfred Trotter，有一段時間當過佛洛伊德的私人醫生）與勒龐（Gustave Le Bon）。伯內斯很想知道，有沒有可能讓人做事像按開關一樣容易？但他沮喪地指出，在現實中，並沒有那麼容易。宣傳永遠會是一種不精確的科學，因為它面對的是人，雖然人可以被引導到某個程度，但不是那麼容易解讀。

民主中的宣傳

伯內斯說，在民主國家中，每一個人可以投票給自己喜歡的人，但美國憲法從來沒有想像過政黨作為過濾團體的重要性，它可以設定大眾討論事項，把選擇縮小到只有幾個候選者。理論上，每一個人都會自己檢查議題與數據資料，但實際上，他們是讓政治人物精選出主要的議題。同樣的道理，個人不是憑空建構自己的道德準則，而是受到宗教與文化的引導；在獲得我們需要的東西時，我們不必對產品與價格做詳盡的資訊搜尋，可以只依賴品牌的速記引導我們做出購物決定。

因此在一個多元的民主社會中，我們受到了大量推廣政策、觀念與產品但彼此衝突的觀點與聲音的影響，而這些大致上是由於專業人士的精心策畫。為了效率，我們已經接受這是事情的自然狀態，即使這意味著，有時候新聞是被操控的、人格特質被誇大，產品也被大力炒作。科技讓這個「嚴密控制意見」的手段，越來越容易了。即使是在伯內斯的時代，由於廣播、電報與日報的出現，美國城市之間的遙遠距離也變小了。他討論到，對抗結核病、癌症與南方種族主義的偉大宣傳活動，需要的大眾心理運作知識與大眾心理學，和銷售汽車與衛生紙的宣傳活動不相上下。

伯內斯列出美國數千個利益團體與公民組織中的某些單位，全部都有某種主張，並努力傳達自己的訊息。一般人總是團結在一起強調某個議題或理想，並且可以運用宣傳技術而被看見、被聽見，就像政府做的事一樣。他說，事實上，「只有透過少數聰明人的積極活力，大眾才能意識到新觀念，並採取行動。」

形塑新聞

伯內斯把現代的宣傳定義為：「為了影響某個企業、觀念或團體的公共關係，一致而持續地創造或形塑事件的作為。」從興建一座大教堂到捐贈一所大學，從一部新電影的行銷到讓某個新的債券議題浮出檯面，每一件事都需要專業人士一致的努力，設計事件在大眾眼中的某種特定看法。伯內斯寫到，慈善機構與公家機關「必須改善輿論，就像他們有牙膏要賣一樣」。大部分的新聞報導不是「自動發生的事件紀錄」，而是來自特別的機構或團體，它們已經製作了一份報告或制定了政策，因此想要經由大眾來形塑意見。每一份這樣的報告中，通常都有可能被認為是新聞的東西。

伯內斯說，就像律師，「每一個人都有在最好的情況下展示案子的權利。」一般來說，不管是在企業或政府，公關專業人士的工作是提供足夠的資訊，因此大眾就不會誤解。這個工作牽涉到，要消除可能會造成傷害的謠言，並以正確的資訊來取代，在我們的社交媒體時代，這個任務肯定更重要了。誤解會造成代價很高的摩擦，也會把資源消耗殆盡。

一個很清楚自己目的與政策的組織，並不是在「編造」（spin），而是送出一個明確的訊息，這也是一個簡單的要求。公關專業人士或宣傳人士，並不是在做矇騙大眾的事。畢竟，一旦「被發現」他的作用，他的工作也結束了。伯內斯說，宣傳這個詞拿已經被扭曲為，只是故意用來推廣不實與謊言的作為，或被認為對大眾利益有害。相反地，宣傳的任務是讓新聞編輯看到原始的資料來源，並有機會自己判斷某一件事是否值得報導。

宣傳與政治領導

諷刺的是，伯內斯說，政治雖然是「美國最大的事業」，卻沒有學到大公司有效大規模散發觀念與產品的方法。政治宣傳活動牽涉到大量的時間與精力的浪費，因為政治人物要在整個國家中來回奔波對數千人演說，但在事實上，只要一小撮在關鍵席位上的選民，就能決定結果。政治人物也許知道大眾的心態，也有好的政策，但他們並不是大規模散發與傳播觀念的專家；這必須留給公關專家來處理。他們運用的平台必須誠實，而且要小心設計與編寫腳本，如果某個政治人物親了一個嬰兒，這就應該連結到他的兒童照護政策。毫無準備的情緒性集會，也許會讓政治人物與群眾感覺良好，但很少有實際的回報。一個人必須找出什麼媒體與事件最有效果，並把他所有的資源全部投入。

伯內斯指出，選民的冷漠是政治人物無法提供對大眾有意義的平台的結果。但他並不呼籲以更厲害的「人物」來改變政治。這樣的人物雖然有用，但長期來說更重要的是，**政黨**與其目標的成功。如果政治人物帶動政黨的勝利，他就是成功的。伯內斯指出，即使亨利・福特（Henry Ford）「也是因為他的產品而出名，並不是他的產品因為他而出名」。伯內斯也駁斥，一個頂尖公關人才或廣宣人員可以「把一個無名小卒吹捧成一個偉大人物」。因為他們的想法要落在肥沃的土地上，這個公眾人物「必須有某些重要的種子」，以引導與教育大眾。

商業的政治

聰明的企業知道，它們做的不只是創造產品，而是呈現某種特定的理想，它們必須一直試著表達它們「真正的個性」，向大眾傳達它們的主張。

伯內斯的一個例子是壽險公司大都會人壽（Metropolitan Life）。它的每一個嘗試，包括對社區提供健康調查與建議，對個人提供健康信念與建議，就是為了讓大眾認識它，並被大眾所用。甚至它在曼哈頓的總公司選擇的地點與設計，都是為了能在大眾心中產生影響。隨著與社會接觸的廣度與人數的增加，想要擁有大都會人壽作為自己保險公司的人數也跟著增加。

聰明的公司理解，公司的成功是因為一般人對產品的認知。伯內斯相當贊成一家公司因為理解到它的勞工政策引起不滿，便引進更平等的政策，只是為了提升公司對外的商譽。如果他今天還在世，毫無疑問地，他將會建議全球公司，即使把獲利移往海外減少繳稅金額是合法的，也應該對各國政府繳納公平的稅。對一家公司來說，要達到長期的興旺，必須讓大眾覺得他們的利益和這家公司的利益是同一件事。因此這家公司必須不斷反省，並根據需要調整本身的行事方式，才可能達成這個目的。

總評

第一次世界大戰期間，同盟國散播的各種謊言出現在報刊與書籍中，例如龐森比（Arthur Ponsonby）寫的《戰爭時期的謊言》（*Falsehood in War-Time*，一九二八），宣傳才變成一個令人感到骯髒的字眼。根據研究伯內斯的學者米勒（Mark Crispin Miller）的說法，《宣傳》本來是想拯救這個詞彙，並改善作者作為美國「公共關係顧問」的信用，但他經常受到抨擊，甚至被一個記者描寫成「我們時代的馬基維利」。畢竟，這個人曾經拿了聯合水果公司（the United Fruit Company）的錢，說服中央情報局與艾森豪政府，在一九五四年推翻了瓜地馬拉由民主選舉出來的阿本斯（Jacobo Arbenz）政府，在那之後，一個軍政府取而代之，並維持了這個新殖民主義者對廉價而聽話的勞工的處置方式，以及流回美國的獲利。

伯內斯主張，單純只是廣告人士和宣傳人士的差異在於，宣傳人士必須真的相信他所推廣的事，而他似乎認為，阿本斯政府是共產主義者的陰謀。在另一個例子中，當他知道吸菸對健康的真正影響後，他就不再為菸草公司做事（他曾經幫鴻運香菸〔Lucky Strike〕促銷），而且也遊說其他公關專業人士不要這樣做。

伯內斯未能預見的是，透過社交媒體、部落格之類的管道，各種聲音大鳴大放，一秒鐘就可以把一個政策戳洞、毀掉一家公司的聲譽，或拉下一個政治人物。這是對使用主流媒體、有錢或有技巧的宣傳人士的一種甜蜜復仇嗎？也許是吧，不過大公司與政府現在也投入大量的資源，在相同的社交媒體防衛自己的政策與立場。

伯內斯很好奇，如果社會中的每一個團體都開始運用宣傳技術，對大眾會不會變得很明顯，然後會直接關機不想聽？他說，不會，因為在知識層面上，人們仍然歡迎可以幫他們把生活變得更簡單的人，讓他們可以限制一下觀念、期望與意見的選擇。這是宣傳令人意外的一面，他指出，不是每一個人都可以親自參與，所以宣傳有一個清楚的社會功能。宣傳這個詞彙也許仍然保留了歐威爾式的光環與惡名，但其背後的活動仍然會是社會生活的一部分。

愛德華・伯內斯

愛德華・伯內斯（Edward Bernays）的雙親，在一八九一年，也就是他出生後的那一年，從維也納移民到紐約。他的母親是佛洛伊德的妹妹，而佛洛伊德的妻子瑪莎（Martha）是伯內斯的父親伊利（Ely）的妹妹。高中畢業後，伯內斯在康乃爾大學（Cornell University）學習農業，畢業後成為一名推廣戲劇與芭蕾舞的廣宣人員，有一段時間，他為歌唱家卡羅索（Caruso，按：義大利傳奇男高音）宣傳。不過，在二十幾歲時，他（和李普曼〔Walter Lippmann〕）就是威爾遜（Woodrow Wilson）公共資訊委員會的成員。一九一九年，伯內斯成立了自己的公關公司，一九二三年，他在紐約大學（New York University）開設了有史以來的第一個公關課程。

在一九二〇年代，社會上不太能接受女性在公共場合抽菸，因此當伯內斯參與了生產鴻運香菸的公司業務，他找了一些模特兒在紐約的復活節遊行上點燃香菸，並稱之為「自由之火」。這個活動成了新聞，並促使女性抽菸人口增加，同時也證明了伯內斯的想法是對的：新聞比廣告對促銷更有效。一九二九年，他在很多美國城市組織了一個盛大的愛迪生發明燈泡慶祝活動，這其實是奇異公司（General Electric）與全國電燈協會（National Electric Light Association）的宣傳活動，這是奇異公司保持公用事業不落入私人手中的一個媒介機構。伯內斯也是柯立芝（Calvin Coolidge，按：美國前共和黨籍總統）的顧問；在大蕭條時期，服務於羅斯福的緊急就業委員會（Emergency Committee on Employment）。除了他為美國鋁業（Alcoa）、哥倫比亞廣播公司（CBS）、寶鹼（Procter & Gamble）等公司做的工作，他也為非營利組織提高知名度，包括全國有色人種促進協會（National Association for the Advancement of Colored People）、紐約婦幼醫院（New York Infirmary for Women and Children）、多發性硬化症協會（Multiple Sclerosis Society）。

伯內斯的著作包括《輿論具體化》（*Crystallizing Public Opinion*，一九二三），據說本書被戈培爾（Joseph Goebbels）運用在納粹的宣傳上；《公共關係》（*Public Relations*，一九四五），以及一篇很有影響力的文章〈共識的工程〉（一九四七）。他在一九九五年過世，享年一百零三歲。更多背景資料可以參考泰伊（Larry Tye）寫的《編造之父：伯內斯與公共關係的誕生》（*The Father of Spin: Edward L. Bernays and the Birth of Public Relations*）。

1974

總統的人馬

All the President's Men

「那是晚上九點半，距離第二版截稿時間還有一小時。伍德華開始打字：**一張二萬五千美元的現金支票，而且顯然是尼克森總統的競選專用款，在四月份存入巴克（Bernard L. Barker）的銀行帳戶，而他就是在六月十七日因闖入民主黨全國委員會總部企圖竊聽而被逮捕的五個人之一。**稿件的最後一頁就在截稿前傳給了蘇斯曼（Sussman）。蘇斯曼把筆放在桌子上，並轉向伍德華說：『以前從來沒有發生過這種事，從來沒有。』」

「儘管刪除了部分內容，這篇標題為〈尼克森關鍵幫手叫做『破壞』聯絡人〉的報導有了新的發展。在民主黨總部被闖入幾乎四個月後，水門事件的負面影響終於蔓延到了白宮。」

總結一句

除了法律與制度，防止政府腐敗的最知名途徑就是新聞自由。

同場加映

格雷厄姆・艾利森＆菲利普・哲利考《決策的本質：解釋古巴飛彈危機》（4章）
愛德華・伯內斯《宣傳》（9章）
亞歷山大・漢彌爾頓＆約翰・傑伊＆詹姆斯・麥迪遜《聯邦黨人文集》（18章）
亞伯拉罕・林肯《蓋茲堡演說》（25章）

10

卡爾・伯恩斯坦＆鮑勃・伍德華

Carl Bernstein & Bob Woodward

一九七二年六月十六日，有五個人因為闖入華盛頓特區水門大廈企圖不軌而被逮捕。他們穿著西裝，帶著膠卷、相機、開鎖工具以及竊聽設備。其中四人是來自邁阿密的古巴裔美國人，第五人是麥考德（James McCord），當時是尼克森總統競選連任委員會（Committee for the Re-election of the President, CRP or CREEP〔按：意為諂媚者〕）安全經理。而另一名竊賊的聯絡人通訊簿上，有白宮顧問亨特（Howard Hunt）的聯絡方式，他與總統的特別顧問寇爾森（Charles Colson）有往來。

普通竊賊通常不會與白宮有所聯繫，這件事讓這起事件從一開始就令人起疑。但是白宮新聞祕書齊格勒（Ronald Ziegler）卻把這件事形容成「三流的竊盜未遂案」，根本不值得評論。事實上，白宮會採用這種極端手段以取得對民主黨對手有害的資訊，一點也不合理。在民意調查中，尼克森總統當時遙遙領先所有民主黨競選對手，而且也有人在談共和黨主導了一個世代的美國政治。水門事件的一個古怪之處就是，這種竊盜行為是非常不必要的事，但也點出了一開始會發生的原因。

我們現在很容易忘記，尼克森激發了共和黨族群的強烈忠誠，而他的雄心壯志、對權力的深深依戀，以及對民主黨的仇恨（特別是甘迺迪），讓他吸引了和他有類似心態的人。水門事件只是不道德或非法活動的冰山一角，這些活動早在尼克森當選總統以前就開始了，而且持續到他當權的時候。

今天閱讀《國王的人馬》（或觀看傑出的帕庫拉〔Alan Pakula〕的電影（按：《驚天大陰謀》），由達斯汀．霍夫曼〔Dustin Hoffman〕與勞勃．瑞福〔Robert Redford〕分飾伯恩斯坦與伍德華），會被帶回到沒有手機的年代，只有打字機與電報傳送機，當時大部分的人還在買報紙，因此頭版新聞真的很重要。新聞與調查報導現在可能已經找到其他的管道，但是新聞自由對一個宣稱開放的社會來說，仍然和以往一樣重要，因此這也是水門事件為什麼重要的理由。

新聞披露的事

伍德華當時才到《華盛頓郵報》（*Washington Post*）九個月而已，而且習慣報導當地警察腐敗或不衛生餐廳的消息。因此在一個星期六的早上，城市版編輯打電話給他，要他去調查當地民主黨總部的竊盜案時，他並沒有感到特別興奮，直到他發現，被闖入的地方並不是民主黨的當地辦公室，而是位於時髦花俏的水門大廈中的民主黨全國委員會總部。這棟大樓是混合辦公室、公寓與飯店的綜合大樓。

伍德華對於另一個記者伯恩斯坦（Carl Bernstein）也開始研究這個新聞很不高興，因為伯恩斯坦有個名聲就是會強行插手好新聞，並宣稱那是他自己的。伯恩斯坦二十八歲，從十九歲起就當記者，而且是一個長頭髮的大學中輟生；而二十九歲的伍德華則是耶魯大學畢業生，父親是法官。儘管如此，伍德華承認，伯恩斯坦的寫作功力比他好；兩人開始合作之後，也對彼此越來越信任；因此大部分有關水門案的報導也都是以共同署名發表。伍德華離婚了，伯恩斯坦也分居了，兩個人都沒有小孩，所以他們可以在郵報的新聞室工作到晚上，或是傍晚出門去拜訪別人，如果需要也會很快飛到洛杉磯或墨西哥。蘇斯曼（Barry Sussman）是他們的直接編輯，但他們最後都是向郵報赫赫出名的執行總編輯布萊德利（Benjamin Bradlee）報告，他是甘迺迪總統與郵報發行人葛蘭姆（Katharine Graham）的好友，葛蘭姆在丈夫自殺之後，接管了由家族掌控的郵報事業。

伯恩斯坦打電話給尼克森政府的一名前任官員，並問他白宮是否參與了水門攻擊事件。一如他的預期，這名前任官員並沒有馬上否認這個暗示，並且還說尼克森喜歡直接使用政治情報與八卦。伯恩斯坦因此了解，白宮幕僚長哈德曼（H.R. Haldeman）對於甘迺迪（Teddy Kennedy）參選總統的想法很困擾，並且下令研究對他不利的資訊。一名共和黨官員說，總統身邊的人「一點也不在乎共和黨。只要有機會，就會毀了它」，這也讓伯恩斯坦非常驚訝。

記者的一個重要消息來源是史隆（Hugh Sloan），因為他不喜歡某些正在進行的事，而辭去總統連任競選委員會的財務主管職務。他證實了有一個祕密的白宮／總統連任競選委員會的行賄基金（slush fund）[1]，相當於數十萬美元，都是用來支付「幕後搞鬼」（ratfucking）或「黑色行動」（black ops），也就是對民主黨候選人進行政治破壞行動，包括竊聽、跟蹤候選人的家庭成員、用民主黨信箋寫假信件、破壞民主黨的集會（例如訂購二百個披薩到民主黨初選活動，還要求貨到付款）、偷取文件、放假新聞，並在敵對團體或組織中安插間諜。史隆指出，自從水門事件之後，總統就想把總統連任競選委員會偽裝成就像一家由支持者成立的私人公司，但事實上，它「就是白宮，完全是白宮的產物，也是由白宮安排職員，而且只向白宮報告」。

與此同時，伍德華也開始得到來自政府一個重要消息來源的資訊，他們會在深夜的停車場碰面。這個消息來源被稱為「深喉嚨」，這是早期一部色情影片的片名。深喉嚨指出，白宮與總統連任競選委員會有五十人，專門負責蒐集情報與進行骯髒的把戲。他說到他們的「彈簧刀心態」（switchblade mentality），「為了勝利，他們總是願意使出各種骯髒手段，不惜一切代價。」

再靠近一點

諷刺的是，由於水門竊盜未遂，可能因此讓白宮的參與不被曝光。畢竟，「總統的人馬」看起來是一個受到控制、有效率的團隊，而且很難相信白宮會協助組織這樣的行動。但是記者也越來越確定，

1 譯注：用來收買官員或散播政治謠言等籌集和使用的基金。

被逮捕的五人之一，那個控制這筆祕密資金的人正是哈德曼，他是出了名的為了宣傳與保護總統出手很無情的人，他曾經說自己就是「總統的婊子」。哈德曼竭盡全力保證這事與總統無關；但是，身為總統的代理人，如果沒有三軍總司令的知情或至少默許，他也做不到這些事。

十月份的時候，《郵報》刊登了一篇有關哈德曼可能參與水門案的報導，但白宮矢口否認，並暗示《郵報》與民主黨總統候選人麥高文（George McGovern）串通。

尼克森於一九七二年十一月七日以贏得絕大多數票再次連任總統，《郵報》的報導似乎與輿論對立。記者們很想知道，如果他們真的因為提出錯誤的指控而傷害了總統制度怎麼辦？也有一個「公民團體」對擁有這家報社的兩家佛羅里達電視台提出質疑，而這個公民團體其實是與總統有關的人。郵報的公司股票下跌了將近五〇％。

奇怪的司法

聯邦大陪審團已經調查一段時間了，也有數百次的機密訪談紀錄，包括所有關鍵的白宮人員。可惜的是，並未對媒體公開，而且這個調查也充滿瑕疵。從一開始，就聚焦在竊盜案本身，似乎沒興趣或不願意去了解，是由誰指示以及背後原因。就如白宮職員與其他消息來源告訴伍德華與伯恩斯坦的，他們問了很多問題，但都不是對的問題。

最後只有水門大樓的竊賊被起訴，而且在審判中，有人告訴被告，他們出獄之後會得到「照顧」，甚至入獄期間的每一個星期都會得到一千美元。但麥考德則表明，他害怕自己透露真相會有生命危險，而且當時的司法部長已經批准這個行動。

同時，參議員歐文（Ervin）成立了一個參議院特別委員會，以調查共和黨的競選資金。一開始，尼克森以行政特權為由，拒絕他的助手出面作證。這導致了輿論不支持總統的效果。尼克森態度軟化，並召開記者會宣稱，他的政府中沒有任何職位的人可以對起訴豁免。伯恩斯坦注意到，總統做這番宣稱時，他的手在顫抖。在宣誓之下，白宮助手馬古德（Jeb Magruder）說，米切爾（Mitchell）與總統顧問狄恩（John Dean），是水門行動與掩護行為的幕後人士。故事的大壩似乎即將潰堤。

伍德華要求採訪總統，他仍然相信尼克森與這一切無關。但是白宮卻很快陷入一片混亂，開始彼此互相指責，忠誠度蕩然無存。狄恩的一名同事告訴記者，總統願意以一百萬美元收買狄恩保持沉默。最後，哈德曼與總統助理艾利希曼（Ehrlichman）辭職，但不承認做了不法情事，而狄恩則被開除。伍德華與伯恩斯坦感覺得到平反，齊格勒甚至向他們與《郵報》道歉。

如果尼克森在白宮成立的祕密錄音制度，只有少數同事與特勤局知道，他可能還是總統。因為法官希瑞卡（Sirica）下令交出錄音帶，只是有一捲錄音帶被消音了十八分鐘，而尼克森的祕書伍德斯（Rose Mary Woods）宣稱，那是她不小心的意外（雖然技術進步，但這部分的錄音從未被恢復）。尼克森引用行政特權拒絕交出這些錄音帶，直到最高法院判決要他們交出來。

最終惡果

這些錄音帶透露了，尼克森也許不知道水門大樓闖入事件的細節，但他接受並准許總統連任競選委員會所做的大部分行動，並且也準備掩蓋一切。有一段在一九七二年六月二十三日錄下來的對話，無庸置疑地傷害了總統。在和幕僚長的會面中，尼克森同意哈德曼的提議，以「國家安全」為由，要求中央情報局阻止聯邦調查局對水門案的調查。根據檢察官的說法，這相當於妨礙司法，就像一九七二年八月一日的一次對談中，哈德曼提到，付錢給水門事件的被告，好讓他們保持沉默。尼克森回他：「嗯……他們必須得到報酬。就是這麼一回事。他們必須得到報酬。」

在錄音帶內容曝光之後，眾議院裡大部分支持尼克森的共和黨員都主張彈劾。尼克森在參議院也得不到支持，於是在一九七四年八月八日舉行記者會，宣布他會辭去總統職務，「並在明天中午生效」。

錄音帶也顯示，一九七三年的夏天，國務卿季辛吉（Henry Kissinger）曾經試著讓總統和盤托出水門事件，並承擔某些責任，但是新聞祕書齊格勒很生氣地拒絕了這個主意，他說：「懺悔根本就是胡說八道。」

總評

伯恩斯坦與伍德華形容水門事件是一頭「多頭怪獸」，闖入行為只是它最明顯的一面。當然，現在「〇門」被用來形容各種類型的醜聞，雖然這件事對一向崇拜總統的美國大眾非常震驚，但這件事應該被放在某些脈絡中來理解。總統連任競選委員會的活動，長期以來就是政治的一部分，而在今天，竊盜、間諜、選舉腐敗與人身攻擊，已經是很多國家的常見現象。但這件事令人不悅的地方在於，這也會發生在一個顯然開明的民主國家。毫無疑問，水門事件證明了一件事：新聞自由是自由民主社會的基礎，和投票權、政教分離、司法獨立一樣重要。

卡爾・伯恩斯坦&鮑勃・伍德華

卡爾・伯恩斯坦（Carl Bernstein）於一九四四年出生於華盛頓特區，他的新聞事業是從《華盛頓明星報》（*Washington Star*）一名送稿生開始，之後在紐澤西《伊麗莎白日報》（*Elizabeth Daily Journal*）擔任調查記者而贏得名聲。他在一九六六年加入《華盛頓郵報》報導地方新聞。一九七〇年代，他與編劇和小說家艾芙隆（Nora Ephron）結婚。一九八〇年到一九八五年，他是美國廣播公司（ABC）新聞部的華盛頓辦事處主管。

鮑勃・伍德華（Bob Woodward）於一九四三年出生於伊利諾州。他在耶魯大學念書，之後到海軍服務，他的第一份新聞工作是在馬里蘭州的《蒙哥馬利前哨報》（*Montgomery County Sentinel*）。他在一九七一年換到《郵報》，從那時起就一直是編輯與作家。

這兩人因為水門案的報導贏得一九七三年的普立茲獎（Pulitzer Prize），在《國王的人馬》之後，出版了《最後的日子》（*The Final Days*，一九七六），是一本扣人心弦、有關尼克森總統任期最後幾個月的紀錄。

1790

法國大革命的省思

Reflections on the Revolution in France

「所以一個自由國家的立法議會，不是為了安全，而是為了破壞財產，而且不只是財產，還包括每一條保持財產穩定性的規則與格言。」

「國家不應該被認為，只是胡椒、咖啡、印花棉布或菸草貿易中的一種夥伴協議，或是某些這樣不被關切的事，為了暫時的利益而被接受，但又在各方的幻想中消失。它應該被高度推崇，而且它不只是活著的人之間的夥伴關係，而是活著的人、死去的人，以及即將要出生的人之間的夥伴關係。每一個特定國家的每一個契約，只是在永恆社會的偉大原始合約中的一個條款。」

總結一句

革命總是宣稱是「人民」的新開始，但破壞舊制度的代價是不穩定，以及很容易出現獨裁者。

同場加映

亞里斯多德《政治學》（7章）

以撒・柏林《自由的兩種概念》（8章）

湯姆斯・潘恩《常識》（38章）

瑪麗・沃斯通克拉夫特《為女權辯護》（49章）

11

艾德蒙・伯克
Edmund Burke

法國爆發革命時，世界各地都表現了熱情關注與很多善意。各地組織例如倫敦革命協會（London Revolutionary Society）就與法國國民議會（French National Assembly）通信，而在英國的國會，甚至像福克斯（Charles James Fox）與皮特（William Pitt）等領導人物，也對新政府表達支持。

哲學家與文學家伯克（Edmund Burke）一開始也沒有太過擔心，但當人們開始談論革命到英國的「適用性」（applicability）時，他意識到必須擋住這股正在傳播的影響力。在幾個月內，他寫出了第一本「反革命」的書《法國大革命的省思》，在英國非常暢銷，在法國也很快賣到十刷。這本書引起很多人的反彈，例如潘恩（Thomas Paine，按：英裔美國思想家、激進民主人士）寫的《人的權利》（*Rights of Man*），以及沃斯通克拉夫特寫的《為人權辯護》（*A Vindication of the Rights of Men*），而伯克在此之前都被視為進步人士，此時卻被譴責為反動派。

不過，很多自由派知識分子，包括華茲沃斯（William Wordsworth）與柯勒律治（Samuel Taylor Coleridge），都能及時修正他們的意見，並把伯克視為先知，因為他不只預測了革命之後的恐怖統治，也預測了一個軍事強人的崛起。九年後，拿破崙（Napoleon）將為歐洲各國帶來一場大戰。

雖然伯克寫的是一個特殊的歷史事件，但他對一七八九年與之後在法國發生的事情的詮釋，剛好成為現代保守主義的完美闡述，也是對無神論理性主義令人無法忍受的國家的一種警告。他是第一個說革命的激情不可避免將會變成人命與財產濫用的人。自由與平等聽起來很好，但如果是被武力忽然奪走，代價又是什麼？

演變，不是革命

《法國大革命的省思》事實上是伯克寫給巴黎友人龐特（Chames-Jean-François de Pont）的一封長信，他當時剛剛成為新法國國民議會的議員。書信體格式讓伯克很方便向一個外人解釋英國政治制度的特色，同時也可以當成非正式、只是個人意見的藉口。真正激怒他的是一篇講道的內容，一個大受歡迎的牧師普萊斯（Richard Price）不同意他的見解，並認為英國人民應該以法國大革命的方式，不要考慮君主制，也能夠成立自己的政府。普萊斯與倫敦革命協會（為紀念一六八八年光榮革命而設立的機構）把法國的人民起義與美國革命放在同一個類別，並且主張英國也應該採取類似的方式。

憤怒的伯克急著扼殺掉在萌芽階段的這種「歷史必然性」論調，他指出英國與法國有不同的政治演變。他認為，光榮革命確實終結了英國君王獨斷獨行的權力，並建立了議會主權的概念。然而，在已經得到新王奧蘭治的威廉三世同意的《權利法案》（Declaration of Right）中，並未暗示大眾可以選擇君王，只有「為了王國的和平、平靜與安全」，要有更清楚的繼承制度。如果英國跟隨法國的腳步，就意味著，忽然揚棄已經建立了一百年並促進成功的君主立憲制度的原則。他推崇英國憲法是一個偉大的架構，在很長的一段時間以有機的方式成長，慢慢地增加自由權利，並保留君主作為一股穩定的影響力，同時終結君王獨斷獨行的權力。英國的自由血統回溯到《大憲章》，公民的政治權利也是一種遺產，而不是潘恩談的某些抽象的「人權」，特別是英國**人**的權利。

但是伯克並不是一個盲目的保守派，他指出，繼承原則一點也不會排除改善原則。英國人繼承下來的只是一個基礎，不能撤銷，但可以在這個基礎上添加更多的自由。他把這與剛剛在法國發生的事互相對照，法國只是以暴力攫取權利，這需要破壞既有的秩序，他在寫給朋友的信中表示：「你開始生病，因為你開始鄙棄屬於你的每一件事。不用資本，就開始自己的交易。」

財產與穩定

如同研究伯克的學者、政治家奧布萊恩（Conor Cruise O'Brien）指出，法國大革命只是馬克思主義哲學在二十世紀產生的先導產物，只是規模更大，因為它完全推翻、連根拔起總是被描述為爛到核心的既有秩序；它攫取財產，並將之國有化；終結好幾代才建立起來的所有權利；並且粉碎了貴族階級與教會，完全無視於家庭是社會的凝聚機構。

伯克看得出來「從頭開始」牽涉到一種違反人性的哲學，也一定會得出暴力的結論。這正是革命法庭（Revolutionary Tribunal）[1]充滿血腥的熱情注定會發生的事，它追求的是消滅所有被認為是國家敵人的人。從史達林主義到毛澤東主義等各種共產主義革命，最後都變成殘酷統治，也印證了他的分析中的正確性。

伯克認為，法國新統治者的問題在於，很多人都是聰明的經營者（operators），本身卻沒有任何財產，因此破壞既有秩序，稱它不合法，就符合他們的利益，像他們這樣沒有任何利害關係的人，就可以從新的「平等」中得到好處。他們不是把社會看成是人與人之間的契約，是累積好幾個世代才建立起來的狀態，所以當社會不是他們喜歡的樣子時，就可以替換掉。

伯克承認，英國的制度並不是建立在完全平等的民主權利上，但有充分的理由。有財產的人會受到更大的重視，特別是在上議院（House of Lords），上議院要求議員必須擁有某些繼承而來的財富。這其實是一種保證，讓有財產的人可以影響國家事務，而那些不必為自己的財務利益做決定的人，是

1 譯注：於法國大革命期間，國民議會為了審判政治犯而在巴黎成立的法庭，是一個實行恐怖統治的強力機構，其判決定案後不得再上訴。

因為他們也沒有這種需要。這和古典的羅馬原則有關，在元老院任職的人的一個要求就是擁有大量的財產。對伯克來說，財產是「英國聯邦共同體船舶中的壓艙物」。透過家庭的延續，也延續了社會，因此「一些合宜的控管高位、一些出生的偏好，不是不自然的，也不是不正義或不可取的」。

始於平等，終於專制

有些英國人看到送路易十六走上斷頭台的遊行，把這描述成一種「勝利」，讓伯克感到噁心，因為伯克認為，那更像是一群準備送上血祭的野蠻人。他討厭極端的想法，包括所有的君主制都是不好的這種想法。事實上，國王權力受到法律與繼承而來的財富的平衡，這種君主制是可能的。一個人不應該只是因為他支持君主制的某些面向，而且不完全相信民主制，就被描繪為「暴君的朋友」。伯克提到「群眾的專制」，並警告新法國「想要成為一個純粹的民主國家，但我認為，它很快要直接變成一個胡搞而卑劣的寡頭政治」。《法國大革命的省思》包含了一段預言性的文字，「有些懂得調解軍隊的藝術並大受歡迎的將軍」接管了軍隊，接著軍隊就變成「你們整個共和國的主人」。

對於拿破崙（Napoleon Bonaparte），沒有比這更好的描述了，他的崛起完美說明了掃除舊體制的社會，通常如何（有意或無意的）以某些新傀儡來填補真空，以恢復安全感或自信心。伯克說，革命分子沒有理解到，政府不只是人民達成自我想要與需要的途徑，政府也是人民熱情的煞車器，以及該地區習俗與慣例的提醒。每當「人民」變成指導原則時，一個國家就會門戶大開，受到提出一個偉大解決方案的寡頭或獨裁者利用，然後遭殃受苦的就是個人、家庭、民間與私人機構了。伯克指出，這些解決方案通常「無限迷人」，但是在實際上，通常會為少數可以對這個制度上下其手的人帶來很大的福利。相比之下，一個有機發展起來的憲法，例如英國的憲法，通常沒有簡單或立即的解答，但時間一長，往往可以為所有人帶來好處。

小心對新事物的渴望

在一段很有名的段落中，伯克回想起過去，十六年前，他看到瑪麗皇后（Marie Antoinette）「就在地平線上方，在華麗裝飾與歡聲雷動中，慶祝她剛剛搬進去的高雅皇宮，像晨星一樣閃閃發亮，充滿生氣、輝煌璀璨、歡樂洋溢」。有感於這樣的人物可能會被曾經是「對婦女獻殷勤的國家」所粉碎，他補充說：「這樣的騎士時代已經過去了。詭辯者、經濟學家和算計者已經成功了，而歐洲的榮耀也永遠消失了。」

當一個社會只是以邏輯和理性為基礎，就失去了所有的優雅、品味與美感。人生需要一種非理性的愛、對比自我更大的事物的尊敬，以及王室來提供日常生活中沒有的魅力與崇敬。相比之下，光是理性的「野蠻哲學」不是在真與美中結束，而是在劊子手的手中結束，這個洞見讓他在二十世紀共產主義革命期間，再次受到重視。

法國革命分子想要摧毀的貴族與神職人員制度，在一連串的動盪與戰爭中，其實提供了學習、禮貌與文明的延續性。由於有他們的存在，社會不必一再重新開始。伯克的保守主義本質是一種政治思潮，最重要的是超越時間與人的價值與制度。

總評

為什麼伯克這個對美國革命大表同情的十八世紀觀念領先的自由派人士，會這麼大力反對法國大革命？奧布萊恩認為，可以從宗教中找到答案。美國憲法用某些篇幅保護宗教自由與良心自由，法國大革命卻是有系統地破除基督教，他們攻擊牧師、奪取占優勢地位的天主教教會的財產，並形成一種無神論的理性崇拜。但是宗教只能部分解釋伯克的憤怒。許多年來，伯克都是英國在印度進行帝國冒險行為的最大批評者，並領導議會起訴印度總督、東印度公司管理者黑斯廷斯（Warren Hastings）。伯克認為，黑斯廷斯為了統治和利潤，熱心破除印度很多有價值的方式與傳統。在道德責任上，英國未能以對印度人民有益的新制度，填補那個落差。他對印度人民的良心從今天來看似乎很有遠見，但也顯示了一個共同點：印度與法國數百年來建立的傳統與制度，為了未必正確的動機而被摧毀了。在英國「讓印度文明化」的宣傳之下，是一種為了致富的簡單欲望；而在法國，革命分子的高遠理想，也只是奪取權力與財產的野心的完美陪襯。

伯克承認，法國貴族在道德上變得太放縱，而且法國也不允許以英國同樣的方式進行社會流動。但是在伯克心目中，這一切都不能真正成為革命完全推翻的理由。一七九三年到一七九四年的恐怖統治，導致大約二萬五千人被處決，其中包括被送上斷頭台的一萬六千多人。在第三共和時期開始之前，法國必須經歷兩次君主復辟與拿破崙時代，這一切真的值得嗎？

艾德蒙・伯克

艾德蒙・伯克（Edmund Burke）於一七二九年出生於都柏林。十幾歲的時候，在都柏林的三一學院就讀，畢業之後，於一七四八年遵循他當律師的父親期許，進了法律學院。在倫敦的中殿（Middle Temple）[2]一段時間之後，就到歐洲四處遊歷，最後以作家身分維生。他的前兩本書，諷刺性的《自

2 譯注：是英國倫敦四所律師學院之一，全名為尊貴的中殿律師學院（The Honourable Society of the Middle Temple），簡稱中殿（Middle Temple）。

然社會的辯護》（*A Vindication of Natural Society*，一七五六），以及哲學性的《崇高與美之起源》（*Enquiry into the Origin of Our Ideas of the Sublime and the Beautiful*，一七五七），都非常出名。他創辦並主編《年度紀事》（*Annual Register*），是一本流行的政治時事期刊。

快三十歲時，他成為英國愛爾蘭主任祕書助理，接著成為輝格黨首相沃森－溫特沃斯（Charles Watson-Wentworth）的私人祕書。一八六五年，他被選為國會議員，並呼籲英國對美國的統治應該更寬容與靈活，以及以強大的政黨來平衡國王的權力，並對政府形成有效的反對力量。他支持一個自由的玉米市場，以及與愛爾蘭的自由貿易，反對死刑，並支持天主教權利，這並不受到歡迎。一七八二年，他擔任軍隊主計長（Paymaster of the Forces），他帶頭的一項法案廢除了許多由公費支付的王室冗員閒差與辦公室。

伯克在一七五七年與紐金特（Jane Nugent）結婚，育有一子和一個養子，並維持（有點困難）在比肯斯菲爾德的大莊園「格瑞戈里斯」（Gregories）。作家詹森（Samuel Johns）、畫家雷諾茲（Joshua Reynolds）與演員加立克（David Garrick），都是伯克的好友。他於一七九七年過世。

1962

寂靜的春天

Silent Spring

「一種奇怪的病在這個地區蔓延，一切開始改變了。邪惡的詛咒定居在這個社區；雞群患了神祕的疾病；牛與羊病的病，死的死。到處籠罩在死亡的陰影中。農夫說，家人得了很多病。」

「百萬分之一聽起來非常少，也的確是很少。但是這種物質的藥效非常強大，一點點的量就可以造成身體的巨大變化……因為這些少量農藥會被慢慢累積起來，而且排泄得非常慢，因此造成肝臟與其他器官的慢性中毒與退化。」

總結一句

因為乾淨的水、空氣與健康的土壤是生命的基本需求，因此環境可以說是最政治性的議題。

同場加映

娜歐蜜．克萊恩的《NO LOGO：顛覆品牌統治的反抗運動聖經》（24章）

曼瑟．奧爾森《國家的興衰》（36章）

厄普頓．辛克萊《魔鬼的叢林》（42章）

12

瑞秋·卡森

Rachel Carson

大多數的人都聽過卡森與《寂靜的春天》，有些人甚至知道，這本書出版的時候，她就已經是成名作家。例如《瑞秋·卡森的大藍海洋》（*The Sea Around Us*）為她贏得一九五一年的國家圖書獎（National Book Award）。但是很少人理解，《寂靜的春天》在她的職業生涯中，是一次多麼勇敢的舉動。

在一九五〇年代，卡森開始研究在一九三九年由瑞士化學家彌爾（Paul Hermann Muller）所發明的合成農藥DDT（化學名稱為二氯二苯基三氯乙烷）。DDT一開始是在二次大戰期間用來殺死士兵身上的蝨子，目的是為了避免斑疹傷寒的傳播，但當時也被允許當成殺蟲劑的農業用途。於是就在美國各地的農場與果園流行起來，美國農業部在打擊火蟻的宣傳活動上也大力支持，但是當卡森開始以這種殺蟲劑的效果為主題在幾家主要雜誌社投稿時，每一次都被拒絕。以抒情的標題寫水生生物學，並被稱為女性自然主義者是一回事，但是擔起調查記者的責任，起而反對政府政策與企業力量，則完全是另一回事。

卡森於是決定把自己的想法都寫進一本書。這本書花了四年才寫完，在《紐約客》（*The New Yorker*）的長篇連載給了她所希望的開始，接著這本書被選入每月一書俱樂部（Book-of-the-Month Club），然後她也在哥倫比亞廣播公司（ＣＢＳ）的時事節目上現身。在一九五〇與一九六〇年代，自然保護還是一個邊緣的議題；大部分的人都站在農民那一邊，畢竟這些人是在對抗自然養活美國的人。化學品就是未來，如果你反對化學品，你就是跟不上時代的腳步。但是當人們在卡森的書中讀到有關食物鏈汙染、熟悉的鳥類與動物遭到滅絕，以及作物噴灑物可能致癌的證據時，我們現在所謂的環保主義，忽然就成為主流的政治議題。

《寂靜的春天》標示著環境變成政治事務的時間點。約翰・甘迺迪（John F. Kennedy）要求科學顧問委員會檢驗書中的證據，而該單位的確認則促成美國於一九七二年禁止ＤＤＴ作為農業用途。這是在農業與化學公司進行多年的公關工作之後，才得到的成果，但化學公司繼續出口ＤＤＴ，直到一九八〇年代。孟山都（Monsanto）出版了一本模仿《寂靜的春天》的滑稽之作，書名是《荒涼的一年》（*The Desolate Year*），書中描繪出一個禁止使用殺蟲劑、充滿饑荒的世界；另一家ＤＤＴ製造商威爾斯科（Velsicol）則試著暗示，卡森收了蘇聯的錢，想要扼殺美國的生產潛力。

農業化學品的使用長久以來就被環境議題取代，例如氣候變遷，但是就像高爾（Al Gore）成功的影片《不願面對的真相》（*An Inconvenient Truth*，二〇〇六）所證明的事一樣，它需要說故事的力量來改變人們的思想。在阿波羅八號（Apollo 8）拍攝的「地球升起」（Earthrise）影片的六年前，也比洛夫洛克（James Lovelock）的《蓋亞》（*Gaia*，一九七九）早很多年，卡森就主張，地球的環境是一個複雜而整體的系統，必須得到敬畏與尊重。

矯枉過正

《寂靜的春天》一開始是兩頁的〈明天的寓言〉。描繪的是美國鄉村的景象，時間不確定是什麼時候，當時人們與周圍的土地生活在一致的步調上，有豐富的野生動物、多樣化的植物，還有純淨的河流。後來有一天，在沒有明顯的原因下，動物開始死亡，田野也因為沒有鳥兒而變得安靜下來。蘋果樹仍然會開花，但是在花朵之間看不到蜜蜂。農場建築物與房子的排水溝中收集到一種細緻的白色粉末，從幾個星期以前就有了。卡森告訴讀者：「在這個受到重創的世界中，不是巫術，也不是敵人的行動，讓新生命的重生沉寂下來。一切都是人們自己做的。」

在地球的生命史中，人類真正影響環境而不是被環境影響的時間，是很短的一段時間。然而在卡森寫作前的二十五年，空氣、土地、河流與海洋，已經因為危險而且有時會致命的人造化學品而導致了不同程度的汙染。當然，某些岩石與太陽一直都在放射輻射，但是動植物已經適應了這種危險性數百萬年了。然而，在現代世界裡，每一年都生產出很多新的化學品，而且我們還不清楚這些化學品的影響。在《寂靜的春天》出版前一年，為了殺死雜草、昆蟲、嚙齒動物與其他「害蟲」，有兩百種化學品進入市場，而且使用的方式是全面覆蓋整個農場，不分青紅皂白地殺光所有生活在其中的生物。

昆蟲後來也演化出對化學品的免疫力，於是必須發明更強的殺蟲劑。昆蟲也展現出「激烈的反彈」，在農田被噴灑農藥之後，以更強大的力量回來。卡森寫道：「因此化學戰永遠不會贏，但是所有的生命都被捲入激烈的交火中。」

卡森認為，隨著核武戰爭的威脅，化學汙染是我們這個時代重大的威脅。如果我們對於輻射感到震驚，「我們為什麼可以對在環境中大量使用化學品的同樣結果漠不關心？」

未知的結果

幾乎地球上所有的淡水都曾經是流經我們腳下的地下水。因為水會移動，所以一個地方的汙染會影響到數十或數百英里之外的地方。卡森寫道：「自然很少是在一個封閉而獨立的隔間裡面運作的，因此在分配地球的供水上，自然也不會這樣做。」

一九五〇年代，科羅拉多州有一個知名的案例，某一家工廠中的池塘含有化學物質，後來慢慢滲入地下水，幾年之後開始讓農作物中毒，導致農村裡的人生病。讓水移動幾英里要花那麼多時間，但一旦化學物質進入地下水，就沒有辦法處理了。更可怕的是，當「無害」的化學物質混入地下水，就可以形成致命的雞尾酒，沒有任何負責的科學家敢調配出這些混合物。

卡森時代的化學家不知道為什麼會認為，可以消滅害蟲，而不會對土壤的生態造成任何影響，包括其中無數的生物與蠕蟲。這些影響只是剛剛出現而已，因此卡森堅持，基於科學上的謹慎，應該下令禁止殺蟲劑，直到我們對殺蟲劑有更多的了解。農業化學品不能夠只是農夫的私人事務，因為它的影響是普遍性的。對卡森來說，這件事的政治層面非常明顯：

「如果權利法案不包括保證公民應該受到保障，以對抗由私人或公務人員散發的致命毒物，肯定是因為，儘管有相當的智慧與遠見，在我們祖先的設想中，不會出現這樣的問題。」

另一個殺蟲劑的意外影響案例是北加州的清湖（Clear Lake）。這座湖很受垂釣客的歡迎，但他們無法忍受那裡的蚊蚋，所以有人決定在水中放入非常少量的DDD（是DDT的近親）。施作了三次之後，蚊蚋似乎消失了，但是西方的鷿鷈科鳥類卻開始死亡，從一千對減少到三十對。經過測試，水中並沒有DDD的蹤跡，原來是浮游生物吸收了化學物質，草食性魚類吃了浮游生物，然後肉食性魚類又吃了草食性魚類，最後鷿鷈吃了肉食性魚類。由於在食物鏈中的每一個環節都有DDD，當鳥兒吃到的時候，變得非常集中，濃度也比原來的50ppm（百萬分之五十）更高。卡森寫道：「有毒物質並沒有真的離開這座湖，只是進入了這座湖支撐的生命結構中。」

新鮮的恐怖

在二十世紀，人們使用的致癌化學物數量快速增加。以前可能只是用在工廠或礦場，還只是一種職業上的危害，但是卡森觀察到，現在「已經進入每一個人的生活環境，甚至還沒出生的孩子也是一樣」。

她報導了合成化學——特別是一些殺蟲劑——如何干擾人類細胞的生命程序，例如染色體損傷與基因突變。大部分的證據都是間接的，顯然是因為農藥之類的東西不能在人體上進行測試。但是在動物身上的化學品測試，有五分之四已經發現是致癌物，而且在DDT環境中經過數代的蚊子，「會變成奇怪的生物，有部分器官是雄性，部分是雌性。」

在一九三〇年代，美國兒童很少罹患癌症，但二十五年後，農藥廣泛使用在農場與家庭花園之後，美國兒童死於癌症的人數比其他疾病更多（一到十四歲所有死因中的一二%）。卡森認為致癌物與一出生就罹患癌症的嬰兒有關，是母親在懷孕期間暴露於致癌物環境中的結果。在一九五〇年代，DDT類型的殺蟲劑進入民間用途，白血病與相關血液惡性腫瘤也顯著增加，從一九五〇年的一一、二九〇例，到一九六〇年的一六、六九〇例。雖然癌症通常在有了致病因素之後，需要數年或數十年才會出現，但白血病的潛伏期要短得多。事實是，卡森寫道：

「大眾可能會暴露在某種已知的致癌物環境中好幾年，直到緩慢的法律程序讓這個情況受到控制……大眾被要求接受，今天是『安全』的東西，明天可能會變成極為危險的東西。」

總評

雖然從一九六〇年代以來，在農業化學品的使用與食品安全上，已經有很多更安全的保障措施，但即使在今天，閱讀《寂靜的春天》還是會讓你忍不住思考，你吃的食物來自哪裡、成長的環境如何，以及你在居家附近使用的化學品是否安全。

卡森是個技巧純熟甚至美好的作家，因此更增加了卡森的影響力，她能夠吸收與表達刊登在科學期刊上、大眾不知道也不關心的資訊，並從中提出了對生命與自然造成威脅的警告，這有很大的情緒衝擊力。根據今天的科學寫作標準，她的證據是有選擇性的，但《寂靜的春天》是一場論戰，就和另一本促成法規改變的書，納德（Ralph Nader）的《任何速度都不安全》（*Unsafe at Any Speed*，一九六五）一樣，它承載著公民的憤怒。

在卡森的書出版五十週年之際，貴斯沃德（Eliza Griswold）在《紐約時報》一篇文章（〈《寂靜的春天》如何點燃了環保運動〉，二〇一二）中指出，這本書的成功之後，是一個資金充裕、攻擊環保人士主張的時代。例如「瑞秋錯了」（rachelwaswrong.org）等網站還聲稱，卡森對DDT的反對是一種錯誤的警報，因為導致數百萬人無法採用治療瘧疾的有效方式。這個網站的幕後金主是遊説團體企業競爭力研究機構（Competitive Enterprise Institute），卡森並不感到意外，她覺得，例如農業部等政府部門都受到產業界的控制，沒有一個代表美國公民安全的單位。卡森過世之後，美國才通過乾淨的水與空氣等法案，隨後就成立了環保部門（Environmental Protection Agency）。在卡森的幫助下，環境成了好的政治議題。

瑞秋・卡森

瑞秋・卡森（Rachel Carson）於一九〇七年出生於靠近匹茲堡的斯普林代爾（Springdale），從小在一個小農場長大，在那裡她可以聞到附近一家工廠的味道，那家工廠用老馬身上的部位生產膠水。她從小熱愛閱讀與大自然。

一九二五年，她以優異成績從高中畢業，進入賓州女子學院（Pennsylvania College for Women）。她到約翰霍普金斯大學（Johns Hopkins University）攻讀碩士學位，本來想繼續攻讀博士學位，但必須在大蕭條期間養家。她在美國漁業局（US Bureau of Fisheries）得到一份臨時工作，為一個廣播系列節目撰寫有關海洋生物的文章，之後獲聘成為該機構的第一位女性水生生物學家。她為漁業局寫了很多小冊子和出版品，並開始在主要雜誌與報紙發表文章。《瑞秋．卡森的大藍海洋》一書的成功，讓她可以離開海洋局，投入全職的寫作生涯。在她大部分的工作生涯中，也就是在她二十幾歲父親過世之後，她是家裡的主要經濟支柱，家中包括母親、妹妹、幾個姪女，還有一個姪女留下的孤兒。

一九六三年，卡森為參議院農藥小組委員會提供證據，當時她已經罹患乳癌，並於翌年過世。她的童年故居以及她寫《寂靜的春天》的馬里蘭州住所，已經成為歷史景點，而這本書也被美國化學學會（American Chemical Society）認定為國家歷史化學名著（National Historic Chemical Landmark）以表彰其貢獻。有些美國的學校與保育公園都以她為名。

卡森的海洋三部曲包括《海風下》（*Under the Sea Wind*，一九四一）、《瑞秋．卡森的大藍海洋》（一九五一）、《海洋的邊緣》（*The Edge of the Sea*，一九五五）。更多她的生平，可參考李爾（Linda Lear）為其所寫的傳記《卡森：自然的證人》（*Witness for Nature*）。

1948

風起雲湧

The Gathering Storm

「羅斯福總統有一天告訴我，他公開徵求如何稱呼這場戰爭的建議。我馬上說『不必要的戰爭』。沒有一場戰爭比這場戰爭更容易阻止了，這場戰爭剛剛破壞了從前一場戰爭中遺留下來的世界。」

「〔希特勒〕無法理解我們島民的心理與精神力量，無論我們多麼反對戰爭或軍備，經過幾個世紀以來，我們已經認為勝利是與生俱來的權利。」

「終於，我有權力對整個情勢發號施令。我覺得這好像是我的命運，我過去的所有人生都只是為了這一個小時與這個考驗做準備。在政治荒野十年，〔我不受政黨間的敵對束縛。在過去六年裡，我提出的警告〕是如此之多、如此詳盡，而現在證明它們完全無誤，沒有人可以反駁我」

總結一句

最佳政治領導人能夠把時事放進歷史的脈絡中。

同場加映

諾曼・安吉爾《大錯覺：軍事力量與國家優勢的關係》(5章)
漢娜・鄂蘭《極權主義的起源》(6章)
卡爾・馮・克勞塞維茨《戰爭論》(14章)
瑪格麗特・柴契爾《柴契爾夫人自傳》(45章)

13

溫斯頓・邱吉爾

Winston Churchill

一九三八年到一九三九年，邱吉爾埋頭在他的巨著《英國民族史》（*History of the English Speaking Peoples*）的研究與寫作工作中。他的壓力在於出版社要求他提出手稿，而這本書的預付金讓他可以繼續付查特維爾莊園（Chartwell）的費用，那是他在一九二二年時買下，在肯特郡鄉下的心愛的家。他也為英國與外國報紙寫稿，以賺取稿費。雖然他當時沒有擔任任何政府職位（只是艾平〔Epping〕地區的國會議員），但他對即將發生戰爭的響亮警告越來越引起注意，也好像是在對張伯倫的和平主義政府表達憤怒。

如同羅斯（Jonathan Rose）在《文學邱吉爾》（*The Literary Churchill*）一書中指出，邱吉爾在作家身分上的重大成就，因他的政治領袖身分而黯然失色。但是，如果他的思想沒有文學上的傳播與文字的技巧，邱吉爾也不會如此成功。他在下議院（House of Commons）的演說經常引人注目，他在戰時的電台廣播也是一樣，「鐵幕」（Iron Curtain）就是他在一場戰後演說中發明的詞彙。

《風起雲湧》是他《二次世界大戰回憶錄》（*The Second World War*）共六冊系列中的第一本，本書讓他在一九五三年贏得諾貝爾文學獎。這本書從一九四八年寫到一九五四年，第一部內容涵蓋一九一九年到一九三九年，第二部寫的是開戰之後的頭幾個月，從一九三九年的九月到一九四〇年的五月，這時候邱吉爾已經是英國首相。所以讀者並沒有誤解本書的用意，書的副標題是〈英國民族如何因為愚昧、大意與善良本性，而讓惡人武裝起來〉。這本書對於導致戰爭的因素以及作者的心思，都有很深入的剖析，作者提到，他是受到狄福（Daniel Defoe）的《騎士回憶錄》（*Memoirs of a Cavalier*，一七二〇）的啟發。這是透過參與其中的人的眼光，寫的一本有關軍事與政治的編年史。

所謂越了解歷史，就越能看見未來，沒有人可以比邱吉爾把這句至理名言表達得更貼切了，因為他可以把希特勒的恐怖崛起放進某些歷史脈絡。他深深沉浸在英國的過去，這個國家經常挺身抵抗顯然更優越的力量，而且最後都贏了。例如，邱吉爾寫了一系列馬爾堡公爵約翰・邱吉爾（John Churchill，一六五〇－一七二二）的人生傳記，描寫了他的祖先在布倫海姆（Blenheim）對抗路易十四的軍隊時，打了一場不可能的勝仗。這一次，將是溫斯頓・邱吉爾要成為反抗行動的中心人物了。

壞和平……

在第一章「勝利者的愚蠢」中，邱吉爾指出，經歷過可怕的第一次世界大戰之後，幾乎每一個人都以為，這種慘事不會再發生了。世人對和平有一種強烈的渴望。在美國總統威爾遜（Woodrow

Wilson）的看顧下，國際聯盟（League of Nations，按：聯合國的前身）成立了，德國被澈底打敗了，因此戰勝國有機會根據希望的方式重新劃分歐洲的邊界。《凡爾賽和約》（The Treaty of Versailles）的用意在於確保德國無法再成為侵略者，但是法國的福煦元帥（Marshal Foch）卻在簽約儀式上說：「這不叫和平，只是停戰二十年。」一般認為，和約中的條款對德國很嚴厲，價值十億英鎊的德國資產被交給戰勝國分配。但是幾年後，美國提供鉅額貸款給德國重建與支付賠償金，《凡爾賽和約》中的很多條款也沒有強制執行。德國被允許保持完整的邊界，而且令人無計可施的是，它的人口比法國多了三分之一，且繼續快速成長中。

邱吉爾當時擔任財政大臣，一九二五年的《羅加諾公約》（The Locarno Treaties）同意終結法國與德國的「千年衝突」。英國同意加入並支持受到侵略的受害國家，以在歐洲提供一個平衡的力量。另外，德國被要求加入國際聯盟。《羅加諾公約》之後，出現很大的希望，因為隨後是歐洲三年的和平與持續繁榮。但是，即使簽了條約，德國仍在想辦法重整軍備，並逃過盟軍委員會的注意。德國用美國提供的貸款興建的新工廠，很快變成生產武器的地方，而且也沒有根據條約義務摧毀原有的軍火庫。與此同時，英國的領導階層都認為，不會再發生重大的戰爭；邱吉爾也承認，連他自己也被一種錯誤的安全感誤導了。

他認為，英國、法國和美國在第一次世界大戰之後，都太專注於國內事務了，政治人物忙著一場又一場的選舉，但是「來自渴望安全而採取的中間路線，以及平靜的生活，可能直接導向災難的靶心」。事後來看，阻止德國重整軍備，以及建立一個強大的國家聯盟，都是簡單不過的任務，但戰勝國的領導人物們這兩件事都沒做好，因此後來付出慘痛的代價。

戰爭結束後，德國接受了一部民主憲法，但由於威瑪共和（Weimar Republic）從一開始就被認為是敵人強加的制度，因此即使是由備受敬重的元帥興登堡（Field Marshal Hindenburg）掌權，仍然缺乏君主立憲制所能提供的尊重與穩定性。邱吉爾寫道：「它無法控制德國人民的忠誠與想像。」因此在權力空虛中，「走進了一個殘暴的天才瘋子，心中滿懷著最惡毒的仇恨表達方式，並且已經腐蝕了人類的心胸，這個人就是下士希特勒。」

……產生了一個壞人

邱吉爾寫道，一九一八年，希特勒在西方戰線受傷後，躺在一家醫院病床上時，「他個人的失敗似乎和整個德國人民的災難結合在一起。」希特勒把自己和德國的處境和歐洲猶太人的繁榮互相對比，在他心目中，這些人就是北歐－日耳曼民族的剝削者。猶太戰爭奸商傷害了德國，而俄羅斯的布爾什維克分子正是猶太知識分子的陰謀。

希特勒後來控制了德國工人黨（Workers' Party），在一、兩年內，就罷免了較沒有魅力的領導人。由於德國馬克的崩潰與惡性通貨膨脹摧毀了中產階級，讓他們準備好迎接任何可以讓他們的憤怒與愛國心找到出路的新政黨或人物，這一切都幫助了希特勒的事業。在一次失敗的政變之後，希特勒寫了《我的奮鬥》（*Mein Kampf*），書中呼籲所有分散的「德國種族」分子要團結起來，其中當然不包括猶太人。

希特勒的風暴兵團（Storm Troopers）或褐衫軍（Brownshirts）後來對上了德國的傳統軍隊國防軍（Reichswehr，按：威瑪共和時期的德國正規軍隊）。這兩班人馬都希望德國東山再起，一雪失敗之恨，但是納粹黨（Nazi party）更符合群眾的口味，國防軍的領導階層也可以看出這一點。雙方結盟之後，就沒有任何力量擋住希特勒的路了。任何讀過《我的奮鬥》的人都不會懷疑，有朝一日，如果希特勒當上德國的領導人，將會發生什麼事，但奇怪的是，在一九三二年的裁軍會議上，德國要求重新武裝的權利，卻得到英國媒體與知識分子的大力支持，他們的理由是「國家的平等權利」。結果變成一場交易，法國將削減軍隊，從五十萬人減到二十萬人，而德國可以增加兵力到相同的數量。邱吉爾認為這很瘋狂，因此雖然和平主義是工黨－社會主義者的運動，他把允許德國重新武裝的大部分責任怪在鮑德溫（Stanley Baldwin）頭上。鮑德溫當時是保守黨國會議員，連同工黨的麥克唐納（Ramsay MacDonald），兩人在一九二〇年代與一九三〇年代一起統治英國。鮑德溫不計任何代價尋求和平，對外交政策不感興趣，而且對英國自己的重整軍備，一點也不重視。

警戒的關注

希特勒在一九三四年的「長刀之夜」[1]事件，有五至七千人遭到「清算」，加上手段極為狠毒的反猶太人大屠殺，讓邱吉爾感到一陣寒意。他開始在議會中鼓動，英國要加強其空中武力，因為德國的空軍似乎已經達到均勢狀態（很快就會超過英國皇家空軍）。但是在當時，邱吉爾只是一個沒有權力的個人議員。他寫道：「完全相信與證實一個攸關國家生死存亡的問題時，卻無法讓國會與國人注意這些警告……是最痛苦的經驗。」

即使鮑德溫後來承認，關於德國的空軍，英國被誤導了，但英國仍然只關心和平的新時代，並在國際聯盟的協議下裁減軍隊。就在同一時間，一九三五年，希特勒正在建造二萬六千噸的戰鬥巡洋艦，但德國之前同意建造的是最大六千噸的船隻；到了一九三〇年代末期，德國將擁有五十七艘U型潛水艇。在這幾年，邱吉爾全心投入學習，以增加自己的軍事技術知識，特別是英國武器系統的狀態。透過防空研究委員會（Air Defence Research Committee），他了解了英國雷達的發展狀況。

一九三五年，在鮑德溫擔任首相的新政府中，邱吉爾希望成為海軍第一大臣，但是在一群和平主

1　譯注：一九三四年六月三十日至七月二日，希特勒出動黨衛隊和蓋世太保，對於權力坐大、不受約束的衝鋒隊高層進行清洗，此後納粹便走上了獨裁專制之路。

義分子中，他沒有得到任何政府職位。鮑德溫仍然堅持，英國必須不計任何代價維持和平，但在同一年，墨索里尼入侵伊索比亞，並與希特勒聯手，終結了「集體安全」的幻覺。英國外交官也了解到德國文官對英國的鄙視，德國媒體則把英國描繪為寧願享受舒適的生活，而不是戰爭的榮耀。當希特勒的軍隊開始占領萊因蘭（Rhineland，按：萊茵河兩岸的土地），也就是法國根據條約撤離的土地，這件事就成了到此時為止，有關他真正意圖的最明顯跡象。如果英國和法國聯手，這兩個國家可能已經解決了德國的威脅，而且可能是一勞永逸。但是英國首相重申，不能冒險開戰。對希特勒的國內情勢來說，占領行動是一次成功的公關。

現在回頭看，鮑德溫不讓邱吉爾擔任政府職務，是一種變相的祝福，因為他就不會和英國政府看起來好看的和平主義有任何瓜葛。他指出，這讓他可以繼續寫他的《英國民族史》。由於他當過歷史學家，他觀察到，四百年來，英國的外交政策都是「反對歐洲大陸最強大、最具侵略性、最主要的力量，特別是防止低地國家落入這樣的強權手中」。它之前阻擋了西班牙的菲立普二世（Philip ii）、路易十四和拿破崙。現在，它肯定也能阻止希特勒。

骨牌式的淪陷

鮑德溫於一九三七年退休，下一任首相是張伯倫，邱吉爾非常尊重張伯倫的外交事務知識。但是在一九三八年，張伯倫愚蠢地拒絕羅斯福總統讓美國幫忙的提議，邱吉爾認為，歐洲阻止德國的最後機會已經出現了。在希特勒吞併奧地利，接著入侵捷克斯洛伐克之後，邱吉爾發表聲明指出：「受威脅的不只是捷克斯洛伐克，而是所有自由與民主的國家。以為丟一個小國給狼群就能得到安全保障，是一種致命的幻想。」

張伯倫第二次和希特勒會面時，採信了他說的話，捷克斯洛伐克「是我在歐洲最後必須要求的領土」。根據一九三八年的《慕尼黑協定》（Munich Agreement），法國與英國「允許」德國併吞捷克斯洛伐克的部分領土，這裡大部分的人是說德語，現在被命名為蘇台德地區（Sudetenland）。張伯倫讓希特勒簽署了一份英德關係的聲明，內容是說兩國不會開戰。隨後他從唐寧街十號（按：英國首相官邸）的窗口揮舞著這份聯合聲明說：「我相信，我們的時代是和平的時代。」但是，邱吉爾直接從《慕尼黑公約》（Munich Pact）看情勢，把併吞蘇德台地區視為一種罪行，這是「沒有戰爭的失敗」，接下來只會發生更糟的事。他主張，英國與盟國必須更加明智，幫助保衛捷克斯洛伐克，並且試著遏止還在萌芽階段的納粹擴散行動，這時候德國的軍隊還沒有在西線完全動員起來。一直到波蘭被入侵之前，同盟國都沒有採取任何行動，但在這個時候，德國已經變得更強大了。邱吉爾得到的教訓任何時候都適用：在相對可以輕鬆取勝的時候，如果你不願意打仗，你稍後可能被迫以更大的代價打仗。

在此之前，俄國都和這件事沒有什麼關係。然後俄國的外交事務部門首長李維諾夫（Maxim Litvinov）正式提出要與法國和英國結成三方聯盟。但是英國政府猶豫不決，接著史達林對李維諾夫失去信心，並換上了冷酷無情的莫洛托夫（Vyacheslav Molotov），他認為俄國不能依賴西方國家對抗德國，俄國必須保衛自己，或者與希特勒達成協議。

雖然邱吉爾並不在乎史達林或蘇聯政權，但他相信，為了打敗更大的敵人，有時候你必須與魔鬼共舞。畢竟，蘇聯在這時候還不是侵略者，但德國已經威脅到整個歐洲。另外，讓德國在東部戰線與俄國交戰，就可以轉移德國在西部戰線的資源。對邱吉爾來說，這一切很合理，但是他很沮喪地看到，機會在細節與談判中陷入泥淖。

由於受夠了英國與法國的搪塞推託，史達林宣布他打算與德國簽署一份互不侵犯條約，而邱吉爾認為，「這個世界像是被轟炸了一樣。」邱吉爾了解，俄國是為了自身利益而行動，即使不清楚這個利益為何。一九三九年十月一日，邱吉爾在廣播中說了一段知名的話：「我無法對你預測俄國的行動。那是層層包裹著的謎中之謎。」

暮光之戰

一九三九年夏天，英國的媒體與輿論發生了天翻地覆的變化。數千人聚集在一起，敦促「邱吉爾必須再上台」。當時他正安居在查特維爾莊園，為了截稿時間夜以繼日地寫書。

一九四〇年五月，邱吉爾終於成為海軍第一大臣，他對英國皇家海軍的理解成為關鍵的因素。事實上，他是政府閣員中唯一在第一次世界大戰期間擔任高階職務的人。另外，邱吉爾提到，在大戰結束時，他已經下令安全儲存大量的重型武器，以備未來所需。每個人似乎都忘記了這些重型武器，但他搬出這些武器，修理之後就派上用場了。進入戰時內閣後，他也成立了一個自己的統計部門，可以消化戰爭行動的所有數據。他的行為呼應了克勞塞維茨有關偉大領導人的名言，邱吉爾「專注的是後勤作業，而不僅僅是策略」。

《風起雲湧》的後半部是戰爭初期的詳細描述，分別稱為「暮光之戰」（twilight war）、「偽裝之戰」（pretend war）、「冒牌之戰」（phony war），因為當時英國部署的幾乎都是海軍。邱吉爾關心的是保護航道，並在蘇格蘭的斯卡帕灣（Scapa Flow）建立海軍基地。在西部戰線上，一切平靜得很詭異。但是到了一九四〇年四月，暮光之戰以令人震驚的事件結束了，因為德國攻占挪威，而挪威曾經天真地以為，希特勒會尊重挪威中立國的地位。英國戰時內閣通過拿回納維克（Narvik）與特隆赫姆（Trondheim）兩個港口城市的決定，在策略上磨蹭很久之後，終於在五月二十八日拿回納維克。雖然對英國來說，損失了很多人命與船隻，是一個非常昂貴的代價，但這番作為大挫德國海軍。德國後來攻擊英國時，就只剩空軍可用了。

挪威事件進一步激起英國大眾參戰的情緒，而邱吉爾這幾年來關於德國的警告，也讓他成為先知。由於張伯倫在國會遭到不斷的抨擊，有人要求國民政府（National Government）應該超越政黨立場參戰。張伯倫邀請邱吉爾到首相辦公室並指出，他無法成立這樣的政府，所以會辭職。當時也在現場的哈利法克斯勳爵（Lord Halifax，按：當時的外交大臣，也是當時的閣揆熱門人選）排除了自己之後，首相之位就非邱吉爾莫屬了。

當荷蘭與比利時被希特勒打敗時，邱吉爾在六十五歲的年紀，執掌英國政府最重要的職位。他寫道：「我覺得這好像是我的命運，我過去的所有人生都只是為了這一個小時與這個考驗做準備。」

總評

邱吉爾當了五年又三個月的首相，最後在一九四五年的選舉中，被英國大眾毫不客氣地拋棄了。選民似乎認為，工黨更集體主義、社會主義的方法，比一個老派的保守黨政策更適合希望更平等的英國。了不起的是，到他七十幾歲時，他還是選擇成為接下來六年的反對黨領袖。

正是在這段期間，就在一九四六年，他在美國密蘇里州富爾頓（Fulton）發表了一場知名的演說，他說：「從波羅的海的斯德丁（Stettin，按：位於靠近德國東部的波蘭城市）到亞得里亞海的特利斯特（Trieste，按：位於義大利東北部），落下了一道橫跨整個歐洲大陸的鐵幕。華沙、柏林、布拉格、維也納、布達佩斯、貝爾格勒與索菲亞（按：這些城市分別為波蘭、德國、捷克、奧地利、匈牙利、塞爾維亞、保加利亞等國家首都），所有這些知名的城市，以及這些城市周圍的人口，全都位於我必須稱為蘇聯的勢力範圍以內。」邱吉爾清楚看到未來幾十年的衝突，性質上是屬於「冷」衝突，而且他不是把英國的未來看成是歐洲的一部分，而是在盎格魯圈（Anglosphere，按：指說英語的文化圈）中成為美國的特別合作夥伴，共同致力於追求民主、資本主義、有限政府與個人自由。值得注意的是，他在一九五一年於七十幾歲時還第二次擔任英國首相，他著手力挽狂瀾，希望扭轉英國這個歷史上的大國的沒落，但成效不彰。他的第二次任期很少人稱頌，但在十年後，在他的國葬上，很多人顯露了真正的傷慟。

溫斯頓・邱吉爾

溫斯頓・邱吉爾（Winston Churchill）於一八七四年出生於牛津郡的布倫海姆宮（Blenheim Palace），擁有馬爾堡公爵的爵位。他的父親藍道夫（Randolph）是第七任公爵的第三個兒子，也是保守黨的政治人物；而他的母親珍妮（Jenny）則是美國金融家「華爾街之王」（King of Wall Street）傑若米（Leonard Jerome）之女。

邱吉爾在哈羅公學（Harrow，按：英國知名男子菁英學校，培育過七位英國首相）接受教育，但學習成績普通，考了三次才通過桑赫斯特皇家軍事學院（Sandhurst Military Academy）的入學考試。他在一八九五年加入女王的私人輕騎兵團（Queen's Own Hussars），並在古巴、旁遮普和尼羅河的軍事活動服勤過。在布爾戰爭（Boer War）期間，他因身為報社記者被逮捕又逃脫而出名。二十六歲時，他成為保守黨議員，並在自由黨的政府擔任殖民部門的副首長（Colonial Under-Secretary）、貿易委員會主席（President of the Board of Trade），然後是內政大臣（Home Secretary）。一九一〇年，他成為第一位海軍第一大臣；一九一七年擔任軍需大臣（Minister of Munitions），一九一九年到二一年，擔任戰爭與空軍大臣。

一九二四年到一九二九年，邱吉爾擔任英國財政大臣（Chancellor of the Exchequer），監督英國回到金本位，但導致英鎊走強，而造成經濟衰退、通貨緊縮與一場礦工的罷工行動。他認為這個決定是他最大的錯誤。在他的第二次任期內，邱吉爾經歷兩次中風，並於一九五五年退休。一九六五年過世時，女王賜給他國葬儀式。身後留下妻子克萊門汀（Clementine）與三名子女。

1832

戰爭論

On War

「政策是指導知識，戰爭只是工具。而不是相反。」

「屠殺是一件非常可怕而不尋常的事，我們必須更嚴肅地看待戰爭，但這不是以人道名義逐漸讓我們的武器鈍化的藉口。」

「沒有考慮心理的反應，就無法解釋勝利的結果。因此，本書處理的大部分事件中，都包含平等的實際與道德的因果關係。有人可能會說，實際因素充其量就是個（刀或劍的）木柄，而道德因素卻是貴重的金屬、真正的武器、磨利的刀。」

總結一句

由於戰爭具有心理層面，因此戰爭永遠不可能成為一門科學，即使作為政策的延伸，也是一個鈍掉的工具。

同場加映

諾曼・安吉爾《大錯覺：軍事力量與國家優勢的關係》（5章）

溫斯頓・邱吉爾《風起雲湧》（13章）

漢斯・摩根索《國際政治：權力與和平的鬥爭》（33章）

14

卡爾・馮・克勞塞維茨

Carl von Clausewitz

在克勞塞維茨之前，有關戰爭的文獻寫的都是沉悶的後勤作業、地形或軍隊調度，或是大戰的華麗描述。但是在《戰爭論》中，這位德國將軍與軍事理論家想讓戰爭研究更有科學的基礎。在前言中，他寫道：「我要不惜一切代價避免每一件稀鬆平常的事，每一件顯然已經被說了一百遍並被普遍相信的事。」

他在六百頁的巨著中，涵蓋了所有傳統的營地、行軍、戰爭的秩序、部隊宿營、通訊線路，以及複雜的戰術，但是讓《戰爭論》脫穎而出的是它對戰爭心理與政治層面的特殊見解。列寧、毛澤東以及美國的軍事知識分子，都被這本書的這個層面所吸引，因此在世界各地的軍事學術機構都要求讀這本書。從克勞塞維茨以來，我們才有了「戰爭之霧」(the fog of war）的說法，以及戰爭是一種政策，即使是一種極端的形式這種觀念。所謂的戰爭之霧是：「戰爭是一個充滿不確定性的領域；戰爭中的所有行動，有四分之三的部分或多或少都處於不確定之霧的狀態。」

《戰爭論》明顯缺少了絞盡腦汁的道德考量，這是今天大部分戰爭評估的一部分。克勞塞維茨的武力哲學非常簡單：如果有蹂躪、入侵或占領土地的可能性，就動手吧。由於戰爭的技術改變，讓這本書的很大部分顯得已經過時，但是他對戰爭心理、戰爭的政治背景與一般戰略的看法，現在讀起來仍然很有幫助。

戰爭是什麼？

克勞塞維茨把戰爭定義為「一種強迫敵人順從我方意願的武力行動」，他指出，戰爭「是一件非常危險的事，而出自仁慈的錯誤是最糟糕的」。如果有一方因為擔心損失的人命而遲疑，就會馬上失去面對敵人的優勢。他說：「在戰爭中，考慮適度的問題是一種邏輯的荒謬。」戰爭在本質上就是一種極端的問題。

克勞塞維茨追隨他那個時代的理想主義思想家，例如康德與黑格爾，書中一開始就提到戰爭是一種單一、純粹的想法，這種想法認為，戰鬥人員尋求以最少的代價，取得一種理想、完美的全面勝利的結果。但是因為人類本身一點也不完美，所以這樣的結果也不可能發生。因為錯誤的原因，也因為自然而然的謹慎，雙方陣營都不會在最初的攻擊中就用盡所有戰力，而是會考慮如果第一次不成功，就要為第二次攻擊保留部分戰力，因此會適度運用全部的武力。

克勞塞維茨主張，戰爭「從來就不是一種孤立的行動」。戰爭並不是自己發生的，如果我們對戰爭的發生感到意外，這就表示，我們是以自己的預期在看情勢，而不是根據現實來看待潛在的敵人。

我們可以根據國家領導人遵照國際法應該做的事來評估他，但在同時，他的坦克可能正在入侵一個主權國家的領土。

克勞塞維茨的一個標題是：「在戰爭中，結果永遠不是最後的結局。」就像戰爭的開始一樣，只是政策的一種延續，所以對於被擊敗的一方，戰爭的結束可能不是真正的結局，可能只是邁向取得所需的路上的一個「暫時的邪惡」。如果從更大的歷史與經濟角度來考慮，克勞塞維茨的觀點確實非常吸引人。舉例來說，在二十世紀時，德國在第一次世界大戰中所遭受的屈辱，其實是為希特勒的復興撒下了種子。當德國在第二次世界大戰再度被打敗時，德國的經濟荒蕪與和平憲法就保證，德國會把所有的力量導入工業上的成就。相同的情況也發生在戰後的日本身上。

政策變得暴力

戰爭不只是由情緒引發的一種隨機的暴力行為。特別是文明國家開戰時，永遠是一種政策行為。另外，戰爭（和暴力隨機發生相反）的時間永遠會持續得夠久，以便至少在某種程度上，讓那些開始發動戰爭的人還有指揮餘地。軍事作為應該不斷回到發動戰爭的政策考量。克勞塞維茨寫道：「政治目的是目標……戰爭是達成目標的手段。」

他有一個巧妙的觀察：當參戰的動機清楚而強烈時，軍事行動就會緊密符合政治目標。但是當動機較不清楚也不強烈時，戰爭就可能變得曠日廢時，而且也無法確定結果。在戰爭背後，如果國人並沒有團結在一起，士兵會知道，所以也無法全心全意投入軍事行動。

在我們的時代中，可以說阿富汗戰爭與第二次伊拉克戰爭就是發生了這樣的狀況，不確定的政治動機導致了不確定的軍事結果。這和盟軍對抗希特勒時完全相反。當時的動機非常強烈，所以能掌握所有的機會，而且所有的力量也都集中在取得勝利上。每一場戰爭都是因為政治因素而起，但只有某些戰爭達成想要的政治結果。因此關鍵的是，政治人物與將軍要確實知道，他們是為何而戰，並且透澈思考戰爭是否可以達成這個目的。

克勞塞維茨說，戰爭的「全部現象」包含三個元素，每一個都牽涉到不同的行為者：

一、「原始的暴力、仇恨、敵意」的三位一體性——這是人民關心的事。

二、概率與機會——規畫行動的將軍考慮的事。

三、作為政策的工具，會受到推理（reason）的影響——政治人物堅持的事。

沒有完全理解每一種元素的力量，參戰的行動一開始就會有瑕疵。成功的理論必須在這三個元素之間找到平衡，如此一來，戰爭的動機與做法將會「像是懸掛在三個磁鐵之間的物體」。

戰爭真的不是一門科學，也不是一種藝術。我們最好把戰爭看成是人類生活的一種社會面向。就像商業一樣，商業是一種利益的衝突，只是解決的方式不一樣而已。克勞塞維茨寫道：「政治是戰爭形成的發源地，戰爭的輪廓已經存在於隱藏的基本形式中，就像生物的特徵已經隱藏在胚胎中。」

戰略

克勞塞維茨的戰爭理論，部分根據他是幾場衝突的沙場老將的自身經驗，部分來自他的人脈，以及他和某些備受尊重的士兵的討論。他相信，偉大的士兵與將軍是天生的，而不是後天培養的，他們是出於直覺而做出良好的決策。但是他通常必須說服其他人，或為行動提供理由，這就是「重大行動（或戰略）的理論」變得重要的原因。

克勞塞維茨一再聲稱，在戰爭中，防守比進攻更有力量，因此較弱的一方在對抗較強的一方時，在擊倒敵人的策略中，經常採取的方法是讓衝突的代價高於它的價值。有沒有打這場戰的情感與意志？面對更強大的敵人時，這是抵抗軍或規模較小的部隊所面臨的考驗。

戰爭的主要戰略永遠是澈底摧毀敵人的武力。如果賭注較小，其他策略也許就足夠了，但是摧毀仍是起點。所有的戰略最後都與構成戰鬥的基本元素有關。一個士兵的所有訓練與行動，都是要準備好在對的時間與對的地點戰鬥，而且是在一個可以消滅敵軍的位置。這是對的，因為即使沒有真的發生戰鬥，對敵軍優勢的判斷還是最重要的。

戰爭的心理層面

戰爭的物質考量很簡單，每個人都可以學；更具挑戰性的是知識層面，必須考慮到正在即時運作的無數因素的複雜度，而且當然還有人性的因素。克勞塞維茨說，將軍可以從戰鬥的「無形元素」得到最多的靈感——例如幫助部隊打敗更強大對手的團隊精神——並且可以透過「廣泛的印象與閃過的直覺」，而不是閱讀重要的戰爭研究，來學到更有效的方法。

戰爭被認為是一件謹慎計算的事，但說到底，終究是一場賭博，因為它圍繞著人的心理狀態問題。克勞塞維茨說，戰爭「牽涉到生活與道德力量」，包括勇氣、膽識，甚至愚蠢。雖然他希望他的書可以成為戰爭的第一本科學研究，但他並不認為戰爭本身能以科學的方式來進行，因為「沒有其他的人類活動會如此持續或普遍與機會密切相關」。戰爭只能是一種評估概率、猜測的演練，並且只能希望運氣會站在你這一邊。成功涉及如何進入敵人的思想，因此這不太可能是一種精確的科學，但卻能造成輸贏之間的差別。

制訂戰爭的目標並擬訂一個可以達成目標的策略是容易的，比較困難的是，儘管有上千種令人分心的狀況，還是能堅守目標與計畫。恐懼、憂心與懷疑，會不知不覺爬上士兵的心頭，而且將軍也可能受到虛榮、野心與報復心理的影響。這一切會讓人忘記最初的戰略，而特定的參戰目的也變得不明確了。

對於期待看到戰爭的科學論文的讀者，卻看到人性的真實面，克勞塞維茨表達了歉意。現實就是「比起其他場合，在戰爭中，事情的發展更不會按照我們的預期」。將軍面對的是不確定性的交易。他整天被各種報告轟炸著，必須判斷其中的真假與輕重緩急，還必須忍受不服從、惡意、懶惰與無法預見的意外事件。除了勇氣與堅強，他還必須有毅力，繼續堅守他設定的路線，直到出現令人信服的理由才會改變。

一個優秀指揮官的傑出之處，在於他對時間與空間的掌握能力。如同俗語所說，他會聰明地選擇自己的戰場，決定對的條件、時間與精確的地點，讓他能夠運用他手下的資源發揮出最大的戰力。好將軍會主動要求等到某一個時間點，讓他必須在一次攻擊時集中所有的武力。這是有風險的，但這也會帶來最大的勝利機會。

總評

對於當代的讀者來說，克勞塞維茨的論點有問題的地方在於，他假設戰爭對人民與社會的品格有益。例如在第六章的結束部分，他說只有戰爭能夠把勇氣灌輸給人民，以對抗「軟弱與對舒適的渴望，在持續繁榮與增加貿易的時候，這會降低人民的道德水準」。

相信戰爭「培養品格」的特質以及假設軍事強盛是國家富裕的基礎，正是被安吉爾在《大錯覺》（見5章的評論）中批判得一無是處的主張。因為這兩點導致了恐怖的第一次世界大戰。德國只想到對自己有利的事，並準備粗暴地對待其他國家以達成自身的利益，這完全符合了克勞塞維茨所說的，戰爭是不談道德的領域。只是，在克勞塞維茨寫書的十九世紀，是個相對和平的時代，而他所描述的大戰相對於二十世紀的戰火，也是小巫見大巫。

但在優點方面，克勞塞維茨的戰爭「三元素」理論，的確可以解釋很多當代戰爭為什麼會失敗。除非國民、軍隊與政治人物在參戰的理由下團結在一起，否則戰爭本身很可能不會有效果（例如越戰、阿富汗戰爭）。

卡爾・馮・克勞塞維茨

卡爾・菲立浦・戈特福德・馮・克勞塞維茨（Carl Philipp Gottfried von Clausewitz）於一七八〇年出生於普魯士的柏格貝馬德堡（Burg bei Magdeburg）。十三歲時就在普魯士軍隊中當學員，隔年就參加了對抗法國的戰爭。他在十幾歲的時候就被升為上尉，二十一歲的時候，就被准許進入柏林的國家軍事學院。以他那一年第一名的成績畢業之後，成為奧古斯特（August）王子的副官。

一八〇六年，克勞塞維茨被法國人抓到，當了兩年的戰俘，被釋放後，在沙恩霍斯特將軍（Gerhard von Scharnhorst）重組普魯士軍隊時，成為他的助手。一八一〇年，他在戰爭學院擔任教授，並娶瑪莉女爵（Countess Marie von Brühl）為妻，但是因為參與更多場戰爭，包括一八一五年的滑鐵盧戰役，他的教職因此中斷。一八一八年升任將軍，並出任柏林軍事學院院長，因此在接下來的十年，他能夠投入研究工作。一八三〇年到一八三一年，他再度回到軍隊，負責帶領波蘭的普魯士軍隊，並在那裡染上了霍亂。一八三一年，他在布魯塞勞（Breslau）過世。《戰爭論》是由他的妻子整理出版，因此在大多數的版本中，也會看見他妻子的序文。

1992

歷史的終結與最後之人

The End of History and the Last Man

「就自由的觀念來看，現在出現的流行不太算是自由的實踐。也就是說，在全世界很大部分的地區裡，現在沒有一種可以誇耀其普遍性的意識型態，有足以挑戰自由民主的地位；另外，除了人民主權之外，也沒有普遍的正當性原則。」

「自由民主的成長，以及伴隨著的經濟自由，是過去四百年來最明顯的宏觀政治現象。」

總結一句

時間將會證明，自由民主會是政治組織的唯一可行形式，因為它的基礎是人對自由與承認的普遍渴望。

同場加映

艾克頓勛爵《自由與權力》（1章）
戴倫・艾塞默魯＆詹姆斯・A・羅賓森《國家為什麼會失敗》（2章）
弗雷德里希・海耶克《通向奴役之路》（19章）
約翰・米克斯威特＆亞德里安・伍爾得禮奇《第四次國家革命》（31章）

15

法蘭西斯・福山

Francis Fukuyama

一九八九年，福山為美國期刊《國家利益》（*National Interest*）寫了一篇文章〈歷史終結了嗎？〉引起很大的興趣，導致一家主流出版商找他把這篇文章的觀點寫成一本書。三年後，《歷史的終結與最後之人》一書讓福山一舉成名，成為重要的公共知識分子。福山有關歷史終結的觀點是指，世界已經走到一個時間點，自由民主已經證明是唯一可行的政治組織形式，在那個時侯，柏林圍牆剛倒塌、蘇維埃共產主義也剛解體不久，因此這個觀念在當時似乎很有說服力。但是到了一九九〇年代，發生了一些重大事件，例如海珊入侵科威特，以及中國的北京天安門大屠殺，似乎是對這個觀點的一種嘲笑。

福山回應說，很多批評是因為誤解了他所指的「歷史」的意義。他從來沒說，不會再發生重大的事件，只是說，在黑格爾與馬克思所謂的「一個單一、連貫、演化的過程」的意義上，歷史已經走到了一個盡頭。人類已經從穴居與部族統治走到奴隸與封建制度、神權政治與君權政治，到自由社會與放任資本主義，每一種社會形式都是為了解決平等與繁榮的重要問題。福山認為，因為自由民主沒有威權與集體主義政府形式先天的「缺陷與不理性」，長期下來，可以證明是唯一真正永續的政府形式。自由民主當然有很多問題，但都只是「自由與平等雙重原則無法完全實施」的問題。一個目的在提供物質福祉，同時又要大幅維持成員自由的制度，是很難改善的。

福山承認，對很多人來說，歷史是一個連貫、具方向性的過程，這種觀念是很荒謬的，特別是有鑑於希特勒、史達林與波布（Pol Pot）[1]等人的暴行。但所有的這些恐怖政權（今天我們可以加上賓拉登）都可以意味著，我們只是見樹不見林。他認為，長期來看，朝向更自由、更大選舉權的風潮，是正確無誤的。

自由的觀念

二十世紀令人意外的不理性殘暴行為，與前一百年的相對理性、和平與樂觀形成鮮明對比，當時人們相信，自由與繁榮將會自然而然地推廣與擴散到全世界。事實上，一九一〇到一九一一年版的《大英百科全書》（*Encyclopaedia Britannica*）中，在「酷行」（Torture）的標題下寫著「就歐洲而言，整個主

1 譯注：波布於一九七五年推翻高棉共和國，成立「民主柬埔寨」，卻是一個極端獨裁的共產黨政府，實施管制與肅清政策，據稱共殘殺了四分之一的人口，被稱「紅色高棉」。

題就只是歷史的利益」。安吉爾在第一次世界大戰爆發前夕的著名預言就是，自由貿易讓已開發國家之間的戰爭變得既不理性也不合時宜了（見5章的評論）。

但是，第一次世界大戰粉碎了「進步」的觀念。如果進步的文明是指殺害碰巧是來自鄰國同齡的人，那麼進步的文明又有什麼意義？如果這場戰爭沒有中斷歷史正朝一個正向方向發展的錯覺，那麼接下來的那場戰爭也肯定做到了，這場戰爭運用了現代科學，一瞬間就能以毒氣殺害數百萬人，以及滅絕各個城市。而在同時，出現了極權主義國家並實施了空前的殘暴措施，可以控制數百萬人的生命，甚至他們的思想。有鑑於法西斯主義與共產主義的盛行，以及明顯開明的歐洲卻偏好自我毀滅的行為，福山以魔鬼代言人的身分提問，也許不是只有種族中心主義（ethnocentrism）認為，自由民主是這個世界正在邁向的最後一種政治組織形式？也許時間將會證明，民主只是歷史進程中的短暫現象而已。

一九七〇年代，美國國務卿季辛吉（Henry Kissinger）認為，共產主義會退潮是一種一廂情願的想法，並且接受了美國與蘇聯會永遠處於冷戰的狀態。事實上，在一九七〇年代到一九八〇年代，每一個人（左右兩派的學者、新聞記者、政治人物）都相信這種政權的穩定性、持久性，甚至合法性。而在同時，福山指出，人們對「民主缺乏深切的信心」，它可能只是一種「西方的東西」，因此對於中國人、俄羅斯人與古巴人來說，共產主義可能是一種更適合的文化，這些文化的歷史顯示，他們對自由民主並不感興趣。另外，如果左派政權在貧窮國家做好事，例如提供健康醫療與教育服務，政治自由難道不是要付出的一種合理代價？

福山承認，如果你看的是十年或甚至二十年的期間，就看不太出來自由民主盛行的模式，但是如果以超過這段歷史的範圍來看，就有一個明顯的趨勢。他說，自由民主已經是「過去四百年來最明顯的宏觀政治現象」，深入人心之處，遠遠超過自由民主傳統的歐洲與北美發源地，因此不能被看成是西方文化帝國主義。新的政治組織形式，例如法西斯主義、共產黨主義或威權資本主義通常會失去立場，隨著時間過去，就會看到這些形式自然崩潰。自由與平等被接受與維持下來，是因為長期下來自由與平等最能帶來和平、穩定與繁榮。

你能承認我嗎？

黑格爾提到「第一個人」（First Man）想被其他人類承認，並且真的會採取違背他生存本能的行動，他會為了榮耀——而不只是資源——願意冒著生命的危險戰鬥。相反地，福山的「最後之人」是一個現代人，在物質意義上，他的生活如此舒適，讓他不想準備冒任何風險。但福山主張，人類終究不只是為了經濟而活，而是非理性的動力，也就是黑格爾所謂的「為了爭取肯認而戰鬥」。從北京天安門廣場到埃及解放廣場（Tahrir）可以看到，人們還是準備為了自由而死，就是印證。福山對共產主義的批評，不只是它創造的一般財富無法和資本主義相提並論，而是它不能完全承認個人的獨特性。在當代的世界裡，為了爭取權利與肯認而戰鬥，可能看起來很令人意外，因為這個世界是這麼的消費主義傾向，但它仍然持續在影響政治。蘇格蘭最近想爭取獨立地位，就是不太考慮到經濟基礎，而是希望被承認，承認他們的文化與社會和英國不同。每一個想要脫離更大政治聯盟的地區或民族，都是一樣的動機。

民主、富裕與穩定性

福山大致上同意利普塞特（Seymour Martin Lipset，按：美國比較社會學家）的理論，穩定的民主與經濟的發展之間有很強的明顯關聯，他指出，科技與現代科學一定會導致工業化，並催生出一群崛起中的中產階級與消費主義。然而證據顯示，這樣的過程不是導致更大的政治自由（也就是自由民主），就是官僚威權主義國家，這種國家會提升人民的生活水平，但仍牢牢控制著人民的自由。福山認為，如果一個國家想以經濟成長為優先，最好的方式可能是結合自由經濟與威權政府（從他寫書以來，中國做的事正好就是這樣）；歷史證據還包括日本的明治維新、帝制德國（Imperial Germany），以及皮諾切特（Pinochet）統治時期的智利。光是民主並不是國家富裕的手段，因為特殊利益團體總是會自我保護，因此會導致缺乏效率。而選民要求的福利國家會導致大量的公共債務與財政赤字，政治人物也有扶持沒落行業的壓力。對比之下，沒有這些限制的國家，可以藉由結合社會紀律與對新科技與創新的開放，也就是兩個世界中最好的部分，以非比尋常的方式「追求成長」。

總評

知識分子往往支持悲觀的人類通史，譴責任何提出歷史朝樂觀方向發展的方法論。福山說，這種悲觀主義是暗示著深刻與嚴肅的「某種姿態」，採取這種態度，就像十九世紀的勝利樂觀主義一樣輕率而毫無根據。但是我們不必盲目地悲觀或樂觀，我們只要看看世界各地的經濟與政治自由的數據。雖然最近幾年來，被歸類在「自由」的國家數量在下降（見FreedomHouse.org），涵蓋過去兩百年的圖表顯示出一條明顯傾向自由的軸線。民主不只出現在沒有人預期會出現的地方，而且很多看起來像岩石一樣堅硬的威權政權也已經垮台。另外，絕對君權、共產主義、貴族統治、神權政治和法西斯主義都明顯失敗了，福山說，今天「完全沒有一個自由民主的替代理論」。即使是高壓政權，至少也在口頭上大談自由觀念，舉辦（假的）選舉，表演「議會」秀，並且宣稱「自由」言論（由國家擁有或控制媒體公司）。福山在二〇〇八年於《紐約時報》（〈他們最多只能做到這樣〉）寫道：「大部分的獨裁者，包括普丁與查維茲，仍然認為，即使他們挖空了民主的實質內涵，也必須遵守民主的外在儀式。」

福山觀點的美中不足之處在於，無法說明現代中國、新加坡與其他揮舞著威權資本主義旗幟的國家的成就。他們的例子沒有讓他的言論顯得過時嗎？特別是從美國到歐洲，不管是經濟方面，還是政治制度陷入僵化，自由民主國家已經好幾年表現差勁了。國家資本主義似乎是自由民主的一個清楚且越來越吸引人的替代選項。但時間終會提出解答。人變得更有錢時，往往會要求更多權利，並且會對伴隨著裙帶資本主義而來的不平等而心懷怨恨。新加坡致力於法治，是一種防制革命的保護措施，但在中國與中東的石油王國，沒有什麼是確定的。即使是亞里斯多德也提過，民主雖然混亂而無效率，但比寡頭或獨裁政治更穩定。

有些人可能會說，因為伊斯蘭教的普遍吸引力超越了國家或種族，因此是自由民主的一個替代選項，而且確實，從福山的書出版後二十年來，像伊斯蘭國（Islamic State）這樣想建立一個新的哈里發世界的團體，在痛恨「墮落」的自由民主心理下，團結了很多極端主義的穆斯林分子。不過他認為，這樣的極端主義絕對不會坐大，因為更大的穆斯林世界因為派系與民族主義而分裂。福山認為，與其說伊斯蘭教會擴散到目前文化範圍之外的地區，更可能的情況是，自由觀念會在伊斯蘭教的國家成長。他說：「目前基本教義派復興的部分原因，是感知到自由的西方價值對傳統伊斯蘭社會的威脅力量。」他是對的。包括埃及與突尼西亞，在某些穆斯林國家，已經出現了反對伊斯蘭政府的強烈反彈，因為他們了解到根本行不通。時間很可能會顯示，政教分離不只是一種西方的考量，而是全世界各地基本的好政府形式。

未來將會有更多大事件與更多政權出現，似乎會證明福山的文章是錯的，但即使是這些，可能也是反對自由民主令人信服的邏輯的一種反應，因為在所有的政府形式中，從我們對自由與肯認深深渴望的角度來看，自由民主最能考量到人性的需求。所有其他的形式也許看起來有用，但只能維持一時而已。

法蘭西斯・福山

法蘭西斯・福山（Francis Fukuyama）於一九五二年出生於芝加哥，是第三代的日裔美國人，父親由雄（Yoshio）是宗教社會學家。他在紐約市與賓州成長，在康乃爾大學（Cornell University）取得大學學位，主修古典文獻。在耶魯大學學習比較文學一段時間之後，在哈佛取得政治學學位。在哈佛就讀期間，他的老師包括《文明衝突與世界秩序的重建》（*The Clash of Civilizations and the Remaking of World Order*）（見21章的評論）作者杭廷頓（Samuel Huntington）。取得博士學位之後，福山在政治智庫蘭德公司（Rand Corporation）工作。

從一九九六年到二〇〇〇年，他在喬治梅森大學（George Mason University）擔任公共政策教授，之後在約翰霍普金斯大學（Johns Hopkins University）擔任政治經濟學教授十年。目前是史丹佛大學

（Stanford University）國際研究所的民主、發展與法治中心資深研究員。他的其他著作包括《信任：社會德性與繁榮的創造》（*Trust: The Social Virtues and the Creation of Prosperity*，一九九六）、《後人類未來》（*Our Posthuman Future*，二〇〇二），書中強烈批判生物科技挑戰了自由民主中人人生而平等的基本觀念；《美國處在十字路口》（*America at the Crossroads*，二〇〇六），是一本美國新保守主義的歷史；《政治秩序的起源（上卷）：從史前到法國大革命》（*The Origins of Political Order*，二〇一一），探討建立一個穩定國家的因素；以及《政治秩序的起源（下卷）：從工業革命到民主全球化的政治秩序與政治衰敗》（*Political Order and Political Decay: From the Industrial Revolution to the Globalization of Democracy*，二〇一四）。後面這兩本書記錄了從《歷史的終結與最後之人》之後的大事件，並強調各個國家要發展穩定的自由民主機構所需要的完整時間。

1927-1929

我對真理的實驗：甘地自傳

An Autobiography: The Story of My Experiments with Truth

「說宗教與政治無關的人，根本不了解宗教的意義。」

「抵抗與攻擊某個制度是相當適當的，但是抵抗與攻擊它的創始人，無異於抵抗與攻擊自己。因為我們全部都是用同一把刷子塗上焦油的人，都是唯一與相同的造物者之子，因此在我們之內的神性力量是無窮無盡的。」

「記住，在人類的歷史上，曾經有過獨裁者與殺人犯，而且在某一段時間，他們看起來好像無法被征服。但到最後，他們一定會失敗。一定。」

總結一句

權力可以建立在某種無懈可擊的道德立場上。

同場加映

馬丁・路德・金恩《馬丁・路德・金恩自傳》（23章）
納爾遜・曼德拉《漫漫自由路》（28章）
孫逸仙《三民主義》（44章）
亨利・大衛・梭羅《公民不服從》（46章）

16

穆罕達斯・甘地

Mohandas K. Gandhi

在他自傳的一開始，甘地就指出，這不只是事件的描述，也包含有關他內心世界與影響的故事。這些人包括梵文作家帕坦伽利（Patanjali，按：《瑜伽經》作者）、印度哲學家辨喜（Vivekananda）[1]，以及他稱為「行為辭典」的《薄伽梵歌》（*Bhagavad Gita*）[2]，影響到他的大部分原則。他也堅持閱讀《古蘭經》（*Koran*），並在托爾斯泰（Leo Tolstoy，按：俄國作家）的《神的國度就在你們心裡》（*The Kingdom of God Is within You*，一八九四）與拉斯金（John Ruskin，按：英國藝術與社會評論家）的《給後來者言》（*Unto This Last*，一八六〇）等世俗作家中找到改變生命的觀點，並啟發他於一九一〇年在南非川斯瓦（Transvaal）建立了一個托爾斯泰農場（Tolstoy Farm）社區。另外，他也深受梭羅的《公民不服從》（見46章的評論）以及柏拉圖描述蘇格拉底審判過程的《辯護篇》（*Apology*）所影響。

自傳中的大部分篇幅寫的是甘地的青年時期，以及他居住在南非的二十一年成年時期，直到一九二一年。在本書出版的時候，他已經因為他的公民不服從運動與服監而聞名於世，後來他又發起食鹽長征行動，在國際上毀譽參半。

金恩對甘地的故事與非暴力抵抗的哲學深深著迷。甘地提出來的「satyagraha」概念，也就是「真理的力量」（truth force，甘地也稱為「愛的力量」〔love force〕）讓金恩再一次把非暴力視為一種社會改革的方式；它也符合耶穌愛你的敵人以及如果需要，「把另一邊臉頰轉過來（讓對方打）」的教義。金恩的看法是，「和平主義並不是不切實際地對邪惡力量屈服」，而是「勇敢地以愛的力量直接面對邪惡」。面對暴力時，當一個接受者比施予者更好，因為會讓對方產生一種羞恥感，這會促成一種思維上的轉變。金恩這樣完美總結了甘地的力量：他終結了一個帝國的統治權威，並改變了我們對權力本身的理解。

政治策略的精神根源

有關甘地自傳真正本質的第一個暗示是書名的奇怪措詞。一般的政治人物可能會把書名稱為「自

1 譯注：又譯維韋卡南達，辨喜是他的法號。他是第一個把印度傳統哲學思想和瑜伽修行介紹到西方的先驅者，也是印度教的改革者。他師從羅摩克里希那（Ramakrishna），後者在印度教的基礎上提出「人類宗教」的思想，認為世界上各種宗教所信仰的神均為同一個實體，區別只在於名稱不同；而各宗教都有一個一致的目的，即達到人與神的結合，實現普遍之愛和美好的生活。

2 譯注：《薄伽梵歌》與《吠陀經》及《奧義書》被譽為印度三大聖典。《薄伽梵歌》出自古文明最長史詩《摩訶婆羅多》其中的一篇，蘊含許多超越宗教的宇宙及人生哲理，是現代最普及的印度宗教哲學經典。

傳：我如何把印度從英國的統治中解救出來」而不是「自傳：我對真理的實驗的故事」（按：原書名）。

他的第一個實驗是素食，這來自他對家庭的承諾（他的巴尼亞種姓是素食者）並轉變成一種道德使命，他發展出來的看法是，在擺脫動物動力與基本考量上，性與飲食的限制是很重要的。甘地後來認為，「沒有」（going without）的淨化練習提供了一種道德力量與目標力量，能得到宇宙的支持。當時他大約三十五、六歲，在妻子卡斯圖拜（Kasturbai）的同意下，甘地發誓要維持禁欲。

直接導致他的政治力量的概念是非暴力（梵文：ahimsa）。在印地語（Hindi）中，「himsa」的意義是，正常存在的永恆破壞與痛苦——也就是世界的方式。但是我們可以採取一種慈悲的觀點，也就是「ahimsa」（非暴力），這要求我們要盡自己所能，以避免再次遭受痛苦與攻擊。甘地相信，非暴力必須是追求真理的核心，因為任何的作為，只要涉及到對我們的有情眾生造成心理或身體的傷害，最後都會弄巧成拙。他也發現了「satyagraha」的原則，也就是不合作或非暴力抗爭。在正常的衝突中，我們都會被情緒激怒，但是不合作的行動基礎是一種超然的固執，可以從它的原則品質中得到力量。在各種爭取印度人在南非的生存權利的抗爭中，他首度應用了這個原則。而他的成功也啟發了一個年輕的南非自由鬥士——曼德拉。

甘地的「簡單生活」哲學，是來自「aparigraha」，也就是不占有的原則。這結合了為了所有人的利益而明智使用物品的託管觀念。甘地後來認為，占有只會帶來安全感與確定性的錯覺，但事實上，除了上帝，沒有任何人或東西可以提供安全感與確定性。儘管在他當律師時期非常富裕，他也堅持自己剪頭髮與洗衣服。當他的修道院在艾哈邁達巴德（Ahmedabad）附近落成時，他要每個人都去清洗廁所，這件事造成很大的爭議。因為在那個時代，只有「賤民」（untouchables）才做清洗廁所這件事，而這件事就是解放達利特階級（Dalit，又稱賤民）的開端。

除了自我治理（self-rule）本身的勝利，甘地在婦女權利，以及結束童婚、賤民地位與貧窮的運動，都在印度留下很強烈的歷史痕跡。他的觀念中比較不成功的是，把印度這個國家變成一個家庭手工藝的國家與永續的鄉村社區，雖然這在今天很流行，但會讓印度停留在經濟黑暗時代。

總評

政治是對現實深切的內在信念的最後戰場。這世界最根本的事實是權力，還是愛？哪一個最後會贏？甘地顯示，如果做得正確，「satyagraha」（不合作）方法就是力量。就像英國人發現的，要打敗運用這個方法的政治運動，幾乎是不可能的事，因為那似乎擁有這世界所有的時間與決心。就像萊利維爾德（Joseph Lelyveld）在《偉大的靈魂》（*Great Soul*，二〇一一）中主張，甘地對抗的對象不只是英國人，還包括印度的民族主義者。他們並不想要基於慈悲與寬容的新社會，他們想像中的印度是變成一個偉大的獨立國家，因此，這個國家有一大部分在一九四七年脫離出去，這似乎是一個重大的打擊。現在，印度不再被殖民統治，整個國家都脫離出來了，部分是因為甘地的宗教和諧原則。

今天，有另一股印度民族主義的激情在湧動，而印度的總理莫迪（Narendra Modi）也深有同感。但是甘地寬容、世俗的印度版本，仍然占有支配力量。另一方面，在印度蓬勃發展的經濟與成長中的政治力量裡，似乎失去了甘地的原則。如果他今天仍然在世，這位聖雄（Mahatma，意指「偉大的靈魂」，一個他並不喜歡的稱謂）可能會問：「我們得到自由是為了成為一個消費者的國度嗎？我們為什麼要模仿西方國家？」

甘地不喜歡現代性與獲利動機，這不只讓他成為和平運動的守護神，也是今天反資本主義者反企業聖戰的守護神。米什拉（Pankaj Mishra，在二〇一一年五月的《紐約客》）指出，甘地未能實現他夢寐以求的那種生態的、精神的樂園，可能也很失望印度變成只是另一個新興經濟體，而沒有宣稱自己的道德領導地位。但是甘地的觀念永遠超越了印度本身，他帶給這個世界的禮物是提醒我們，合作行動的力量可以終結錯誤，不管是什麼錯誤。

穆罕達斯・甘地

穆罕達斯・卡朗昌德・甘地（Mohandas Karamchand Gandhi）於一八六九年出生於印度東北海岸的波爾本德（Porbandar）。他的父親卡巴（Kaba）是當地的政治人物。他在倫敦學習法律，是個很聰明的學生，之後在南非的納塔爾（Natal）一家律師事務所工作。二十年後，他在一九一五年回到印度，並投身自治運動。一九二〇年，他成為印度國民大會黨（National Congress）領袖，而他對抗英國統治的非暴力運動，讓他在一九二二年到一九二四年遭到監禁。一九三〇年，長達兩百英里步行到海邊城市丹地（Dandi）的食鹽長征，是對政府壟斷大宗商品的一種象徵性抗議。英國終於在一九四七年讓印度獨立，但三個月後，甘地無力阻止印度與巴基斯坦的分裂。甘地的最後一批行動包括絕食抗議印度政府不願意給巴基斯坦公平的資源。一九四八年，他被一個印度民族主義狂熱分子刺殺身亡，他在新德里的葬禮吸引了二百萬民眾參與，總理尼赫魯（Jawaharlal Nehru）在悼詞中表示：「我們的國父不能再帶領我們了。」

1910

無政府主義與其他論文

Anarchism and Other Essays

「無政府主義代表的社會秩序是，為了產生真正社會財富的目的，個人可以自由結成團體；這種秩序將保證，根據個人的渴望、品味與傾向，每一個人都可以自由取用地球的資源，並充分享受生活的必需品。」

「只有在自由中，一個人才能完全成長。只有在自由中，他才會學習思考與行動，並表現出最好的自己。只有在自由中，他才會理解，社會連帶關係把人團結在一起的真正力量，同時也是一個正常社會生活的真正基礎。」

總結一句

人們有能力自己組織起來，而過上豐富、有意義的生活。政府、宗教與資本主義，只是提供一種道德裝飾以掩蓋剝削的架構。

同場加映

娜歐蜜．克萊恩《NO LOGO：顛覆品牌統治的反抗運動聖經》（24章）
羅伯特．諾齊克《無政府、國家與烏托邦》（34章）
厄普頓．辛克萊《魔鬼的叢林》（42章）
亨利．大衛．梭羅《公民不服從》（46章）
瑪麗．沃斯通克拉夫特《為女權辯護》（49章）

17

愛瑪・高德曼

Emma Goldman

激進分子通常可以把自己的覺醒追溯到某一個特殊事件。對於為了到美國追求更好的生活的立陶宛移民高德曼來說，這件事就是一八八六年在芝加哥乾草市場廣場（Haymarket Square）的工人集會事件，當時的一場爆炸，炸死了七名警察。對於究竟是誰放置了這個炸彈，一直沒有找到證據，但是卻有八個無政府主義者遭到逮捕，其中只有一人當時的確在現場。由於媒體與大眾要求嚴懲，主審法官蓋瑞（Judge Gary）說：「你們遭受審判不是因為你們造成了乾草市場爆炸事件，而是因為你們是無政府主義者。」所有人都被判死刑，因此這起事件也激起全世界的一股激憤。一年後，其中四名無政府主義者被執行絞刑，一人自殺，另外三人仍然被關在監獄裡。幾十年後，每一年都有乾草市場事件的紀念活動，而「芝加哥八人」（Chicago Eight）仍然是以國家意志粉碎不同意見的象徵，提醒人們：即使是在一個「自由」的社會，也會因為異議思想而被送進審判庭。

雖然表面上高德曼一生都致力於強調美國夢的黑暗面，但事實上，她的政治哲學是普遍性的，而且受到很多無政府主義思想家與活動家的影響，包括普魯東（Pierre Joseph Proudhcn，他的名言是「財產就是竊盜」）[1]、巴枯寧（Mikhail Bakunin，一個俄羅斯革命分子，他認為共產主義只是邁向無政府主義的一個步驟），以及克魯泡特金（Peter Kropotkin，因無政府主義信仰，被法國囚禁了五年）。高德曼也是美國早期女權主義者，挑戰女性去質疑婚姻與宗教的基本制度，她認為，這種制度讓女性在身體與心靈上都受到俘虜。

簡單說無政府主義

高德曼把無政府主義定義為「一種藉由人為的法律，以不受限制的自由權利為基礎的全新社會秩序；因此，以暴力為基礎的政府理論是錯誤而有害的，同時也是不必要的」。之後，她的描述變成「個人主權的哲學」。這種說法讓無政府主義直接變成政府的相反立場，因此只有革命可以實現這種哲學。她指出，自從遠古時代以來，人類就被教導，如果想要進步，就要放棄某些權力給社會與政府。但是對無政府主義者來說，這是說反了。只有突顯個人，人們才能以公平的方式生活在一起；只有在其他一切制度之前，個人才會有機會成長。個人是「社會的核心」，而社會是延伸與支持個人的空間。

對高德曼來說，無政府主義是讓人從俘虜大部分人的兩大力量中解脫的主張，一個是宗教，宗教

1 譯注：法國互惠共生論經濟學家，自稱是第一位無政府主義者，是無政府理論的創始人。

讓人對一個想像中的神卑躬屈膝；另一個是貧窮，貧窮讓人腐化並且造成社會分裂。她說，人對更多財產的渴望就是對權力的渴望，特別是奴役別人、貶低別人的權力。人們談論抽象的「國家財富」，但是她問，如果人們可以繼續活在骯髒與下流中，幾乎沒有人關心尊嚴的問題，國家財富又有什麼用？

現代的政府是為了人類奴隸而存在。它不關心個人，只是讓制度像鐘錶一樣運作、讓法律被遵守、讓國庫充足而已。高德曼寫道：「政府是政治自由的祭壇，而且就像宗教祭壇一樣，是為了以人類為犧牲品的目的而維持下去。」

她談遍了反駁無政府主義的常見論點。與其說政府維持秩序，大部分的「秩序」是靠「政府的全部武器，例如法律、警察、軍隊、法庭、立法機構與監獄……費盡力氣地參與『協調』社會中最對立的元素，以恐怖與壓制手段來維持的」。至於政府預防犯罪這個論點，她的回應是，所有的稅收都是一種偷竊的形式，而戰爭與死刑是最大的罪行。只要人們是被迫從事他們憎恨的事，他們就會尋求其他的謀生方式。她把人們在一個組織架構中生活是自然的想法，與被關在動物園的動物做比較。因為這是牠們所知唯一的生活方式，所以牠們無法想像，在大自然中自由而強壯地活著是什麼樣子。相同的道理，由於過著狹隘、被壓迫的生活，人們也無法想像他們失去了什麼。

高德曼和梭羅一樣不信任投票與民主，她指出，議會程序很少解決社會的錯誤與不公平。勞動法規與兒童保護法很少被遵守，剝削一樣很盛行。她指出，議會只是一種舞台，是政治人物展現野心的地方，而人們還天真地繼續以為，他們的代議士正在達成某些目標。

她提到，在她的時代，每一年在工作中身亡的美國人有五萬人，致殘或受傷的有十萬人，一切都是為了超額的利潤。另外，現代的生產方法意味著，工作者的地位淪為自動機器、沒有積極主動的空間、非常容易被取代，而且領的薪水只夠勉強維生。她寫道：「奇怪的是，有人把這種弱化人性的集中生產方法，吹捧為我們時代中最令人驕傲的成就。他們完全沒有理解到，如果我們繼續維持這種機器式的服從狀態，我們的奴役狀態就比國王對我們的束縛更全面了。」無政府主義可以終結這種情況，因為不需要追求大量的獲利。相反地，人們可以選擇要做哪一個種類的工作，而這份工作會是一種個體性的表達，會成為個人驕傲的來源。

政治暴力

不幸的是，高德曼觀察到，大眾被強制洗腦到相信，目前是他們所能盼望的最好情況了。因此有賴「聰明的少數」喚醒他們，而且有時候為了有效，需要採取暴力手段。作亂的人並不是希望暴力，正好相反，他們感受到如此地受到壓迫與忽視，所以對正義有很強烈的渴望，暴力行為只是這種渴望的表現。但是因為無政府主義者似乎威脅到每一種既得利益，所以反對他們的行動通常也很強烈而糟糕。情節輕的，無政府主義者與社會主義者會因為他們的意見而失去工作，情節嚴重的，如果威脅到制度，很多人也會失去生命。

但她堅持，「與資本和政府的全盤暴力相比，政治暴力行為只是大海裡的一滴水。這麼少人抵抗就是強烈證明，在靈魂與無法忍受的社會不道德之間，衝突一定非常嚴重。」她把政治暴力比喻成暴風雨與閃電，是具有破壞性的，但從某種角度來看，是帶來解脫的必要方式。

女性的地位

高德曼是從婦女參政運動中脫穎而出的人，她堅持，婦女的投票權不會大幅改善她們的生活。更關鍵的問題是，社會是否允許婦女對自己的身體享有權力，也就是讓她們決定是否要生小孩，並且能夠反抗宗教與社會習俗的陋習。她譴責美國的清教徒價值觀，不是把女性提升到沒有性感受的天使地位，就是把她們看成「墮落」的人，因此藐視與虐待女性。

她說，婚姻「基本上是一種經濟協議，一種保險合約」，只是和一般壽險不太一樣，婚姻更具約束力，也更嚴苛。由於「保費」就是她的先生，她也付出了沉重的代價，包括「她的名字、她的隱私、她的自尊、她的人生……婚姻保險造成她終身依賴別人、靠別人維生，在個人與社交上完全沒有用處」。高德曼把這種束縛狀態與愛比較，愛是一種生命的肯定，而且不受社會習俗的限制。

「美國最危險的女人」

從一八九三年開始的大蕭條時期，有數百家銀行倒閉，數千家公司關門，一千五百萬人的勞動市場中，有三百萬人失去工作。當時沒有任何政府救濟或安全福利，只有慈善廚房。當時高德曼在紐約一場大眾遊行中演說，鼓勵媽媽們，如果需要，就去商店拿食物，而且不用付錢。她因此被控「煽動暴亂」而入獄一年。在監牢中，她飽讀了愛默生（Emerson，按：美國思想家、文學家）、梭羅、惠特曼（Whitman，按：美國詩人、散文家）與彌爾的書，並且研讀了醫學教科書，希望成為助產士。被釋放之後，她到英國與歐洲巡迴演說，見到了米歇爾（Louise Michel，按：巴黎公社領導人）、克魯泡特金（Peter Kropotkin）與其他無政府主義者，並在維也納取得護理資格。回到美國之後，她開始以助產士為工作，並開始更多演講，一八九九年回到巴黎，並在國際無政府組織大會（International Anarchist Congress）擔任核心角色。

一九〇一年，美國總統麥金利（McKinley）被失業人士喬戈茲（Leon Czolgosz）暗殺，他宣稱受到高德曼演講的啟發。喬戈茲之前曾經嘗試成為高德曼在芝加哥無政府主義小組的成員，但是被拒絕，因為他們認為他是政府派來的間諜。高德曼因為總統遭暗殺事件受到審判，媒體把她描繪為暗殺事件的幫手，但是並沒有找到她與喬戈茲有關的證據，喬戈茲後來被處以死刑。

一九〇六年，她創辦了全國性的激進雜誌《大地母親》（*Mother Earth*），由同是無政府主義者與愛人的貝克曼（Alexander Berkman）擔任主編，他最知名的事蹟是在一八九二年嘗試刺殺工業家弗利克（Henry Clay Frick）未遂。高德曼縱橫美國各地好幾年，不斷發表演說，並為雜誌的發行爭取支持。一九一六年，她與桑格（Margaret Sanger）推廣節育運動之後，因為違反《康姆斯托克法》（Comstock Law）而入獄兩週，該法禁止傳播「淫穢、猥褻或淫蕩的文章」。隔年，她與貝克曼因為宣傳反對徵兵而被審判，但受到言論自由的保護而脫身。在審判期間，高德曼提出一個問題，美國在國內對人箝制言論，怎麼可以在國外宣稱自己是民主的燈塔。最後這兩人被判刑兩年，並被視為會對國家安全造成威脅，因此在一九一九年到一九二〇年的紅色恐慌（Red Scare）[2]期間，和其他激進分子被驅逐到俄羅斯。

高德曼與貝克曼一開始對布爾什維克革命充滿熱情，但當他們到處旅行時，又證實了他們對於腐敗以及任何類型的中央政府權力的保留態度是對的。例如，列寧告訴他們，在革命的時候，就必須犧牲言論自由。由於對俄國絕望，他們搬到里加（Riga，按：拉脫維亞首都），之後在柏林落腳。

一九二四年，高德曼搬到倫敦，一開始受到左派思想家的熱烈歡迎，包括羅素（Bertrand Russell）、韋斯特（Rebecca West）與威爾斯（H.G. Wells），但是因為她譴責蘇聯的實驗而失去支持。美國後來允許她回到美國巡迴演講，但被禁止針對時事發表演說。她最後在加拿大定居，並持續從多倫多為美國與國際性的報紙撰寫文章。

2　譯注：美國有兩次紅色恐慌時期，這是指第一次，當時是第一次世界大戰後期，歐洲無政府主義者與左派政治的騷動與暴力加劇，造成美國的政治緊張局勢。第二次是一九五〇年代，由於國內外共產主義者對美國社會的影響，加上蘇聯對聯邦政府的間諜行為，因此在文藝界與政府部門發生大規模的反共運動。

總評

考慮到美國比起任何其他國家更符合資本主義精神，因此從一八九〇年到第二次世界大戰之間，無政府主義、社會主義與共產主義組織在美國繁榮發展的程度，是滿令人意外的一件事。部分是因為來自歐洲的觀念的擴散，因為幾乎所有的新移民都是來自歐洲；部分是因為他們對於一個承諾那麼多但做到那麼少的國家，不再抱有幻想。身為一個年輕的工廠工人，高德曼深深感覺到，俄國沙皇與美國富豪都想讓無產階級工人維持在原位就好。但只有在個人被允許自由綻放，而不是被視為某些經濟或政治目的的手段時，人性才能發揮所有的潛力。

高德曼認為，愛國主義就像宗教一樣，也是一種欺騙行為。這個世界被人任意以邊界分割開來，而我們被教導要為「我們的」國家而戰，但是政府為了資助戰爭，從大眾收取的數十億美元，和我們與我們的福祉一點關係也沒有，只是保護並增加了統治階級的商業利益。例如：

她譴責美國各大城市花了數百萬美元以慶祝、推崇新的美國海軍艦隊，但這些錢原本可以用來讓人免於飢餓。

高德曼從未提出無政府主義在實務上應該怎麼做的解方。她的主要目標是揭穿「自由」美國的虛偽，口頭上講言論自由，卻允許企業把工人當成動產來看待，並且對於任何敢以不同方式生活的女性，就以社會恥辱來威脅她。

愛瑪・高德曼

愛瑪・高德曼（Emma Goldman）於一八六九年出生於立陶宛的考納斯（Kaunas），七歲到十三歲時，她和祖母住在普魯士的柯尼斯堡（Konigsberg）。為了做生意並逃避反猶太主義，這家人後來搬到聖彼得堡。一八八六年，她和姊姊海琳（Helene）一起移居美國，並找到一份裁縫工作，工時很長，薪資很低。隔一年，她搬到紐約市，並投入無政府主義的理想。她成為無政府主義報紙《政治自由》（*Freiheit*）出版商莫斯特（Johann Most）的門徒，後來加入活動團體自主性（Autonomy）。一八八九年，她在斗篷工人罷工活動中組織女工，並在一八九一年勞動節的工人權利示威活動中，率領無政府主義者的隊伍。

在她的晚年時期，她在西班牙內戰中支持無政府主義者，並在法國聖托佩（Saint-Tropez）的一個小屋待了兩年寫自傳，部分得到古根漢（Peggy Guggenheim）的贊助。一九三一年，《活出我的人生》（*Living My Life*）出版，一九四〇年，高德曼於多倫多過世，被安葬在芝加哥乾草市場烈士墓地附近。

1787

聯邦黨人文集

The Federalist Papers

「由擬訂的憲法中授權給聯邦政府的權力很少，而且是確定的。保留給州政府的權力很多，而且是不確定的。聯邦的權力主要行使在外部對象上，例如戰爭、和平、談判與外國商務上；徵稅的權力大部分也與此相關。而保留給幾個州的權力會延伸到一般事務的所有對象，有關人民的生活、自由與財產等，以及各州內部的秩序、改善與繁榮。」

總結一句

一個擁有普遍代表、強大的行政權力與獨立司法制度的統一共和國，先天上就比一個鬆散的國家聯盟更穩定、更繁榮。

同場加映

尼可洛．馬基維利《論李維》（27章）
湯姆斯．潘恩《常識》（38章）
阿勒克西．德．托克維爾《民主在美國》（47章）

18

亞歷山大・漢彌爾頓&約翰・傑伊&詹姆斯・麥迪遜

Alexander Hamilton, John Jay, & James Madison

看到美國憲法現在受到高度尊重，很容易讓人忽略它在誕生時是多麼地脆弱。潘恩在一七七六年寫道：「如果有害怕尊重獨立的真正原因，那是因為還沒有制訂計畫。人們還沒看到出路。」很多希望他們的國家脫離英國統治的人，同時也在憂心會出現的政府形式，特別是一個初出茅廬的共和國會不會很快走上獨裁專制之路。從一七八七年制憲會議中形成的憲法，需要十三州一一同意，但是有些州，例如紐約州，就不願意接受，因為擔心憲法將會減少他們的自決權力與現有的特權。憲法制訂者漢彌爾頓（一七五五－一八〇四）與麥迪遜（一七五一－一八三六）覺得，為了把它推廣給美國大眾，有必要來一場公關衝鋒活動，因此連同知名的律師傑伊（一七四五－一八二九），開始以普布利烏斯（Publius）的名義，匿名為紐約的新聞報紙寫文章。普布利烏斯是羅馬共和國的救主，也是睿智的管家，他讓立法者索倫（Solon）的原始法律得以實施，因此普布利烏斯是一個很好的筆名。在全部刊出的八十五篇文章中，漢彌爾頓寫了五十一篇。在這麼短的時間內，寫了這麼多品質出眾的文章，是他們一項了不起的成就。

一七八八年，這些文章以書的形式出版，《聯邦黨人文集》（*The Federalist*，又稱為《聯邦黨人》），第一卷的文章包含倡議一個有清楚中央的強大聯邦架構，如此一來，就不會分裂成南方與北方聯盟，同時也負責國防與生命與財產的保障。第二卷討論分權與政府的責任、政府的代表與官員。

真要說起來，其實潘恩的論戰比《聯邦黨人文集》對一般人更有影響力，而華盛頓（George Washington）與富蘭克林（Benjamin Franklin）對憲法的支持，可能也比冗長的報紙文章對大眾更有影響力。但是在他們訴諸讀者邏輯的理性語氣中，慢慢為憲法與其權力建立了無懈可擊的立場，而這也是文集所要求的尊重。他們對細節的重視，消除了大家以為這個新的共和國會大權一把抓的疑慮，最後變成是英國君主統治的一個在地版本，只是會有一個總統，而不是國王，或是另一個正在形成的羅馬帝國。《聯邦黨人文集》也成為美國人對政治理論與哲學的第一次重要貢獻，而且在有必要確定憲法制訂者的真實意圖時，就會被美國最高法院引用，現在已經被引用了無數次。

聯邦與統一的共和國

如果對《聯邦條例》（Articles of Confederation）一無所知，就無法理解《聯邦黨人文集》與新憲法的寫作動機。《聯邦條例》實際上是美國的第一部憲法，在一七八〇年代的大部分時間中使用。《聯邦條例》並不是一個主權共和國的憲法，而是這十三個獨立而有主權的州之間「友誼聯盟」的法律基礎。

透過一個每一州有一票的國會運作，聯邦有權發動戰爭、進行外交、製造與借貸貨幣，並經營郵政服務，但嚴重缺少其他的權力。它不能收稅、建立軍隊，或規範商業活動（國內或國外），而且也沒有提供聯邦行政或司法機構。由於完全依賴合作，也沒有真正的重要核心或行政權力，因此這個聯邦既缺少實力，也缺少權威。

令人困惑的是，漢彌爾頓與麥迪遜很早就偷用了「聯邦主義者」（Federalist）這個名字，而且強迫《聯邦條例》的支持者稱自己為「反聯邦主義者」。事實上，聯邦主義是程度的問題，而反聯邦主義者只是反對憲法中更強大的中央聯邦制。他們認為，強大中央政府的提議就等於是獨裁專制，而且他們是為了「人民的權利」而戰。漢彌爾頓反駁指出，爭取人民權利的熱情通常只是權力饑渴或貪婪的面具，目標是想攀上權力的階梯。他說，事實上，歷史已經證明，自由放任主義與弱政府是專制的必然途徑。一個人一開始可以是一個保護人民的煽動者，但這個煽動者後來就變成了獨裁者。在實務上，「為了保障自由，政府的活力是必要的。」

一個不分裂的國家

麥迪遜和漢彌爾頓一起寫文集中的第十八篇，兩人把古希臘聯邦政府制度根本上的衰弱當作類比。與其說是一個真正的聯盟，希臘其實是一個鬆散的共和國聯盟，大家組成近鄰聯盟（Amphictyonic

Council），由較強大的共和國輪流統治彼此。力量大的國家統治其他國家，而較小的國家，雖然在理論上地位平等，但事實上淪為「主要大國周圍的衛星國家」。

如果希臘人更聰明一點，他們就能看出，在一個更緊密、更真正平等的聯盟中，各方都有平等的權利，光是權力不能當成規則的仲裁者，這樣才能防止「彼此互相忌妒、恐懼、仇恨與傷害，最後導致知名的伯羅奔尼撒戰爭（Peloponnesian war）」，而毀了聯盟的始祖雅典。希臘的故事提供了美國邦聯制度（confederate system）會發生什麼事的完美警告，任何時候剛好是最強的那一個州，就可以統治其他州。相反地，一個完全又適當的聯盟就可以保證，較弱小的州和較強大的州擁有一樣的權利，而較強大的州也知道自己在清楚闡述的憲法中的位置，憲法只允許聯盟本身發動戰爭。

越大、越好

在第九篇中，漢彌爾頓提到「新的政府科學」，制訂了一系列可以保障共和國的機構與制度。其中包括政府分成行政、司法與立法部門；立法過程中的制衡；以及普遍（選舉）而不是直接代表。

在第十篇中，麥迪遜觀察到，社會很容易被「派系」或少數人的利益掌控，對於較小的共和國來說，尤其如此。但是一個非常大的共和國的好處就是，互相競爭的利益非常多，因此一個團體也很難取得凌駕其他團體的權力。在這裡，麥迪遜為美國共和國的龐大規模做了非常有名的說明，以反駁國家太大很難管理的看法。他主張，這個規模可以保證將會有很多數量的利益團體，因此就不太可能發生一個團體可以掌控或不當對待其他團體的情形。相反地，在一個國家或邦聯（confederacy）中，一個宗教派別或一個特殊的政治立場，例如強制財富重分配，就有很大的成功機會，但是在一個龐大的國家中，這樣的單一利益永遠不會占到支配地位。更精確地說，政府將會反映與提升整體的利益。

稅收的權力

在第二十三篇中，漢彌爾頓主張一個「活力充沛」的中央政府，它的目的在於防衛這個聯盟對抗外部的攻擊；維持內部的穩定；規範美國國內與外國的商務活動；並維持與其他國家的關係。為了達成這些目標，提升軍隊與裝備艦隊的能力，不應該受到限制。他重申第三十篇的立場問了一個問題，如果政府不能做這些事，一個國家要如何維持穩定、自由與繁榮。政府必須能夠為了需求而籌措資金，特別是適當地保衛它本身。漢彌爾頓指出，憲法沒有為國會增加任何新的權力，那是《聯邦條例》中也沒有的權力（除了規範商業之外，反正也很少人反對）。更精確地說，憲法只是要「重振」現有的權力。他試著證明，中央政府的稅收權力，可以與各州的稅收權力並存，他們也會有充分的能力為自己的需求籌措資金。

總統的權力

漢彌爾頓了解，美利堅合眾國只能透過一個強大的行政權力才會出現。因此需要有一位「單一首長」，選上一次當四年，這有別於不必負責的世襲統治者。相對於國王「神聖不可侵犯」的統治權利，如果總統行為不當，可以被彈劾。相對於英國國王宣布與發動戰爭的權利，總統會是軍隊的總司令。和君王成立公司、建立市場與鑄造貨幣的能力相比，總統沒有控制商業的權力。最後，相對於國王是信仰至高無上的捍衛者，美國的總統並沒有精神上的權威。

強大的執行政府是和邦聯政府的關鍵區別，也是新的美國共和國的三大支柱之一。另外是有足夠的成員以充分代表美國民眾的國會與參議院，還有一個國家司法機構（最高法院），獨立於行政部門與各州政府之外。

總評

這部憲法的聰明之處在於，它不是基於一種對人性的理想觀點，而是剛好相反。人們都是自私自利的，而且會把自己的價值推到極致以凌駕於別人的價值，所以最好有一個制度讓多種利益可以蓬勃發展，而各種利益很多，也能彼此互相制衡權力。漢彌爾頓與麥迪遜對一個龐大、多元化的共和國的願景，只有幾個基本指導原則，而它的政府機制是建立在制衡原則，後來證明正是這個新國家要繁榮所需要的制度。但是這一切都不是顯而易見的，而《聯邦黨人文集》的聰明之處在於，充分說明了什麼才是真正違反直覺的觀念。

但是對於憲法的對抗，聯邦人士（Unionists）與爭取各州成立邦聯的人之間，在美國政治上造成了根本的決裂，一方希望有強大的中央政府，一方希望地方自決。這個分裂造成了內戰，而且持續到今天，自由放任主義與茶黨運動抵抗一個權力過大、高稅收、福利國家主義的華府，還把國家帶進不必要的外國戰爭中。在為美國的未來而焦慮不安中，各方專家應該定期拿起漢彌爾頓、傑伊與麥迪遜的古董眼鏡，好好記住他們一開始是如何看到這個國家的目標。的確，我們必須防止政府變得太大、太擾民，但在同時，我們也應該永遠不要忘記有效能的中央政府的優點：保護人民不受暴力傷害、維持財產權、合約的法律，並且在各州之間統一商業法規。這些事讓美國成為偉大的國家、偉大的民族。從英國的蘇格蘭到西班牙的加泰隆尼亞、加拿大的魁北克，今天所有分離運動的領導人物可能會從閱讀《聯邦黨人文集》中獲益，可能會提醒他們強大聯盟的很多好處，以及獨自奮鬥的代價。

亞歷山大・漢彌爾頓&約翰・傑伊&詹姆斯・麥迪遜

亞歷山大・漢彌爾頓（Alexander Hamilton）於一七五七年出生於西印度群島的納維斯（Nevis）。在美國大革命期間，他是一名上尉，然後在一七七七年成為華盛頓的副官。戰後，他成為優秀的律師，並在一七八二年被選入大陸會議（Continental Congress，按：十三州的聯合議會，美國國會的前身）。一七八九年，擔任第一屆美國政府的財政部長，一八〇四年，在與副總統伯爾（Aaron Burr）的決鬥中身亡。

約翰・傑伊（John Jay）於一七四五年出生於紐約市。他在大陸會議中服務（一七七四－一七七七），並在一七七七年寫了紐約州的憲法。他擔任的政府職位包括國會議長（一七七八）、西班牙部長（一七七九）、外交部長（一七八四－一七八九）、最高法院首席大法官（一七八九－一七九五）。他最後的職務是紐約州長（一七九五－一八〇一）。於一八二九年過世。

詹姆斯・麥迪遜（James Madison）於一七五一年出生於維吉尼亞州。他在維吉尼亞州議會（一七七六）、大陸會議、維吉尼亞立法機構都是舉足輕重的人物。在一七八七年的制憲會議中，他被稱為「憲法的主要制訂者」，因為他有能力讓各方按照規則就位。他曾在傑弗遜政府中擔任國務卿，一八〇九年，他當選總統，並服務兩屆。於一八三六年過世。

1944

通向奴役之路

The Road to Serfdom

「一旦承認個人只是服務社會或國家等更高實體目的的工具時，令我們感到恐懼的大部分極權特徵就一定會跟著出現。從集體主義觀點來看，無法容忍並殘暴打壓異議人士，完全無視個人的生命與幸福，是這個基本前提本質上不可避免的結果。這個基本前提認為，集體主義制度比允許個人的『自私』利益阻礙完全實現這個社群所追求的目的更優越。」

「國家不再是一部意圖幫助個人完全發展自己個性的實用機器，而是一種『道德的』機構……在這個意義上，納粹或任何其他集體主義國家就是『道德的』，而民主國家就是不道德的。」

總結一句

在一個計畫經濟體中，不只資源配置沒有效率，個人的生活選擇也逐漸變得狹隘。真正的民主必須以自由市場經濟為基礎。

同場加映

艾克頓勛爵《自由與權力》（1章）
漢娜・鄂蘭《極權主義的起源》（6章）
以撒・柏林《自由的兩種概念》（8章）
羅伯特・諾齊克《無政府、國家與烏托邦》（34章）
卡爾・波普爾《開放社會及其敵人》（40章）

19

弗雷德里希・海耶克

F. A. Hayek

海耶克在一九三一年到英國倫敦政經學院任教之前，大部分的人生都住在維也納。他有個出名的表兄是哲學家維根斯坦（Ludwig Wittgenstein）。大學畢業之後，海耶克為經濟學家米塞斯（Ludwig von Mises）工作。儘管如此，海耶克認為自己是奧匈帝國的子民，因此當希特勒在德國掌握權力，並在一九三八年併吞奧地利時，大為驚愕。

作為一個初來乍到、剛剛得到身分的英國公民，他對於英國很多知識分子的「進步」觀點越來越感到失望，因為他們沒有能力看出希特勒民族社會主義的真正本質，還被蘇聯的宣傳所吸引。海耶克擔心，英國也會實驗和指導與這些政權相同的反自由觀念，於是決定揭露「計畫」經濟與政治壓迫之間的關聯。因此，他在《通向奴役之路》一書中做出驚人的斷言說，包括英國與美國等國家，很容易會走向極權主義，但不是經由革命，而是透過邁向更大經濟組織的善意行動。

這本書是在一九四〇年與一九四三年寫的，當時海耶克正在找一份倫敦政經學院純經濟理論的工作。由於戰爭期間限制紙張使用，這本書到一九四四年才出版，但馬上就在英國造成很大的影響。這本書在美國也意外地暢銷（《讀者文摘》〔*Reader's Digest*〕中的摘要，大大幫助了書中觀念的傳播），並激起了美國激進分子的憤怒。

這本書只有二百六十頁，《通向奴役之路》並不想成為一本對自由與市場制度澈底研究的學術立場的書（這部分會是一九六〇年的《自由的憲章》〔*The Constitution of Liberty*〕），但是它的簡單剛好增加了書中訊息的力道。雷根（Ronald Reagan）、柴契爾夫人、傅利曼（Milton Friedman）以及中歐國家後蘇聯革命的領導人，都深受海耶克的影響，海耶克也是第一位獲得諾貝爾經濟學獎的自由市場經濟學家（一九七四年），不過諷刺的是，和他一起得獎的是瑞典的社會經濟學家繆達爾（Gunnar Myrdal）。

壓迫的根源

為什麼海耶克把計畫經濟與極權主義連結在一起？他解釋說，檢視一下經濟史就可以知道，從中世紀的義大利城邦到工業時期的英國，正是因為商業蓬勃發展，讓人們可以擺脫單憑出生就決定人生地位的階層社會（hierarchical society）。經濟自由可以催生更大的政治自由，而這就是促進西方國家權力與財富累積的過程。

但是海耶克說，自由主義的成功就是它衰敗的基礎。雖然它已經提升了歐洲大部分國家的水平，但是更大的繁榮帶來更大的野心與渴望，因此很容易會怪罪現有的制度是失敗的制度。事實上，用羅斯福（Franklin Roosevelt）的話來說，並不是自由企業失敗了，而是它還沒有被適當地嘗試（也就是說，還沒有做到最極致的程度）。希望政府介入解決問題的想法，就意味著減少自由行為者的原則與潛力。想為這些人提供更多，卻沒有為整體提供更多自由，才會造成個人主義、自由主義的西方傳統逐漸式微。

社會主義的觀念於十九世紀末與二十世紀頭二十年在歐洲扎根。德國與奧地利的主要社會主義政黨，開始把個人主義、自由主義、民主與資本主義，設定為「英國的自由價值」。自由貿易是英國想要主導全球的陰謀。相反地，德國的崛起似乎可以證明，它的經濟計畫本質與日益增強的反自由主義才會是未來。

有關計畫的真相

海耶克把社會主義定義為是一種集體主義，在集體主義中，「由中央計畫部門取代為利潤工作的企業家。」計畫吸引人的地方很清楚：如果我們認為我們是理性的，我們就會想要做計畫，而不是讓命運決定一切。但問題在於我們怎麼做這件事。社會主義者說，為了影響未來，我們需要中央指導與協調。但自由派則尋求一種制度，以最少的強制力，讓各種互相競爭的自由力量，達成相同的美好目的。總的來說，當人們可以根據可得的資訊，包括價格，而自由為自己做決定時，社會就會蓬勃發展。

中央計畫的倡議通常會宣稱，這是「必要的」，因為經濟很複雜，因此需要政府的指導（根據這個邏輯，德國發展出統合主義〔corporatist〕式的『壟斷資本主義』〔monopoly capitalism〕）。但是海耶克說，恰恰相反才是對的：越複雜，就越難概觀發生了什麼事。因此最好透過分權來達成社會的發展；也就是說，讓市場力量對價格訊號做出反應。

為了明確的社會目標而組織所有的社會資源，這種期望聽起來很好，但馬上就讓人失去了個人自由，並且也證實了是對個人達成社會主義者呼籲的「社會目標」的能力缺乏信心，甚至也假設我們都會同意這些社會目標。海耶克指出，早在一九二八年，德國政府就幾乎控制了全國收入的一半。實際上這就意味著，「幾乎每一個人的個人目標……都必須依賴國家行動而取得成果」，這真的是一個令人擔憂的想法。

社會主義與法治

在民主制度運作的法治之下，海耶克指出，法律「已經適用了這麼久的時間，以至於我們不可能知道，它們對人們的幫助是否比其他制度更多」。在一個計畫社會中，不是由留給未來或未知的人配置資源；而是會決定某些優先事項，而這就會形成贏家與輸家。海耶克說，這就是在《公路法》（Highway Code，按：英國法律）中提供「道路規則」和告訴人們去哪裡之間的差別。

法治的關鍵點就是它保障了平等性。它假設，沒有人會因為他們的地位或人脈而得到更好的對待。海耶克承認，法治和對抗經濟不公平一點也沒有關係，但是法治也不是設計來以某個特殊方式去圖利特殊的人。社會主義者厭惡法律與司法獨立，也是因為這個理由。但是一旦法律被設計來主張「分配正義」、某些人比其他人優先；即使是抱著良好的意圖在做這件事，也一定會毀了法治的精神。更精確地說，法治並不是簡單意味著一個社會是根據法律運作，而是政府本身的權力**在上台之前**就受到一部憲法或一套法律所限制。政府一旦掌權就改變基本法律（例如俄國的史達林、德國的希特勒），那就不是法治了，而只是一場騙局。

計畫經濟與極權主義

計畫經濟的捍衛者說，計畫「只」會應用在經濟層面；如果我們放棄對這個層面的控制，我們就能追求生命中更崇高的事物。然而，海耶克觀察到，經濟上的作為從來不是我們生活中的「次要」層面，而是我們達成由衷想要的目標與活出某些價值的基本途徑。真正的問題不是計畫經濟是否能給我們想要或需要的東西，而是它剝奪了我們**決定**什麼是重要或想要的個人自由。在計畫經濟中，我們可能工作很多年想買某個東西，但卻發現政府認為那不值得而禁止銷售，或者由於價格管制根本標價過高，或者由於其他優先生產項目，根本買不到。因此，「僅僅」是計畫的經濟方向，最後就會影響我們所能過的生活方式。

負責計畫經濟的人總是堅稱，人們有選擇職業的自由，但事實上，經濟方向要求某些工作、行業與產業比其他的更重要，這意味著，想做其他領域的事會更困難或受到限制，或是很少機會。更精確地說，每一個人會根據他是否適合某些清楚定義的工作類別而受到判斷，就像在部隊一樣。人們不再能夠為了實現自己的興趣或潛力而工作，而是變成一個達成「整體利益」的工具。

自由與經濟保障

在一個指導或計畫型的經濟中，最大的問題是讓人們做出最佳表現的誘因。如果你的職位不是基於你的技能或想像力，而是基於國家對這個工作重要性的判斷，你是否做得更努力或更聰明都無關緊要，因為你不會得到特別的好處。這種效果乘上數百萬人，你就會得到一個生產力遠低於它可以達到的社會。另外，如果每一個人的工作是基於某些「經濟保障」的國家計畫，最重要的就不是這些工作的品質或需求，而是讓每一個人有某種工作可以做。但是在一個競爭型的經濟，經濟保障比較少（你可能被解雇，或由於科技改變而讓你的工作過時），為了更容易就業，你會有更大的誘因去重新訓練或學習。因此，最後不只是你實現了你的潛能，整體的社會也變得更有生產力。

海耶克指出，在一個競爭型的經濟中，失敗最後可能會去見財產查封官（例如破產），但是在計畫經濟中，最後可能是見到劊子手。雖然理論上，在社會主義制度中，每一個人的工作都是有保障的，但在現實中，任何違背上級意志的人，就是犯了「反抗社群的罪」，會受到嚴厲的懲罰。他引用了托洛斯基（Trotsky）在一九三七年所說的話，他對蘇聯的批評是：「在一個唯一雇主是政府的國家，反抗代表慢慢挨餓而死亡。原來的舊原則是：不工作的人就沒得吃，現在已經變成新原則：不聽話的人就沒得吃。」

在一個經濟保障被認為比自由更重要的社會中，人們會嘲笑自由，因為在提供「好事給這塊土地上時」，它一無是處。在這樣的環境下，人們會為了保障而高興地犧牲自由。

令人意外的是，海耶克並不反對福利國家的某些形式。他認為，極端貧困的人應該受到保護，但是經濟保障不應該凌駕自由，而成為社會的基本價值。自由市場必須不受到破壞，否則就會造成扭曲與意想不到的結果。

總評

面對一個相當自由的獨裁統治，或一個政府參與經濟與社會每一個層面的民主統治，海耶克說他會選擇前者。他已經觀察到智利發生的事，阿連德（Salvador Allende）的社會主義實驗在經濟上造成災難，接著發生政變，讓皮諾切特（Augusto Pinochet）的威權政權掌握權力。海耶克承認，在皮諾切特掌權期間，發生了市場自由化改革，所以他在一九七七年與一九八一年拜訪了智利。從人權的角度來看，他可能對那裡發生的事有點天真，但是研究海耶克的學者考德威爾（Bruce Caldwell）與蒙特斯（Leonidas Montes）在二〇一四年的一篇文章中指出，海耶克從來都不是這些政權的顧問，他只是把這些政權視為回到民主之前的過渡時期。

海耶克對智利的興趣，與他對民主並不意味真正的個人與經濟自由的想法有關。事實上，民選的阿連德政府時期發生的價格管制與私人企業國有化，是對交易與所有權的基本自由的一種打擊。經濟自由也許比投票權更不重要，但卻是人們描繪自己命運的能力的基礎。

海耶克曾經處在經濟學的邊緣地帶，但他的觀念和傅利曼與其他自由市場派已經成為主流，即使政治人物發現很難完全實現，但仍是國家發展的趨勢。海耶克對過度熱心的經濟計畫與喪失個人自由之間關係的警告，看起來也許很微妙，但是如果我們要保持開放的社會與健康的經濟，這個警告就是非常重要的。

弗雷德里希・海耶克

弗里德里希・奧古斯特・馮・海耶克（Friedrich August von Hayek）於一八九九年出生，在第一次世界大戰期間，加入奧匈帝國的軍隊，並在義大利戰線服役。他在維也納大學（University of Vienna）學習法律、政治學、經濟學、哲學與心理學，並且深受奧地利經濟學派的孟格爾（Carl Menger）與維塞爾（Friedrich von Weiser）影響。奧地利政府成立後，海耶克成為米塞斯的部屬；一九二三至一九二四年，他在紐約期間，則擔任經濟學家詹克斯（Jeremiah Jenks）的研究助理。

一九二七年，海耶克與米塞斯成立了今天的奧地利經濟研究中心（Austrian Institute of Economic Research），主要的研究興趣是商業周期與價格。一九三一年，海耶克受羅賓斯（Lionel Robbins）邀請到倫敦政經學院任教，當時羅賓斯非常急著想找到對抗凱因斯（Keynes）的觀念。一九四七年，連同波普爾、傅利曼與米塞斯等人，海耶克成立了培勒林山學會（Mont Pelerin Society），推廣以自由市場為基礎的開放社會。一九五〇年，他到芝加哥大學擔任教授，之後到德國弗萊堡（Freiburg）與薩爾斯堡（Salzburg）大學任教。海耶克獲得美國老布希（George H.W. Bush）頒發的總統自由勳章，並且得到英國女王伊麗莎白二世頒的名譽爵位。海耶克於一九九二年過世。

1651

利維坦

Leviathan, or the Matter, Forme and Power of a Common Wealth Ecclesiasticall and Civil

「在這種情況下，並沒有產業的空間；因為成果是不確定的；因此也沒有土地的文化；沒有導航；沒有使用可能靠海洋進口的商品；沒有寬敞的建築物；沒有移動的工具，而且移除這樣的東西需要很大的力量；沒有土地的知識；不考慮時間，沒有藝術，沒有信件，沒有社會；最糟糕的是，要不斷擔心暴力致死的威脅；而人的一生是孤獨、貧窮、糟糕、野蠻而短暫的。」

「只要每一個人都堅持做任何喜歡的事的權利，所有人就會處在戰爭狀態。」

總結一句

在威權統治下，人生也許不是完美的，但是失去某些自由，可以換回秩序與人身安全的保護。

同場加映

艾德蒙・伯克《法國大革命的省思》(11章)

約翰・洛克《政府論兩篇》(26章)

20

托馬斯·霍布斯

Thomas Hobbes

雖然在今天，霍布斯的名字就是政治的同義字，但就像很多與他同時代的啟蒙人物一樣，霍布斯研究的是整個人類的知識。他的寫作主題涵蓋了哲學、數學、彈道學、光學與心理學，而且因為他的工作是為英國貴族提供建言，並帶他們的兒子到歐洲展開「壯遊」(grand tours)[1]，讓他得以見到歐洲思想家與科學家，包括笛卡兒（Descartes，按：法國哲學、數學、物理學家）、梅森（Marin Mersenne按：法國數學、自然哲學、神學家）、迦桑迪（Pierre Gassendi，按：法國數學、哲學、天文學家）以及（據說還有）伽利略（Galileo，按：義大利科學家與藝術家、天文學家）。在英國，他結識了培根（Francis Bacon，按：英國哲學、政治、科學家，是古典經濟論始祖）、劇作家瓊森（Ben Jonson）與反對國王神權的歷史學家塞爾登（John Selden）。從伽利略對物理宇宙的全新理解，到哈維（William Harvey）對人類身體的詳細說明，霍布斯受到新「唯物主義」(materialism）很大的影響。四十歲的時候，他發現了幾何學，受到其精確性與確定性的啟發，他很想知道，幾何的嚴謹與確定性是否能夠應用到人類事務與政治的隱晦世界。

最後的結果就是《利維坦，或教會國家與市民的實質、形式和權力》(*Leviathan, or the Matter, Forme and Power of a Common Wealth Ecclesiasticall and Civil*)，書中說明了現代中央集權的民族國家的理由。他在寫這本書的時候，帝制中國的城市比歐洲的任何城市更大、更有權力，歐洲人則對奧圖曼帝國充滿敬畏。但是歐洲正在崛起，它的貿易商跑遍全球，它的自然哲學家也有了新的發現。至關重要的是，由於沒有一個國家能夠控制全局，引起了科技與軍事的競爭。這也讓完美國家形式的追求更加急迫，因為如果人民、貴族與國王都覺得非常安全，那麼一個國家能達到的成就將無可限量。

順從的智慧

在政府、法律與文明出現之前，人們活在一種不斷害怕暴力致死與戰爭的狀態中。當時沒有「更大的利益」(greater good)的感覺，只有追求權力、樂趣或奢華等個人欲望的人。在文明之前的這種「自然的狀態」，霍布斯的名言是：「人的一生是孤獨、貧窮、糟糕、野蠻而短暫的。」

如果沒有政府，就沒有法律，而霍布斯說：「沒有法律的地方，就沒有所謂的不義。」對與錯，毫無意義，事實上，不誠實與侵略是戰爭狀態的「基本美德」。每一個人都是為了自己，因此每一個

1 譯注：文藝復興時期之後，歐洲貴族把到歐洲主要城市旅行當成一種教育方式，後來也擴大到富裕的平民階層。

人都有想要別人所有物的自然權利。但是不斷要勝人一籌的行事作風，連帶的就是對未來的焦慮，以及忽然失去我們所有已經得到的一切的想法。這促使人們尋求可能降低不安全感的解決方案，包括尋求一個統治者或國家的保護。

唯一能防止個人之間衝突的就是權威，不管他是一個家庭、一個宗族、一個地區或一個國家的領導者，他的話說了算，每一個人都要接受，不接受的人就要被隔離、流放或處決。對霍布斯來說，明顯最好的權威形式就是一個統治者，一個君主。他有這種信念不是因為他極端信仰君主制（雖然他在英國內戰中是站在保皇黨的陣營），令人意想不到的是，因為這樣做每一個人才可以得到應得的。除非有一個毫無疑問的強大裁判，能對人們的互相往來帶來正義，民族才能繁榮興旺。舉例來說，如果合約真的代表什麼意義，就必須有一個最後的強制執行者。如果沒有這樣的絕對權力，人們很快就會質疑這個政府的合法性，接著就會發生衝突，然後回到自然的狀態。

秩序超越自由

有一些評論家（其中包括福山，見15章的評論）認為，霍布斯的政治哲學其實是自由主義的（如果不算民主的話），因此對英國自由傳統的發展很重要，也是歐洲其他國家與後來的美國的模範。這是因為，雖然他選擇了君主制是實際上最好的政府形式，但是他與過去的主張不同，他否決了國王統治的神聖說法。君主沒有天生的優勢，但是通過人民的默許來統治，人民會得到秩序與安全，以作為他們承認主權權力的回報。因此，即使一個政府是絕對主義，還是有它的合法性或正當性。

我們一定要記住《利維坦》的寫作時間是在英國痛苦的內戰期間（一六四二至一六五一年），當時的選擇不是一個占主導地位的國王，就是一個共和國。面對查理一世的任意妄為，例如強加嚴苛的新稅與徵用財產，對霍布斯來說，一個人或一群人喜不喜歡國王的行為並不重要，最重要的是，現在有了秩序，以前只有混亂，每個人都是為了自己。對霍布斯來說，民主只是一種形式化的自然狀態，彼此競爭的利益會造成永久的不穩定。比民主衝動更重要的是自我保護的本能。他把他形塑出來的偉大國家，或稱為利維坦，是一種主宰海洋的虛構生物。這個偉大國家是對榮耀的欲望與驕傲的征服者，這種榮耀從遠古以來就導致人們走向戰爭。在一個強大、統一的君王統治之下，人們現在可以把攻擊與報復的文化，換成和平與安全。

總評

今天，「利維坦」變成一個專有名詞，形容一個膨脹的國家，在極端的意義上，這個怪物把觸角延伸到社會的所有層面，因此霍布斯的哲學被認為要為法西斯主義與極權主義負責。

但是他的真正重點是，沒有適當的權威，沒有一個政體可以維持下去，而且正如現在的作家已經提出的（見2章有關艾塞默魯與羅賓森的評論），國家會失敗主要不是因為貧窮的經濟，而是缺少一個中央集權的力量。

當然，和平與物質安全永遠不夠。霍布斯低估了宗教與言論自由的熱情，這也是為什麼他的觀點在今天似乎顯得過時的原因。一直要到洛克把霍布斯「人民默認」的觀念，轉變成呼籲直接代表人民的議會政府。洛克對人民自然權利的主張，即時表現在英國的法律中，同時也表現在美國憲法中人民有「生活、自由與追求快樂」的權利。雖然美國開國元勛們都公開表示不喜歡君主制，但是美國總統不只是這個國家的行政首長，也是政府元首與三軍統帥，這呼應了霍布斯擁有所有權力的主權者的主張。

托馬斯．霍布斯

托馬斯．霍布斯（Thomas Hobbes）於一五八八年出生於威爾斯郡的馬姆斯伯里（Malmesbury）。他的父親是一個牧師，但在他還是個小孩的時候就拋棄了這個家庭；他的舅舅支持了他與母親的生活，並供他上大學。他在牛津讀了幾年的書，一六〇八年開始為卡文狄許（William Cavendish，按：

英國貴族與政治家）工作，卡文狄許後來成為德文郡伯爵。接下來數十年，霍布斯在卡文狄許家擔任家庭教師與旅行同伴，擔任政治顧問並協助處理商業利益。他四十歲之後才出版第一本書，把修昔底德（Thucydides）的《伯羅奔尼撒戰爭史》（*The History of the Peloponnesian War*）從希臘文翻成英文。

霍布斯寫了《自然法與政治的要素》（*The Elements of Law Natural and Politic*，一六四〇）之後，和其他保皇派的人一起流亡到法國。在巴黎，他寫了一篇有關笛卡兒的評論，出版了一本有關道德與公民哲學的書《論公民》（*On the Citizen*，一六四二），並成為威爾斯親王的導師。

一六六〇年，在查理二世時期君主制復辟，他給了霍布斯一筆退休金，並為他辯護，反駁神職人員對他的指控，說他寫的《利維坦》是無神論的異端邪說。霍布斯被禁止出版，並等了好幾年，他寫的英國內戰史《巨獸》（*Behemoth*，寫於一六六八年）才被解禁（透過一家荷蘭出版商）。他寫作不輟，一直寫到八、九十歲，包括一本物理方面的書《自然哲學的十個對話》（*Ten Dialogues of Natural Philosophy*），以及翻譯荷馬的詩。霍布斯晚年住在卡文狄許位於查茲沃斯（Chatsworth）與德比郡哈德維克（Hardwick）的兩個莊園之間，於一六七九年過世。

1996

文明衝突與世界秩序的重建

The Clash of Civilizations and the Remaking of World Order

「從根本上來說，這個世界已經變得更現代、更不西方了。」

「文明是最後的人類部落，而文明的衝突是全球規模的部落衝突。」

「未來會出現的危險衝突，可能會出現在西方的傲慢、伊斯蘭的不寬容，以及中國獨斷的互動上。」

總結一句

二十一世紀的主要衝突來源，將會是文化與宗教，而不是經濟。

同場加映

法蘭西斯·福山《歷史的終結與最後之人》(15章)

保羅·甘迺迪《霸權興衰史》(22章)

約瑟夫·奈伊《權力大未來》(35章)

法理德·札卡瑞亞《後美國世界》(50章)

21

塞繆爾・杭廷頓

Samuel P. Huntington

一九九三年，美國與西方世界還在消化一個事實：它們並未「贏得」冷戰。不到四年前，柏林圍牆倒塌，當時看起來，自由民主與西方價值似乎是勝利的一方。

但是在這年夏天，哈佛教授杭廷頓在《外交事務》（*Foreign Affairs*）期刊中寫了一篇文章，對這種自滿心態投下了一顆震撼彈。在稍後變成一本書的〈文明的衝突？〉一文中，他認為，冷戰的結束並不是勝利的時刻，而是這個世界如何短暫分裂成東方與西方、共產主義與資本主義。沒有了這樣隨機的政治分裂，更古老的文化與宗教的斷層線正再度出現。前南斯拉夫充滿血腥的崩潰，然後根據宗教（基督教、東正教、穆斯林）與種族重新配置，就是最好的例子。

杭廷頓還指出更令人不快的事。西方的影響力在流失中，而亞洲文明的影響力則在擴張中，與此同時，伊斯蘭文化正在經歷一場「人口的爆炸」，這將造成穆斯林國家與鄰國的不穩定。西方「自命不凡的普遍主義」造成與其他文明的衝突，特別是伊斯蘭國家與中國；與其強迫世界接受，西方國家應該團結起來，確認它們的獨特認同與價值，以對抗非西方社會，包括限制移民。杭廷頓也大膽指出，現代化導致的結果，「在任何有意義的角度上，既不是一種普世的文明，也不是非西方社會的西化。」全球各地的國家正樂意接受現代化，但是反對西方價值。

杭廷頓的看法中經常被忽略的一點是，這個新的多極、多文明的世界，不是注定走上持久的戰爭。相反地，每一個文明都接受其他文明在自己的勢力範圍，並互相合作，因此這些勢力範圍都受到尊重，世界就能維持和平。二十年以來，「文明的衝突」確實預言了未來，還是只是一種令人困惑、危言聳聽的胡說八道？

新的世界秩序

杭廷頓說，民族國家仍然是世界事務的主要行為者，但受到世界文明的影響，這些文明包括中國（儒家文化）、日本、印度教、伊斯蘭教、東止教、西方、拉丁美洲與非洲；佛教雖然是世界的一個主要宗教，但從來沒有成為一個大範圍文明的基礎。美國、中國、歐洲、日本、俄羅斯與印度，這六個國家將會主導二十一世紀，它們屬於五種不同的文明，另外有幾個伊斯蘭國家，它們龐大的人口、自然資源的財富以及戰略上的重要性，將會讓它們成為具有影響力的國家。非洲的貧窮與不團結，讓它們無法成為我們時代中的一個主要參與者。杭廷頓說，最重大的衝突將不會是階級或貧富之間的衝突，而是人們認同自己屬於不同文明之間的衝突。

因文化結合在一起的國家會越來越團結（不妨想一下東西德、南北韓），只是因為歷史環境與意識型態而結合、但有很大文化差異的國家將會分道揚鑣，或是陷入緊張的關係。蘇聯發生的就是這樣的事，但杭廷頓認為，我們將會看到烏克蘭、奈及利亞、蘇丹、印度、斯里蘭卡與其他地方，都會發生這樣的事。從這本書寫完到現在，蘇丹確實分裂成兩個國家，而烏克蘭看起來也分裂為歐洲與俄羅斯兩個勢力範圍。杭廷頓說，這個世界的主要分裂線一度是鐵幕，但在今天，這條線劃分了歐洲與西方國家、東正教與穆斯林國家。

杭廷頓的看法幾乎和福山的看法（見15章的評論）南轅北轍，福山認為，自由民主正在取代意識型態的對抗。但是杭廷頓的觀察是，柏林圍牆倒塌之後的五年期間，「比冷戰期間的任何五年，更常聽見『種族滅絕』這個詞」，而且一股新法西斯運動也方興未艾。這簡直不是一個「後歷史」的時代，反而更像一個新的世界秩序的時代，在這個秩序中，再一次以文化、種族與宗教鏈結一切。

沒落的西方文化與崛起的其他文化

西方文化的特徵是政教分離、法治、社會多元化、代議制度或民主機構與個人主義，所有的這一切在非西方國家都遭到不同程度的反對。很多國家非常樂於接受現代化，但這和西化不一樣。二十一世紀最大的不和，將會是西方想要推廣它認為的普世價值，但越來越沒有能力這樣做。冷戰結束時，西方以為它已經贏得最佳政府形式（自由民主結合自由市場）的爭論，但是杭廷頓說：「對西方是普世價值的東西，對其他人是帝國主義。」

事實上他認為，「西方在冷戰中的勝利帶來的不是狂喜，而是筋疲力盡。」西方國家現在被自己的問題層層包圍，包括經濟成長緩慢、人口成長停滯、巨額的政府債務，以及存款利率低迷，就在同一時期，亞洲快速取得了經濟權力。在一九〇〇年，西方國家統治了這個世界一半的人口，現在他們只統治自己。它們也不再被視為是健康、富裕的少數，因為非西方人已經變得更健康、教育更良好，也更都市化了。雖然西方的武力將會持續主導世界，但是相對於傳統的軍費支出，中國、俄羅斯與印度花在軍事的費用正在增加。

杭廷頓說，很多在冷戰期間採用西方政治制度的國家，正在經歷「本土化」（indigenization）的過程，回到各自的儒家、伊斯蘭或佛教的根源。非西方國家的政治人物，借由訴諸種族、民族主義或宗教的認同，而贏得選舉。已經經歷過財富與統治者動盪與變革的穆斯林國家，伊斯蘭教是一種持續的認同感，就像東正教教會在俄羅斯的作用一樣，已經穩定存在了一千年的歷史。世界各地的宗教復興與消費主義、世俗主義[1]與相對主義[2]背道而馳，這些都是現代性的特徵，但是在很多非西方人士的眼中，這些就是「墮落的」西方的同義詞。

中國的崛起

我們這個時代的大事就是亞洲經濟的崛起，特別是中國。如同新加坡第一任總理李光耀所說：「我們不可能假裝中國只是另一個大國，它是人類史上最大的參與者。」杭廷頓提出，亞洲最大的潛在爆發點將是，美國挑戰中國在這個地區成為主導地位的意圖。

杭廷頓說，在日本與韓國以外的地方，亞洲經濟基本上就是指華人（Chinese）。從泰國到馬來西亞、新加坡與印尼，當地的經濟菁英都是華人，而中國大陸與其他東亞國家之間的「竹網」（bamboo network，按：又譯筷子網絡）[3]，讓它們在商業上得到額外的優勢。杭廷頓認為，中國與台灣之間不太可能爆發戰爭，因為雙方有太多緊密的文化關係。亞洲比較可能發生衝突的地方，是其他國家因為邊界或領土爭議的衝突。亞洲可能開始看起來像過去的歐洲一樣，很多國家，也有很多潛在的衝突。西方往往把「亞洲」看成是一個陣營，但事實上，它包含了六種文明。即使如此，杭廷頓認為中國正成為亞洲霸主，因此所有人（包括日本）最後都會對中國屈服，而不是美國。

衝突與穆斯林世界

杭廷頓說，在二十一世紀，文明之間的衝突將「從冷漠變成暴力」。俄羅斯前總統葉爾欽（Boris

Yeltsin）用「冷和平」（cold peace，按：指勉強維持的和平關係）一詞形容俄羅斯與西方未來的關係。而伊斯蘭教與西方的關係會更糟。

西方政治人物喜歡說，西方沒有反對伊斯蘭教，只是反對伊斯蘭極端主義，但杭廷頓寫道，這說的不是真話。自由民主與馬克思主義在二十世紀的衝突，在基督教與伊斯蘭教之間更長更深的仇恨中，算起來只是曇花一現的時間而已。西方政教分離的觀念與伊斯蘭教每一件事（包括政府）必須以阿拉之名而井然有序的觀念，有根本上的分歧。雖然穆斯林認為西方不道德，但也看到了它的吸引力，因此對抗西方的唯一方法就是，把西方變得更像敵人，把自己社會的伊斯蘭文化變得更純粹。他們不能忍受的不是基督教，而是西方世俗主義與宗教自由的本質。

在一段預言九一一恐怖攻擊事件的段落中，杭廷頓寫道：

「在中東的某個地方，六個年輕人可能穿著牛仔褲、喝著可樂、聽著饒舌音樂，然後在每天對麥加聖地的朝拜時間之間，把炸彈綁在一起，然後炸掉一架美國客機……只有天真與傲慢才會讓西方人以為，非西方人士將會因為購買西方商品而變得『西化』。」

1 譯注：是一種在政治與社會生活中，擺脫宗教組織控制的主張。
2 譯注：一種認為真理、價值判斷往往因角度與立場而不同的主張。
3 譯注：指「海外華人」發展出超越國家疆界的非正式商業關係網絡。

即使早在阿富汗戰爭、推翻海珊政權、以無人機攻擊基本教義派等事件發生之前，他就認為，西方與伊斯蘭世界處於一種「準戰爭」的關係。實際的交戰只是長期的文明對抗最明顯的表現而已。少數和西方仍然保持友好關係的國家，是軍事上有所依賴的國家（沙烏地阿拉伯、科威特），而且即使是受西方經濟援助的國家（埃及），也對這種依賴感到不是滋味。

杭廷頓相信，伊斯蘭教是一股不穩定的力量，主要是因為它沒有一個核心的國家。不管是在印尼、埃及、伊朗、巴基斯坦、沙烏地阿拉伯或土耳其，在伊斯蘭世界中，沒有一個穆斯林國家強大到足以仲裁或解決衝突，也沒有任何一個強大到足以代表整個穆斯林世界以對抗非穆斯林世界。另一個不穩定的重大源頭是穆斯林的人口。伊斯蘭人口激增帶來了數百萬憤怒的年輕人，他們通常找不到工作，很容易慫恿他們參與對抗非穆斯林的行動。但是杭廷頓也指出，從好的一面來看，穆斯林的人口爆炸不會永遠持續下去，如果同時伴隨著經濟發展，那麼這個不穩定的根源就會減少其影響力。

自然的親近感，長期的敵意

杭廷頓用「分裂」（cleft，按：指一國人民自覺分屬不同民族，而彼此排斥）與「分化」（torn，按：指人民對國家地位有共識，但對要歸入哪一個文化集團有分歧）來形容不同的國家。分裂的國家是指實際上跨越不同文明斷層線的國家，往往有維持國家團結的嚴重問題，之前已經提過的蘇丹，就分裂成穆斯林與基督徒的界線。奈及利亞與肯亞也因為基督徒與穆斯林的仇恨而不穩定；坦尚尼亞也分成大陸區的基督徒與尚吉巴（Zanzibar）群島的穆斯林；然後是基督教的伊索比亞與穆斯林的厄利垂亞（Eritrea）在一九九三年發生的分裂。印度雖然在一九四八年已經分了出來，但穆斯林與印度教徒之間仍有頻繁的衝突事件；而在菲律賓群島上，也分裂成基督徒與穆斯林。

至於「分化」的國家是指人民屬於一個文化，但領導人想要讓它屬於另一個文化。舉例來說，土耳其基本上是穆斯林文明的一部分，但是從阿塔圖爾（Ataturk，按：即凱末爾）總統以來，國家領導人都把土耳其看成是現代西方的一員。由於土耳其沒有成功加入歐盟，現在已經與說土耳其語系的前蘇聯共和國建立更密切的關係，這些國家包括烏茲別克、土庫曼、哈薩克、吉爾吉斯，並且資助伊斯蘭學校與機構，以安撫內部的伊斯蘭分子。杭廷頓指出，土耳其的領導人通常喜歡把他們的國家形容為「東西方的橋梁」，但在這樣做的時候，「也婉轉地確定了自己內部的分化。」

政治人物面對文明現實的軟弱，澳大利亞就是一個絕佳的例子。在一九九〇年代，澳大利亞的政治人物（特別是基廷〔Paul Keating〕）說，這個國家是亞洲的一部分，即使它很明顯是一個西方國家。但是大眾並不接受。讓澳大利亞成為不以英國女王為國家元首的共和國，就像新造一個沒有英國米字旗圖案的澳大利亞新國旗，這個嘗試失敗了。反過來說，亞洲的國家也不願意接受澳大利亞是一個「亞洲」國家，因為它在文化上仍然非常像是一個西方國家。澳大利亞對自由主義的西方價值深深依戀，包括人權、新聞自由，與很多東亞國家非常不一致。甚至亞洲人間接、不對立的做事方式，也和澳洲人的坦率與開放相反。

核心國家與文明

在這個新的世界秩序中，杭廷頓斷言，包括美國在內，**沒有**國家具有「全球性的安全利益」。他說：「世界的秩序是以文明為基礎，或者根本沒有秩序。」只有代表不同文明的核心國家（core states）尊重彼此的勢力範圍，才會有和平。在各文明的勢力範圍中會有一個核心國家，例如中國、美國或俄羅斯，這個國家（經過同意之下）會主導這個勢力範圍內的國家。但是這個勢力範圍的運作，只會在與核心國家有文化連帶關係的地方。例如：巴基斯坦、斯里蘭卡與孟加拉，不會接受印度成為他們的核心國家與秩序提供者，相同的道理，也沒有國家會把日本當成這個角色，因為在文化上，日本自成一格。

「歐洲」被一條從芬蘭到地中海的線，分出了西邊的基督教歐洲，以及東邊的東正教與伊斯蘭國家與地區。這條自然的界線被鐵幕遮蔽了數十年，現在又再度恢復了地位。杭廷頓有先見之明地寫道：「隨著冷戰的結束，北約（NATO）有一個核心與必要的目的：確保它〔防止〕俄羅斯再次掌控中歐的政治與軍事。」他也正確預測到，希臘在歐盟的會員國身分會出問題，因為在文化上，它是一個東正教國家，而且它從來沒有達到歐盟的標準。

總評

針對《文明衝突與世界秩序的重建》的批評包括以下幾點：

- 把全球分成不同文明實在太過簡化了，因為這個世界比這更複雜。
- 在指出文明的力量時，杭廷頓低估了國家影響世界與自己命運的力量。
- 穆斯林世界內部的深刻分裂（例如遜尼派與什葉派），表示並沒有一個穆斯林的單一認同，因此伊斯蘭世界與西方世界的觀點，實在太簡單了。另外，這個分裂也被誇大了。以更長遠的歷史來看，這兩個宗教已經算彼此和平相處了。
- 大部分的政治學家與經濟學家都不同意，杭廷頓聚焦在以「文化」作為政治的動力。例如，艾塞默魯與羅賓森的《國家為什麼會失敗》指出，東亞的經濟成就不能只用「儒家價值」來解釋。福山在《信任》中主張，文明的互相摩擦並不是引起衝突，而是帶來交叉刺激與創造性的變化。
- 杭廷頓「現實政治」（Realpolitik，按：指不是基於原則與道義，而是現實需要的政治）式的右派分析，為受到誤導的布希／布萊爾的入侵伊拉克與阿富汗行為，提供了一個知識基礎。

- 他的文章接近於種族主義。他在南非擔任波塔（Botha）政權顧問的工作顯示，區分種族與文化對他而言有個人利益。薩依德（Edward Said）對他的評論是，杭廷頓的觀點合理化了西方抨擊穆斯林的老派說法。

這些觀點可能都是對的，但是，杭廷頓在一九九〇年代中期的很多預言都已經印驗了，包括國家沿著文化或宗教線分裂（例如蘇丹、烏克蘭）、中國勢力範圍崛起、俄羅斯拒絕歐洲與西方、世俗的穆斯林國家意圖伊斯蘭化（土耳其、埃及），以及伊斯蘭基本教義派的衝擊。從法國勒龐（Marine Le Pen）的國民陣線（National Front）、英國法拉奇（Nigel Farage）的獨立黨（UKIP），到荷蘭威爾德斯（Geert Wilders）的自由黨（Party for Freedom），歐洲右派反移民政黨的成功就是一個信號，表示在西方的選民看到他們的價值與制度，以及曾經具有同質性的人們，都受到來自「外國」文化與宗教的威脅。

全球化與現代化將自然而然消除民族之間的差異，對杭廷頓來說，是純粹的理想主義。世界貿易並沒有為世界帶來和平，只是為互相矛盾的價值系統之間，提供更多衝突的機會。在一個多文明的世界中生活，杭廷頓提出的「第一規則」是，每一個文明的核心國家尊重其他核心國家的勢力範圍，而且不要透過代理人參與斷層線戰爭。對杭廷頓來說，為了避免衰退，西方必須不要那麼傲慢、那麼富有使命感，並且要更關心在它的自然邊界以內保持其獨特的價值與制度。他的最後訊息是，要理解人性，必須先從考慮人性的深刻差異開始。只有這樣，我們才能看到我們所共享的東西，並在這個唯一的世界社群中使用「文明」這個詞彙。

塞繆爾・杭廷頓

塞繆爾・菲立普・杭廷頓（Samuel Phillips Huntington）於一九二七年出生於紐約市。母親是短篇故事作家，父親是一位出版人。耶魯畢業之後，杭廷頓到美國陸軍待了一段時間，之後在芝加哥大學取得碩士學位，然後在哈佛取得博士學位，接著就在哈佛的政府學系教學直到一九五九年，接著到哥倫比亞大學任教。一九六三年，他在哈佛得到終身職，之後的學術生涯都在那裡度過。

一九七〇年，杭廷頓共同創辦了《外交政策》（*Foreign Policy*）雜誌，並擔任共同主編直到一九七七年。杭廷頓終生都是民主黨員，擔任過韓福瑞（Hubert Humphrey）一九六八年總統競選的顧問，並在一九七七與一九七八年間，在卡特政府中從事安全議題的工作。在哈佛，他是福山的導師（見15章），並在擔任美國國務院顧問期間，影響了札卡瑞亞（見50章）。二〇〇八年過世。

他的其他著作包括《士兵與國家》（*The Soldier and the State*，一九五七）；《變遷社會中的政治秩序》

（*Political Order in Changing Societies*，一九六八），書中主張現代化不一定會帶來民主；《第三波：20世紀末的民主化浪潮》（*The Third Wave: Democratization in the Late Twentieth Century*，一九九一）；《文化的重要性：價值如何影響人類的進步》（*Culture Matters: How Values Shape Human Progress*，二〇〇〇）；以及《我們是誰？美國民族認同的挑戰》（*Who Are We? The Challenges to America's National Identity*，二〇〇四）。

1987

霸權興衰史

The Rise and Fall of the Great Powers

「這樣的表達聽起來像是未經修飾的重商主義[1]，但軍事力量通常需要財富來支撐，而取得與保護財富也通常需要用到軍事力量。但是如果國家把一大部分的資源從創造財富轉移到軍事目的，長期下來可能會削弱國家的力量。」

「當代軍事上頭重腳輕的社會所遭遇到的困難，只是重複了西班牙腓力二世、俄國尼古拉二世與德國希特勒所經歷的事。對於沒有批判能力容易受到影響的觀察者說，一個大型的軍事機構就像龐大紀念碑一樣很有氣勢，但是如果沒有穩健的基礎（指具有生產力的國家經濟），未來就有崩潰的風險。」

總結一句

超級經濟強權往往也容易變成軍事優勢力量，但這就形成了一個高國防支出與低民間投資的惡性循環，如此一來也會導致權力沒落。

同場加映

漢斯・摩根索《國際政治：權力與和平的鬥爭》（33章）
約瑟夫・奈伊《權力大未來》（35章）
法理德・札卡瑞亞《後美國世界》（50章）

---

1 譯注：盛行於十六到十八世紀民族國家的經濟理論與政策，儘可能取得並保留境內的經濟活動，目的是使國家富足與強盛。

22

保羅・甘迺迪

Paul Kennedy

在世界局勢中，財富與權力之間的關聯可能顯而易見，但我們需要經常的提醒。因為霸權的力量與勢力範圍是如此容易看見，很容易讓人以為它們會永遠占有優勢地位，但歷史上充滿軍事與地緣政治野心與決心不能維持下去的大國，在某一個時間點上，它們就是負擔不起羅馬人所謂的帝國（Imperium）了。

《霸權興衰史》雖然只討論到一九八七年，也就是它出版的那一年，但仍然是一本很精采的歷史著作。讓這本書聲名大噪的是，作者在二十世紀末的時候，大膽預測世界強權的可能命運，包括美國。這本書讓美國人大感震驚，因為英國出生的耶魯歷史學家甘迺迪大膽提出，美國可能只是「帝國過度擴張」古老模式的另一個例子。相對於其他國家，美國的沒落很清楚，而政策制定者的任務只是妥善處理沒落時的事。

一個國家變得富裕和增加政治與軍事影響力之間，一定會有時間上的落差。很多國家一開始專注於創造財富，直到之後才發現，需要保護社會的繁榮（包括海外的投資），特別是與其他成長中的大國的關係。因此就在成長趨緩時，反而必須花更多錢在保護上。例如：英國在一九一〇年的國防支出，比在一八六〇年代帝國擴張的顛峰期間更多。甘迺迪說，結果就是「相對衰退的大國在本能上採取的因應方式，是從『投資』轉移潛在的資源，並在『安全』上支出更多，因此更加劇了長期的困境」。

浮現的模式

本書的一大部分是針對現代（也就是文藝復興之後）時期所有主要大國的詳細調查，從西班牙、荷蘭、法國、大英帝國，最後是美國與蘇聯。甘迺迪能夠證明，長期下來，國家財富與軍事力量的關係。

大約在一五〇〇年，世界各地有幾個權力中心，中國的明朝、奧圖曼帝國、印度的蒙兀兒帝國（Mogul，按：蒙古人征服印度時建立的回教王朝）、莫斯科、日本的德川，以及群聚在中西歐的國家。為什麼這些歐洲國家的權力大幅成長，而其他權力中心卻沒落了呢？

甘迺迪說，所有非歐洲國家的問題在於，它們都不自由。它們不只要求統一的宗教信仰、商業，發展武器也需要統治者的同意。對照之下，歐洲沒有過度擴張的統治者，而王國與城市國家之間持續的戰爭狀態，只是刺激了軍事技術的發展，連帶影響了其他技術的發展。競爭也刺激了一種企業家文化，這有助於財富的創造。歐洲社會因此開始了一種經濟成長與提升軍事效能「不斷提升的螺旋」，也見證了不斷的進步。

甘迺迪描述，西班牙與奧地利的哈布斯堡王朝（Habsburgs）使盡全力取得歐洲的優勢地位，但相對於其經濟基礎，這樣做讓他們花了太多錢在武器與戰爭上，因此他們的力量就逐漸沒落了。其他國家與帝國沒有這麼強大，反而更量力而為。拿破崙取得歐洲優勢地位的戰爭在一八一五年結束之後，這個世紀其他時間的特徵是相對穩定與和平。在美國與俄國聚焦於內部的不穩定，以及開發他們遼闊的大陸土地時，英國反而能夠達成其海軍優勢地位，並擴大其商業與殖民利益，同時在國內取得工業化的力量。在十九世紀下半葉，其他國家終於站穩腳跟而開始工業化，但是到了二十世紀初期，歐洲就出現了嚴重的財富與權力的不平等。因為有些國家的軍事沒有現代化，而且沒有發展出支持軍事現代化的工業基礎，為了彌補這一點，就開始彼此爭奪非洲、亞洲與太平洋地區新的殖民領土。

與第一次世界大戰造成的災難相比，這些冒險行動根本不算什麼，第一次世界大戰一舉改變了全球的權力結構。奧匈帝國滅亡、德國戰敗，而英國與法國必須花費巨額支出以維持自己的地位。美國成為世界最強大的國家，但卻和布爾什維克政權的俄國一樣，成為孤立主義者，雖然這兩個國家的工業實力後來都變得無法超越。至於第二次世界大戰，雖然德國有些驚人的進步，以及英國取得最後的勝利，但是，相對於美國與蘇聯勢力的成長，現在有更多工業資源可以投入、有更大的土地，以及更多的人口，似乎只是證實，英國、德國與法國的國勢已經確定走下坡。甘迺迪寫道：「數十年前預測的雙極世界，到了一九四三年終於實現，而軍事平衡再一次趕上了全球的資源分配。」

你負擔得起嗎？

雖然甘迺迪說，「有一種世界強權的動力，基本上是受到科技與經濟的改變而驅動」，但是他並不主張，經濟是驅動世界事務的唯一因素。地理、民族士氣、聯盟與其他因素，都會影響在這個國家系統（state system）內的國家（nations）相對權力。但是，長期而言，就像西班牙艦隊隊長會說的，最後的勝利是屬於「擁有最後埃斯庫多（escudo）的人」，或用現代的術語來說，就是擁有「最繁榮的生產基地」的聯盟或國家。檢視了五百年以來的歷史，他看到了重大衝突的贏家與他們的資源之間的強烈關聯。長期衝突「會變成每一個聯盟相對能力的測試」，而且隨著對抗的持續，擁有「更多」已經證實是很重要的因素。

甚至在一九八七年，甘迺迪就納悶，蘇聯要如何維持它的超級強權地位。由於小麥歉收，這就表示，它已經成為糧食的很大進口國，而它的鋼鐵業也非常浪費。由於控制的需要，它對現代化的決心也大打折扣。如果連複印都要禁止（以免散布不同意見），就很難看到這個國家會在沒有審查制度與警察控制資訊的情形下，接受強化生產力的電腦、電子郵件等等。從人口來看，它的出生率與壽命預期都在下降，嬰兒死亡率卻在增加，這對它的情勢更沒有幫助。他看不出來蘇聯要如何以這種方式繼續下去。的確，它也垮台了。對於美國「贏得」冷戰，甘迺迪並不感到意外，部分原因是透過戰略國防計畫（Strategic Defense Initiative）大幅提升軍事技術。蘇聯知道，除非把越來越多的國家資源轉移到軍事研究與發展，否則它永遠無法與「星戰計畫」（Star Wars）競爭，但這是它不可能做到的事。冷戰持續越久，美國的軍事優勢地位就越顯而易見。

但是這種優勢地位也是一種詛咒。在本書最後預測五個大國可能命運的章節中，包括中國、日本、歐洲經濟共同體、蘇聯與美國，甘迺迪聚焦在美國主導地位的代價：維持下去所需要的財政赤字，以及這種情形不可能會持續下去。他說，把投資從「奶油」轉移到「槍枝」的需要，會導致任何大國進入「向下沉淪螺旋」，成長更慢、稅收更重、加深國內對優先支出項目的意見分歧程度，並且削弱承擔國防責任的能力。

在甘迺迪的眼中，一九八〇年代的美國就像一九一四年的英國：一個看起來無懈可擊的大國即將面對令人不快的報應。他警告說，在「多極」世界中，美國與蘇聯的優勢地位會讓位給快速發展的東方世界（日本的經濟實力當時似乎是美國的重大威脅，即使日本已經即將步入二十年的衰退）以及工業化的第三世界。

雖然甘迺迪沒有預見到蘇聯多快會解體，但他的廣泛見解都是對的：維持超級強權地位的代價如此可觀，即使維持了這種力量，和其他崛起中的國家比較起來，這也是保持經濟優勢地位的一種障礙。從他寫這本書以來，中國的崛起就印證了這一點。由於沒有受到鉅額軍事支出需求的限制，中國已經能聚焦於充實商業，如今只要它想要，這已經能讓它變身為主要的軍事強國。

總評

一個國家的國防能力通常是一種短期需求，然而經濟成長是國家實力的長期要求，但這兩者可能很難做到平衡。甘迺迪的核心論點是，戰略安全與經濟安全之間的關係是緊張的，戰略安全是指擁有最先進的武器系統、一支陣容龐大的常備軍隊、一支海軍艦隊與空軍，這需要投入龐大的國家資源；而經濟安全則依賴成長及高需求，由於維持可觀的國防支出需要高額稅收，就會傷害到經濟成長與需求。他指出，與其他國家相比，經濟成長只是落後一%，就能在不到一百年之內，把一個世界強權變成小國，就像英國發生的情形。

現在美國正在步上英國的後塵，而中國將會取而代之成為全世界最強大的國家嗎？甘迺迪之前的學生札卡瑞亞（見50章的評論）認為，從科技與教育來看，美國仍然遠遠領先中國，因此美國仍然負擔得起國防支出，而且美國也不能看成是在軍事上頭重腳輕，正在削弱經濟基礎，這是甘迺迪所描述的典型帝國失敗者形象。另外，哈佛大學的普切特（Lant Pritchett）與薩默斯（Larry Summers）最近的研究（〈亞洲欣快症（Asiaphoria）[2]符合均值迴歸[3]〉），國

---

2 譯注：指中國與印度經濟成長的驚人表現。

3 譯注：經濟學術語，指一個變量在一個異常值之後，下一次會趨向中間值。

家經濟研究局）顯示，由於中國的經濟成長率從每一年的一〇%掉到大約七%，未來二十年，中國的經濟產出都無法與美國相提並論。中國經濟的成長力道已經被威權統治與腐敗阻礙，即使中國越來越自由，歷史顯示，民主轉型通常伴隨著下降的經濟成長率。美國經濟的韌性與中國政治的脆弱性，可能會證明甘迺迪認為美國會沒落是錯的。

保羅．甘迺迪

保羅．甘迺迪（Paul Kennedy）於一九四五年出生於諾森伯蘭郡的沃森德（Wallsend），並在新堡大學（Newcastle University）研讀歷史，在牛津大學聖安東尼學院取得博士學位。

從一九七〇年到一九八三年，甘迺迪在東安格利亞大學（University of East Anglia）教授歷史，一九八三年成為耶魯大學英國歷史教授，目前是該校國際安全研究主任。二〇〇七年到二〇〇八年，他是倫敦政經學院國際事務與歷史中心菲立普羅馬講座教授。他是皇家歷史協會（Royal Historical Society）與英國學院（British Academy）研究員，並在二〇一四年榮獲美國海軍戰爭學院（US Naval War College）的哈特多夫獎（Hattendorf）

《霸權興衰史》獲得沃夫森歷史獎（Wolfson History Prize），他的其他著作包括《英國海軍控制的興衰》（*The Rise and Fall of British Naval Mastery*，一九七六）、《英德對抗方興未艾》（*The Rise of Anglo-German Antagonism* 1860–1914，一九八〇）、《為二十一世紀做好準備》（*Preparing for the Twenty-First Century*，一九九三）、《人類議會：聯合國的過去、現在與未來》（*The Parliament of Man: The Past, Present, and Future of the United Nations*，二〇〇六），以及《勝利的計畫：翻轉二戰情勢的問題解決者》（*Engineers of Victory: The Problem Solvers Who Turned the Tide in the Second World War*，二〇一三）。

1998

馬丁・路德・金恩自傳

The Autobiography of Martin Luther King, Jr.

「在人生的旅途中，人一定要有足夠的意識與足夠的道德，以切斷仇恨與邪惡鏈。其中最好的方式就是透過愛。」

「就像奴隸制度，隔離在現實上一定會正面牴觸民主與基督教的理想。實際上，在一個以所有人生而平等的原則而建立的國家中，隔離與歧視是很奇怪的矛盾現象。」

「剝奪一個人的自由，就是把一個人降低到物的地位，而不是把他提升到人的地位。絕對不可以把人視為國家目的的手段，他永遠是他自己的目的。」

總結一句

革命需要領導人，最好的領導人會改變壓迫者的心態，並解放被壓迫的人。

同場加映

索爾・阿林斯基《判道：改變國家的基進力量》（3章）
穆罕達斯・甘地《我對真理的實驗：甘地自傳》（16章）
納爾遜・曼德拉《漫漫自由路》（28章）
亨利・大衛・梭羅《公民不服從》（46章）

23

馬丁・路德・金恩

Martin Luther King

一九六三年八月，金恩在華盛頓遊行活動中的「我有一個夢」演講，是歷史上最重要的一場演說，他也許也是二十世紀最偉大的民權活動家，但我們對他與驅使他的動力究竟有多少了解？《馬丁・路德・金恩自傳》是一本從金恩的書籍、期刊與演說中，抽取金恩自己的話所編纂而成的書。編輯是與金恩非常親近的助手卡森（Clayborne Carson），他後來成為史丹佛大學歷史教授，目前主管馬丁路德金恩研究與教育機構（Martin Luther King, Jr., Research and Education Institute）。

這本書記錄了金恩從大學時代、南方基督教領袖會議（Southern Christian Leadership Conference）領導角色，到他於一九六四年榮獲諾貝爾和平獎，有關他的政治與宗教思想的演變。在他之前，美國沒有人能夠把黑人族群面對的議題強行推進於大眾的意識中。包括蒙哥馬利的公車抵制，以及阿拉巴馬州伯明罕的靜坐，就像很多備受矚目的抗議行動焦點，他迫使美國大眾與政治領導人——包括好幾位美國總統——處理與回應他的理想。

金恩對美國黑人的影響深遠，並形成了他所謂的「新黑人」

（new Negro）概念，他們沒有黑人男性的刻版形象。各式各樣的人，包括電影導演派克李（Spike Lee）、音樂人詹姆斯．布朗（James Brown）、拳王阿里（boxer Muhammad Ali），當然還有總統歐巴馬（Barack Obama），都深受他的觀點與辯才影響。金恩善用比喻與重複（在連續的句子中重複片語），再結合卓越的演說技巧，讓他所說的話非常能夠打動人心，而民權運動也為類似的運動打開了大門，包括美國原住民、拉丁人、婦女、女同性戀、男同性戀、雙性戀與變性人團體，以及殘障人士。馬丁路德金恩日現在是美國國定假日。

影響

金恩於一九二九年出生，父親是浸信會牧師，所以他有一個相當舒適的成長環境。長大後，他自己也對牧師職務感興趣，但因為一開始有一個充滿質疑的大腦，所以不接受任何未經批判的事情。他的堅定自信，有一部分是因為他的父親。老金恩曾經遇到一家有種族歧視的鞋店老闆，還有一次被一個白人女性甩耳光，還對他嫌棄地說：「你就是那個踩到我腳的黑鬼。」他的兒子對這些對待方式所感受到的憤怒，很快就因為一個想法而得到平衡了：拒絕和一個確實把隔離與種族歧視寫進立法條文而認為是正常的制度，採取合作的態度。對金恩來說，最關鍵的時刻是贏得「黑人與憲法」演講比賽。但是勝利的喜悅很短暫，因為他在搭公車回家的路上，被迫離開座位讓給一名白人。

在莫爾豪斯學院（Morehouse College）以及之後的克羅澤神學院（Crozer Theological Seminary）就學期間，金恩的閱讀非常廣泛。他大量吸收馬克思、霍布斯、彌爾、盧梭與尼采（Nietzsche）的著作，但在知識與道德上並沒有感到滿足。他雖然受到馬克思主義的吸引，但覺得馬克思對歷史的唯物主義觀點，並沒有上帝的空間，而且他也不相信極權主義有什麼道理可言。他也對尼布爾（Reinhold Niebuhr，按：美國神學家）對和平主義立場的批判感興趣，但他認為它把和平主義與消極不抵抗（passive non- resistance）混為一談，但其實這根本是兩回事。然而，甘地帶領大規模的非暴力對抗行動，以反對英國殖民主義者，對金恩造成很大的影響。之後他到印度，並指出印度「賤民」與美國的非裔美國人處境的相似之處。

金恩從小就學到面對壓迫時被報復的危險，因此甘地把非暴力手段視為一種力量的形式，讓他深受吸引。金恩觀察到：「在這個世紀之前，事實上所有的革命都是基於希望與仇恨。希望表現在對自由與正義有更大的期望。甘地在印度的運動的新元素是，他發動的革命是基於希望與愛，希望與非暴力。」

他把甘地對壓迫者的慈悲與「基督徒的愛」觀念相比，而他從小就是被這種觀念養大的。金恩也從梭羅的《公民不服從》（見46章的評論）中得到靈感，激發他想出在民權運動中應用的一連串抗議策略，之後也應用在和平運動中。金恩說，站出來對抗現狀的勇氣是來自梭羅，但如何進行的技巧則來自甘地。

抗爭

在波士頓大學完成博士學業之後，金恩覺得有責任回到南方，於是在阿拉巴馬州蒙哥馬利擔任牧師。一九五五年，蒙哥馬利市民帕克斯（Rosa Parks）拒絕讓位給一個白人男性的事件（按：帕克斯因此遭到逮捕）之後，金恩投入了領導尋求正義的運動，並協助組織了蒙哥馬利公車抵制行動。他把公車公司視為只是一個不正義制度的外在表現，並且呼籲進行一場公民不服從行動：「我們只是要告訴白人社群，我們不再與一個邪惡的制度合作了。」這個抵制行動的目標是證明：「有尊嚴地步行比在羞辱中搭車更光榮。」金恩強調，美國黑人是公民，而且「決心要行使公民身分的完整意義」。

在審理這個問題的不同法庭中，他的有力演說讓他聲勢看漲，並爬升到全國性的知名度，而蒙哥馬利則成為現代民權運動的起點。一九五七年，金恩成立南方基督教領袖會議，協調靜坐、遊行、抵制、為自由而行（freedom rides，按：民權人士搭乘跨州公車到南方州支援相關運動）等活動，以及各種確保美國黑人可以登記投票的努力。南方基督教領袖會議的成立是因為，他認為白人基督教領袖對種族問題非常無能，他們似乎更投入維持秩序而不是追求正義，而選擇「站在旁邊，口中虔誠說著無關緊要而道貌岸然的瑣事」。抗議行動成了新聞頭條，而運動的代表人物金恩則上了《時代》（*Time*）雜誌的封面。他訓練抗議者不要報復警方的暴力，因為採取道德的高標會讓壓迫者感到羞恥。

另一個戰線是在法律制度。金恩指出，自從《獨立宣言》以來，「美國在種族問題上表現出一種精神分裂的人格。」他說：「在一個以所有人生而平等的原則而建立的國家中，隔離與歧視是很奇怪的矛盾現象。」在對抗「吉姆克勞」（Jim Crow）[1]種族隔離相關法律[2]時，南方基督教領袖會議把憲法發揮到很大的效果。在每一個上法庭的案件上，當地警察與政府想以社會優越性保護他們的特權時，最後都會被更高法院推翻。最高法院做出判決，阿拉巴馬州的公車種族隔離法律違憲，為他們後來在亞特蘭大、奧爾巴尼、伯明罕、聖奧斯丁與塞爾瑪的運動，提供了強有力的法律火力。雖然每一次的運動都變得更困難、更危險，但是隨著監獄人滿為患、對法律的挑戰、全國各地爆發的燒教堂與私刑，以及在華盛頓的遊行，民權議題不會輕易消失。

金恩知道，自由派的美國人會與暴動疏離，因此他不厭其煩地宣揚非暴力抗議，以作為贏得自由派人士支持的方法。另外，他也必須處理來自更激進的麥爾坎・X（Malcolm X，按：美國黑人、伊斯蘭教教士、人權運動人士）以及黑豹（Black Panther）運動人士對他的抗議技巧的批評，他總是感到壓力很大，也對自己有所懷疑。他還必須忍受炸彈與縱火攻擊，三K黨（按：白人至上的民間恐怖團體）的恐嚇、警察的襲擊、逮捕與入監服刑（在一九六〇年，他因交通違規而服了六個月的苦役），還有對家人的威脅，包括其妻柯雷塔（Coretta）。

「不可分割」的雙胞胎：種族與經濟不公

「一個人主要是以經濟實體的身分參與社會。因為在根本上，我們不是詩人、運動員、藝術家；我們的存在是以我們是消費者為中心，因為我們必須吃，必須有地方住。」

金恩認為，對基督教來說，只處理靈魂的問題，同時卻對集體的受苦視而不見，例如失業、居住條件低劣與貧窮，是不夠的。他對隔離的激烈手段一樣適用於經濟弱勢。他和白人權威人士初期的談判有一部分就是就業機會，而工作中的隔離效果、住房與教育，是他演講中永遠的主題。事實上，華盛頓遊行事件被稱為爭取黑人經濟權利與機會，而不是有關種族不正義。

一九六六年，金恩帶著家人住到芝加哥的貧民區，他發現，在同樣的住宿環境下，黑人比白人多付了三分之一，因此是受到「有色人種稅」（color tax）的影響。他也指出一個惡性循環，由於黑人多半依賴社會福利，讓他們不可能擁有房屋的所有權。交通不便讓人只能在附近購物，因此只好受當地

1 譯注：「Jim Crow」一詞來自一八二八年一名黑人喜劇作家創作的劇目《吉姆克勞跳吧！》（Jumping Jim Crow），後來，「Jim Crow」就演變成對黑人的蔑稱。

2 譯注：自十九世紀七〇年代開始，南部州立法機關通過了在公共交通運輸中實行種族隔離的法律，之後種族隔離的範圍又漸漸擴至學校、公園、劇院、飯店等。

白人商人抬高價格的擺布。這些問題在芝加哥與洛杉磯引起騷亂。金恩與他的盟友採取了各種行動：允許不公平做法持續下去的房地產仲介商會遇到靜坐抗議，房東也會遇到對抗；鼓勵商店主人囤積由黑人所有的公司生產的商品；鼓勵與黑人所有的銀行交易，因此金錢會在黑人社群裡流通；另外，運用投票選出黑人以保住重要職位，對培養權力與責任感也很重要。

雖然金恩從來沒有正式支持某個總統候選人或在位的總統，但他推崇甘迺迪，並稱讚詹森總統，因為他對歧視與貧窮關係的理解，以及意識到「如果美國不利用龐大的財富資源終結貧窮，並讓上帝的子民擁有基本的生活必需品，就得下地獄」。由於詹森總統，一九六四年的民權法案、一九六五年的投票權立法案終於通過，這顯然是政治平等的一大勝利，但更重要的是，這也帶來了黑人經濟的解放。

總評

雖然政治人物警告他主張公民權利就好，但他還宣傳反對美國參與越戰，因為他認為，越戰在道德上站不住腳，特別是有不成比例的黑人被送上戰場。他說：「如果美國的靈魂完全中毒了，有一部分的屍體一定是叫『越南』。」他希望美國是以道德意義領導世界，追求正義、平等與民主，而不是「自我任命為世界警察」，而且他相信，美國干預瓜地馬拉與其他國家的行動，只是為了保護經濟利益，並維持軍事工業綜合體。金恩還宣導抵制南非的種族隔離政權，並到英國鼓勵當地的黑人族群。

一九六八年他被暗殺時，金恩才真正成為一個追求正義的世界級政治家，因此很自然令人想知道，他還可能達成什麼成果。南非釋放曼德拉的壓力會提早二十年嗎？越戰會更早結束嗎？他可以降低黑人不成比例的坐牢時間嗎？因為這毀了黑人的家庭與經濟機會。

在過世前不久，金恩有一種奇怪的反思心情：

「這麼說吧，我現在不知道會發生什麼事；眼前有一些困難的日子。但現在對我都不重要了，因為我已經走到頂了。但是我不在意。就像任何人一樣，我可能會喜歡長壽，長壽有它的好處。但我現在不關心了。我只是想行使上帝的旨意。」

我們很容易忽略，金恩的信仰對他的人生與工作有多麼大的啟發。讓他超越像麥爾坎・X這樣的人的因素，是他對人的慈悲，而且不只限於非裔美國人；而他基督徒的愛的道德觀，也和甘地的觀念一樣強而有力。他的偉大也來自他的哲學基礎：黑格爾的辯證法告訴他，鬥爭帶來成長，因此，如果人類想要前進，政治鬥爭就是正常的。他的生活也融入了康德對個人的尊重，他說：「絕對不可以把人視為國家目的的手段，他永遠是他自己的目的。」除了政治上的實際成就，也多虧金恩的表達能力，讓個人的神聖潛力與尊嚴持續啟發人心。

1999

NO LOGO：顛覆品牌統治的反抗運動聖經

No Logo: Taking Aim at the Brand Bullies

「四年前我開始寫這本書的時候，我的假設大致上是基於一種直覺。我一直在針對大學校園做研究，而且開始注意到，我遇見的很多學生，心思都在關心著私人企業進入了他們的公立學校。他們生氣的是，企業廣告不知不覺進入自助餐廳、學生與教師的公共休息室，甚至洗衣間，也生氣他們的學校與非酒精性飲料與電腦製造商進行獨家經銷交易，因此學術研究看起來越來越像市場研究。」

「當我們缺乏討論在文化與政治上很有影響力的實體的能力時，就要質疑言論自由與民主社會的真正基礎了。」

總結一句

要注意進入公共領域的私人利益，我們是公民，不是消費者。

同場加映

愛德華・伯內斯《宣傳》（9章）
愛瑪・高德曼《無政府主義與其他論文》（17章）
厄普頓・辛克萊《魔鬼的叢林》（42章）
理查・威金森＆凱特・皮凱特《公平之怒》（48章）

24

娜歐蜜・克萊恩

Naomi Klein

克萊恩的父母不屑品牌與包裝產品，他們說芭比娃娃「就是一種詐騙，一開始只是洋娃娃，然後是露營車，然後是整個大廈」，所以只買給她沒有性別的玩具。他們不會在週末去購物，而是帶家人去加拿大的荒野旅行。結果，克萊恩與她的兄弟對廣告告示牌與廣告詞的美好保證，以及她父母親不願意買的產品，反而產生很大的興趣。對他們來說，在開車回家的路上，經過的發光的殼牌石油（Shell）與麥當勞商標，比森林與湖泊的威嚴壯麗更誘人。在青少年時期，克萊恩對自己穿的牛仔褲是不是正確的品牌，這種敏感度和其他人沒有什麼不同。所以，為什麼她去了大學之後，最後和她的父母親一樣擔心起消費主義來了？品牌究竟有什麼問題，品牌和政治又有什麼關係？

克萊恩知道，強力的行銷與廣告只是北美資本主義文化的一部分，她反對的並不是這個。但是，在《NO LOGO：顛覆品牌統治的反抗運動聖經》一書中，她指出，到了一九九〇年代中期之後，有些情況已經改變了。很多公司從自認為是產品製造者，變成品牌的開發與創造者（這就是所有金錢投入的地方）。然而，撤在這些品牌上的金錢如此龐大，因此在生產端造成很大的成本壓力（例如外國工人受到剝削，國內則出現了「麥當勞式的工作」〔McJobs，按：指沒有升遷前途的低薪工作〕），以及造成通常被認為是公共領域的腐敗（例如在校園與大學的廣告與贊助）。隨著大打折扣的反托拉斯法出現，企業開始對我們的文化擁有更大的權力與控制，卻提供越來越少的真實選項。

克萊恩寫完這本書之後大約一個月左右，就在西雅圖的全球貿易大會上，爆發了第一波「反全球化」抗議活動，之後在世界各地也有其他的抗議活動。在本書十週年紀念版的前言上，克萊恩說，反全球化一直是一個用詞不當的字眼，她與其他活動家並不反對全球化本身，而是反對「在公共治理的每一個層次上，從國際自由貿易協議，到地方性的水私有化協議，全球化的遊戲規則已經被扭曲，現在只是在為狹隘的利益服務」。世貿組織與其他機構都是新自由主義共識的一部分，只會吹捧市場，並想方設法儘可能詆毀與矮化政府的角色。

但是，九一一恐怖攻擊事件把克萊恩的理想推回去了。她說：「在這種氛圍下，提出不同的意見被認為是不愛國的行為。」攻擊資本主義就像攻擊美國，而自由貿易也變成一種愛國的義務，甚至對反恐戰爭有幫助。在一九九〇年代期間被縮編以及資金不足的很多政府部門，例如機場、醫院、公共交通系統、水與食物的檢查機關，再度受到重視，但也發現它們都缺乏因應恐怖攻擊的能力。消防隊員的英勇表現證明，「畢竟，公部門的確是有用的。」然後當新聞曝光了私人公司的做法，例如哈利伯頓公司（Halliburton，按：美國最大的油田服務商）因為伊拉克戰爭而經營良好時，只是證實了政府現在的存在不是為了很多人，而是為了少數人的懷疑。

所有克萊恩的書，包括《震撼主義：災難經濟的興起》（*The Shock Doctrine*，二〇〇七，探討新自由主義經濟對開發中國家的影響）與《天翻地覆：資本主義vs.氣候危機》（*This Changes Everything*，二〇一四，探討企業對抗氣候變遷的因應措施），都在挑戰維持目前世界秩序的假設。她寫道：「當我們把企業的短期需求（更低的稅率、更少的公文程序、更多的投資機會），放在人民的需求之上時，我們付出了很高的代價。」另外，「緊緊抓住放任的自由市場解決方案，卻對其大量的失敗證據視而不見，看起來很像盲目的信念，就像從事自殺式聖戰的宗教狂熱分子緊緊抓住任何信仰系統，非常不理性。」

全書分為四個部分：「沒有空間」檢視品牌行銷充斥在文化與教育界；「沒有選擇」考慮到文化選擇的擠壓，因為文化對企業造成不方便；「沒有工作」描繪了臨時、兼差與外包勞力的出現；「拒絕品牌」提出抵制「企業統治」的其他選項。雖然表面上是有關新的「品牌霸凌」（brand bullies）力量，但本書更深切的問題是：我們現在是消費者還是公民？

本書是一本用二十八種語言發行的暢銷書，而且被認為有助於一整個世代的人開始對政治感興趣，這個世代被「嬰兒潮世代」批評為是很少社會良知的一代。但克萊恩喜歡指出，其實背叛的是上一代。

一個地主與奴隸的地球村

本書從多倫多士巴丹拿大道（Spadina Avenue）一個服裝區開始寫起，克萊恩提到，這是高德曼（見17章的評論）在一九三〇年代成為勞工組織者的地方。在一九九〇年代的末期，這個地區已經開始在轉型，人們努力工作的血汗工廠正改建成豪華的「loft living」[1]複合式建築群，或出租給藝術家、設計師與電腦遊戲創作者。但還留下一些古老的製衣工廠，克萊恩居住的大樓就屬於一個靠生產與銷售「倫敦霧」（London Fog）外套賺錢的男人。大約在這個時間，克萊恩拜訪了雅加達一家製衣廠，在那裡，有二千個婦女一天只賺大約二美元。她問了一個婦女，那天正在生產的服裝品牌是什麼，她才知道正是「倫敦霧」。

在一九九〇年代中期，幾乎不管走到哪裡，都可以聽到「全球化」這個字眼，而且幾乎都是以正面的角度在看全球化。有人說，網路讓貧窮國家的人可以提供服務並因此賺到錢，而在同時，一個越來越互相連結的世界經濟，會讓世界各地的人更容易取得貨品與服務。扁平化的全球經濟與勞動市場顯示，住在雅加達的人也會喜歡去麥當勞，或擁有一隻摩托羅拉手機，就像芝加哥人或倫敦客一樣。然而，急著為產品找到新市場的西方企業大力推廣的「地球村」觀念，很快地看起來就像是一場大剝

---

1 譯注：一種建築設計時尚，本是指由舊工廠或舊倉庫改造而成的空間，現在多來表現隔間少、挑高的開放式空間。

削的掩護。它沒有讓世界更平等，而是讓差異更根深蒂固與擴大。克萊恩曾經和在馬尼拉一家工廠中為IBM做光碟機的一名十七歲女孩談話。對於一個和她一樣年紀的女孩，竟然可以做這麼高科技的設備，她覺得非常了不起。但是這個女孩卻告訴她：「我們製造電腦，但是我們並不知道如何使用電腦。」

克萊恩承認，富裕國家的財富與舒適，長期以來一直是由「第三世界」所支撐，不過在傳統上，窮國往往是原材料、商品或半成品的出口國。但是在一九九〇年代，在印尼、越南與其他地方的工人，卻為了工資微薄的品牌產品被放在一起，從耐吉（Nike）的鞋子、芭比娃娃到蘋果（Apple）電腦，然後這些產品會被大幅加價再銷售出去。根據製造這些產品的原材料來看，這些高價根本不合理，而且也與這些勞工無關，而是因為龐大的行銷預算考量。

克萊恩理解，從事後來看，在一九八〇年代與一九九〇年代的「政治正確戰爭」中，讓社會中的每一個團體在媒體中適當被代表與認識，從社會正義的角度來看，就是一種轉移焦點的手法。畢竟，如果北美的女性得到平等待遇，並吸引了大家對身體形象議題的注意，但在同時，東南亞的女性卻在機器前揮汗如雨，一天工作十個小時在做印有「Girls Rule」字樣的T恤，並不是很大的進步。這個世界顯然重新回到資本主義的黑暗時代，而政治正確理想似乎只是一種自我陶醉。

公共領域逐步退讓

本書不只討論開發中國家的血汗工廠，也談及克萊恩感受到西方國家不知不覺正在企業化，私人利益正在接管公共領域。一個主要例子就是美國的大學和運動鞋與非酒精性飲料公司簽署了贊助協議。問題出在合約中說，大學不得允許「貶損」銳步（Reebok）或可口可樂（Coca-Cola）或其他簽約的公司。肯特州立大學（Kent State University）與可口可樂有贊助協議，但大學內部的一個特赦團體想邀請自由奈及利亞運動（Free Nigeria movement）的人權鬥士來演講，以便讓更多人知道可口可樂對該國獨裁狀況的支持。當校方知道這場演講會批評到這家公司，就拒絕提供這場活動資助。克萊恩認為，這樣的協議「重新設定了公立大學的某些基本價值，包括……公開辯論與在校園和平抗議的權利」。

她也提到大學實驗室與科系的企業贊助問題。如果實驗室的研究結果會削弱贊助企業的價值，大學就會受到壓力而不公開發表研究結果；而且大學通常會站在企業這一邊，而不是研究團隊。在其他的情況中，則是要符合企業贊助的研究講座的利益，而不是一般人會期待公立大學要做的獨立研究，例如塔可鐘（Taco Bell，按：連鎖快餐店）贊助了一家飯店管理學校，凱馬特（Kmart，按：美國現代零售業鼻祖）是一個行銷學系，雅虎（Yahoo）是IT研究中心，以此類推。

克萊恩說，當大學假裝他們是企業時，就是忘記了一個觀念，他們本來應該是致力於真理與客觀辯論的公共空間。但是如果有一半的大學都被一家公司贊助，企業為了讓錢花得有價值，就強迫行政單位禁止言論自由，那麼，致力於真理與客觀辯論這樣的事就不可能發生了。

沒有真正的選擇

一九九〇年代末期，這個世界被像微軟（Microsoft）這樣的廣告不斷轟炸：「今天你想去哪裡？」克萊恩說，這個問題應該是：「我要怎麼做，最能讓你進入我想要你去的地方，一個最能發揮綜效的迷宮？」金額龐大的合併、收購與企業「綜效」，就意味著更多的選擇、互動與自由都是一種錯覺。事實上，很多品牌與產品背後都是同一個業主，這些人可以這樣做，是因為從雷根政府期間開始削弱反托拉斯法。

企業巨人有大量的現金可以讓小公司搞得筋疲力竭、剝削供應商，並且參與「削價競爭」，以最低的成本得到產品。這導致了連鎖店的優勢，以及其背後更大的企業力量。沃爾瑪（Wal-Mart）與星巴克在進入一個新的州或地區的策略就是，開店開得鋪天蓋地以擠壓所有的競爭空間，雖然有些店的客源會不夠，但公司的整體營收會增加。這種「自相殘殺」（cannibalization）策略只有口袋非常深的企業才有辦法做到。新型的超級商店，例如耐吉城（Nike Town）與維京大賣場（Virgin Megastore），目的就是要淨化品牌，而不必在百貨公司中和其他品牌競爭。加拿大的服裝零售商 Roots 甚至舉辦了夏令營，以確保它的產品被視為一種「社會思潮」與「遺產」。迪士尼（Disney）的品牌城鎮慶典（Celebration）有很多像城市廣場的公共空間，只是少了塗鴉與游手好閒的人，然而對真實世界的公共空間，例如學校、圖書館與公園，資金規模卻越來越少。

總評

克萊恩認為，在全世界的很多地方，之前的殖民征服已經被稱為「全球化」的企業征服所取代。全球化不只是資金超越了國際的邊界，也必須意味著全球公民與全球權利的意義，以及要更強調民主、人權、勞工與環境政策的世界「市場」。換句話說，左派必須和右派一樣要會應用全球化。

二〇一二年，為蘋果、惠普（HP）、戴爾（Dell）、摩托羅拉、任天堂（Nintendo）、索尼（Sony）代工的富士康（Foxconn），在中國的工廠中有十二人自殺，而且這裡的工人時薪只有一到二美元，這樣的事件應該可以告訴我們，克萊恩寫的狀況並沒有改變多少。事實上，這本書的主題，例如企業的貪婪、人民力量的脆弱、政府被特殊利益俘虜，在十五年之後，其實和以前一樣重要。如果她談的「新自由主義共識」不符合你的政治觀點，也值得聆聽她有關私人利益接管公共領域的警告。當消費者也許很有樂趣，但是當公民是一種特殊權利，它承擔了一種保護與強化我們共同擁有的事物的責任。

娜歐蜜・克萊恩

娜歐蜜・克萊恩（Naomi Klein）於一九七〇年出生於蒙特婁，她的父母親在一九六七年為了逃避越戰徵兵才從美國搬到加拿大。她的父親是一名醫生，母親是一個專注在女性議題的電影製片人。在多倫多大學時，克萊恩擔任學生報的主編，並在畢業之前就到多倫多的《環球郵報》（*Globe and Mail*）工作。

克萊恩對美國外交政策總是直言批評，特別是對以色列的支持，並且宣導過反對基石XL（Keystone XL）輸油管工程的活動，這個油管會把加拿大亞伯達省的油砂輸送到美國。她也參與了占領（Occupy）抗議活動，與G-20高峰會的示威活動，目前是《國家》（*The Nation*）、《環球郵報》、《衛報》（*Guardian*）的撰稿人。

1863

蓋茲堡演說

The Gettysburg Address

「八十七年前，我們的先輩們在這塊大陸上建立了一個新國家，這個國家孕育於自由之中，並且奉行所有人生而平等的原則。」

「我們今天在這裡說的話，這個世界不太會注意到，也不會記得，但他們在這裡所做的事，將永遠不會被忘記。」

「我們在這裡要堅定決心，那些死者不會白白死去，在上帝的庇護下，這個國家將會在自由中重生，而民有、民治、民享的政府也不會在地球上消失。」

總結一句

一個建立在自由與平等並歷經挑戰與艱辛的國家，將永遠不會倒下。

同場加映

湯姆斯．潘恩《常識》（38章）

亞歷山大·漢彌爾頓＆約翰·傑伊＆詹姆斯·麥迪遜《聯邦黨人文集》（18章）

25

亞伯拉罕・林肯

Abraham Lincoln

一八六三年七月一日到三日，李將軍（Robert E. Lee）率領的邦聯軍（Confederate Army），以及米德將軍（George Meade）的波特馬克聯邦軍，在賓州的蓋茲堡對戰。雙方陣亡、受傷或失蹤的人數超過五萬人，李將軍於七月四日晚上撤退到維吉尼亞州。他的部隊失血三分之一，對邦聯方來說，這是一場慘敗。

一八六三年十一月十九日下午，政府官員與民眾為了陣亡士兵聚集在蓋茲堡的國家公墓。在政治家艾弗列特（Edward Everett）長達二小時的演講之後，林肯總統被請上台為這個場合簡短致詞。兩分鐘，十個句子，二百七十二個字（按：指英文原文），他就講完了。活動結束後不久，艾弗列特寫信告訴總統：「如果我可以自我誇耀，我能在二小時中講得更接近這個場合的中心思想，就像你在二分鐘做到的一樣，我應該會很高興。」

為什麼一場在當時很少聽眾鼓掌的演說，現在被認為是美國歷史中、甚至是世界政治史中，一場最偉大的演說？答案有一部分要看聽眾因演講所經歷的旅程，能夠體會到美國一開始的建國，以及美國最後面臨的交叉路口。美國內戰[1]會讓國家走上兩條路的其中一條。人們在戰場上犧牲生命就是為了決定，這個國家會團結在一起，或是脫離成不同部分。當總統同時為陣亡者哀悼，又為生者指出一條前進的道路時，聽眾也完整參與了整個戲劇性的事件。

林肯在致詞時身體狀況不太好，據說他的臉色哀戚、悲傷，幾乎面容憔悴，沒有血色。他當時提到感覺很虛弱與頭暈，之後就生了一場很久的病，後來證實是得了輕微的天花。他能在大眾面前演說，真是一件了不起的事。有些歷史學家認為，這場演講的演講稿是在前往賓州的火車上擬稿的，但是有一個關於這份文件的分析認為，這不可能是在火車的桌上寫出來的。更可能的情況是，在白宮的時候就寫了一半，剩下的部分則是和國務卿史都華（William H. Seward）討論後完成的，他當時也陪林肯到蓋茲堡。

林肯說了什麼，為什麼要這樣說

由於演講詞非常簡短，可以在這裡從意義上與使用打動聽眾的修辭技巧上，完整檢視這份文件。

1 譯注：又稱南北戰爭，是美國歷史上最大規模的內戰，發生於一八六一到一八六五年之間。參戰雙方為北方的美利堅合眾國（United States of America，簡稱聯邦）和南方的美利堅聯盟國（Confederate States of America，簡稱邦聯）。這場戰爭的目的是維持美國聯邦政府的統一，以對抗南方州為了維護奴隸制度的分離運動。

「八十七年前，我們的先輩們在這塊大陸上建立了一個新國家，這個國家孕育於自由之中，並且奉行所有人生而平等的原則。」

我們被帶到八十七年前，當時包括華盛頓、傑佛遜與富蘭克林等偉人，勇敢宣布自由地脫離英國統治，一個新的共和國從此誕生。有些人認為，這句開場白很激進，因為它主張，獨立宣言是開國先賢們對這個新國家的真正表達，而不是十三年後才立的憲法。憲法並未禁止奴隸制度，而獨立宣言則主張，美國「奉行所有人生而平等的原則」。藉著選擇獨立宣言作為基準，林肯把這場戰役重新定義為一場為了爭取人類平等原則以及拯救聯邦（Union）的戰鬥。

「現在我們正在進行一場偉大的內戰，這測試著這個國家，或任何一個如此孕育與奉行如此理念的國家，是否可以長存。我們在那場偉大戰役的戰場上聚首。我們獻上戰場上的一塊地，作為這些為了國家可能生存下去而獻出生命的人最後的安息之地。這是我們應該做的事，完全適合，也完全適當。」

美國內戰的威脅是會將國家撕裂開來，因此也檢驗著建立它所根據的更全球性的原則。林肯在這裡用了生與死的有力對比，他說「獻出生命的人」，因此「國家可能生存下去」。我們今天把民主視為理所當然，但在那個時候，再怎麼強調共和主義的原則有多麼重要都不夠。

「但是，從更大的意義上來看，對於這塊土地，我們無從貢獻、無從奉獻，也無法把它神聖化。」

這一段話應用了三個原則，這是一個強有力的公開演說技巧，就是以三種略微不一樣的方式重複某一件事，讓這件事更強烈，也更難忘。林肯繼續對陣亡士兵表達嚴肅的敬意，因為他知道，蓋茲堡是最血腥也最具決定性的戰役之一：

「不管是還活著或已經死去的人，那些在這裡戰鬥過的勇士們，已經讓這塊土地變得神聖了，而且遠遠超過我們棉薄之力所能增減的程度。我們今天在這裡說的話，這個世界不太會注意到，也不會記得，但他們在這裡所做的事，將永遠不會被忘記。」

令人料想不到的是，林肯認為，這場演講不會被記得，並在這裡用了雙重對比（記得與忘記，說與做），以表明行動比語言更有力，而那些贏得戰鬥的人，就是行動會被記得的人。

「更精確地說，我們今天活著的人，在這裡要致力於他們的未竟功業，這是在這裡打過仗的人目前為止達成的非常高貴的進展。我們寧願在這裡對於仍然在我們眼前的偉大任務做出貢獻，在這些光榮戰死的人面前，我們要更投入於這個理想，因為他們已經給出了最後所有的奉獻。我們在這裡要堅定決心，那些死者不會白白死去，在上帝的庇護下，這個國家將會在自由中重生，而民有、民治、民享的政府也不會在地球上消失。」

「致力」、「奉獻」、「堅定決心」與「自由」，這樣的字眼是呼籲採取行動。之前林肯提到，眼前的這塊土地，他們無從貢獻，現在他告訴聽眾，他們應該對「眼前的偉大任務」有所貢獻，讓這個國家團結在一起，並且讓它繁榮興盛。

在演說的最後，他用了在公開演講中最令人難忘的三重技巧：「民有、民治、民享的政府」。這個強有力的結語呼應了林肯在一八六一年七月於國會中的談話，他說，美國是「一個民主政體，是一個屬於人民、由相同的人民治理的政府」。為了要讓國家團結，這篇演講的文字非常具有包容性，全部都與「我們」有關，這個詞重複了很多次。「這裡」指的是蓋茲堡，也用了八次。這些重複用字也許不會被刻意注意到，但卻對聽眾造成很大的效果，這傳達了一種神聖土地的意義，並喚起了一種志同道合的強烈歸屬感。

公眾的反應

媒體對這場演說的回應因政治路線而不同。共和黨記者讚譽有加，誇這場演講是一場發自肺腑但緊湊的演說。民主黨記者普遍稱它愚蠢、平淡、乏味。在艾弗列特的演講之後，林肯的演講對聽眾來說似乎非常簡短，一陣沉默之後的掌聲，可能是渴望聽到比這個簡短演說更多的內容。

拉斯凡（William R. Rathvon）在過世前一年，也就是一九三八年，製作了一份回憶音頻，他說他曾經身在蓋茲堡演說的現場。因為他從學校翹課，所以才能聽到總統的演講。拉斯凡說，林肯騎在一匹馬上，更突顯了他非比尋常的高度。他的周圍圍繞著顯要人士、軍官、外國代表、公民與軍事團體，以及一群情緒激昂的愛國群眾。拉斯凡和朋友努力穿過重重人群，到達距離林肯十五英尺（按：大約四．五公尺）的地方，他記得林肯是以「一種嚴肅幾乎是悲傷的態度」發表這場演說。雖然拉斯凡事後不記得任何確實的字眼，但他覺得他的愛國心被激起了，因此會和任何毀謗「老亞伯」（Old Abe，按：林肯的暱稱）的人打架。

作為一份歷史文件

評論家已經指出，林肯的演說與克里伯利（Pericles，按：古希臘雅典時期的領導人）在伯羅奔尼撒戰爭期間所發表的葬禮演說的相似之處，克里伯利指出了民主的優點。就像林肯，克里伯利一開始先肯定他所尊敬的先輩們。他說：「我將從我們的祖先談起，在今天這樣的場合，他們應該有被第一個提到的榮譽。」兩個人都強調，他們堅持一個為所有人民而存在的公正的民主制度。克里伯利說：

「如果我們注意法律，它們會對所有人提供公平的正義，即使他們有個人的差異。」兩場演講都尊崇死者的犧牲，並懇求生者繼續戰鬥，克里伯利說：「你們，從他們的犧牲中倖存下來的人，在戰場上一定要有堅定不移的決心，雖然你們也許可以祈禱，可以祈禱更好的問題。」蓋茲堡演說同樣包含了警告的字眼，以及政治自由的形式永遠得到祝福的保證。

蓋茲堡演說最終版本的內容曾經引起辯論。有五份已知的演說副本，每一份都用收到這個副本的人的姓氏來稱呼。有兩份副本是給林肯的祕書，尼古拉（John Nicolay）與海伊（John Hay）。這是演講前的準備稿，其中一份可能就是林肯讀的版本，而另一份仍是草稿的版本。但這兩份都沒有用到「在上帝的庇護下」，這個詞是現場見證的人所報告的。這些字可能是林肯在演說時添加的。林肯給海軍部長班克羅夫特（George Bancroft）的簽名版本，就是刻在華盛頓特區林肯紀念館南牆的版本。

總評

一八六五年四月，林肯被邦聯間諜布斯（John Wilkes Booth）暗殺身亡。內戰是聯邦的勝利，因此總統簽署了《解放宣言》，下令要十個反叛州釋放奴隸。當時麻州參議員薩姆納（Charles Sumner）寫道：「從蓋茲堡戰場上發表的那場演說……因為作者的殉難而變得神聖了，這將是一個不朽的行為。由於他本性謙虛，他說：『我們今天在這裡說的話，這個世界不太會注意到，也不會記得，但他們在這裡所做的事，將永遠不會被忘記。』但是他錯了。這個世界立刻注意到他所說的話，並且永遠不會忘記。」

金恩在一九六三年於華盛頓遊行活動上，站在林肯紀念館的台階上發表「我有一個夢」的演說時，一開始就提到《蓋茲堡演說》。金恩把祖先的平等諾言，比喻為對美國黑人的「本票」（promissory note，按：一種無條件的支付承諾）。他指出，這個希望是來自《解放宣言》與《蓋茲堡演說》，但對美國黑人來說，一直沒有實現，因此現在因為「資金不足」而被退回。由於這個國家建國原則的提醒，民權運動向前推進了一步，以確保對所有公民保證的自由與平等，已經實現了。

亞伯拉罕・林肯

亞伯拉罕・林肯（Abraham Lincoln）於一八〇九年出生於肯塔基州霍德維爾（Hodgenville）的一個小木屋。有一段時期，他們家必須偷偷住在公共土地上的一間簡陋屋子裡，靠打獵與耕作維生，直到有能力買自己的土地。他的母親很早就過世了，他的繼母鼓勵他閱讀，於是他大部分都靠自學。他做各式各樣的零工，然後擁有了一家店，他在這家店學到重要的社交技巧，並成為一個出色的說故事的人。在一八三二年的黑鷹戰爭（Black Hawk War，按：美國政府與原住民的戰爭）期間，他結交了重要的政治人脈，並進入伊利諾州的立法機關，成為輝格黨（Whig party）[2]成員。他也自學法律，並在一八三七年成為律師，於伊利諾州的春田市（Springfield）開始執業。與陶德（Mary Todd）結婚之後，林肯在眾議院擔任了一屆的議員，並發言反對美墨戰爭。他的法律事業非常成功，代表了很多機構，包括伊利諾州中央鐵路公司（Illinois Central Railroad）。

林肯協助成立了共和黨，而他的「分裂之家」（House divided）演說讓他的黨在面對奴隸制度議題時，不至於分裂。他睿智的領導能力讓他當選了美國第十六屆的總統，只是在南方州得到的選票很少，而且南方州很快就脫離，並讓美國陷入內戰。林肯簽署了《解放宣言》，並發表了《蓋茲堡演說》，之後衝突在一八六四年結束，當年他也再次連任總統。

2　譯注：一八三三年到一八五六年之間活躍的美國政黨，主張國會的立法權高於總統的行政權，贊成現代化與經濟發展綱領。該黨自選「輝格」為名，是為了附和反對英國王室君主專權的輝格黨，而反對總統專權獨斷。

1689

政府論兩篇

Two Treatises of Government

「人……所有人生而自由、平等與獨立，沒有人可以在未經自己的同意之下，被剝奪這種狀態，並屈服於別人的政治權力。」

「每一個人生來就有兩種權利：第一，個人的自由權利，其他人對他都沒有權利，只有他自己能自由處置。第二，他和他的兄弟比其他人優先繼承他父親財產的權利。」

「馬基維利的《君王論》是為擁有權力的人如何保住權力而寫的；《判道：改變國家的基進力量》是為沒有權力的人如何取得權力而寫的。」

總結一句

人們擁有對自己的生命、勞力與財產的自由權利，不應該容許任何統治者剝奪。

同場加映

艾德蒙・伯克《法國大革命的省思》(11章)
亞歷山大・漢彌爾頓＆約翰・傑伊＆詹姆斯・麥迪遜《聯邦黨人文集》(18章)
托馬斯・霍布斯《利維坦》(20章)
孟子《孟子》(30章)

26

約翰・洛克

John Locke

好幾個世紀以來，被稱為「古典自由主義之父」的洛克，啟發了無數喜歡政治是基於理性而不是傳統的人。洛克強調人民的權利凌駕於君王的權利，為霍布斯的絕對主義與父權思想提供了完美的解藥，他認為政府應該經由民意同意的哲學，雖然在今天看起來理所當然（甚至不自由的政權也會在口頭上主張），但在十七世紀，提出這種觀念是非常危險的事。

在寫《政府論兩篇》時，洛克是個「排外主義者」，他主張詹姆斯二世不能成為國王，因為他獨裁統治，而且想把英格蘭重新變成天主教國家。當詹姆斯二世真的登上王位時，洛克覺得生命受到威脅，因此自己逃亡到荷蘭。直到英格蘭的政治人物與荷蘭的奧蘭治親王威廉（後來成為英格蘭的國王威廉三世）聯手推翻了詹姆斯二世之後，洛克才平安回到英格蘭。在這場發生於一六八八年的「光榮革命」後，國會的至高無上地位成為現實，也結束了專制、獨裁的王室統治時代。

長久以來，《政府論兩篇》被認為是這場革命的理由，但學者現在認為，這本書的大部分內容是在一六七九年與一六八一年寫的。所以，即使他對政治變革的希望實現了，但他並不是「革命的哲學家」。的確，本書不像霍布斯的《利維坦》（見20章的評論），《利維坦》出版時在英格蘭就是一本名著，在克倫威爾（Cromwell）發動的內戰之後，也見證到君主制度的復辟，但洛克的書於他在世期間大致上是受到忽略的。十八世紀末期，這本書才在法國啟蒙時期的思想家之間變得非常重要，例如伏爾泰與盧梭，以及美國的開國元勛傑佛遜與麥迪遜。洛克的政治哲學被指責為影響了隨後的法國與美國革命，以及西方社會的世俗化（洛克支持宗教寬容與政教分離），而他「每個人對自己的人身擁有所有權，這個權利只屬於自己，不得為其他人擁有」的想法，也影響了反奴隸運動。

對洛克來說，同意是任何政體的基礎，他也反對任何忘記要人民公開或默認同意其統治的政府形式。由於他把那個時候的君王稱為實際上的獨裁者，因此洛克以匿名的方式出版這兩篇文章也就不令人意外了，而且他也沒有特別指名是哪些君王。

只有君王是人

洛克的第一篇文章，篇幅是兩篇中比較短的，文中有系統地攻擊費馬爵士（Sir Robert Filmer）的《父權制》（*Patriarcha*），那是一本為專制君王統治辯護的書。

費馬主張，沒有一個孩子出生的時候是自由的，都是完全屬於他的父母親的，同樣的道理，成人也一定要服從他們的「父親」，也就是君王。他也聲稱，上帝給亞當在地球的貴族身分，而這種統治權也延伸到國王。因此，君王有統治的神聖權利（按：這就是「君權神授」說）。國王的地位必須高於法律。

洛克反駁說，把一個家庭裡的父親比喻成一個國家的父親（君王），是行不通的。其中的差異在於，成年人可以為自己思考與行動，不必依賴別人。如果把費馬的概念在邏輯上推到結論，除了國王之外，每一個人（包括王子與貴族）都會是奴隸。

至於君權神授說，洛克認為顯然是荒謬的。這種說法並沒有聖經的基礎，即使這是真的，任何活著的國王的祖先也無法追溯到聖經中的亞當。他不贊成國王擁有所有的權力，而人民沒有任何權力，因此洛克提出一個觀念，人民生來就擁有各種自然權利，其中也包括自由的權利。這是讓孩子在父親面前主張獨立的時候了。

所有人在自然狀態下都是自由的

在第二篇中，洛克想像出一個假設的自然狀態，所有的人都是平等的。這並不是一個毫無節制的無政府狀態，而是在一套法律下，可以自由選擇生活，而不是根據另一個人獨斷獨行的意志而生活。

洛克的自然狀態與霍布斯想像中殘酷而無法無天的自然狀態截然不同。對洛克來說，即使是在人類的早期，人類的行為也受到（上天賦予的）自然法則的影響，每一個人至少在原則上都理解包括保護生命的法則：不傷害他人、不傷害自己的生命，以及尊重屬於別人的東西。他說：「雖然這是一種自由狀態，但不是一種許可的狀態。」他也說，在「自然權利」存在的狀況下，所有人都有權利懲罰違反的人。

在後來的階段，人們不是直接行使正義，由於一定會牽涉到偏見，因此把這個權利交給一個人，讓他負責權衡犯罪與正義的事。所以，一個獨立的司法系統就發展出來解決任何糾紛與衝突。放棄某個個人權利以交換別人提供的服務（司法），人類就進入了「契約」的時代。同意是公民社會的基礎，而且人們可以自由進入，以保護他們的生命與財產安全。

人民凌駕於君王

洛克假設，一個人一出生就擁有「自然權利」，脫離了中世紀時人一出生就決定了一生身分地位的觀念，他寫道：「政治社團全部都是從自願性的聯盟以及人們的共同協議開始。」一段時間過去後，出現了君主制，但他們忘了他們被提高地位靠的是大眾的同意。國王不是上帝的代表，而是人民的代表，因此「沒有意志，沒有權力，只有法律的權力」。如果國王違背了表現於法律上的社會意願，那麼他就不再擁有人民的支持了。洛克指出，如果這樣的情況發生了，那麼「人民……**抵抗**國王，是合法的」。這也是洛克的名言。

當國王的行動純粹是為了自己的利益，而不是為了人民的利益，抵抗或廢除國王是合理的。當他作為人民的代表而治理良好時，他就擁有權威與合法性。當他背離這一切時，他就只是一個獨裁者。

洛克時代的議會權力會受到國王的阻撓，因為他有權召開或不召開議會，一六八一年到一六八五年就發生過不召開會議的情形。君王也可以引進新的法律，以及收買或威嚇人民。洛克說，在這樣的情況下，就會進入「戰爭狀態」，因為國王的地位根據的是「沒有權威的武力」。是他，而不是人民，違反了事物的適當本質。

在洛克所強調的自然法中，財產權優先於特定政治組織形式，這意味著，議會或國王都不應該拿走一個人理所當然的財物；也就是說，這是根據先例或法律所建立的。一樣的道理，國王沒有提高稅收的權利，除非大多數的人民透過他們的議會代表同意這件事。而且，稅收的目的一定只能是為了大眾的利益。在提出這些重點時，洛克想的是查理二世與詹姆斯二世的行為。

勞動力、財產與經濟

洛克從來不曾主張財產所有權應該成為政治權力的基礎，而是所有人在自然狀態下，甚至在主張財產權之前，都是平等的。

在他的勞動價值理論中，人們擁有自己的身體，因此也擁有自己的勞動力。不管他們用自己的勞動力從自然中萃取了什麼，也都是他們的。把他們的勞動力和某一個資源結合，他們就把那個東西變成他們的財產。基於這個世界自然資源的豐富程度，洛克指出，一定有足夠的自然資源留給別人去開發、耕作與萃取。人類享有基本的生存權利，或自由生活在大自然的豐盛恩惠中。然而當公民社會形成之後，這種每一個人擁有自己一塊地的自給自足社會，被一種基於交換、貨幣與貿易的經濟所取代。例如，擁有土地的人可以用會腐爛的小麥收成，去交換一些不會腐爛的銀。但是在更進步的經濟中，一個人擁有自己的身體與勞動力的道德基礎並沒有消失，更精確地說，每一個人都能在越來越複雜的經濟中獲益。

洛克主張，在一個貨幣交換經濟中，憲政形式的政府最適合保護人權與財產權，因為商業力量存在於眾多參與其中的人，而不是在某些王室的壟斷中。相較之下，國王的權力會更獨斷獨行，而且很容易奪走人民的財產，或踐踏自然的人權。

洛克也說得很清楚，自由經濟與財產權的運作應有道德責任。他在第一篇中說，一個人在需要的時候，應該能夠向有剩餘的人請求協助：「有剩餘的人必須……把多餘的給有急迫需求的人，並優先給如果沒有就活不下去的人。」開發土地與獲得財產的自然權利，必須與重新分配的自然法則互相平衡，重新分配是指「讓每一個人從另一個人的充足中得到某些所有權，讓他可以免於極端的貧窮，因為除了這樣，他沒有別的辦法可以維持生活」。當然，長期下來，自由會導致不平等，因為人的能力不同，但這更是慷慨的理由。

總評

在《政府論兩篇》中，我們可以看到我們今天視為理所當然的幾個觀念的根源，包括：

- 「人權」被假定是在出生時就自然平等地存在了，這就是洛克描述自然狀態的情形。
- 普選是基於政治權利，沒有財產的需要（洛克影響了爭取婦女與其他沒有投票權的人應有投票權的運動）。
- 福利國家來自洛克的理念，他認為有真實需要的人有權利對有剩餘的人請求協助。
- 奴隸制度是錯誤的，因為「每個人對自己的人身擁有所有權，這一個權利只屬於自己，不得為其他人擁有」。

不同意這些意見，對洛克批評的人則指出以下幾點：

●他的政治哲學是基於有自然人權的假設，但如果你不同意這一點，那麼他的觀念似乎就過於樂觀了，而霍布斯對人的看法可能顯得比較真實。

●他沒有完全考慮到個人財產所有權導致嚴重的不公平，他對財產的強調只是反映了他本身就是英格蘭比較富裕的一群人而已。

●在組織新的英－美卡羅萊納殖民地時，他扮演很重要的角色，當地的憲法（由他協助起草）卻建立一個基於奴隸貿易的封建貴族統治制度。

這些點也許有其價值，但是《政府論兩篇》的另一個層面讓洛克似乎領先他的時代。他認為，征服外國是一個瘋狂的觀念，只是一種「力量凌駕權利」的情形。征服並不意味著擁有，而且也沒有道德基礎，即使當時很少人質疑這是國王的正常行為；事實上他承認，他的看法「似乎是一種奇怪的學理，和這個世界的做法非常矛盾」。如果他被傳送到我們的時代，洛克可能會很驚訝地發現，還是有很多獨裁者，他們的政權是建立在原始的武力上。但是他也會很高興看到，他們只是少數，而且他的人民同意的政治哲學已經是常態了。

約翰・洛克

約翰・洛克（John Locke）於一六三二年出生於英格蘭的薩默塞特（Somerset），他並不是貴族（他的父親是一名律師與低階官員），但他進入了極具名望的倫敦西敏公學（Westminster School）。他得到牛津基督教會（諷刺的是，這是對王室最忠誠的大學學院）的獎學金，之後取得兩個學位，並留下來教授神學與政治，後來開始自己研究醫學與科學事物。一六六七年，他到艾許利勛爵（Lord Ashley，後來的沙夫茨伯里伯爵）家裡工作，與知名的醫生西德納姆（Thomas Sydenham）與自然哲學家波以耳（Robert Boyle）一起合作。次年，他監督了挽救沙夫茨伯里生命的肝臟手術。

當沙夫茨伯里成為御前大臣（Lord Chancellor）[1]時，洛克擔任他的顧問，之後並協助組織新的殖民地卡羅來納州。光榮革命之後，他被任命為貿易委員會（Board of Trade）的受薪成員，這個單位負責擬訂政府的經濟政策。他提議修改《濟貧法》（Poor Laws），讓每個人都有獲得充足食物與衣服的權利。

洛克終生未婚，晚年在艾塞克斯（Essex）和他的老朋友馬沙姆夫人（Lady Damaris Masham）與其丈夫住在一起。一七〇四年過世。

雖然《政府論兩篇》與《論寬容》（*Letters Concerning Toleration*，一六八九－一六九二）表達了洛克的政治思想，但是他開創性的經驗主義哲學也一樣重要，這在《人類理解論》(*An Essay Concerning Human Understanding*，見《一次讀懂哲學經典》）裡有最好的呈現。

1 譯注：又譯大法官，地位僅次於王室成員和坎特伯里大主教。事實上，在中世紀，御前大臣在英格蘭政治的地位類似現代的首相，而並非司法性質的法官。

1531

論李維

Discourses on Livy

「因此，任何想要建立一個全新共和體制的人，就必須考慮到他是否渴望像羅馬一樣增加領土與統治範圍，或者繼續維持在很小的有限範圍之內。」

「那些政府掌握在人民手裡的城市，在很短的時間內就取得很驚人的進步，遠遠超越一直由王儲統治的城市，我們可以把這歸因為人民統治比王儲統治更好，此外沒有其他原因了。」

「所有享有完全自由的國家與省份，進步速度最快。」

總結一句

讓公民擁有一定程度自由的國家，往往讓更受控制與同質性的國家相形失色。

同場加映

戴倫・艾塞默魯＆詹姆斯・A・羅賓森《國家為什麼會失敗》（2章）
亞里斯多德《政治學》（7章）
亞歷山大・漢彌爾頓＆約翰・傑伊＆詹姆斯・麥迪遜《聯邦黨人文集》（18章）
約翰・洛克《政府論兩篇》（26章）

27

尼可洛・馬基維利

Niccolò Machiavelli

馬基維利在《論李維》中一開始就指出，人們走了相當長的時間才從古羅馬或希臘得到一個破碎的雕像，但卻不太尊重形塑這些偉大文明背後，有關的立法者、公民與國王的努力、觀念與原則。羅馬有好幾個世紀都順利維持了階級利益的平衡，遏止了獨裁統治，並在相對的和平中為人民帶來繁榮。

文藝復興時期的人文主義者馬基維利，從閱讀古典時期的歷史中得到很多啟發，例如李維（Titus Livius，按：古羅馬史學家）描寫羅馬共和國如何崛起與統治的《羅馬史》（*Ab Urbe Condita*）。李維描述這個共和國在鼎盛時期的秩序與其目標的意義，與十六世紀的義大利城邦國家呈現出鮮明的對比。

馬基維利並不是一個只會空想的理論家，他對佛羅倫斯共和國有很深遠的影響。然而在一五一二年，當梅迪奇家族在流亡十八年後回來重新掌權時，他身為高階官員的生涯也結束了。他被逮捕、虐待，然後被釋放。在他位於佩卡西納（Percussina）聖安德烈的農場中，他構思出寫一本書的想法，目的是迎合梅迪奇家族，並允許他重回政治圈。雖然馬基維利為統治者所寫的知名權力手冊《君王論》（見《一次讀懂哲學經典》評論），主張統治者為了保護國家必須拋開一般的道德，是寫來獻給羅倫佐・德・梅迪奇（Lorenzo de Medici）[1]的，但是《君王論》並沒有讓他成功回到權力核心。可能就是因為這樣，他才定下心來寫篇幅長很多的《論李維》。

《論李維》代表了馬基維利對一個國家偏好的政治模式，是允許內部有很大的自由與政治同意的空間，但仍然可以維持很強大的外交政策。因此，這本書是對他一直相信的共和制度（republicanism）[2]的辯護，據說他這本書不是獻給某個王儲，而是他的兩個朋友。因為書中對義大利城邦國家的治理提出評論，所以他並沒有期望這本書能在他的有生之年出版。

在政治哲學史上，《論李維》是一本很重要的著作，因為書中對烏托邦計畫，例如柏拉圖的《理想國》，提出了矯正方案。馬基維利認為，只有允許衝突的社會，事實上把允許衝突成為制度的一部分，才能夠長治久安。相反地，任何試圖強迫人民接受一種理想秩序的制度，因為無法包容多元觀點或不同意見，就會非常脆弱、動盪不安。雖然柏拉圖試圖阻止改變，但馬基維利知道，制度與大眾意見會不斷改變，因此最明智的做法是包容改變。在書中，他為大型、多元的民主提出了一種模式，這

1 譯注：文藝復興時期佛羅倫斯的實際統治者，被同時代的佛羅倫斯人稱為「偉大的羅倫佐」，他也是學者、藝術家和詩人的贊助者。

2 譯注：指一種國家或政治體制，不同歷史時期與國家在實務上有不同涵義，但基本上是指政治權力不屬於君王一人，國家是由公民共同治理，而且通常依法選出最高的行政首長。

是現代時期最成功的政治組織形式。

羅馬做對的事

馬基維利觀察到，不管一個國家選擇哪一種政府形式，只要時間夠久，一定會腐化。君主制一定會變成獨裁統治，貴族政治變成寡頭政治，民主變成無政府狀態。羅馬在治理上的重大成就在於它的穩定性，因為它融合了君主制、貴族統治與民主政治的**元素**，但不讓任何一種元素占優勢地位。羅馬共和國以兩個執政官（consuls，相當於今天的總統或總理）以及由貴族組成的元老院（senate），取代君王統治，在這樣做的時候，就讓君主制與貴族統治的元素融合到國家，並取得很好的效果。然而，反過來，這些人也受到護民官（tribunes）的平衡，這些人的工作就是代表一般大眾的考量與需求。創造這個角色是為了「站在人民與元老院之間，並抵擋貴族的傲慢」。

由於這樣的強化，羅馬（不像雅典）就接近一個完美的國家，所有的社會成員都得到承認，而且至少都有取得權力的管道。馬基維利說：「所有支持自由的法律，就是源自人民與貴族之間的緊張關係。」

控告與彈劾的權利

「沒有比在人民面前，或在某些執政官或護民官面前，控告違反國家自由權利的人更有用或更需要的權力了。」

馬基維利主張，誣衊或誹謗一直是很多國家垮台的原因。一部分的人對某些公眾人物心懷不滿，並想透過偷偷摸摸的手段搞垮這些人。這樣做反而引來在一個城市或國家縈繞不去的反效果，讓政府完全無法約束控制。由於他們沒有正式或公開表達，敵意與仇恨會越來越強烈，導致整個社會都受到不良影響。這大致上就是馬基維利在佛羅倫斯觀察到的事，當時佛羅倫斯已經分裂成歷史古老的貴族，以及想要改革的人。引爆點就是佛羅倫斯指揮官奎恰迪尼（Giovanni Guicciardini）未能成功打敗盧卡（Lucca）城。於是謠言開始流傳，說他被盧卡人收買，所以才會打敗仗，但是沒有任何法庭來檢驗這個指控的真偽，佛羅倫斯人於是對他充滿不信任感與敵意。

在羅馬，可以向法庭或法官庭提出控告的能力，就意味著，這件事可以根據證據來評估，結果不是證明指控毫無根據，就是讓真相水落石出。如果證實真的是做錯事，高階官員也會被彈劾，因此，當權的人也害怕自己被指控哪一件事做得不對，就更可能妥善與清廉地執行職務。馬基維利提到科利奧蘭納斯（Coriolanus）[3]的故事，有人說他想讓羅馬人在饑荒中餓死，以削減他們的力量。大眾非常生氣，也準備好要殺死他。在這起事件中，護民官對科利奧蘭納斯提出正式的指控，之後他就被驅逐出境了。但對羅馬城邦來說，這個做法更健康。因為在羅馬，一般大眾與元老院總是爭吵不休，由於彈劾的功能，人民對某些特定貴族的不滿就能完全表達出來。馬基維利指出，在任何時候，任何一方都不會號召國外的力量來爭逐控制權，「因為在國內就有補救辦法，不需要向國外尋求協助。」

如何成為強大的國家

馬基維利說，想要擴大力量的國家最好也要模仿羅馬。至於只想維持本身國力的國家，則應該仿效威尼斯或斯巴達城邦。

治理斯巴達的一群人（只有國王與貴族）比羅馬少很多，而且人口也少很多。斯巴達城邦的創立者利庫格斯（Lycurgus）認為，斯巴達的人口不應該被外國人「稀釋」，因此不得與非斯巴達人通婚，而且公民身分也嚴格受到限制。這樣做有助於它在邊界之內維持安寧，但也意味著不會成長。威尼斯人分成紳士與平民兩種階級，這兩種人都有某些後來搬到威尼斯的移民所沒有的權利，由於後來的移民人數很少，也無法衝撞已經建立的秩序。斯巴達與威尼斯的確有某些時期是由君王統治，但是這些時期並未延續下去，馬基維利認為，因為它們的政府形式太依賴上層階級的權力，因此大眾比較沒有動機像羅馬一樣去擴大與保護這個國家。

事實上，馬基維利認為，如果把讓威尼斯與斯巴達維持團結與和平的特色也應用在羅馬，羅馬就不會那麼強盛。因為在羅馬發展出來的一種事務構成狀態中，失序現象是**正常**的。它讓較低階級的人可以武裝，並透過護民官給他們一定的政治權力。羅馬也不打算限制人口，這讓它在戰爭時有很大的優勢，但也同時表示，與貴族相比，平民階級的人口眾多，因此也比較不容易控制。馬基維利說，任何一個新國家都要面對一個抉擇，是要擁有更多的人口，讓它可以擴大控制範圍，但是以某種程度的無法管理為代價，或是要減輕內部的失序，但同時在軍事領域也很弱勢。斯巴達能夠統治所有的希臘領土，但無法持久，而威尼斯也無法持續控制義大利。馬基維利觀察到，基於生命會模仿自然的情況下，「弱小的莖要支撐粗大的樹枝，是不正常也不可能的事，因此一個小型的共和國也無法控制比它更強盛的城市或國家。」

更好的統治者：君王或人民？

貴族之間通常認為人民不足以信任，但馬基維利不接受這種看法。事實上，人民並不會比王儲或

3 譯注：羅馬貴族馬修斯（Marcius）在重要戰事立下大功，獲封「科利奧蘭納斯」大將軍，並當選為執政官。但國內奸狡議員嫉妒他的英勇正直，為了奪權而煽動無知群眾反對他，還以「莫須有」罪名將他驅逐。

個別統治者更善變，或更容易做出不良決策。有些人可能是性格不佳的法官，但是有些人能夠看透尋求公職的人的居心，因此可以取得平衡。另外，羅馬人民的愛國情操與忠誠，與任何貴族一樣不相上下。四百年來，他們「對富豪的仇恨從未鬆懈下來，也不斷為了國家的光榮與戰爭而獻身」。

的確，立法制訂者與制度建立者往往是國王與貴族，但馬基維利建議，他會更信任人民對法律的尊重以及維持制度的表現。雖然這些制度不一定會對某一個特定個人有利，但每一個人都知道，這些制度的存在是為了更崇高的所有人的利益。對照之下，統治者把法律與制度視為一種遊戲，可以隨意改變以符合他的利益。一國的人民如果陷入無政府狀態，一定可以走回秩序與理性，但是統治者很容易制訂對自己有利的法律，而且只有他的死才能阻止他的這種行為。即使一個運作不良的共和體制，也比一個運作良好的王國，更能提供機會與正義。

馬基維利不同意李維認為羅馬是因為財富而強盛，相反地，是由於其政策與政府的明智。是的，羅馬軍隊的勇氣讓它征服很多土地，但卻是這個國家獨特的制度，以及行政體系與管理人民的才能，才讓最優秀與最聰明的人可以脫穎而出，並讓羅馬可以維持它所取得的成就。

總評

馬基維利的權力理論指出，只有用人唯才、允許移民，而且想要成長為大國，這樣的國家才能產生長久的影響力。此外再加上一個開放的政府、一個值得信任的司法系統，以及防止一個人或一個政黨占盡優勢的一系列制衡制度，你就有了一個長久成功的祕訣。

羅馬結合了共和的方式與龐大的人口，讓它得以控制地中海，並且超出了預期的時間。美國也是另一個大而失序的共和國，也能夠以同樣的理由占有優勢地位。相反地，日本實際上沒有移民，都是純粹的日本人種，就比較像斯巴達。日本人曾一度統治這個世界的一部分，但他們太依賴同質性，這讓日本無法成為像羅馬或美國那樣的強國。

尼可洛・馬基維利

尼可洛・馬基維利（Niccolò Machiavelli）於一四六九年出生於佛羅倫斯，同年，羅倫佐成為佛羅倫斯的統治者。他的父親是律師，馬基維利接受了拉丁文、修辭學與語法的教育。他經歷了薩洛納羅拉（Savonarola）政權與其基督教共和國時期，並在接下來幾年，於新政府的官職中步步爬升。一四九八年，他被任命為共和國第二國務廳的長官，並兼任共和國自由和平十人委員會成員。兩年後，他執行他的第一次外交任務，會見法國的路易十二，並在一五〇一年與柯西尼（Marietta Corsini）結婚，育有六名子女。一五〇二至一五〇三年，他曾在博吉亞（Cesare Borgia）的宮廷度過四個月，博吉亞是一個恐怖的統治者，很多人認為他是馬基維利寫《君王論》時的樣本人物。他也曾參與教宗儒略二世與國王馬克西米安（Maximilian）的交涉任務。隨著佛羅倫斯共和國在一五一二年垮台，馬基維利也被免職，並且被控從事陰謀事件，而被監禁、虐待，後來被釋放。

其他著作包括有關佛羅倫斯社會的諷刺劇本《曼德拉克》（*The Mandrake*）、以蘇格拉底對話風格寫的論文《戰爭的藝術》（*The Art of War*），以及受到紅衣主教朱理・梅迪奇（Giulio de' Medici）委託所寫的《佛羅倫斯史》（*History of Florence*）。馬基維利死於一五二七年，被安葬在佛羅倫斯的聖十字教堂（Santa Croce Church）。

1995

漫漫自由路

Long Walk to Freedom

「我無法確定我開始對政治感興趣，以及我知道我會把人生花在解放運動上的明確時間。在南非的非洲人意味著，不管他是否知道，人從出生的那一刻起就與政治有關。」

「我不是得到頓悟或特殊的天啟，只是累積了上千次的蔑視、上千次的侮辱，以及上千次記不起來的時刻，讓我產生一股憤怒、反抗意識，想要對抗這個囚禁我的民族的制度。」

「我很珍視民主與自由社會的理想，所有人可以和諧共處，也有平等的機會。這是我希望生活與達成的理想。但如果需要，這也是我準備為它獻出生命的理想。」

總結一句

透過努力不懈、有尊嚴的抗爭，可以解放一個民族。

同場加映

索爾・阿林斯基《判道：改變國家的基進力量》（3章）
穆罕達斯・甘地《我對真理的實驗：甘地自傳》（16章）
馬丁・路德・金恩《馬丁・路德・金恩自傳》（23章）

28

納爾遜・曼德拉

Nelson Mandela

曼德拉十六歲的時候舉行了成年禮，其中包含割禮。在這種場合中，通常有一種承諾與力量的氛圍，但酋長梅利格奇利（Meligqili）的演講卻不是如此。成年現在是一種空洞、虛幻的承諾，因為他的民族被征服了，只能以奴隸與簡陋小屋裡的房客身分苟且地活著。他們沒有力量，沒有權力，也沒有任何掌控力。年輕的曼德拉當時認為白人是恩人而不是壓迫者，因此起初對酋長的演講感到生氣，但這番話後來開始在他身上產生影響。

偉大的科薩（Xhosa）[1]詩人蒙卡西（Samuel Edward Krune Mqhayi）到曼德拉的大學（Samuel Edward Krune Mqhayi）拜訪，也做了類似的表示。

蒙卡西身穿豹皮披肩，手持長矛，談到了非洲原住民與歐洲人的殘酷衝突，歐洲人一點也不關心非洲的文化，因此沒有接管的權利。他預測終有一天，非洲人會戰勝闖入者。曼德拉無法相信，要有多大的膽識才能說出這樣的話。

在一樁被安排的婚姻即將到來之前，曼德拉逃到約翰尼斯堡。在金礦公司找不到辦公室工作之後，最後在一個自由派猶太人開的律師公司找到文職工作。他也遇到了爭取自由的終生盟友西蘇盧（Walter Sisulu），他是一個房屋仲介經紀人（那時候黑人還可以買房地產），也是當地的領導人物。在西蘇盧的家，曼德拉遇到青年聯盟（Youth League）的領導人蘭德班（Anton Lembede），這是非洲民族議會（African National Congress，按：南非第一大黨）內部一個激進的壓力團體。蘭德班詳細說明了他對非洲父權殖民中解放的想法，他認為，西方與其文化受到不必要的崇拜，導致黑人產生自卑情結；非洲人應該認識自己的文化與成就，並揚棄白人是上帝選民因此本質上比較優越的想法。非洲民族主義是戰鬥的口號，目標是達成真正民主的政府形式。

對曼德拉來說，這是非常令人振奮的事。在《漫漫自由路》中，曼德拉寫道：

「在大學裡，老師們迴避了種族壓迫、非洲人缺乏機會，以及控制黑人的法律與規定的溫床等主題。但我在約翰尼斯堡的日子中，每天都會遇到這些事。沒有人對我建議過，如何移除種族偏見的邪惡，所以我必須從嘗試錯誤中學習。」

他完成了法律學位的論文、結婚、買了一間房子，也有了一個孩子，接著當選德蘭士瓦非洲民族

1　譯注：科薩人是居住在南非開普省的牧民，也有自己的科薩話。

議會執行委員會委員。

替代方案是什麼？

一九四八年，由於只有白人可以參選，國民黨（National Party）因此大勝，並設計了一個讓非洲人保持在原有地位，稱為「隔離」（apartheid）的新制度。字面上的意義就是「分離的狀態」，在隔離制度下，產生了非洲人專屬的學校、醫院、交通工具、城鎮、法規與通行證。另外，也禁止各行業籌組工會、禁止通婚，黑人也不再能購買房地產。數百條壓迫性的法律深深鞏固了一個殘酷的行政體系：白人在上層，黑人在下層，印地安人與有色人種在中間。南非語（Afrikaans），也就是最初荷蘭農夫移民的語言，取代英語成為官方語言。由於種族是南非社會的基礎，社會上充滿複雜的檢驗，通常會讓家庭面臨破裂。曼德拉指出：「一個人是否可以生活或工作的地方，可能是根據頭髮捲度與嘴巴大小這種荒謬的差異。」

對非洲人的壓迫成為法律，導致非洲民族會議可以動員到更多的人數，並受到甘地在印度的非暴力抗議行動的啟發。它組織了一個罷工與抵制的反抗行動（Defiance Campaign）。其他團體也發動了自由日（Freedom Day）活動，但是警察對抗議人士開槍，後來也禁止了這類公開抗議活動。一九五〇年的《鎮壓共產主義法》（Suppression of Communism Act）其實只有一部分和共產主義有關；其真正目的是可以用捏造的罪名監禁任何人。政府打算讓非洲民族議會閉嘴，並開始掃除黑人城鎮如索非亞城（Sophiatown），為白人開路。

一九五二年，雖然情勢如此嚴峻，曼德拉與坦博（Oliver Tambo）在南非成立了第一個黑人法律辦公室。從第一天開始就被案件淹沒了，因此非常成功。在這段期間，曼德拉承認他是一個「熱血的革命分子」，沒有太多的紀律。因為他對索非亞城發生的事非常憤怒，他發表了一個拒絕消極抵抗的演講，並說非暴力是無效的策略。在警察的注視下，他說暴力是對抗隔離政策部門唯一的武器。他的這些評論受到非洲民族議會執行委員會的譴責，因此他公開揚棄自己的看法，但私底下仍然維持非暴力永遠不會成功的信念。曼德拉被禁止參與非洲民族議會的事務，他的活動也變得更祕密與不合法。

作為暴力的替代方案，非洲民族議會提出了一部《自由憲章》（Freedom Charter），類似於美國的《獨立宣言》，其中勾畫了平等權利的需求、投票的能力，以及公平分配國家的財富與土地。這似乎是踏上正確方向的一個步驟，直到一九五六年，曼德拉與整個非洲民族議會執行委員會的領導人物全部遭到逮捕。一九五八年到一九六一年，在知名的叛國審判中，曼德拉和其他人都被控試圖推翻國家。在沒有確實的證據下，審判時間拖得很長，曼德拉與梅斯（Evelyn Mase）的婚姻也破局了，而且在這段時間，他被要求不得執業，所以他的法律事業也無以為繼了。

雖然非洲民族議會的成員被無罪釋放了，但當局感到非常不安，因此更是下定決心要鎮壓反叛活動。一九六〇年，有六十九名示威者在約翰尼斯堡南邊的城鎮沙佩維爾（Sharpeville）被殺，當時他們只是和平地圍在一個警察局的周圍。很多人是在逃離槍擊時，被警方從背後射殺。南非因此進入緊急狀態，並且更進一步壓制黑人的權利。

自由鬥士的審判

關於暴力的辯論再次於被禁的非洲民族議會內部出現，後來曼德拉被賦予任務，要籌組一個獨立的軍事組織，稱為國家之矛（Spear of the Nation）或MK。他讀了切・格瓦拉（Che Guevara）、毛澤東與卡斯楚（Fidel Castro）的著作以學習革命的原則，同時受到北非民族主義運動的影響。在考慮過游擊戰、恐怖行動與公開革命之後，曼德拉選擇了破壞活動。隨後的炸彈攻擊發電站與政府機關，讓政府措手不及，並開啟了自由抗爭的新時代。

曼德拉知道他很快就會被抓，所以決定轉為地下行動。他把頭髮留長，穿著工人的藍色工作服，因為他有一輛車，就假裝是為老闆（白人老闆）開車的人。在當局對他發出逮捕令的這段流亡期間，報紙開始稱呼他為「紅花俠」（The Black Pimpernel）。有好幾個月的時間，曼德拉實際上離開南非去了不同的非洲國家，包括蘇丹、海拉西（Haile Selassie）的衣索比亞，以及埃及，為非洲民族議會的理想爭取支持與募款。在這趟旅行中，曼德拉第一次體會到自由的滋味，並且看到了黑人不是治理自己的國家，就是被平等對待，這更加鼓舞了他。然而，回到南非之後，他放鬆了警戒，於是在一九六二年前往開普敦的路上被捕。

在審判中，曼德拉嘗試讓政府承擔罪責，並穿著傳統服裝以象徵他並不理解白人的制度與他被指控的罪名。為什麼他不以自己的身分接受審判？在一個白人的法庭中，檢察官與法官都是白人的情況下，他能否得到公平的審判？他利用陳述的機會揭露隔離制度，並說明他為何及如何被引導到這個立場。他因為煽動罷工而被判五年刑期，而且不得假釋，但更糟糕的還在後面。

被關押在羅本島期間，曼德拉被控進行破壞行動，以及整個非洲民族議會的指揮工作。這是一個更嚴重的指控，最高刑期是死刑。檢察官提出一份非洲民族議會的行動計畫，作為曼德拉採用游擊戰的證據，但這只是曼德拉認為不切實際的草案。再一次，曼德拉利用審判機會作為發表信念與強化理想的平台，他說他準備為了正義而死。這場審判吸引了十幾名記者的報導，以及外國政府代表的關切。也許是因為國際壓力，這個人「只」被判了無期徒刑。這似乎像是一場重大的勝利。

曼德拉再度回到羅本島，對離開也不抱任何展望。政治犯有不同的服刑待遇，他們也習慣了長期的例行身體勞動，以及嚴格限制的飲食、服裝和家人的通訊。曼德拉每六個月可以有一名訪客，而且只能寫與收一封信（並經過嚴密審查）。他被禁止與外界所有的連繫，他所能取得的一份報紙，價格幾乎比食物還貴。他透過監獄管理員的剪報知道，警察不斷找他第二任妻子溫妮（Winnie）的麻煩。他的母親以及當時的長子過世時，他也沒有機會出席葬禮。

解凍與獲釋

被關在羅本島二十年之後，曼德拉以及之後的西蘇盧與其他人，被移監到開普敦的波爾斯穆監獄（Pollsmoor Prison）。他們被安排關在一起，曼德拉終於能夠擁抱他的妻子與女兒，這是二十一年來的第一次。非洲民族議會得到了新的人氣，而約翰尼斯堡的主教屠圖（Desmond Tutu）也因為反對隔離制度而得到諾貝爾和平獎。

內亂加上國際對南非制裁，開始讓政府付出代價，政府於是開始與非洲民族議會展開對談。曼德拉被移到過渡居所（halfway house，按：為犯人或精神病人重返社會準備的過渡宿舍），因此他得以參加更高層級的會談。談判的架構聚焦在多數人統治的需求，而在同時，這會導致少數白人不再有優勢地位。南非總統波塔（Pik Botha）在這段時間心臟病發，戴克拉克（F. W. de Klerk）繼位成為總統。戴克拉克開始廢除隔離制度，也解除了非洲民族議會的禁令。在舉國歡騰中，曼德拉於一九九〇年獲釋，總共在監獄中待了二十七年。一九九三年，他與戴克拉克獲頒諾貝爾和平獎，翌年，在這個國家第一次無種族偏見的選舉中，曼德拉被選為南非總統。他只當了一任，副總統是姆貝基（Thabo Mbeki）與戴克拉克，他們一起在多黨組成的政府中合作。

總評

南非隔離制度的廢除以及白人統治的結束，與非洲其他地方更暴力的革命，呈現出鮮明的對比，而《漫漫自由路》顯示了這一切都不是僥倖。曼德拉在初期的激烈談話之後也了解到，非暴力抗爭更可能得到全世界的支持，並讓壓迫者顯得羞恥。他是對的。法農在《大地上的受苦者》中指出，阿爾及利亞以武力推翻法國殖民統治的理由，正是曼德拉選擇不採取這條路的例證。阿爾及利亞的衝突造成更多人數的傷亡，而且也更惡毒，並與白人統治南非最後時期的雙贏精神，形成極大的對比。

作為一個好戰的年輕人，曼德拉在監獄中的歲月給了他一個空間去反思，並改變了他對和解的思維。因此後來他能夠監督真相與和解委員會（Truth and Reconciliation Commission），調查在隔離期間的犯罪行為。此委員會主席就是屠圖。這讓人民走出過去，並專注於未來。曼德拉能夠贏得南非白人與黑人的支持，甚至有些人還感覺到，他更有興趣做的是安撫白人，而不是幫助黑人。即使如此，《土地歸還法》（Land Restitution Act）的立法，讓人可以重新取得在隔離政策期間被奪走的土地。曼德拉其實可以把高犯罪率與愛滋病擴散問題處理得更好，但是在他七十幾歲的時候，他比較像是一個有名無實的領袖，而不是政策執行者。

曼德拉的政治遺產是，提供一個由非洲人統治的民主而繁榮的國家範例。他對人性的遺產是讓我們知道，即使機會很小，改變是可能的。他寫道：

「我基本上是個樂觀主義者。不管這是與生俱來還是後天養成，我也說不準。樂觀的一部分是讓一個人一邊維持頭部面向著太陽，一邊腳步繼續前進。在很多我對人性的信念受到嚴峻考驗的黑暗時刻，我不會也不能放任自己陷入絕望中。」

1848

共產黨宣言

The Communist Manifesto

「為產品不斷擴大市場的需要，在整個地球追著資產階級到處跑。他們必須在各地設據點、在各地安頓、在各地建立連繫。」

「你對我們想要取消私有財產制感到恐懼不安。但是在你們目前的社會中，十分之九的人的私有財產已經被拿走；少數人會擁有私有財產，只是因為十分之九的人手上沒有任何財產。」

「除了知識特徵的改變會與材料的改變成比例，思想史還證明了什麼？每一個時代的統治思想，一直都是統治階級的思想。」

總結一句

在整個階級結構被摧毀之前，工人剝削與苦難不會結束。

同場加映

愛瑪．高德曼《無政府主義與其他論文》（17章）
喬治．歐威爾《動物農莊》（37章）
厄普頓．辛克萊《魔鬼的叢林》（42章）

29

卡爾・馬克思&弗里德里希・恩格斯

Karl Marx & Friedrich Engels

馬克思的祖父與曾祖父都是拉比（按：猶太教律法老師、智者），在普魯士萊因蘭地區的特里爾城（Trier，按：德國最古老的城市之一）為當地的猶太人服務。他的父親漢利希（Heinrich）是個律師與政治自由派人士，他後來改信路德教派，以免家人受到反猶太法律的波及；他的母親亨莉黛（Henrietta）來自一個後來成立飛利浦（Philips）電子產品公司的有錢荷蘭猶太家庭。他哥哥是一個實業家與銀行家，馬克思與妻子珍妮（Jenny）定居於倫敦之後，哥哥給了他一筆借款，讓他們在經濟上能周轉自如。馬克思也不時接受知識夥伴恩格斯的財務援助，恩格斯的家人在曼徹斯特擁有一座棉紡廠，在德國也有商業利益。如果沒有這筆錢以及這筆錢所提供的自由，馬克思就很難寫出他的曠世巨著《資本論》（*Das Kapital*），或持續他在幾個國家的活動。但是對他而言，短期的財務困難和他把自己視為人類歷史方向啟示者的想法，根本無法相提並論。

作為黑格爾的學生，馬克思也深受影響。有一段時間，他和「青年黑格爾派」（Young Hegelians）混在一起，不過後來分道揚鑣，因為他不滿意這個普魯士哲學家把世界視為一個觀念的概念。馬克思認為，這個世界絕對是物質的世界，因此我們有形塑社會、經濟與政治的力量。他在一八四五年發表的〈關於費爾巴哈的論文〉（Theses on Feuerbach）中寫道：「哲學家只是以不同方式詮釋這個世界，重點是要如何改變世界。」

三年後，他和恩格斯合寫了《共產黨宣言》。這是為了第一個馬克思主義政黨共產主義聯盟（Communist League）在倫敦的會議所寫的文件，但是它令人內心澎湃、甚至有點詩意的語言，讓它成為傳播社會主義觀念的一份重要文件，事實上也是歷史上最重要的政治文本之一。

革命的時機

在宣言中，馬克思與恩格斯一開始就提出一個另類的歐洲史，就是一場大型的階級鬥爭史，他們指出，這場鬥爭的動力正在快速變化中。因為在過去，從最低階層的農民到君王，歐洲社會的特徵是有很多等級的階層，現在正在凝聚成兩大群人：資產階級（城市的市民與商人等商業階級），以及無產階級（工人階級）。

資產階級從世界各地開闢的新領土、世界貿易的成長，以及包括航海技術等科技的進步，得到大量的利益。這種擴張導致以靜態的階級關係與繼承的財產為基礎的封建制度，逐漸過時與式微。封閉的行業與工匠行會制度退場，取而代之的是新的製造動力；行會之間的分工被每一個工廠內部的任務分工取代。產生的這一切新財富則意味著，資產階級有錢從封建貴族手中買得起自己的自由，因為過去資產階級也受到貴族的控制。

資產階級的成功有助於形成現代民族國家的特色。另外，馬克思與恩格斯寫道：「現代國家的行政」已經變成「只是一個管理整個資產階級共同事務的委員會」。人們在社會中的地位曾經是以傳統、舊關係為基礎，現在已經被一個共同特點所取代。他們說：「金錢已經把宗教狂熱、俠義精神、庸俗的多愁善感中那些無比美好的狂喜，淹沒在自我算計的冰水中。」每一個人的價值現在都歸結到他們的交換價值，而根據出生、宗教與政治效忠的階級變化，也被擁有為了商業利益剝削他人的工具所取代。在舊的穩定秩序的地方，資本主義時代的特色就是「持續的不穩定性與攪動」，因為對獲利的渴望會不斷尋求增加生產力，以及尋找銷售產品的新市場。所有的這一切一定會造成社會關係的變化。馬克思與恩格斯有一個非常出名的說法：「一切堅固的事物都煙消雲散了，一切神聖的事物都被褻瀆了。」

從鐵路、隧道到大規模農耕，他們對科技與生產的爆炸式進展大為驚嘆。然而新制度也帶來了一個無法預見的問題：生產過剩。因為產能非常先進，生產東西的速度比需求更快，因此導致了繁榮然後蕭條的商業循環。雖然工人沒有權力決定資金要如何配置，但他的生活與生計現在「都處在競爭的所有起伏中，以及所有的市場波動中」。另外，每一個工人現在也變成只是「機器的配件」；沒有個人工匠對自己的作品所感到的驕傲，只是單調的工廠過程中的一個零件而已。因為每一個人都可以做他的工作，他的工資也下降了。他只是一個商品。工廠老闆與其他資本家競爭激烈，所以他的考量一定是壓低價格（與工資）。而在同一時間，所有中產階級的較低階層（小製造商、工匠、店主），都被吸收進入一個沒有固定形狀的無產階級，因為他們的微薄資源無法與實業家的資金與組織能力競爭，而且他們的技能也因為新的生產方法而過時了。

隨著時間的演進，無產階級結合起來要求穩定與提高工資、改善工作環境、成立工會。雖然這些努力大部分都失敗了，但是越來越強的階級意識導致政黨的形成，並呼籲例如限制工時等法律的改變，在一個所有關係都是以資金為基礎的社會中，對無產階級來說，道德、文化、宗教與法律很顯然並不是「普遍的」，而是資產階級要他們維持在原來社會地位的陰謀。

共產主義可以為你做什麼

馬克思與恩格斯提出了一個觀點，共產主義並不是要和其他的工人運動競爭，而是想把他們團結在一個國際運動底下。他們也強調，宣言並不是一個「將要改革者」（也就是指馬克思）的想法，而是更廣的階級鬥爭過程的表達，而它不可避免的終點就是財產關係的轉變。共產主義的核心就是廢除私有財產。但是，你怎麼可以剝奪一個工匠或店主辛苦賺來的所得？馬克思與恩格斯主張，他們對這種類型的財產不感興趣，他們指的是「基於對抗資本與薪資勞動力的財產」。當整個社會是以這種財產為基礎時，資本就不再是個人的東西，而是權力結構的一部分。

共產主義者不會拿走一個人靠工作換取支持自己生活的金錢的權利。他們會改變的是被用來為其他人致富的勞動力。在共產主義制度中，勞動者的產出會用來改善他自己的**生活**。資產階級抗議，這種制度會終結購買、銷售與貿易的自由以及個體的權利。但是就目前的狀況而言，資產階級經濟導致對工人階級的依賴，而工廠制度則消弭了個體性。基於少數人對多數人的剝削而造成的財富極端集中，難道不是最大的不義嗎？

對資產階級來說，共產主義最令人震驚的觀念是廢除家庭。但馬克思與恩格斯真正的意思是指廢除資產階級家庭，因為它的團結、財產與穩定，但是勞動者由於長時間工作，幾乎看不到自己的孩子，而且他的孩子也可能被迫在工廠工作或淪為妓女。馬克思與恩格斯也反駁了一個主張，認為共產主義會對社區與婦女帶來破壞性的平等。事實上，他們寫道，資產階級的女性「只是生產的工具」，只是被資產階級男性剝削的另一件事。

共產主義也被指控想要廢除國家與政府，但馬克思與恩格斯的回應是，無產階級沒有國家。如果工人有任何政治權利，這些權利也是空洞的，因為他們被迫保持貧窮與被剝削的處境。比國家與政府更重要的是，所有國家工人階級的相似性與團結，因此宣言預測，一旦這樣的團結更進一步發展起來，戰爭的基礎也會消失。政府就會是由技術專家所組成，而且只是為了解決有關重新分配與組織生產工具的問題而存在。

馬克思、經濟學與人性

即使是像列寧等共產主義革命的真正信徒也承認，在馬克思的著作中，幾乎沒有提到社會主義的經濟學在實務上要如何運作。因此讓列寧有了空間提出爛口號：「社會主義是無產階級專政，加上最大範圍引進最現代的電動機器。」

馬克思與其追隨者不信任經濟學（至少主流的經濟學家如李嘉圖〔Ricardo〕與亞當・斯密〔Adam Smith〕，都被認為是資產階級分子而不加考慮他們的思想），因此他們所提出來的政治經濟學充滿了嚴重缺陷，就一點也不令人意外了。就像海耶克所說：「如果社會主義者懂一點點經濟學，他們就不會是社會主義者了。」一旦貴族走了，農民正在運作這部新機器，接下來呢？為了過有意義的生活，人類需要更崇高的目的，光是夠吃還不夠。對照之下，自由或開放社會就允許人去追求數十億種不同的個人願望。

馬克思認為，貪婪與獲利動機並不是社會的動力，而是有著錯誤優先順位的腐敗制度的症狀。個人只是制度的工具，只有推翻制度，人們才能真正得到自由。所有的社會問題都可以歸結到，為了特定階級的自私利益而設計出來的制度。乍看之下，這種對制度的看法似乎言之成理，但馬克思沒有看見斯密的基本邏輯在於，一個允許每一個人追求自私利益的社會，會帶來最佳的資源分配。或許違反邏輯，但這樣的社會（而不是專注於平等的計畫經濟）將會迅速變得更富裕。有一句古老的俗話說，資本主義的成功是因為它對人性的評價較低，而共產主義的失敗是因為它把人想得太崇高了，這句話真的很難反駁。

總評

法國經濟學家皮凱提（Thomas Piketty）在《二十一世紀資本論》（*Capital in the Twenty-First Century*）中主張，已開發國家經濟已經從強調工資收入轉成資本擁有，因此財富變得越來越集中，社會流動也降低了，一群受到高等教育的都會型資產階級，也從傳統賺取薪資的工作與中產階級中被排除了。當利益派餅為所有人變得更大時，馬克思看起來是沒有問題的。但如果只是為了一個團體而變大，他對階級與剝削的觀點忽然之間就會變得很有意義。共產主義作為一種政府形式也許很明顯失敗了，但這並不意味著相信資本主義的人應該嘲笑馬克思。任何無法給人們機會改善生活的制度，革命將永遠是真正的下場。

卡爾・馬克思&弗里德里希・恩格斯

卡爾・馬克思（Karl Marx）於一八一八年出生於普魯士的萊因蘭地區。在波恩（Bonn）與柏林（Berlin）大學就學之後，他在耶拿（Jena）大學取得博士學位，但因為校方認為他太過激進，而沒有授予他學術職位。他在一八四三年與來自普魯士貴族家庭的珍妮（Jenny von Westphalen）結婚。在科隆為一家激進的報紙擔任短期主編之後，馬克思搬到巴黎，與普魯東（他的名言是「財產就是竊盜」）和無政府主義者巴枯寧往來，並與恩格斯成為朋友。由於普魯士政府施壓，他在一八四五年被迫離開巴黎，但繼續從布魯塞爾鼓動情勢，並撰寫《德意志意識型態》（*German Ideology*）與《共產黨宣言》。之後他被比利時趕出去，普魯士又拒絕他進入國門，只好在一八四九年搬到倫敦。他從未取得公民身分，但在倫敦住到一八八四年過世為止。

弗里德里希・恩格斯（Friedrich Engels）於一八二〇年在巴門（Barmen，現在的德國伍伯塔爾〔Wuppertal〕）出生於一個虔信派教徒家庭。他的父親希望他在曼徹斯特一家家族棉紡廠工作一段時間之後，激進的想法能夠緩和下來，但是他在一八四五年出版了《英國工人階級狀況》（*The Condition of the Working Class in England*），書中暴露了工廠條件與童工的狀況。恩格斯有一個二十年的伴侶，是工人階級的伯恩斯（Mary Burns）。伯恩斯於一八六三年過世時，他喜歡上了伯恩斯的妹妹麗茲（Lizzie），並在麗茲於一八七八年過世前娶了她。馬克思過世後，恩格斯花了好幾年編輯還沒寫完的《資本論》其他卷的內容。他死於一八九五年，他的房產由馬克思的孩子繼承。他的其他著作包括《德國的農民戰爭》（*The Peasant War in Germany*，一八五〇）、《家庭、私有財產與國家的起源》（*The Origin of the Family, Private Property and the State*，一八八四）、《社會主義：烏托邦與科學》（*Socialism: Utopian and Scientific*，一八八〇）。

西元前三世紀

孟子

The Mencius

「民為貴，社稷次之，君為輕。」

「人性之善也，猶水之就下也；人無有不善，水無有不下。」

「三代之得天下也以仁，其失天下也以不仁。國之所以廢興存亡者亦然。」

總結一句

帝國的實力與長壽存在於仁慈以及人民與國家的良好關係，而不是征服或擴張領土。

同場加映

約翰・洛克《政府論兩篇》(26章)

孫逸仙《三民主義》(44章)

30

孟子

Mencius

在中國動盪不安的戰國時代（西元前四〇三－二二一），人們從哲學與宗教中尋求慰藉，以理解當時所發生的事件。孔子（西元前五五一－四七九；見《一次讀懂哲學經典》的評論）的思想似乎提供了解答，但是就像所有偉大的思想家，他的教導需要被調整與重新詮釋才能與時俱進，以保持其重要性。孔子死後大約一百年左右，孟子接受了孔子的思想，並把它應用於他自己的時代挑戰中。

就像孔子一樣，孟子周遊列國，想要為各國政府提供建言，但因為他們大部分關心的是想要防衛或擴大領土，因此孟子取得和平、權力與繁榮更微妙、更有道德的方法，很少得到重視。他退休之後，寫了七本《孟子》，書中結合了古代詩歌的智慧與孔子的哲學。現在的學者推測，這本書是由其他人利用孟子門生的筆記，撰寫或整編起來的，但無論如何，仍然難掩孟子的聲音與智慧之光。

連同《大學》、《中庸》、《論語》，《孟子》是儒家哲學基礎中四書中的一本。孟子走中間路線，講的是古代的習俗與中國人的生活傳統，同時也尋求一個更開明的政府。今天，雖然孟子所說的每一件事未必與目前當權者的思想相符，但儒家經典仍然為快速變遷的中國社會提供了一個道德支柱。

道德權威

在（西元前）四世紀的時候，中國的封建制度正在改變為劃分成不同行政部門的中央集權政府。政府的權力越來越大，也導致更多的戰爭。統治的國家，例如殷，宣稱他們的統治是基於「天命」，但孟子試著說明，只有統治權力以正直與道德的方式作為，這樣的命令才能持續下去。如果不是，另一個更正當的權力就會取而代之。在新的「法家」哲學下，相同的法律適用於土地上的每一個人。然而，法家並不是一個道德哲學，而是基於人只會為了個人利益而行動的概念。就孟子的看法來說，法家「為了權力而權力」，是不夠的。

孟子說，統治者大部分的角色是要規範社會，使資源能夠永續利用。統治者不能讓人民砍光所有的樹木，或為了捕魚放光所有池塘的水，而且他要求每一個農場都要有自己的桑樹以生產蠶絲，也要有自己的動物以養活大家庭。七十歲以上的人才可以吃肉、穿絲製的衣服，孟子說，這樣的王國就是成功的。

孟子問梁惠王：「用刀殺人與用惡政殺人，有任何差異嗎？」（按：殺人以梃與刃，有以異乎？」）

梁惠王回答，沒有不同。孟子說，既然如此，當人民因為饑荒而送命時，王室就不能吃大餐，也不能把馬養得肥壯。當統治者照顧人民比自己更好時，人民會知道，人民的忠誠也會讓帝國變得強大。

長治久安的帝國

在孟子的時代，人們認為統治者的本質就是想要擴大他的領土，收復之前的失土，並稱霸天下。但是孟子說了一句名言：「用這種方式實現野心，就像想爬到樹上找魚一樣。」（按：以若所為，求若所欲，猶緣木而求魚也。）這樣做不但不能達成統治者想要的結果，也會招致不好的後果。

在外交政策上，戰爭永遠是最後的手段。要開戰時，不能想著要得到什麼利益；或者只能在為了打倒惡劣的統治者，但用其他方式無法削減他的力量時，才能開戰。另外，這個國家必須在道德上更優越，否則它也沒有任何權威可以開戰。

孟子說，一般規則就是，仁者得天下，貪婪與殘暴者失天下。道德權威一定會戰勝強制與殘暴的武力：「透過道德轉化的影響力讓仁慈發揮作用的人，將會成為真正的君王，而他的成功將不是靠國家的大小來決定。」（按：以德行仁者王，王不待大。）

人性

我們如何看待人性會影響我們的政治，對孟子來說尤其如此。儒家談的仁是指仁慈、善良與人道。義指的是在特定情況下做對的事。在孟子的思想中，這是很重要的兩個原則，但他的思想超越了孔子，他強調人性中基本的善。有一種看法認為，人性只是由欲望（例如食物與性）所驅動，但孟子說，只有頭腦簡單或小人才會這樣生活。更偉大的人會讓本能臣服於他們的「心」或推理能力，這就是讓我們不同於動物的地方。他說：「理性與正義讓我的心愉悅，就像肉讓我的味蕾愉悅的方式一樣。」（按：理義之悅我心，猶芻豢之悅我口。）

孟子對人性的觀點自然發展出了他對仁慈（與成功）統治者的概念，它在這段話中表達得很清楚：「沒有一個人看到別人在受苦時，不會有一顆敏感的心……。在慈悲的政府背後有一顆敏感的心，統治帝國就易如反掌。」（按：先王有不忍人之心，斯有不忍人之政。以不忍人之心，行不忍人之政，治天下可運之掌上。）

總評

就像孔子一樣，孟子把社會和諧看得比其他任何事更重要，因此談了很多人與人之間的「適當關係」。事物被放在現在的秩序，是有道理的；每一個人在人生中都有一個角色，如果試著逾越這個角色，秩序就會大亂。如果統治者是仁慈的，他應該得到臣民的忠誠與尊敬，就像我們對父母親忠誠的方式一樣。如果人民認為，批評王儲與統治者，並且不斷發牢騷和抱怨，是一種恰當的行為，這可能就是國家的末日了。在孟子的道德世界中，照顧父母親是神聖的職責，幾乎和我們關照自己的品德一樣重要。他看不起追求利益人生的人，如果沒有改善自己的品德，這樣的人生是沒有價值的。

二千四百年後，對於越來越市場導向的中國來說，這樣的訊息並不是沒有重要性。中國政府的挑戰在於平衡快速的成長與物質目標的成就，以及維持社會的凝聚力，如果目標只是物質性的，這就不可能達成。孟子把社會關係與培養個人品德作為優先考量，對現代的中國來說，還是有些教導值得學習。

孟子

孟子於西元前三七二年出生於周國，現在的山東省，距離孔子的出生地只有二十英里。除了父親在他很小的時候就過世，孟母很重視他的教育，很少人知道孟子早年的生活。孟母過世時，孟子依照傳統守孝三年，直到今天，孟母仍是好母親的模範。據說孟子曾經在孔子的孫子子思席下受教過。

為了說服統治者採納他的觀點，孟子在齊宣王的宮中接受了一份工作，之後有一段時間是在梁惠帝的宮中工作。但他的建言大部分都被忽略時，他決定退休。儘管如此，孟子在世的時候仍然有些影響力，他的弟子中也有封建的領主。他活得很好，活到八十幾歲。

本文的語錄採用劉殿爵（DC Lau）翻譯的《孟子》（*The Mencius*）。

2014

第四次國家革命：重新打造利維坦的全球競賽

The Fourth Revolution: The Global Race to Reinvent the State

「能夠建立『好政府』的國家，代表有機會提供人民不錯的生活標準，不能做到的國家，就注定要衰敗與失能。」

「西方必須改變，因為它已經破產了。新興世界必須改革才能繼續前進。」

「新的模範正在一點一滴地出現。我們正在歷經變革，就像霍布斯、彌爾與韋伯所引起的變革一樣劇烈，只是還沒有人把第四次革命用令人難忘的語言說出來，並以獨特的哲學來包裝它。」

總結一句

自由民主已經失去了某些吸引力，但是藉著減少福利國家政策，以及重新強調個人自由，可以再一次成為世界的模範。

同場加映

法蘭西斯・福山《歷史的終結與最後之人》（15章）

托馬斯・霍布斯《利維坦》（20章）

曼瑟・奧爾森《國家的興衰》（36章）

瑪格麗特・柴契爾《柴契爾夫人自傳》（45章）

31

約翰・米克斯威特&亞德里安・伍爾得禮奇

John Micklethwait & Adrian Wooldridge

民主在二十世紀征服了全世界。在一九〇〇年的時候，沒有一個國家舉行每一個成年人都有投票權的選舉，但是到了二〇〇〇年，有一百二十個國家這樣做，涵蓋了全世界六三%的人口。然而，從那個時候開始，民主就沒有進一步的成長，而且已經失去了一些光環。伊拉克爆發戰爭、埃及爆發革命，對民主的希望已經被混亂所取代。行之有年的民主國家越見腐敗，例如南非；而俄羅斯、土耳其和匈牙利卻變得越來越不自由。當這個世界最有動力的經濟體中國是不民主的國家，而西方民主國家卻運作不良時，這些國家的領導人為什麼要堅持民主原則？

米克斯威特與伍爾得禮奇在《第四次國家革命：重新打造利維坦的全球競賽》中，一開始就提到CELAP的一個小插曲，這是中國菁英文官的訓練學校。「就像中國在二十年前開始重新掌握資本主義的藝術一樣，現在也試著要重新掌握政府的藝術。」但是學生只有學到西方的資本主義，而不是西方的政府，因為西方的政府看起來很浪費、僵硬，還陷入債務困境。中國的教導者更可能把新加坡當成模範，因為它成功結合了威權主義與自由市場。

作者提出，不管是在中國、美國、歐洲或非洲，這個世界未來二十年面對的最大挑戰就是改善政府。在富裕的西方，大部分的人只知道一種政府形式，也就是從第二次世界大戰以來就占優勢地位的擴大的福利國家形式。但是由於目前的形式已經無法持續下去，它的改革會是自由民主模式中最大的測試。它可能結合社會供給、經濟成長與個人自由嗎？

雖然這本書有點像新聞寫作的味道，但是對於二十一世紀第二個十年的政府，《第四次國家革命》是一個很好的快速掃描。雖然它缺乏超越時間的重要性，但是書中的觀點以及大膽提出未來數十年的政府樣貌，彌補了這一點。

革命1、2、3與3½

米克斯威特與伍爾得禮奇認為，過去兩百年來，西方的經濟與政治優勢地位，特別是美國與英國，可以歸結到它對政府新觀念的開放態度，以及實施這些新觀念的意願，從彌爾「守夜人國家」的自由主義，到美國開國先賢設計「在憲法中明定技術官僚的制衡機制」。

政府的第一次革命發生在十七世紀，當時歐洲的國家把自己從公國與王國轉型成為中央集權國家。因為各國彼此之間處於一種激烈的軍事與經濟競爭，因此也促成了它們的效能。它們「夠強大到足以提供秩序，但也夠輕巧到允許創新」。需要更好的動機讓它們得以領先世界上其他地方的國家。

這個革命背後的知識力量是霍布斯，他相信，面對混亂與殘暴的唯一答案，就是一個超級強大的國家或君王，因為他當時想像君王的力量是無庸置疑的。

接著是十八與十九世紀的第二次革命，法國與美國的騷動帶來了責任與用人唯才的政府新形式。在英國，最新強調的效率與自由，見證了一個以才能而不是庇護為基礎的公務服務體制。用人唯親的情形減少了，市場自由了，個人權利也受到尊重了。

到了二十世紀，國家只是提供最小程度的自由似乎不夠了，於是我們看到了現代福利國家的出現。第三次革命是為了因應不平等，因此也很難反駁。今天，英國的國民健保署（National Health Service）被視為是一個國寶，美國的社會安全計畫已經被大多數人接受，因此沒有一個已開發國家沒有提供社會安全網。問題在於，這個安全網變成一種權利的保護，而福利國家也變成臃腫的巨獸。米克斯威特與伍爾得禮奇指出：「政府在過去只是生活中一個偶爾要面對的夥伴，但現在卻是無所不在的保母。」

在一九八〇年代，傅利曼、柴契爾與雷根似乎贏得了小政府的爭論，但是在實際上，英國的公共支出只從GDP的二二．九%下降為二二．二%，而雷根也無法得到眾議院的足夠支持，讓他減稅同時削減支出的政策過關。在一九九〇年與二〇〇〇年代，左派（呼籲採取更多改善多元化、健康與安全的措施）與右派（反恐戰爭、反毒戰爭、監控）對政府的膨脹都有所貢獻。傅利曼－柴契爾－雷根模式只完成了一半的革命。

哪裡出問題了？

米克斯威特與伍爾得禮奇認為，「西方已經對自己的治理方式失去了信心」，並以加州為例。加州龐大、故障、沒有效率，它有三千七百萬人口，卻只有一個參議員席位。政府組織功能重疊，而且在監獄花的開銷竟然與教育一樣。意志堅定的遊說團體似乎能夠綁架這個制度，就像奧爾森的預期一樣（見36章的評論）。

至於義大利，這個國家有十八萬民選的高薪代表，卻有五十七萬四千輛官方的大型豪華轎車，政府根本負擔不起。整個歐洲正在經歷一場人口危機。到了二〇六〇年，歐洲的人口預估會從三億零八百萬人，減少到二億六千五百萬人，其中六十五歲以上的人口數量會從二八％成長到五八％。福利與國防的政府支出會越來越多，花在教育、投資或其他項目上的錢就會越來越少。就像加州，公部門的工會將會捍衛他們的特權，但一般選民將要付更多的稅。

要做什麼？

北歐國家已經顯示，國家成為主要的資助者，而不是服務的提供者，通常會更有效率。在生活上的每一個層面，讓各種組織互相爭取我們的惠顧，這樣會讓它們更有效率、服務更好。那麼服務互相競爭的組織，為什麼不能應用在學童、病患與失業者呢？事實上，很多私人公司現在專注於提供公共服務，例如信佳公司（Serco）在奧地利經營公車服務，在英國經營監獄，在加拿大派發執照。很自然地，國家與私人公司的互動不一定都很好。英國鐵路被分成數百段，而且可以說是一團亂，但這並不是要把服務拿回來由公家管理的論點，而是要改善契約與責任，並提供公民更多資訊，讓他們知道私人公司的表現如何。

在加拿大，在二〇〇〇年代中期，預算危機迫使加拿大問一個基本的問題：國家為什麼存在？讓它驚訝的是，只是「關掉水龍頭」並沒有讓國家陷入毀滅，而是開始了一場效率革命。英國也發生了類似的事，英國在二〇一〇年削減了政府部門三百五十億英鎊的預算，未來還會刪更多。但是這樣大幅刪減預算並沒有讓英國進入黑暗時代，反而產生了效率，因為那是私人企業的常態，例如地方政府共享設施。同時，英國也部分仿效了瑞士的教育模式。現在不是數千家一般的標準高中，而是大幅增加了由國家資助的「學院」（academies），類似美國的特許學校，這些學校有很大的自主性。教師工會與左派政治人物很謹慎，但家長喜歡這種選擇，孩子也因此受益。

米克斯威特與伍爾得禮奇列出了需要改善的明確項目。首先，政府應該賣掉已經沒有經營業務的資產。二〇一二年，OECD（按：經濟合作發展組織，共有三十五個會員國）集體擁有二千家公司，價值二十億美元，僱用六百萬人。很多公司與交通運輸網絡、能源網絡與電信有關，根據的理由是，如果把這些公司賣給私人公司，大眾就會被敲竹槓。但是米克斯威特與伍爾得禮奇主張，關鍵不在所有權，只要把這些網絡規範妥善就好了。眾所周知，社會主義的法國在法國電信（France Telecom）與雷諾（Renault）擁有龐大的股票，但是為什麼美國政府要擁有長年經營不善的美國國鐵（Amtrak），以及監獄、郵局與機場？它的資產組合共價值數千億美元，包括九十萬棟建築物。雖然經歷了一九八〇年代的改革與私有化，政府還是擁有龐大的資產，賣掉這些資產就能大幅減少嚴重的債務，並確保這些組織運作得更好。

第二，政府必須降低對有錢或關係良好的人的補貼。左派總是專注於重新分配國家的財富，但是「廢除對財閥的福利」會更有效率也更好。金融業的遊說影響力意味著銀行實際上是受到政府補貼的，而且美國的稅收漏洞也被有錢人所利用。美國農民每年依然從國會拿到一百至三百億美元；相較之下，即使紐西蘭對農業的依賴是美國的四倍，紐西蘭在一九八四年就取消所有的農民補貼，但結果卻導致生產力大幅提升，並發展出一個利基型的出口市場。

第三，富裕國家的權利制度應該改革，如此一來才能只讓有真實需要的人受益，而不是「未來世代必須支付的保證權利」。所有的福利國家都必須增加責任：醫生看診應該至少有一定的成本，領救濟金的人應該做一些工作或為工作接受職業訓練。這已經在發生了，但真的只是開始而已。另外，就像成立不受政治控制的中央銀行是一件成功的事，因此有關權利的政策也應該交給獨立的委員會。

麥迪遜在《聯邦黨人文集》（見18章的評論）中寫道，聯邦的主要目的是建立有效能的中央政府，但這個政府只有維持自我限制，才能長期維持其正當性。今天，米克斯威特與伍爾得禮奇主張，政府應該開始不要再做無法維持的承諾了，例如消除恐怖主義或貧窮，這樣做只會降低每一個人的自由。他們說：「是把『自由』回歸『自由民主』的時候了。」第四次革命就是要把強調的重點回歸到個人權利，而不是社會權利。為了民主本身的生存，從價值與必要性的角度來看，這都是對的。從不公正的選區劃分到裙帶資本主義，面對根深蒂固的私人與公共利益，要達成這樣的主張，只能靠一場針對這種承諾的革命，讓政治恢復生機，並促進經濟繁榮。沒有這樣的革命，金錢只會越來越流向既得利益階層，而真正需要的人通常得到更少，這只會增加對民主的冷嘲熱諷。

總評

在寫《第四次國家革命》的時候，兩位作者都在《經濟學人》（*The Economist*）工作，這是一本支持彌爾古典自由模式的雜誌，通常支持小政府。但是，米克斯威特與伍爾得禮奇既不是反政府，也不是自由放任主義者，他們引用馬歇爾（Alfred Marshall，按：新古典經濟學派創始人）的話說：「國家是最寶貴的人類所有物。」它不只是「必要之惡」，而且他們承認：「瘋了才會想要住在一個像剛果一樣的失敗國家，而不是住在像丹麥一樣治理良好的大國。那種國家因為沒有政府機關，真的讓生活變得『糟糕、野蠻而短暫』。」但是這並不意味著，國家可以像現在這樣繼續下去。我們應該對自由有新的強調重點。當福利國家超越自由國家時，個人自由就不再是核心價值，但這卻是促成十九世紀繁榮與進步的動力。對富裕的西方國家來說，要保持相當程度的社會供給，同時讓經濟保持成長，只有釋放個人的力量，才可能成功。藉由更多的個人自由，建立一個較小但仍然強大的國家，國家就能憑藉創造財富與福利最強大的力量：他們的人民。歐洲與美國能夠遙遙領先這個世界的其他地方，就是因為強調個人的自由與權利。他們可以這樣再做一次。

約翰・米克斯威特＆亞德里安・伍爾得禮奇

約翰・米克斯威特（John Micklethwait）於一九六二年出生於倫敦，在牛津大學讀歷史。在大通曼哈頓銀行（Chase Manhattan Bank）工作兩年之後，於一九八七年加入《經濟學人》，並在二〇〇六年升任總編輯。二〇一五年，他成為彭博新聞社（Bloomberg News）的總編輯。

亞德里安・伍爾得禮奇（Adrian Wooldridge）是《經濟學人》的管理編輯，並撰寫「熊彼得」專欄。這兩人合寫了幾本書，包括《巫醫：理解管理大師》（*The Witch Doctors: Making Sense of the Management Gurus*，一九九六）、《完美的未來：全球化的挑戰與隱藏的承諾》（*A Future Perfect: The*

Challenge and Hidden Promise of Globalization，二〇〇〇）、《公司：革命思想簡史》（*The Company: A Short History of a Revolutionary Idea*，二〇〇五）、《正確的國家：美國為什麼不一樣》（*The Right Nation: Why America Is Different*，二〇〇五）、《全球信仰如何改變世界》（*How the Global Rise of Faith Is Changing the World*，二〇一〇）。

1869

女性的屈從地位

The Subjection of Women

「規範兩性現有社會關係的原則，在法律上一性要附屬於另一性，這個原則本身就是錯的，而且現在已經成為改善人類處境的主要障礙。」

「男人不只要女人的服從，他們還要她們的情感……因此，他們不計一切手段奴役她們的心靈。」

「藉由讓她們自由選擇就業、開放給她們相同的職業領域，以及像其他人類一樣的獎品與鼓勵，提供女性自由運用自身能力的第二個預期好處就是，有兩倍的心理能力可以為人類提供更多的服務。」

總結一句

沒有一個配稱為文明的文明可以合理化女性的屈從地位，如果希望維持強盛，這個文明也不能這樣做。

同場加映

瑪格麗特．柴契爾《柴契爾夫人自傳》（45章）
瑪麗．沃斯通克拉夫特《為女權辯護》（49章）

32

約翰・斯圖亞特・彌爾

John Stuart Mill

在十九世紀的英國，女性的地位是進步議程上一個一直沒有被妥善解決的項目，因此彌爾很想知道為什麼會這樣。他思考著，因為有五〇%的人口還無法投票，甚至即使想要工作也無法選擇去工作，英國真的不能自稱為進步的文明。身為一個功利主義者（Utilitarian），他知道，當婦女的知識力量透過教育得到釋放時，社會中的每一個人都可以受益。超越這種理性的利益的是，幸福與福利也會大幅提高，這將會來自女性的解放，這是來自「服從他人意志的人生與理性自由的人生」之間的運動。

與他寫的《論自由》一書表達的自由主義一致，彌爾提醒我們：「在食物與衣服主要的生活必需品之後，自由是人類天性中第一個也是最強烈的希望。」男性在這些時代以來對限制女性自由的嘗試，結果是適得其反的。他在《女性的屈從地位》中主張，就像任何要降低其他人的自由（除非這個人真的是社會的威脅）的手段一樣，也會造成強制者減少幸福感的效果。不管是在家裡，或是在王位上，所有暴君都會發現這個道德法則。

他預期有人會提出一個論點說，英國與其他先進國家是透過現有與女性有關的風俗與法律，而達到當時的成就。但那些文明並不是真的依賴女性的解放。彌爾說，也許是吧，但我們並不知道，如果女性有了更多的選擇與力量，達成這樣的財富與文明的進程會更快多少。儘管願意埋沒女性的才幹，英國也已經變得很偉大。

呼籲改變女性的法律地位是一回事，但一八六九年的「完全平等」訴求，要求承認一方沒有權力或特權，另一方也不會受到資格限制，卻是一個非常強烈的主張。所以為了不要嚇壞當時的人，彌爾指出：「受奴役階級從來不會一次要求完全的自由。」英國下議院最初成立的時候，除了免於任意徵稅與君王壓迫的自由以外，很少要求權力。同樣的道理，他那個時代的女性追求的不過是投票的權利，以及有機會進入當時對女性封閉的職業領域。

學者現在正在爭論，彌爾的妻子泰勒（Harriet Hardy Taylor）是否寫了《女性的屈從地位》的某些或任何內容，但無論如何，作為英國第一個呼籲女性權利與婦女參政權的女性，她的確造成了很大的影響。她在一八五一年寫了《女性的參政權》（*The Enfranchisement of Women*）。

力氣、權利與現代性

彌爾承認，呼籲女性的平等是一個很大的任務，因為一般人對女性的看法都是女性的情緒與感覺太強烈了，即使有最好的論點，也很難推翻這一點。想要維持現狀的人，背後有傳統與風俗的支撐，畢竟，世間事會是這個樣子一定有很好的理由。但是在現代，他要問的是，女性要服從男性的基礎何在？如果女性因為男性壟斷了武力（force）而失去她們的力量（power），根據的理由是不是「力氣」（might）應該永遠凌駕於權利（right）之上？

如果是這樣，過去的社會已經嘗試過每一種政府形式，男人統治女人、女人統治男人，每一個人有完全的平等地位，所以我們應該接受，第一種形式就是「行得通」的形式。但彌爾指出，事實上並沒有進行過這樣的實驗。從最早的時期開始，男人就了解了兩件事，女人對他們的重要性，以及女人的肌力比較弱，因此就開始讓女人受到束縛。之後，男人「把只是一件體能上的事實，轉變成一種法律上的權利，〔並且〕給與社會的制裁」。這就是一種奴役制度，因為已經變成一種正式社會契約的規範：如果放棄不和男人一起生活可能會有的權利，女人就會受到保護。在彌爾的時代，他也承認，女人比奴隸更不獨立，但他們的地位仍帶著原始野蠻奴役的汙點。這是一個連續漸變體的一部分。

彌爾指出，基於越來越多工作是屬於思想上的工作，從體能角度來看「最強壯的法則」，已經不合時宜了。但是這個法則似乎卻成為我們心理結構的一部分，而那些擁有權力的人也從不希望放棄任何一點點。這件事說明了為什麼在一個像英國那樣的社會，表面上說想以平等正義原則來運作，但女性的屈從地位卻幾乎沒有什麼改變；事實上從中世紀初期以來，還走了回頭路，因為那時候的女性有更大的財產權。但不知道怎麼回事，女性的地位已經被框架在這種與文明不相干的方式，就像「對希臘人來說，家裡的奴隸與他們對自由人的概念不相干」。

除了直接從奴隸制度獲利的人以外，大部分的英國人都反對奴隸貿易，而且大部分的人都認為自己很幸運，沒有生活在這樣的專制君王或軍事獨裁者的統治之下。但是英國人卻不願意思考，對女性的鎮壓與其他形式的統治沒有什麼不同。彌爾指出，每一個渴望權力的人，都渴望從最接近他的人身上得到權力，因此女人沒有立場去對更多的權力或權利討價還價。也因為如此，彌爾觀察到，家庭可能是不平等的最後堡壘。

只是順其自然

改變的部分困難之處在於對女性「本質」(nature，按：也意指自然)的普遍概念。人們認為，女孩對抽象觀念不感興趣，因此不需要較多的教育。當她們成熟的時候，也只想找一個好丈夫，她們的領域就是家庭，因此自然而然就是這樣子了。

彌爾提出一個問題：「有哪一種統治方式，對統治者不顯得自然呢？」他指出，「本能」(instinct)與「本質」(nature)只是我們觀察到我們身上無法以理性方式解釋的東西。即使像亞里斯多德那麼偉大的人也認為，人類可以分成有「自由」本質的人，以及「奴隸」本質的人。在中世紀時期，貴族對農民的統治看起來似乎非常自然；每一個人在生活中都有自己的位置。但是，彌爾指出，「不自然」幾乎總是可以轉化成「不習慣」(uncustomary)。因為女性的服從已經變成一種習俗，任何新的女性權利看起來就不自然。外國人知道英國的國君是個女人時通常很驚訝，但英國人已經視為理所當然，因為那就是慣例（customary）。另外，彌爾也觀察到：「現在所謂的女性本質是一種非常人為的東西，也就是強力壓迫成某一個方向的結果，是一種不自然的刺激。」

只要給她們機會就好

彌爾說，女性並不是一般意義上的奴隸，因為男人不只要女人的服從，也要女人的感情。然而，為了達成這個目的，男人做得很過分，在文化與社會上做出各種安排，因此女人甚至不會想到，擺在她們面前之外，另外一種人生的可能性。女人變成了心理奴隸。她們從很小的年紀就被教育，她們必須順從，完全為了別人而活，而且不能有自己的雄心壯志。她們的權力是來自於對男人的吸引力。

然而，這種**舒適**（cozy）的典範，正在違反時代的變遷。畢竟，這是已經啟蒙的十九世紀後半葉，出生為黑人或白人、貴族或平民，已經不再絕對決定一個人的可能性。如果是這樣，那麼出生為女性或男性，也不應該完全影響一個人的機會。在先進的國家，包括皇室成員，女性的人生是一出生就被明確劃分出來的唯一族群，但是所有的男性——至少在理論上——能夠成為任何他們想成為的人；因為工業發展而產生的新富階級，確實可以看到從赤貧到巨富的驚人故事。

彌爾也引進了他的自由主義與經濟哲學觀點。他說，沒有一個人會想要立法讓強壯的男人成為鐵匠，因為無論如何，他們都會受到這個工作的吸引，而較柔弱的男人就會去其他的領域工作。自由與競爭會讓人去做最適合他們才能的工作，這也是應該發生的情形。為了控制，從一開始只有某些人可以做某些工作，在道德上是錯的；如果對男人是如此，那麼有什麼無可爭辯的道理，說女人可以做或不能做什麼？這個看法也忠於他的功利主義觀點，彌爾說，就業應該留給才能的「市場」來決定，不管男性或女性，誰能把工作做得最好，就安排給誰做。另外，任何有點困難與重要性的工作，需要的人才似乎總是不夠，為什麼不把人才庫變得深？這樣做只會讓每一個人都受益。

彌爾時代的反動派人士指出，女人幾乎沒有創造出任何偉大的事物。他對這一點的回應是：

「如果說目前為止，沒有一個偉大的歷史學家是女人，又有哪一個女人已經有了必要的淵博知識？如果說沒有一個偉大的語言學家是女人，又有哪一個女人已經研究了梵文（Sanscrit）與斯拉夫文，和烏爾菲拉（Ulphila）的哥德文和波斯古經的波斯文？即使是在實際事務上，我們都知道，未受過教育的天才擁有的原創性價值……當女人已經做好準備，有了所有男人現在需要的特別原創性時，就是開始判斷她們原創能力經驗的時候了。」

婚姻市場

根據英國的習俗，是由父親決定誰可以娶他的女兒，然後在登記冊簽名之後，她就成了「她丈夫實際上的奴僕，就法律義務而言，和所謂的奴隸差不了多少。她在祭壇上發誓，要終生服從丈夫，而且依法要一輩子遵守」。這個妻子要放棄自己財產的權利，包括任何繼承來的財產。彌爾說，只要改變這一點就會終結一個非常普遍的情形：男人把女人綁在婚姻裡，只是為了她的錢。

他並不是說沒有好丈夫，而是說法律需要為壞丈夫負責，因為他們會打老婆，但妻子除了被社會遺棄之外，卻沒有任何出路。彌爾對家庭暴力的描述，對維多利亞時代的讀者產生了預期的震撼價值，因為他們已經習慣於這樣的事件，只是隱藏起來而已。他進一步反對並提議，家庭治理的模式不是暴君，而是民主的分權。他說：「我們已經有了服從的道德，也有騎士精神與慷慨的道德，現在是實踐正義的道德的時候了。」

總評

在彌爾出版《女性的屈從地位》時，英國已經有了一些重大的改變：一八六七年的《改革法案》給在城市工作的婦女投票權；一八七〇年的《福斯特教育法案》（Forster's Education Act）為所有人提供初等教育；一八七〇年開始舉辦公職人員考試，目的是為公職選擇人才時是基於才能，而不是有錢就可以買官位；一八七一年，牛津與劍橋大學准許所有宗教的信徒入學；牛津與劍橋大學也成立了女子學院；女性的中等教育也改善了；而工會也得到了一個反應最新權力狀態的權利章程。最後，一八七〇年的《已婚婦女財產保護法》允許女性在財務上獨立於丈夫，並且能保留繼承來的財產。這些只是彌爾已經呼籲過的主張，但是爭取最久的女性投票權，在幾乎五十年之後才實現。

約翰・斯圖亞特・彌爾

約翰・斯圖亞特・彌爾（John Satuart Mill）於一八〇六年出生於倫敦，由於他的父親（James）是一位哲學家與經濟學家，彌爾接受了非常出名而密集的教育。彌爾大部分的時間都沒有和其他的孩子一起玩，三歲就學希臘文，八歲學拉丁文，到了十二歲，對邏輯已經很精通；十六歲時，已經能寫經濟事務的文章了。在法國進一步學習歷史、法律與哲學之後，還在十幾歲的時候，彌爾就在東印度公司（East India Company）開始工作了，因為他的父親在那裡有一個高階工作。他在這家公司工作到一八五七年印度叛亂事件，當時他以首席審查員身分退休。在他的官僚生涯期間，他同時與邊沁（Jeremy Bentham）一起成立功利主義協會（Utilitarian Society），並協助成立了倫敦大學學院。他是《西敏斯特評論》（*Westminster Review*）與其他雜誌的主編與撰稿員。他對社會改革的活動非常積極，曾經因為散發生育控制資訊給倫敦的窮人而遭到逮捕。彌爾在一八三〇年遇見泰勒（Harriet Hardy Taylor），並維持了一段長達二十年的純友誼，最後在泰勒的丈夫過世後，兩人才終於結婚。

彌爾在一八六五年被選為國會議員，並宣導婦女投票權與其他自由議題。他也是全國婦女參政協會（National Society for Women's Suffrage）的會長。他大量的著作主題涵蓋了邏輯、經濟學、宗教、形上學、認識論、時事和哲學，包括《邏輯體系》（*A System of Logic*）、《政治經濟學的原則》（*Principles of Political Economy*，一八四八）、《宗教文集》（*Three Essays on Religion*，一八七四）、《自傳》（*Autobiography*，一八七三）。彌爾的《功利主義》（*Utilitarianism*，一八六三）改進了邊沁哲學，讓其有了新一代的影響力。一八七二年，彌爾成為羅素的教父。隔年，他在法國的亞維儂過世。

1948

國際政治：權力與和平的鬥爭

Politics Among Nations: The Struggle for Power and Peace

「不論國際政治的最終目標是什麼，權力永遠是當前的目標。政治人物與各民族也許最後要追求的是自由、安全、繁榮……也許是以宗教、哲學、經濟或社會上的理想來定義他們的目標……但只要他們透過國際政治的途徑努力實現他們的目標，他們就是在努力爭取權力。」

「國際政治的學生要學習而且永遠不要忘記的一堂課就是，國際事務極為複雜，因此不可能有簡單的方案與可靠的預言。」

總結一句

在影響力與實際統治方面，國際政治的貨幣永遠都是原始的權力。

同場加映

卡爾・馮・克勞塞維茨《戰爭論》（14章）
托馬斯・霍布斯《利維坦》（20章）
保羅・甘迺迪《霸權興衰史》（22章）
約瑟夫・奈伊《權力大未來》（35章）

33

漢斯・摩根索

Hans Morgenthau

摩根索在《國際政治：權力與和平的鬥爭》一書中指出，每一個世代的人都會丟出新的觀念與哲學，希望以更理性的方式取代對權力的戰爭。十九世紀的自由派人士相信，憲政民主假以時日將會取代極權與專制統治，因此可以消除戰爭的原因。對和平主義與烏托邦主義者來說，對於問題真正根源的科學知識可以取代各種治國之道；例如在設立國際聯盟之前，是很多有關「和平的科學」與決定國界的地理「自然邊界」的談論。

這些有關國際事務的神奇藥丸不斷出現，以對抗一個「複雜、不理性、無法預料的」現實。事實上，摩根索寫道，「權力鬥爭在不同時代與不同空間都是普遍的現象，因此在經驗上是不可否認的事實」，政治永遠要回到人性，或為了生存、繁殖與統治的「生物心理動力」。無論在國內或在國際上，政治行動的動機有三種基本類型：為了維持力量、增加力量，或展示力量。以科學或理性的「國際關係」角度來談世界事務，是不誠實或不完整的，因為在現實中，「國際政治必然是強權政治。」最後一定牽涉到利益，而不是抽象的平等或正義的觀念。因此，摩根索說，透過國際政治的途徑，這個世界最好的希望就是，「實現較不惡的，而不是絕對的善。」

一九三〇年代初期，摩根索的德國猶太家庭被迫逃離納粹。一九三七年移民到美國之後，他在職涯上得到了不起的成就，成為頂尖的學術與公共知識分子，並成為兩位總統的顧問。《國際政治》是政治學「現實主義」學派的重要著作，從一九四八年初次出版以來，已經出到七版，目前仍然是大學國際關係閱讀書單最重要的內容。摩根索過世之後，他的同事湯普森（Kenneth W. Thompson）用新的案例繼續更新內容。

政治與道德

很多國家把自己的行為隱藏在道德防衛之下，並把他們的目的與上帝或命運校準。現實主義政治學對這類主張採取更廣的看法，認為從權力的角度來看，只有利益是理解外交政策的可靠方式。現實主義並不貶低或忽視政治的道德面向，摩根索說，道德是國際強權的一個重要部分，但一定要考慮到「具體的時空環境」。

國家的生存比採取明確的道德立場更重要，如果一個政治人物是「對的」，但他的國家卻失去立場、權力或合法性，又有什麼意義？從現實主義的觀點來看，深思熟慮是政治道德的關鍵美德。共產黨於一九四九年在中國掌權建立政府時，西方世界面臨了是否承認中國政府的道德兩難。基於道德的理由，西方世界中斷互動是合理的。然而，在政治上仍然需要與中國共產黨打交道，至少保持貿易與外交管道的開放。

摩根索說，本性純粹是政治性的人會成為一頭野獸，但本性純粹是道德的人會是一個傻子，從來不會務實或謹慎行事。就像你不會把政治標準應用在神職人員或僧侶的身上，因此你也不能把純粹的道德標準應用在政治人物身上。判斷他的方法是透過政治標準，也就是說，他是否維持了國家的權力。人們經常欺騙自己有關政治的真實本質，但是政治人物與政治家沒有這種奢侈，有時候可能要做一些會讓一般民眾覺得心煩意亂的事。雖然摩根索沒有提到，但這正是馬基維利在四世紀之前寫的《君王論》中提到的事。

權力的平衡

摩根索強調，在政治史上，「權力平衡」原則是關鍵的穩定因素。這個原則有用，是因為它遵循了均勢的普遍法則。一個強大的國家通常會變得傲慢而過度擴張，因此就會引來抵抗或本身的脆弱，讓其他力量有機會崛起。

摩根索強調，權力平衡理論可以回溯到古羅馬、希臘與印度，但不表示這個原則已經過時。經驗只是為這個原則添加了信用。拿破崙戰爭之後的那一百年，英國與美國必須判斷，哪一個歐洲國家對權力的平衡會造成最大的威脅。邱吉爾提到，英國在歷史上有好幾次機會，可以簡單地與最具侵略性與最強大的國家聯合，並贏得某些戰利品，但英國總是採取更困難的途徑。

威望與權力

摩根索說，爭奪權力的一個重要部分是建立威望。這是國家關係之間的基礎，就像個人之間的關係一樣，因為「其他人對我們的看法，和我們實際上是什麼樣子，一樣重要」。

國家是透過外交上的儀式性或象徵作為，以及透過展示軍事力量，試圖製造出一個好印象。在一九四五年的波次坦會議上，邱吉爾、史達林與杜魯門（Truman）對誰應該第一個進入會議室沒有達成協議，所以他們三個人同時從三個不同的門走進會議室。美國與北越、南越政府以及越共的和平協商，因為對會議桌的形狀意見不同，而延遲了十個星期才召開。類似這樣的荒謬爭議顯示，在談判中，實際的利害關係是什麼。

威望的目標是預期國家可以累積這樣的權力聲望，並可以實際發揮效用。羅馬與英國帝國就是很好的例子，美國在實施睦鄰政策時也是如此。一般認為，一個擁有無以倫比的權力的國家，卻在使用時充分克制，只會增加其他國家對它的尊重與敬畏。在每一個例子中，這些國家都「儘可能輕鬆地承擔優勢的責任」。因此篡奪他們的地位是不值得的；最好是加入他們，並享受成為他們繁榮與權力圈的一分子。

第二次世界大戰時，威望的作用就很明顯，當時德國與日本評估，美國參戰的意願與能力非常低。但美國的實力比它的威望更大，所以德國與日本的假設最後證明是致命的錯誤。一樣地，在戰爭的初期，英國的海軍威望比它的實力更大，因此拖延了希特勒入侵的企圖。英國海軍擁有的威嚴，以及它實際的艦隊與火力，在威嚇作用上一樣強大。摩根索寫道：「對世界其他國家展示自己國家的力量，而且不要太多也不要太少，是明智構思威望政策的工作。」

意識型態與權力

因為政治的當前目標是權力，但這不一定會被接受，因此意識型態就為外交政策提供了一個很有用而可以接受的掩護。一個國家領導人可以辯稱自己的行動是正義的，但堅持其他人的行動是邪惡的。一個國家會辯稱自己的擴張行為是為了國家安全的必要之舉，但其他國家對外國的擴張行為就是「帝國主義」。

每一個國家都需要在道德上合理化其行為，否則就會被社會所唾棄。希特勒入侵捷克斯洛伐克時，他的藉口是讓俄羅斯說德語的人回到祖國，如果是說「納粹統治歐洲的第一步」，就無法說服人了。最近的事是，普丁（Vladimir Putin）入侵克里米亞與東烏克蘭，理由是「為了說俄羅斯語的烏克蘭人的安全」，他不能主張是為了在東歐建立俄羅斯的影響力以對抗西方。摩根索說：「就像所有的觀念，意識型態就是武器，有了它，可以提升一個國家的道德性與力量，而且，在這樣做的過程中，還可以降低對手的道德性。」

摩根索指出，富裕與貧窮國家之間的不平等，為意識型態的裝腔作勢提供了無限的空間。即使貧窮國家很多的實際問題與不良治理、腐敗與不理性的經濟政策有關，貧窮國家也可以把國家的問題怪罪於殖民主義、帝國主義，因此富裕國家就會覺得有化解這個分裂的道德責任。

意識型態的問題在於它是以政治效能為代價。宗教戰爭造成了一個世紀的流血衝突，最後雙方才終於了解，一方的生存並不是依賴另一方的毀滅。在摩根索的時代，與宗教戰爭相當的事件就是冷戰。當他過世時，雖然共產主義與資本主義的信條都被各自的信徒認為是可以普遍應用的原則，但沒有一方真的「贏了」。他說，為了保持他們的權力，「國家必須願意妥協所有對它們不是那麼重要的議題。」事實上，一個國家只有在放棄「政治教條的聖戰精神」時，才會意識到自己真正的國家利益。

軍國主義的失敗……

軍國主義相信，最大的軍隊或最強大的空軍或最多數量的核武，是決定國家力量的因素。羅斯福（Teddy Roosevelt）有一句名言說，權力的本質是「輕聲細語，但要帶著一根大棒子」。軍國主義的問題在於，它不太理解無形的權力。摩根索觀察到：「與羅馬和英國建立帝國的政策相較之下，斯巴達、德國與日本軍國主義的相繼失敗顯示，我們所謂的軍國主義這種錯誤知識實際上的災難性後果。」

實際上越常使用國家的力量，遇到的對抗也越多。摩根索寫道，自從十五世紀出現現代的國家制度以來，沒有一個國家可以光靠武力就把自己的意志強加在這個世界上，任何時間都不可能。就像生命一樣，適當與節制往往會延長壽命。

⋯⋯外交的回報

財富、軍事力量、廣大的土地與龐大的人口，也許是國家力量的原始材料，但外交可以把這些材料整合成緊密而一致的整體。摩根索說，外交是「國家力量的大腦」，可以讓國家充分利用自身的條件，並將它發揮到世界上，幫助它影響對自身有利害關係的情勢。如果國家的判斷力不良或缺乏願景，它的所有自然與工業優勢都會白費。外交經常失敗，但大部分的時間都是成功的。在十九世紀的大部分時間中，英國與俄羅斯為了巴爾幹半島、達達尼爾海峽與地中海東部地區互相較勁，但是在克里米亞戰爭之後的五十年期間，並沒有發生真正的衝突。在冷戰期間，在權力平衡與大致同意的勢力範圍下，有助於促成耐心外交（patient diplomacy）。即使國際政治是一種權力遊戲，對各國來說，要達成各自的目標以及避免讓他們的權力可能有崩潰風險、代價高昂的戰爭時，外交仍然是一種超級重要的工具。

總評

摩根索提醒讀者：「透過限制國家對權力的渴望，以解決國際和平問題的嘗試，沒有一個成功的。」不管是國際聯盟還是聯合國，都沒有解決冷戰重大衝突的力量。但是，聯合國達成的成果依然聊勝於無，它的弱勢不應該是把國際政治留給各國自己處理的藉口。

摩根索說，如果「世界國家」（world state）可能存在，也只能透過主權國家的同意才會成立，而且這些國家也要承認，自己以及其他國家的權力應該自願受到檢查。這樣的機關不會超越人性，相反地，它只有在接受人類追求權力與利益的動機的現實，才能發揮作用。諷刺的是，如果忽略這一點，只是訴求人類最高貴的一面，肯定會引來衝突與戰爭。

漢斯・摩根索

漢斯・摩根索（Hans Morgenthau）於一九〇四年出生於巴伐利亞的科堡（Coburg），他曾經在法蘭克福、柏林與日內瓦的大學求學，之後在德國成為執業的律師。一九三二年到一九三五年，他在日內瓦教授法律，之後在美國定居，並成為芝加哥大學的政治學與歷史學教授，以及美國外交政策研究中心（Center for the Study of American Foreign Policy）主任。他是甘迺迪與詹森政府的顧問，但因為堅決反對越戰而被解職。他支持國際控制裁減軍備與核武，批評美國中情局支持像智利皮諾切特這樣的專制政權。他的朋友包括鄂蘭、尼布爾，另外他也因為亞里斯多德的政治學講座而知名。

一九七九年，摩根索在雅典機場的瑞士航空空難中倖存，隔年卻在一場短暫的疾病之後過世。更多生平請見弗雷（Christopher Frei）的《摩根索：一個知識分子的自傳》（*Hans J. Morgenthau: An Intellectual Biography*，二〇〇一）。

1974

無政府、國家與烏托邦

Anarchy, State, and Utopia

「個人擁有權利，因此有些事是任何人或任何團體都不可以對他們做的（不侵犯他們的權利）。這些權利如此強大與廣泛，就引發了一個問題，如果有的話，政府或其官員可以做什麼事。個人權利留下多少空間給政府？」

「一個最小的政府，只限制在保護人民免於遭受暴力、竊盜與詐騙、執行合約等狹隘的功能，是合理的……任何更廣泛的政府，就會侵犯人們不被迫做事的權利，因此是不合理的。」

總結一句

透過重新分配達成的社會正義，一點也不正義，反而更像是竊盜。

同場加映

艾克頓勛爵《自由與權力》（1章）
弗雷德里希·海耶克《通向奴役之路》（19章）
約翰·洛克《政府論兩篇》（26章）
卡爾·波普爾《開放社會及其敵人》（40章）

34

羅伯特・諾齊克

Robert Nozick

雖然在今天，一個人自稱為自由放任主義者（libertarian），責罵大政府（Big State）過度的行為，是一種流行，但是在一九七〇年代中期，任何呼籲嚴格限制政府的人，毫無疑問是一種政治邊緣的主張。哲學教授諾齊克當時就開始思考這種看法，並認為政府與社會都是麻木不仁的；他認為，幫助人民是政府的責任。諾齊克深深接受這個看法的邏輯，這個看法允許真正的個人自由，但同時避免無政府的暴力與失序。他在《無政府、國家與烏托邦》書中一開始就認清，小政府（minimal state）也許沒有像承諾為人民做很多事的政府那麼令人興奮，但他希望說服讀者：「小政府非常鼓舞人心，也是正確的。」這本書造成很大的影響。因為在二十世紀中後期的意識型態典範，是鞏固福利國家理論基礎的重分配正義，其中羅爾斯（John Rawls）在《正義論》（*A Theory of Justice*）中，對重分配的理論意義做了最好的表達。但諾齊克在書中針對這個典範，提出了一個強硬、幾乎令人震驚的解答。

在前言中，諾齊克甚至承認，他不喜歡的一件事是，大部分美國東岸的知識分子都不同意他的強硬看法，特別是他對政府有限功能的立場，他自己說，他因此得和某些「壞朋友」（bad company）往來。例如：他就讓自己理由充分的觀點與超級自由放任主義的蘭德（Ayn Rand）觀點，保持疏遠的關係。《無政府、國家與烏托邦》並不是一篇尖銳的政治文章，而是一本哲學著作，它承認自己的弱點，並尊重反對的論點。

這本書另一個長期成功的理由是，相當容易閱讀。即使是左派哲學中堅分子辛格（Peter Singer）也稱讚本書語言簡單，並且說即使他認為諾齊克的觀點是錯的，但這些觀點顯示出來的力量表示，大政府的推廣者現在必須費盡全力充分說明他們的立場。

政府的觀點

諾齊克提出，政治哲學最基本的問題是：我們為什麼要一個政府？為什麼不能簡單地保有無政府狀態？

他一開始就提到洛克的「自然狀態」理論，只要不傷害另一個人，或想拿走他們的財產或自由，每一個人可以在自由的狀態下追求自己的目的。在一個特定的地理範圍內，也許會有互相競爭的保護機構，並宣稱自己是正義的分配者。為了統治，他們可能會彼此開戰。然後所有的勢力就會匯集到這個贏得權威「市場」的機關或團體，為了回報，它會要求其他人的順從與服從。這個契約牽涉到武力的壟斷，以作為保護的回報，就如我們所知，明確的正義就是政府的開始。

諾齊克反對政府出現的契約理論。事實上，他認為政府起源是透過「看不見的手」，也就是說，每一個人追求自己的利益，因此發展出保護所有人的機構。他主張，無論如何，只有保護公民免於遭受暴力、竊盜與詐騙，以及執行合約的「守夜人」政府，才是合理的。給政府任何更進一步的功能，把它變成負責仲裁的權威機構，不只決定誰要擁有什麼，以及**為什麼**應該或不應該擁有，結果一定會減少人民的自由。

分配不公

諾齊克也思考了主張更大政府的辯護理由，通常與「分配不公」這個字眼脫不了關係。他指出，這並不是一個中性的字眼，而是牽涉到某人必須決定要分配或重新分配什麼，以及分配多少的問題。因此，他必須思考這件核心的事：誰擁有了什麼要分配的東西。東西不是憑空出現在這個世界的，某一個人一定是組織過、買過或開發過資源，才能把東西製造出來。如果我們打造了一個基於「每一個人是根據自己的需求」哲學的社會，那麼**誰**製造了什麼，其實無關緊要。唯一的問題是應該要如何公平分配。然而，不承認一開始創造價值的人，又怎麼能說是公平的？如果一個社會中的任何東西要被公平轉移，也一定只能透過這個東西所有人的選擇，他可以選擇要給誰，要和誰交換，或要賣給誰。諾齊克的「權利理論」精髓就在這裡。

諾齊克探討了一星期賺數十萬美元的足球或棒球選手的「不公」現象。如果有數百萬人準備去觀看一場球賽，就是因為這個球星有上場才要去看，那麼這個明星因為個人吸引力而收到這麼多錢是不合理的嗎？在一個自由的社會，人們可以自由決定什麼東西對他們有價值，資源轉移根據的是價值，而不是需求。如果有人認為這樣是錯的，並且希望讓社會基於需求來運作，就必須開始限制人們的行動自由。他就必須讓付錢去看球星打球的人，提出更多「有價值」的目的。另外，如果認為一項產品或服務的利益必須分配給整個社會，企業家就不再有誘因生產或建造任何東西了。

諾齊克也反駁了哲學家羅爾斯的代表作《正義論》（見《一次讀懂哲學經典》的評論）中的觀點。羅爾斯的「差異原則」（difference principle）主張，應該要給一出生就有先天弱勢的社會成員更多資源；一個社會不能只是為了保護財產或生命，而是必須努力做到公平。諾齊克主張，差異原則根本行不通，即使是在一個家庭裡面也行不通。一個家庭應該把大部分的資源都給最不聰明的孩子，並透過嘗試改善較不幸運的手足的情況，而要求給其他孩子的任何資源都要收回來？如果這在家庭的層次就說不通，諾齊克很想知道，為什麼就應該適用到整個社會？另外，羅爾斯的理論談的都是有需求的人的權利，卻沒談到施予者的權利。

羅爾斯認為諾齊克的「權利理論」的問題在於，它允許資源是以「道德武斷」的方式分配。也就是說，單純基於天生稟賦、好運、社會環境或出生的因素時，資源不公就是不正義的。相對地，讓諾齊克感到震驚的是，羅爾斯沒有提到，有人可能是因為努力工作才開發出擁有的資源；每一件對某個人有價值的東西都要歸因於「外部因素」。羅爾斯一方面說，他的理論與人類的尊嚴與自重有關；但另一方面，他又貶低了人類的自主性與個人選擇的品質。諾齊克說，羅爾斯「正義原則」的核心是嫉妒。他提出了一個替代的方程式。第一，人對自己的自然資產有權利。第二，如果他們對某一個東西有權利，連帶的也對隨之而來的東西有權利，包括他們所擁有的東西。簡而言之，「不管人們的資產是否從道德角度來看是武斷的，他們是有權利的，而且對隨之而來的東西也有權利。」

諾齊克也提到稅收，他把稅收稱為「強迫勞動」(forced labor)，因為牽涉到強迫某個人多工作幾個小時，以便為另一個有需求的人付錢。如果人們被要求，為了生病或失業者的需求，每一星期要多工作五個小時，他們一定會反對，但這就是稅收的意義。諾齊克寫道，「不管是透過稅收或薪資，或是超過一次金額的薪資，或是透過利潤充公，或是透過一種**社會鍋**（social pot）機制，因此不清楚什麼東西從哪裡來，以及什麼東西往哪裡去，分配正義原則都是不當挪用其他人的行動成果。」從這個社會鍋得到東西的其他人，就是經由你的勞動所有權，而成為你的**部分所有人**。這違反了所有的自由觀念（特別是洛克的意見），也就是，一個人是他自己、他的勞動，以及他的勞動產物的所有人。諾齊克的結論建議，一個更大的重分配政府，只有在公民**願意**透過繁重的稅收把自己賣給奴隸制度，才會是合理的。

保持自由的烏托邦

諾齊克雖然堅決主張「比小政府更大的政府，沒有一個是合理的」，但是他也承認，這樣的政府也很難「激勵或鼓舞人心」。和烏托邦理論家或民族主義者夢想的更大政府相比，小政府似乎相形失色或沒有實質意義。他引進一個另類的模式，一個管理無限數量的更小「烏托邦」或政體的小政府，並由這些烏托邦或政體設定他們自己想要如何生活的規則。而所有這個政府會做的事就是保護個人對抗暴力，並允許行動的自由。它的作用不是為了激勵人心，只是保留每一個人成立、加入或離開一個社區的能力。

這個架構比一個標準的自由放任願景更好，諾齊克斷言，它允許通常在自由主義基礎中不允許的社區可以存在。事實上，有些社區可能會非常嚴格，會限制人們可以閱讀什麼資訊，或他們的性行為；有些社區可能是共產主義的，或非常父權式的管理方式。但是人們可以自由選擇去或不去住這樣的社區。另外，也會有微型社區，例如由工人控制的工廠，就可以存在於一個有更多自由的資本主義社會。

諾齊克承認，關於「元烏托邦」(meta-utopia）架構，有些問題要思考：誰可以成立？它的權力是什麼？他說，它的主要作用會是強制執行：阻止一個社區入侵、接管其他社區，且奴役它的社區居民；並提供解決社區之間衝突的途徑。如果他們希望的話，它也會強制執行離開某個社區的個人權利。但是在這個架構中，不會有大部分國家憲法中的一般「普遍性」道德原則。事實上，他說，有一些事「是個人可能自己選的，沒有人可以為其他人選擇」。相對地，他的架構提供了「所有可能的最好的世界」，因為它結合了個人的選擇自由，以及人類希望基於某些價值和其他人住在一起，而**願意**限制自己的選擇與可能性的天性。它也結合了人們想跟隨內心深處的夢想、價值與願景而改善生活的古老欲望，以及不被強迫住在一個特定政權或社區的基本自由。

他在結論中問道：「小政府的烏托邦架構，不是很激勵人心的願景嗎？」雖然放棄了我們對政府期望的這麼多自我指派的任務，但取而代之、完全清楚的正是個人不可侵犯的權利與自由，「一個人不會被其他人以某些方式當作手段或工具、裝備或資源使用。」

總評

諾齊克的「權利理論」的基本思想是「經濟物品」（economic goods，按：指必須付出代價才能得到的物品，相對於免費物品）的出現，已經因為合法要求其所有權而受到阻礙。一個人不能說一個農場、工廠或一輛汽車，無論如何就是準備好重新分配的公共物品。根本的問題不應該是我們要如何達到公平（就像二十世紀的時代精神），而是：誰擁有這個物品，以及如何保護他們的所有權？忽略或掩蓋這個最後的問題，整個政府的偉大建設在道德上就會變成紙牌屋。對諾齊克來說，人們真正擁有的唯一「權利」是正當取得的財產。「社會正義」是由公民協會或私人機構與個人，根據自己的哲學或一時的心血來潮而去爭取的東西，與政府**無關**。當政府讓自己成為社會正義的提供者，就意味著一種相對更高程度的強迫稅收。貫穿本書，作者認為重分配有一種厚顏無恥的感覺，它可以採取道德制高點，但在實際上，他們的理想導致一個人損失保留自己勞動賺取的薪資與獲利的權利，必須「為了更大的利益」而放棄收入的一大部分。

諾齊克承認，讓很多社區與烏托邦自己嘗試導致很多失敗，而這反過來會讓人想要呼籲政府回到「利益推動者」的角色，就像柏拉圖的想像一樣。但是諾齊克與托克維爾立場一致，托克維爾說，只有生活在自由中，人們才會知道並行使美德，且承擔起發展這種良善行為的**個人**責任。專注於個人的責任，肯定比給政府所有的道德力量更好。

羅伯特·諾齊克

羅伯特·諾齊克（Robert Nozick）於一九三八年出生於紐約的布魯克林，父母親是俄羅斯的移民，諾齊克在青少年時期發現了柏拉圖的著作，並在哥倫比亞大學主修哲學。他在一九六三年取得普林斯頓大學的哲學博士學位，並在該校教了兩年的書，之後到哈佛與洛克菲勒大學任教。三十歲的時候，他成為哈佛的全職教授，並在那裡待到職業生涯結束。

《無政府、國家與烏托邦》一書讓諾齊克贏得國家圖書獎，並被《泰晤士報文學副刊》（*Times Literary Supplement*）選為「戰後一百本最具影響力的書」。這是他唯一真正的政治學書籍。他的其他四本書，《哲學解釋》（*Philosophical Explanations*，一九八一）、《生命的檢驗》（*The Examined Life*，一九八九）、《理性的本質》（*The Nature of Rationality*，一九九三）、《恆常》（*Invariances*，二〇〇一），都是更純粹的哲學書籍，內容涵蓋了決策理論、意識、自由意志、愛與幸福的本質，以及其他領域。他於二〇〇二年過世。

2011

權力大未來

The Future of Power

「國家已經不再是全球事務唯一重要的行為者了；安全也不再是他們追求的唯一主要結果；因此武力也不是唯一或一定是達成這些成果的現有最佳配備了。」

「軟實力也許看起來比軍事或經濟力量較不危險，但軟實力通常很難運用，很容易失去，要建立也要花很大的成本。」

「在二十一世紀，聰明的權力論述不是權力最大化或保持霸權，而是在這個新的權力擴散與『其他國家崛起』的環境下，找出整合資源化為成功策略的方法。」

總結一句

世界現在的權力是分散的，而且不再只是從軍事權力而來；擁有最好的論述與觀念的國家才能贏。

同場加映

愛德華・伯內斯《宣傳》(9章)
保羅・甘迺迪《霸權興衰史》(22章)
漢斯・摩根索《國際政治：權力與和平的鬥爭》(33章)
法理德・札卡瑞亞《後美國世界》(50章)

35

約瑟夫・奈伊

Joseph S. Nye

頂尖的外交政策學者奈伊因創立了「軟實力」（soft power）這個專有名詞而聞名，但他也是第一個承認光是軟實力還不夠的人。國家顯然需要軍事力量，加上外交、文化與道德影響力，這些元素的結合構成了他所謂的「巧實力」（smart power）。

奈伊在《權力大未來》中，一開始就提到二〇〇八年俄羅斯入侵喬治亞事件。他說，俄羅斯選擇運用「硬實力」（hard power），這減低了它的主張的正當性，因此造成很多國家對它感到恐懼與不信任。但在同一年，中國在北京成功舉辦了奧運，取得了一次軟實力的勝利。事實上，中國總理胡錦濤明確表示，奧運是為了行使軟實力的協同行動的一部分。由於很多國家懷疑中國的軍事與政治意圖，這樣的投資看起來是傳達「和平崛起」的一個聰明舉動。而在同時，普優研究中心（Pew Research Center）一項調查顯示，在二十五個國家中，大部分的民眾都認為，中國將超越美國成為世界超級強權，甚至美國政府的國家情報委員會（National Intelligence Council）也認為，到了二〇二五年，美國將「大幅喪失」優勢地位。

但是對奈伊來說，更有趣的議題不在於哪一個國家崛起，哪一個國家沒落，而是人民本身在如何改變？今天的「權力」和五十年或甚至二十年前的權力是一樣的嗎？如果不是的話，是什麼因素讓一個國家強大？另外，在二十一世紀，非國家行為者（non-state actors）甚至會變得比國家更重要嗎？

權力的面向

與其想當然地認為權力被授予在國家上，奈伊建議，我們應該思考什麼樣的**資源**形成權力。舉例來說，在十六世紀的時候，西班牙是靠殖民與金條而崛起；而十九世紀的英國權力，則是來自工業革命與海權。在我們的時代，什麼是決定權力的資源？使用軍事優勢或國內生產總值作為指標，是足夠充分的嗎？另外，我們又要如何評估在資訊時代中的「權力平衡」。

奈伊要我們以三層棋盤（three-layered chessboard）的概念，來理解世界今天的權力：最上層的棋盤是軍事力，美國仍然是唯一的超級強權；而在中間的經濟力棋盤，現在是多極的局面，很多國家擁有經濟重要性；而最下層的棋盤則是超越國家的分散權力領域，從全球資金流向到電腦病毒、從恐怖分子網絡到氣候變遷與流行病的影響等。與其假設擁有最強軍事實力的國家將占有優勢地位，我們應該理解，最成功的國家是培養出「巧」實力的國家，其定義是「結合強制與報復的硬實力，以及說服與吸引的軟實力」。

奈伊寫道：「在這個世紀，有兩個主要的權力轉移正在發生，一個是權力在國家之間轉移，一個是權力從國家擴散到非國家行為者。」在國家本身的世界，重頭戲仍然是持續「回到亞洲」。在一七五〇年，亞洲擁有全世界一半的人口與產出。隨著歐洲與美國在工業革命中崛起，亞洲的產出縮小到剩五分之一。到了二〇五〇年，亞洲將會重新回到它的歷史占比的路上。但是在全球資訊時代，民族國家不再擁有過去的權力了，因為金錢、觀念與疾病，很容易就跨過國家邊界，而像氣候變遷與恐怖主義等議題，在本質上也是跨國的性質。奈伊寫道：「在達成目標時，從以權力**壓人**（power over others）的角度來思考，已經不足以運作，我們必須思考的是，會牽涉到**與**他人相關的權力（power with others）。」

因為權力現在變得更複雜，也更不危險，像美國這樣的國家必須更依賴其他國家把事情完成，那將「需要一個比典型的強權興衰故事更精緻老練的論述」。也就是說，與其像過去一樣，美國人通常會抱著炫耀心態地想知道，他們是否仍然是世界第一，現在更應該思考的是，這個世界的秩序是否良好地反映出他們的利益，以及他們所認為的普世價值。事實上，奈伊建議，成功可能不是簡單憑藉著誰的軍事裝備最強大，或甚至誰最富裕，而是誰有「最棒的故事」。美國將會繼續推廣它本身是自由與民主的燈塔，而中國的故事則會是重新恢復一個偉大的文明以及和平崛起。

硬與軟

各國可能不會再像十九世紀與二十世紀一樣容易開戰，但軍事力仍將是世界權力的一個內在組成部分，奈伊說，這是各國覺得必須展示出來的一種非常昂貴的保險。但實際上的威脅比較可能是來自非國家行為者以及國內的動亂。美國現在可以用無人機精準轟炸目標，但比它貧窮很多的敵人可以用汽車炸彈與自殺炸彈客製造混亂。讓人「震驚與敬畏」已經不足以掌控情勢了。美國的武力必須調整重點，放在平息動亂或保護平民上。在他們以某些明智的手法，以及也許最少程度地使用硬實力，以確保一個地區的安全之後，才進去並做一些軟實力的工作，例如興建道路、學校與診所等等。

硬實力與軟實力之間並沒有矛盾，奈伊說，軟實力只是另一個達成結果的方式，而且可能和硬實力資源一樣激烈對抗。例如，為了爭取被認為合法的地位（perceived legitimacy），也就是試圖否決另一個實體（不管是一個國家、公司或非政府組織）的軟實力，各國無時無刻不在競爭。就在北京奧運之前，電影導演史匹柏（Steven Spielberg）發了一張公開信給中國總理胡錦濤，希望中國協助在達佛（Darfur）[1]的維和部隊。中國就迅速派出了一個特使前往該地區。在這個很容易受到影響的時候，中

---

1 譯注：位於蘇丹西部，自二〇〇三年起，因為境內的種族衝突，蘇丹政府介入進行有計畫的屠殺、搶劫、強姦，乃至種族滅絕行動。聯合國於二〇〇七年決議派出維和部隊。

國因為不想在全世界面前丟臉，就採取行動了。

政治人物的一個問題在於，軟實力通常要花一段很長的時間演變，而且也深深內嵌在一個國家的文化中，所以無法迅速或輕易培養起來。和軍事或經濟力量相比，它看起來可能是取得權力的一個輕鬆的方式，但是「通常很難運用。很容易失去，要建立也要花很大的成本」。如果一個國家被視為在操控情勢，它的軟實力就會直接變成宣傳，奈伊指出，因此應用軟實力的國家就會失去所有的信用。另外，「軟實力是需要舞伴的一支舞。」例如在希望北韓放棄核武時，軟實力看起來似乎沒有任何影響力，因為北韓如果有反應，也是一個只對硬實力有反應的政權。奈伊指出，軟實力並不是一場零和遊戲，中國可以贏得更多的尊重，但在同時，美國或其他任何國家也可以。事實上，如果中國提升自己的軟實力，直到不必訴諸武力來達成目標也覺得安全時，每一個人都算贏了。

奈伊承認，如果他是必須從硬與軟實力中選擇的國家領導人，在面臨存亡之際，他無論如何一定會選擇硬實力。但如果想要國家長期維持進步與保持自己的地位，就同時需要這兩種實力。羅馬可以維持帝國這麼久，就是因為它開放移民，而且移民也可以向上提升社會地位。它的開放與理想，給了它拉力。在今天，威權政權應該意識到，軟實力的最大來源就是開放。如果一個國家對人民箝制言論，它立刻就會有可信度的問題。英國廣播公司（BBC）世界服務新聞網擁有可信度，是因為它有一個保護它不受政府干預的章程。其他形式的軟實力，例如文化與學術交流，長期下來也會有強大的影響力。薩達特（Anwar Sadat，按：前埃及總理）、施密特（Helmut Schmidt，按：前德國總理）與柴契爾，是後來喜歡贊助美國教育交流活動的世界領袖，而伊朗目前的政府部門中，有大約一半的人擁有美國學位。

網路力量

現在民族國家的喪鐘經常響起，因為人們越來越覺得，他們是不受國界限制的某個社群的一分子。全球社群，例如環保主義者，不一定希望直接挑戰國家權力，他們只是添加了一層以前沒有過的權力。當然，像社會主義、和平運動與女性主義等國際運動，就像紅十字（Red Cross）與天主教教會（Catholic Church）等國際組織，已經存在了很長的一段時間，但現在還有更多的組織，他們的人數更多，而且全部都能取得科技，包括主張回復伊斯蘭教在七世紀的理想的恐怖分子。奈伊把今天的「網路力量」（cyberpower）和過去的海權與陸軍實力相比。網路力量不像需要大量投資在造船與軍火庫的海權，進入網路力量的成本門檻實際上是零，而且網際網路本身是設計來方便使用與取得的，並不是為了安全考量，因此各國政府現在都遇到了威脅。

雖然這場網路革命似乎有助於非國家行為者與小國，並降低大國的權力，但國際政治的很多動力仍然在運作。大國可以資助情報機構，並僱用數千人以破壞或駭進電腦網路。俄羅斯就在二〇〇七駭進愛沙尼亞，在二〇〇八年駭進喬治亞，還有二〇一〇年（可能是以色列傳送的）的震網（Stuxnet，按：又稱超級工廠，是一種Windows平台上的電腦蠕蟲），導致伊朗核能設施的某些進度停擺。奈伊很想知道的是，如果駭客關閉的是芝加哥或莫斯科等北部大城市的電子系統時，後果又會如何？在冬季期間，這可能比投擲炸彈更具破壞性。就像一般的戰爭，每一個國家都必須衡量發動攻擊的成本。例如：如果由中國國家資助的駭客，對美國企業發動一場攻擊並重創美國的經濟，美國的經濟衰退也會傷害到中國，因為這些國家在經濟上已經緊密連結在一起了。

奈伊說，權力的擴散和權力的平等並不一樣。國家仍將在網路空間有重要的作用，在國家過濾與防衛技術、服務提供者的法規，以及新的網路國防部門，加上傳統的陸、空、海軍實力。對政府來說，把網路領域留給私人企業的風險實在太大了。

巧實力

「巧實力」的策略與目標清楚並知道如何達成目標有關。它牽涉到建立或維持重要的經濟、軍事與政治聯盟，並且與全球性的機構合作，即使是霸權國家。因為很多今天的議題，從氣候變遷到恐怖主義以及像伊波拉等傳染病，都和全部的國家（pan-national）有關，所以跨越國界的機構將會越來越重要。奈伊提出，今天描述美國地位的最好字眼不是「帝國」或「霸權」，而是**優勢**（preponderance）。它也許在軍事上與經濟上有主導地位，但它的影響力與重要性不應該否認其他行為者的權力與財富。

應用軟實力，其中的部分事項一定是維持公共利益，例如一個開放的國際經濟，以及海洋、天空與網際網路的共享領域，並在國際爭端情勢升高之前成為調解者。

總評

奈伊的很多觀點都有先見之明。例如網路攻擊事件已經增加了，像是北韓被說在二〇一四年攻擊了索尼影業（Sony Pictures）。在國際政治上，硬實力與軟實力的概念，在理解行為者的行動上，仍然是很有用的方法，而更細微的巧實力則為國家效能（state effectiveness）提供了一個祕訣。

中國國家領導人習近平在二〇一四年的一次演講上，形容中國就像「房間裡的大個子」，雖然他的體型龐大，但他並不想要控制其他人。這個比喻很像來自奈伊的口吻，只是也和美國有關。今天的權力不是簡單主張權力或成為霸權，或是問是否將成為「美國人的世紀」或「中國的世紀」。如果使用權力的方式每一個人都受益，權力就會增加，但只要人們認為只是為了自私的目的，就會招來攻擊，並讓權力削弱。未來將屬於在觀念與形象的戰場上，能以正面意義開戰的國家。

約瑟夫・奈伊

約瑟夫・奈伊（Joseph Nye, Jr.）於一九三七年出生，在普林斯頓大學取得第一個學位。他也是到牛津大學進修的羅德學人（Rhodes Scholar），研究的是哲學、政治學與經濟學，並在一九六四年取得哈佛的政治學博士學位。在哈佛期間，他的職位包括科學與國際事務中心（Center for Science and International Affairs）主任，以及約翰甘迺迪學院（John F. Kennedy School of Government）院長。奈伊曾在幾個美國行政團隊中擔任安全與外交政策議題的顧問，包括柯林頓總統的國際安全事務國防助理部長。他在外交政策委員會（Foreign Policy Board）為國務卿提供建言，也在外交關係委員會任職，同時是新美國安全網路安全計畫（Center for a New American Security Cyber Security Project）的共同主席，並且是《外交政策》（*Foreign Policy*）的編輯委員會成員。他的著作包括《美國霸權的矛盾與未來》（*The Paradox of American Power*，二〇〇二）、《柔性權力》（*Soft Power: The Means to Success in World Politics*，二〇〇四）、《理解國際衝突》（*Understanding International Conflicts*，二〇〇九年第七版）。

1982

國家的興衰：
經濟成長、停滯與社會僵化

The Rise and Decline of Nations: Economic Growth, Stagflation, and Social Rigidities

「總的來說，特殊利益組織與勾結會降低效率，並在他們運作且造成更分裂的政治生活中聚集收入。」

「在其他方面相當的兩個社會中，有較長期的穩定、安全與結社自由的社會，就會有更多各式各樣的制度，這些制度會限制進入與創新，〔並〕促進社會成員更多互動與更高的同質性。」

總結一句

長期下來，穩定的社會將產生利益團體，這些團體會千方百計以犧牲整體社會的代價來保護他們的成員。

同場加映

戴倫・艾塞默魯＆詹姆斯・A・羅賓森《國家為什麼會失敗》（2章）
約翰・米克斯威特＆亞德里安・伍爾得禮奇《第四次國家革命》（31章）
理查・威金森＆凱特・皮凱特《公平之怒》（48章）

36

曼瑟・奧爾森

Mancur Olson

經濟學家奧爾森開始寫《國家的興衰：經濟成長、停滯與社會僵化》（*The Rise and Decline of Nations: Economic Growth, Stagflation, and Social Rigidities*）時，對他來說，這顯然是一個我們非常不了解的主題。有關國家差異的一個常見的解釋是「文化」。例如：中世紀的新教徒（Protestants）有某些工作道德規範，這讓他們領先於他們的天主教同儕；德國人相較於南歐，因為工作勤奮，一直都做得很好；而日本人則因為種族同質性與目標特殊性而繁榮。但是奧爾森檢視證據之後發現，文化解釋也許在某些時期或某些地方行得通，但其正確性無法成為一個通則。

也許對長期繁榮的一個更好的解釋是政治穩定。畢竟，文化與政治穩定總是相輔相成（《國家為什麼失敗》也是支持這個看法的近期例子，見2章）。但是奧爾森對這個論點的否決更是直接。他指出，一個社會形成越久，它的政策與法律就越可能被特殊利益聯盟（產業組織、聯合行為、工會、農民遊說之類的團體）所擺布，他們尋求的是成員的利益，犧牲的卻是整個社會。穩定是有代價的，也許只有革命或戰爭可以「重新設定」一個社會，回到它之前的社會流動性與經濟活力。

在寫這本書的時候，一般普遍接受的看法是，壓力團體是民主健全的一部分，但奧爾森指出，不是所有的團體都是平等的。擁有某種優勢（資金、組織或影響力）的團體，他們的優勢會隨著時間增加。事實上，奧爾森的書在自己的國家從來沒有比現在更重要了。他的模式預見到美國政治的兩極分化，以及過去幾年來，大筆資金挹注華盛頓遊說團體的勢力、立法與預算的僵硬，以及因為社會中的一小群人設法得到稅收減免，而獲取經濟成長的大部分利益，因此收入落差大幅擴大。

集體行動：代價與利益

一九六五年，奧爾森在《集體行動的邏輯》（*The Logic of Collective Action*）一書中披露，假以時日，人性傾向扭曲與破壞民主與平等原則。根據理性，一個人也許會推論，如果一個團體或組織從社會的經濟成長得到利益，那麼支持與刺激整體的成長就符合他們的利益。畢竟，如果經濟在成長，那麼人們就會買更多商品或服務。但在現實中，特殊利益團體很少採取這種看法，他們認為，與其促成更大的經濟成長派餅，為自己謀得更大的一塊，對他們更有利。奧爾森說，一個更好的意象就是，一群捧跤手在一家瓷器店裡互相對抗。他們才不在乎破壞，他們只想贏。

特殊利益團體、聯盟、聯合行為與遊說團體的「尋租」（rent-seeking）行為[1]，很自然會降低整體經濟的效率。例如：要進入一個行業的障礙，就是相當大的成本。一個特定的行業將會尋求立法，以公共安全的理由，只允許有特殊資格的人進入。給這個行業的保護意味著，大眾必須付出更多，因此他們的錢就不能花在其他有生產力的地方。簡而言之，「大多數的特殊利益團體是以降低社會效率與產出的方式，在重新分配所得，而不是創造所得。」

以這種方式瓜分社會的財富，也會削弱共同政治利益的重要性。在戰爭期間，一個社會也許會團結一致以擊退敵人。有一個公認的共同利益，比其他利益更重要。但是在爭奪社會利益與財富時，除非另一方輸，否則一方就不可能贏，因此會造成怨恨。當特殊利益團體與聯盟的力量壯大，政治會變得更分裂與不穩定，因為受到影響的團體的遊說力量的運作，之前的選舉選擇與政策可能會被撤銷或翻轉。國家就不再代表長期朝著繁榮、自由與正義發展並對所有人有益的進步力量，而是一個大部分的人為了自身利益而一決勝負的競技場。

特殊利益經濟學

當特殊利益團體得到不當權力時，會有很明顯的經濟後果。最重要的是，會導致因應變化的能力降低。例如，工會可能會宣導反對引進某一項技術創新，因為它將降低工人的需求，即使它對一個產業的生產力與社會的繁榮有非常重大的利益。行業的聯合行為也是一樣，通常也反對創新，因為如果一家公司發展了某一項技術，就會危害到其他公司的興旺。相反地，如果一個行業沒有聯合行為，彼此將會有激烈的競爭，並以技術或生產力的提升來超越其他人。

一個被特殊利益驅動的社會將會發展出更複雜的法規，這反映了一個不平等的競爭空間。然後，在法律中支持特定團體的特殊考量，會遭到其他團體的挑戰，政府就要變得更大，以應付這一切。另外，奧爾森指出，「在法規、政治與理解複雜事務上，善於表達、受過良好教育的人就有了一種比較優勢。」也就是說，他們可能在一個不鼓勵創新與創意的環境中壯大，因為他們了解權力的槓桿如何在一個妥協的經濟中運作。這種情形的不幸後果就是，社會上的所有智力都傾向維持現狀，而不是讓它更有活力。

受到特殊利益強烈影響的社會，比以下兩種社會成長得更慢。一個是除了政府之外，已經消滅所有競爭的利益團體的極權政權。另一個是因為戰爭與政權改變，而破壞所有之前利益聯盟的地方。德國與日本在第二次世界大戰之後成長迅速，奧爾森說，那是因為它們沒有既有的利益團體擋在快速成長的路上。因為希特勒讓工會變得不合法，而日本的左翼勞工組織也受到打壓。如果再加上反壟斷規

1 譯注：尋求經濟租金，又稱為競租，是為了獲得和維持壟斷地位以得到壟斷利潤（亦即壟斷租金）所從事的一種非生產性尋利活動。

定——這是同盟國於戰後在這兩個國家建立的制度——就是社會強健成長的祕方。對照之下，英國是一個擁有長期的穩定與制度的國家，在戰後時期的經濟成長率只能用貧血來形容。由於工會權力過大，經常有產業的行動，因此似乎無法管理。奧爾森也提到，在戰後時期急速領先的香港、台灣、韓國與新加坡，就是因為這幾個地方之前都被其他國家占領或治理，過去並沒有發展會阻礙成長的分配聯盟與強大特殊利益的自由。

奧爾森發現，他的論點也可以適用在國家內部的差異。最近數十年來，美國西部與南部的成長更快速，因為它們沒有東北部與中西部地區長期存在的政治機構，在這些地方，特殊利益團體與商業組織有更長期的時間發展與影響政策。人們很快也了解到，當一個國家或地區被少數人把持時，留給一般人要繁榮的機會也更少了。

最後，自由貿易會帶動經濟與企業的成長，奧爾森說，因為不管是在自己的國家或其他地方，自由貿易讓它們可以繞過或削弱既得利益與聯盟的勢力，「如果有自由的國際貿易，就會有不受任何遊說團體影響的國際市場。」如果障礙變低，李嘉圖知名的「比較利益」原則就會火力全開，各國就可以生產他們更擅長的或能便宜生產出來的產品，而不是採用「跟風」型的產業政策，那只會保護沒有效率的產業與企業。當外國公司被允許進入國內市場與本地企業競爭時，就會讓本地市場更競爭，將有助於消除聯合行為與舒適的安排措施，並引進生產與創新的新觀念，而這些新觀念可能是關稅壁壘所阻擋在外的。

政府不是問題所在

奧爾森主張，政府的規模與經濟的成長之間的關係很微弱。他指出，法國與瑞典的政府部門雖然很龐大，但是在戰後時期的成長很穩定。部門利益是否會癱瘓經濟的成長，比政府的規模更重要。為什麼瑞典與挪威和英國一樣都有很強大的特殊利益團體，但在戰後的經濟都成長得很好，英國卻沒有相同的表現？主要原因就是，這兩個北歐國家的勞工組織「包羅萬象」(encompassing)，也就是說，他們有非常龐大的工會，已經涵蓋了經濟活動中大部分的工人了。因此，看到整體經濟的成長，也符合他們的利益。而英國的工會比較有限，也比較不普遍。瑞典與挪威的工會組織，不像其他國家的工會一樣希望對進口商品徵收關稅，他們對市場的力量相當開放，這種態度反過來造成他們的產業更有效率。

古典自由經濟理論說，政府是經濟成長緩慢的原因，因此只要政府比較小，不要造成阻礙，更自由的市場就會創造繁榮。但是奧爾森指出，「政府絕對不是社會中唯一的強制或社會壓力的來源。」舉例來說，不管政府大小(包括自由放任主義的政府)，聯合行為往往都會形成。他的重點是，國家會衰敗不是因為它們被左派或右派的利益接管，或政府變得太龐大了，而是因為本來要為所有人帶來利益的程序被少數人腐化了。當我們看到，商業或貿易團體攻擊政府規模妨礙了國家的繁榮，我們應該把這個真理謹記在心，他們應該先檢視，他們為特殊考量與立法的遊說活動限制經濟活力的程度。

事實上，我們以為，在一個社會中，財富重分配的動機一定是從有錢人這裡拿走財富，以緩和窮人的處境，但是奧爾森說，很多重分配都是從窮人這裡流向有錢人。例如：保健制度往往是聽從從業人員的建言，但這些人已經是有錢人，而不是一般普羅大眾，他們才是使用者。稅收漏洞幫助有錢人變得更富有，而「企業福利」(corporate welfare）也經常支持經營不善的公司，但真的應該讓它們破產倒閉的。

特殊利益暗中扭曲法律與制度的本質，其實影響到每一個領域與階層。奧爾森主張，最低工資法與工會工資標準，會阻礙公司與勞工達到有益雙方的新協議，而且最後的結果也只是高於必要的失業而已。我們不能簡單地說，一個國家的衰敗是因為它被億萬富翁與私人企業的利益所俘虜，因為太強大的工會對經濟活力的影響一樣糟糕。奧爾森擔心的不是特定團體，他更關心的是特殊利益俘虜了制度的普遍現象。

總評

雖然奧爾森主張，動亂可能是打破特殊利益把持一切的必要手段。但有些國家很顯然可以不透過暴力的動亂來重新改造他們自己。《國家的興衰》一書出版的時候，英國正在經歷一場由柴契爾主導的革命。透過私有化、金融市場自由化，以及解除工會的力量，促成經濟市場化，結果終結了一九七〇年代的僵硬，並創造了一個快速成長的經濟。

奧爾森的一個有趣論點是，階級關係的作用和產業或勞工利益一樣。也就是說，社會階級或種姓制度限制與其他階級通婚，不只是出於社會性的勢利虛榮，而是為了管理經濟上的排他性（exclusivity）。一個階級越小，就可以越專注在堅持與維持它排除其他人的權力。貴族政治只是特殊利益動力的一個更極端的版本，在這種制度中，更大的穩定性與經濟停滯相輔相成。當我們看到穩定，我們就應該問：這個社會的所有人與團體對於社會如何運作有沒有發言權，對社會產生的利益有沒有應有的一份？或者，它只是某些團體以適合他們的方式扭曲法律與制度的結果？一個成功的社會會設置多種查核、平衡與規定，以對抗十八世紀經濟學家塔克（Josiah Tucker）所說的現實：「只要有機會，所有的人都會變成壟斷者。」

曼瑟・奧爾森

曼瑟・奧爾森（Mancur Lloyd Olson, Jr.）於一九三二年出生於美國北達科塔州大福克斯地區（Grand Forks）的農家。他在一九五四年於北達科塔農業大學（North Dakota Agricultural College）畢業，並得到羅德獎學金到牛津研讀哲學、政治學與經濟學，於一九六三年從哈佛取得經濟學博士學位。

一九六〇至一九六一年，奧爾森在普林斯頓大學擔任講師，一九六三至一九六七年，成為助理教授。一九六七至一九六九年，他為美國健康教育與福利部（Department of Health, Education, and Welfare）工作。一九七〇年，他成為馬里蘭大學（University of Maryland）的教授，並在接下來的三十年都待在那裡。他在一九九八年忽然過世，他寫的《權力與繁榮》（*Power and Prosperity*）探討了新興經濟體中的治理問題，於二〇〇〇年出版。

1945

動物農莊

Animal Farm

「……我們的勞動產出幾乎全部都被人類偷走。同志們，我們所有的問題有一個答案。簡單來說就是一個字——人。我們唯一真正的敵人，就是人。從這幅景象裡把人除掉，那麼造成飢餓與過勞的根源，就會永遠解除。」

「過了幾天，處決造成的恐怖感消逝之後，有些動物想起來了。或者說，他們認為自己想起來了，第六條戒律『任何動物都不可以殺其他的動物』。雖然在豬或狗的聽證會上誰都不在意，但是大家還是有個感覺，已造成的殺害並不符合這一條戒律。」

總結一句

即使革命的立意是最良善的，但是大部分革命只是把一個統治階級換成另一個。

同場加映

漢娜・鄂蘭《極權主義的起源》（6章）

卡爾・馬克思＆弗里德里希・恩格斯《共產黨宣言》（29章）

亞歷山大・索忍尼辛《古拉格群島》（43章）

37

喬治・歐威爾

George Orwell

第二次世界大戰爆發時，歐威爾因為患有肺疾不能加入英國軍隊，於是他加入本土自衛隊，一邊種蔬菜，一邊為期刊及報紙供稿寫作。從一九四一到一九四三年，他任職於倫敦的英國公共廣播公司「東方廣播」（BBC Eastern Service），負責對印度的廣播工作。雖然他和周遭朋友都是屬於左派，但是他一直對共產主義存有疑慮，至少是對它的極權型態存疑。一九四一年七月，他在日記裡寫著：

「現在大家多多少少都支持史達林。我們這個時代的道德與情緒之淺薄，沒有比這更好的例子能說明了。這個齷齪的謀殺者現在暫時站在我們這一邊，罪惡就突然被遺忘了。」

歐威爾在《致敬》（*Tribute*）雜誌擔任文編時，動筆寫作《動物農莊》。這本小說被費伯出版社（Faber & Faber）的艾略特（T.S.Eliot，按：英美重要文學家）拒絕，葛蘭茲（Victor Gollancz，按：英國出版人及社會主義者）也認為沒有必要出版這樣一本攻擊蘇維埃政權的書，畢竟，蘇聯和英國及美國是同一陣線，不久前一起協力打敗了納粹。歐威爾和強納森凱普出版社（Jonathan Cape）的協議觸礁之後，一九四五年在賽克及瓦柏（Secker & Warburg）出版了這本書。

歐威爾對布爾什維克革命及早期史達林主義的寓言嘲諷，筆法高超而且具有娛樂性，揭露了共產主義的道德操守淪落；這本書也顯示，相信史達林主義治下的蘇聯是個值得的實驗，抱持這種想法的人太過天真。歐威爾認為自己是民主社會主義者，使他對這個政權的批判更加強烈。他說，他本身從來不反對社會主義，但是反對法西斯主義與極權主義。

如果歐威爾是以寫實方式表達他的觀點，就像他在《巴黎倫敦落拓記》（*Down and Out in Paris and London*）或《通向威根碼頭的路》（*The Road to Wigan Pier*）這些著作中表現的方式，還是會造成衝擊的；但是，《動物農莊》雋永的故事敘述，打動的是上百萬的讀者。

革命湧現

曼納農莊是由瓊斯先生所有。他只給動物維生所需，其餘的由他自己儲存起來。母雞下的蛋全都不允許孵化成小雞，所有小馬長到一歲時就被帶離母親身邊。任何農場動物一旦生產力衰退，就會被送去屠宰場，毫不留情。

有一隻豬，被稱為老少校，他希望喚醒其他動物認識到他們的這種處境。老少校告訴其他動物，人類是敵人，只有團結在一起才能推翻他們。老少校有一次在演講中說：「我們之中無論強弱聰愚，大家都是兄弟。任何動物都不可以殺其他的動物。所有動物都是平等的。」

老少校死後，受到他的想法啟發的動物們，耐心等待他們出頭的時機。最聰明的動物創辦一項祕密教育計畫，包括「動物主義」、反抗哲學，並且回答懷疑者的問題。有一隻動物指出，動物們能夠生存是因為瓊斯先生餵養他們。那麼，如果把他打倒了會怎麼樣呢？母馬茉莉問：「反抗之後會有糖吃嗎？」有一隻聰明的豬叫做雪球，他回答，在農場是不可能製造出糖的，而且，糖是不必要的，因為會有許多燕麥。

農夫瓊斯開始流連酒吧而疏於管理農場，沒有被餵飽的動物們看到機會來臨。他們打倒這個人，接管曼納農莊，把韁繩、鞭子及套在馬頭上的飼料袋全部都燒掉，而且把農夫的閹割用刀丟到井裡。他們把農夫的房子變成博物館，以記得這個差點把他們壓垮的政權，然後把這片土地的名稱改成動物農莊。

努力經營

動物們花費極大心力獲得得農產收成，他們很高興所吃的每一口糧食都是自己生產的。每個星期天他們會升旗（旗子是綠底映著蹄跟角的圖案），唱著讚頌歌〈英格蘭之獸〉，並且舉行共同大會。

動物農莊有七條戒律，第一條是「兩條腿的就是敵人」，第二條是「四條腿的，或是有翅膀的，就是朋友」。能夠閱讀的動物擁有某種權力，而顯然其他動物永遠不會明白字母和詞彙。為了他們，七條戒律就濃縮成簡單的一條：「**四腿好，二腿壞**。」

他們深深虔信這個簡單的信條。母牛產出的全部牛奶、果園裡的全部蘋果，都被豬給侵占了，但其他動物並不抗議。因為豬具有高超智慧，所以現在動物農莊是由豬代替其他動物來管理，而且他們需要這些物資才能好好發揮，不然的話，瓊斯先生就會回來。

這個國家裡其他農場的動物們，現在都唱著〈英格蘭之獸〉，其他農夫越來越擔心，同樣的狀況可能會發生在他們身上。緊張的瓊斯先生帶著兩個鄰近農場的農夫，回到他的土地上發動攻擊。動物農莊強力抵抗，牛棚之戰成為歷史上的重要里程碑。

然而，動物之間迅速出現分化。拿破崙是農場的新主人，養了幾隻對他非常忠心的小狗，他唆使這些小狗去攻擊雪球，雪球被咬得逃離農場。現在拿破崙頒布命令說，星期天的動物大會是不必要的，改成代表會議，成員是管理農莊的資深豬。有些動物不喜歡這樣，但是又不敢說出來。馬兒巴克斯決定，如果拿破崙頒布這條命令，那就一定是對的。老少校的遺骨被挖出來放在基座上，動物們每週都要對它列隊致敬。

農莊許多資源都被拿去投入一個偉大的計畫，那就是蓋出一座風車。拿破崙宣布說，他們將要開始與其他農場進行有限度的交易，當然不是為了獲取商業利益，而是為了得到關鍵的資材。人類則是對動物的商業經營開始有那麼一點點另眼相看；雖然人類不喜歡已經發生的事，但是也無法否認，動物們似乎可以靠自己經營農場。

歷史並非鐵板一塊

有一個秋天晚上，大暴風來襲，動物們醒來之後發現風車被摧毀了。他們把這場災難歸咎於雪球，並且響應拿破崙的號召而團結起來重建風車。嚴酷的冬天食物短缺，人類開始懷疑農場營運出了狀況，但是動物們為了面子還是硬撐出一副過得富足的樣子，即使耍點花招也在所不惜。他們不情願地找了人類懷默普先生來協助財務跟貿易，還帶他去看裝得滿滿一倉庫的蘋果和小麥，不過，每個裝滿的桶子都只有上面一層是真正的農產品，下面的全是沙子。

農場的失敗越來越被歸咎於雪球，據說他在晚上來復仇。顯然他從一開始就和瓊斯先生聯手，而且在牛棚之戰時臨陣脫逃。這和動物們的記憶是不符合的，但是，如果拿破崙斬釘截鐵堅持雪球是個叛徒，那麼他就一定是。所以，不能有「錯誤的」觀點或叛亂，那些和雪球一夥的「叛徒」，受到逼迫招認並遭到處決，並由拿破崙負責監督。

為了更大的理想

現在開始了一種對拿破崙的崇拜。他使用瓊斯先生的皇家高級德比餐具組來用餐，大家還要唱頌揚他的歌曲。所有負面批評都集中在隔壁人類的農場，由農夫皮金頓及腓特烈經營，據說他們待動物很糟。每個星期天，史格勒豬都會宣讀農場生產數字，顯示特定物產的數量加倍或增加為三倍。動物們對這一點都沒有異議。配給要說是「重新調整」，而不是「減少」。同時，據說母雞吃較少配給但是下蛋更多，豬似乎是夠肥的，而且頒布了更多規定必須要特別尊敬豬。大麥全都是留給豬吃的，而且他們一天有一品脫啤酒的配給。拿破崙喜歡屋子裡有燈油、蠟燭，甚至是糖，這些是其他動物禁止擁有的。他承諾要蓋一座校舍，透過演講、歌曲及遊行，不斷提醒動物們是擁有自由及尊嚴的。

農莊裡最大隻的工作動物巴克斯病倒時，據說他將被送去鄰近城鎮的獸醫，接受最棒的診治。他被帶走時，那輛卡車側面寫的是「席蒙斯，馬匹屠宰及皮毛骨粉飼料販售商」，所以動物們非常震驚，試圖阻擋卡車開走，但是徒勞無功。此後就沒有再見到巴克斯。

統治階級

一年一年過去，還記得最初反叛起義的那一代，漸漸凋零。還記得當初的承諾後來沒兌現的那些動物，也不抱怨。畢竟，拿破崙說，最大的快樂在於辛勤工作而且節儉度日。同時，豬和狗嚴密管控著農場，他們做的是重要工作，也得到相襯的福利。豬教自己要用兩條腿走路，而且還穿上衣服並帶著鞭子。現在房子裡面有電話及收音機，並且還收到報紙。欄舍牆面上所漆的標語本來是「所有動物都是平等的」，有一天早上卻變成：「所有動物都是平等的，但是有些動物比別的動物更平等。」

人類派了一個代表來到農場，進入房子中。據說皮金頓先生說：「如果你們有低等動物要對付，我們有我們的低等階級！」皮金頓恭喜拿破崙的農場配給低、工時長，而且沒有縱容。拿破崙表示，動物並不是真的革命，只是想要和平富足地生活。「同志」這個詞很快就會被廢除。動物在草地上吃著草，令他們驚訝的是，那些豬和那些人類的臉孔，並沒有太多不同。

總評

農莊裡每個角色各自代表的是誰？據推測，老少校指的是馬克思，拿破崙是史達林，雪球是被流放的托洛斯基（Trotsky）。瓊斯先生代表的是革命之前的舊俄帝制，皮金頓及腓特烈則是美英聯盟。豬代表的是史達林的官僚，狗則是他的祕密警察。建造風車讓令人想起五年計畫（Five Year Plans，按：史達林為推動蘇聯工業進程而實施三個五年計畫），被迫招認及處決則讓人想起史達林的公審。農莊戰爭所比擬的事件就像史達林格勒戰役（Battle of Stalingrad，按：一九四二年德軍進攻蘇聯而爆發一場大規模戰役）；「動物主義」當然就是共產主義。《動物農莊》的寓言力量，雖然是直接以蘇聯為靈感，卻是有所超越，它的訊息是針對所有形式的極權主義，無論是過去、現在或未來的極權主義。歐威爾的警告包括：統治核心階層的壯大及墮落；支配整個社群的是一位冷酷無情的領導者，而且還發展出對此人的偶像崇拜；極力掩蓋這個政權的無能，創造出逼真的（通常是想像出來的）內部及外部敵人；重寫歷史以符合意識型態正確性；透過政治宣傳麻痺社會大眾；把人當作達到目標的生產單位，而這個目標只會上升，不會下降。

現代，「歐威爾風格」（Orwellian）形容的是任何型態的壓迫政權，或是沒有經過認可的電子監視。歐威爾另一本反烏托邦傑作《一九八四》（*Nineteen Eighty-Four*，一九四九）創造了「老大哥」（Big Brother）、「官腔」（newspeak）、「矛盾思想」（doublethink）及「思想警察」（thought police）這些詞彙，從《動物農莊》中的信念開始發展，到最後的結論是，一切都符合邏輯而毫無希望。歐威爾對人類天性是悲觀的，他認為，在任何社會中，權力多半會取代自由。

喬治・歐威爾

喬治・歐威爾（George Orwell）是筆名，原名艾瑞克・亞瑟・布萊爾（Eric Arthur Blair）在一九〇三年生於印度的莫提哈里，父親理查擔任印度政府公職，他尚在嬰兒時期就由母親帶回英格蘭，與姊姊定居在亨利（Henley）附近。他在索賽克斯郡的伊斯特本入學，後來得到一筆獎學金進入伊頓公學。通過政府公職考試之後，他被派到緬甸的印度帝國警察部門，接著分發到倫敦及巴黎擔任記者，這些經歷提供了他寫作的材料，以筆名喬治・歐威爾發表了《巴黎倫敦落拓記》（一九三三）。一九三六年他前往西班牙加入反對佛朗哥（按：西班牙軍事獨裁者）的部隊，頸部中彈之後回到英格蘭。

歐威爾一生大部分靠著寫書評、專欄及政治評論的收入維生，有一段時間在一家北倫敦的書店工作。一九三〇年代他寫了六本書：《緬甸歲月》（*Burmese Days*，一九三四）、《牧師的女兒》（*A Clergyman's Daughter*，一九三五）、《向加泰隆尼亞致敬》（*Homage to Catalonia*，一九三八），以及《上來透口氣》（*Coming Up for Air*，一九三九）。

歐威爾在一九四七年被診斷出患有肺結核，但仍然在蘇格蘭侏羅島的偏遠農莊勉力完成《一九八四》。他在一九五〇年初死於倫敦的醫院。他的妻子奧莎妮絲（Eileen O'Shaughnessy）早於一九四五年過世，當時歐威爾在歐洲擔任戰地新聞特派員。

1776

常識

Common Sense

「美國的理想目標，其中很大一部分也是全人類的理想目標。」

「直到宣告獨立之前，美洲大陸會覺得自己像一個不斷把討厭的事一天一天往後拖延的人，心裡知道這件事非做不可，但就是不想著手去做；希望這件事能早日結束，但腦袋裡一直懸念著這件事的必要性。」

總結一句

自決是每個人和每個國家都有的權利，但是要把它變成現實，仍然需要勇氣。

同場加映

艾德蒙・伯克《法國大革命的省思》（11章）
亞歷山大・漢彌爾頓＆約翰・傑伊＆詹姆斯・麥迪遜《聯邦黨人文集》（18章）
亞伯拉罕・林肯《蓋茲堡演說》（25章）
約翰・洛克《政府論兩篇》（26章）
阿勒克西・德・托克維爾《民主在美國》（47章）

38

湯姆斯・潘恩

Thomas Paine

曾經從事馬甲裁縫及擔任關稅官員的英國人潘恩，在一七七六年一月匿名出版《常識》這本書，當時他到美國居住還不滿十五個月。潘恩在倫敦認識了富蘭克林（Benjamin Franklin），拿到他的介紹信而得以在美國落腳。他在《賓州雜誌》（*Pennsylvania Magazine*）找到一份編輯工作，做了一些爭議性報導而衝高雜誌銷量，他為文表示贊成廢奴以及支持女權，因此知名度大增。

《常識》這本書引起一股風潮，在美洲殖民各州都有印行再版。同年七月，大陸議會（Continental Congress）印行了它的《獨立宣言》（*Declaration of Independence*）。雖然《獨立宣言》是正式的政治文件，但潘恩的小冊子則充滿憤慨及熱情，目標是點燃美國獨立的火花，而且大致上是成功的。

雖然我們現在很難想像，但是在一七七六年革命風潮剛興起時，並不是眾人同心。雖然大家都很厭惡殖民地長官，但是推翻英格蘭統治這個想法還是非常激進，就算是打了勝仗，美國將會經歷一段法律及制度改革的大變動。潘恩了解這種矛盾心理，他以英王喬治三世為原型紮了一個稻草人，把國王的權力講得誇張一點，目的是把他塑造成真正民主的敵人。潘恩也攻擊了英格蘭自誇的政體，他把這個政體形容成享盡特權的上流階級為了保護他們的利益而制定的。他認為，只有把敵人塗上這樣鮮明的色彩，才能讓一般美國人感到憤慨而想要改變。潘恩使用最簡單的詞彙，避免艱深的用字，而且引用聖經故事的比喻來寫作，這個方式很有效果。二萬五千字的《常識》的成功還有一項要素，那就是作者創造了一種歷史必然性。他說，人類長久以來都在追尋更大的自由及平等，而美國的主張目標就是其中最新的演進版本。

也許，就連潘恩也沒能預見事情進展得多麼迅速。《常識》一書出版才十年，麥迪遜、傑伊、漢彌爾頓等人的《聯邦黨人文集》，以政策導向、微妙而充滿細節的方式，捍衛新生的《美國憲法》，使美國人能夠接受這個新的政府制度，最後終於澈底摧毀英國的殖民統治。然而，每一場革命最初的動力都是來自情緒，而這就是《常識》這本書所扮演的角色。

哪裡出了錯

在第一部分（「政府的起源及設計之概論，附帶憲法的精確注解」），潘恩表示，任何形式的政府都是必要的邪惡，是「失去純真的一枚標章」。政府最基本的目的是保障安全，只要能夠以最小代價提供最大的保護及福利，我們就會支持。

潘恩仔細忠考了統治美國的英國政體。他承認，和世界其他地方比較起來，英國制度似乎是一座自由的火炬，但是仔細檢視，任何人都會發現英國政體其實是不合時宜的。英國政體戴著「民主」之名的皇冠，事實上仍是君權國家，還有貴族組成的上議院，兩者都是世襲的。君主被奉為元首，與人民分開，而無真正的實權。潘恩認為，如果真的是這樣，為什麼還要有君主呢？現實的情況是，君主、貴族及平民這個三頭政治體系中，國王仍然擁有「作威作福的權力」。潘恩說：「雖然我們夠明智地完全抵制絕對君權，但同時我們也傻得可以，還是讓戴皇冠的掌管鑰匙。」君權是偶像崇拜的形式，違反人類的自然平等；它是「政府的教皇制度」(the Popery of government)。自然法則會使世襲繼承原則漸趨敗壞，因為，雖然開朝君主可能是有實力的，但是後代卻可能比不上他。社會大眾可能得要奉一個嬰兒為國王，或是由某個病重或老得不行的人來治理國家。潘恩寫道：「一個對社會大眾以及在上帝眼中是誠實的人，比起歷來所有戴上皇冠的混帳，還更有價值。」

有一種說法是，在英格蘭治下的美國發展得很不錯，潘恩針對這種說法的回應是：「我們也可以這樣說，一個小孩從來沒有吃肉，光吃奶就長得很好；或者說，人生最初二十年，就是為了接下來二十年都照章行事。」他大力抨擊英格蘭是美國的「母親」或「父母」這個觀念。事實上，美國的父母是歐洲，因為許多移居美國的人是來自英格蘭以外的國家，而美國人的感覺是「每一個歐洲基督教徒」都是同胞。況且，美國必須支持英格蘭向西班牙及法國開戰，但這些國家並不是美國的敵人。

潘恩正確地認識到，美國的專長並不是在於戰爭，而是貿易；唯有透過一個擁有自由港口的獨立貿易國家，才能與歐洲國家建立友誼。在國防和貿易這兩方面，屬於英格蘭一部分的美國沒有任何好處。事實上，美國獨立將會更富強。潘恩在力辯美國對英格蘭海軍將領的革命行動時，率先使用「美利堅合眾國」這個詞彙。他曾經說過一句名言：只有各州徹底聯合起來，才能「對外展現重要性，對內團結一致」(importance abroad, and union at home)。

應該怎麼做

在書中第二部分(「美國現狀之思考」)，潘恩抱怨美國人沒有足夠的自信掌權，仍然對優越的英國文化及制度脫帽致敬。他用「懦夫」及「阿諛奉承」來形容那些仍然消極想與英格蘭談和的美國人。他表示，父兄在戰場上戰死的人、失去財產土地的人，是以不同的眼光在看待這種情況。他引述密爾頓(John Milton)的話說：「極度憎恨的傷口深深刺穿，絕對不會長出真正的和解。」一七七五年四月十九日，英國士兵在列星頓(按：位於麻州波士頓近郊)殺害八個美國人，這一天之後就無法再試圖維持和平了。事態很明顯，英格蘭不會改變立場。潘恩說，無論如何，英國實在是距離太遠而無法好好管理美國，而且事情只會越來越複雜。況且，英國這個島國面積小得多，要美國做它的衛星，「違反一般的自然秩序」。

潘恩寫作時，美國殖民地有十三個，他提出一個「大陸會議」的代表組織，由政治家及人民組成：

「共同商議的成員其開會任務就是構寫出**大陸憲章**（CONTINENTAL CHARTER），或稱聯合殖民地憲章（以對應英國的大憲章），以決定國會（Congress）議員人數及選舉辦法、國民議會（Assembly）的成員，以及何時開議的日期，並且劃分出職務及管轄範圍（要記得，我們的強項在於整片大陸，而不是地域性的）。要確保所有人的自由及財產，而且最重要的是，以良知為指引的宗教自由活動，以及諸如此類應包含在憲章裡的內容。」

美國憲法要到十年之後才制定，而這份文字清楚摘要了憲法必須要包含的事項，後來正式訂出的內容大致也是如此。

走出自己的路

潘恩說，僅僅只是與英國「和解」，會導致未來發生更大的反抗，會有更多美國人犧牲生命，還是**現在**就澈底分開比較好：「如果美國不打敗自己的**拖延**與**遲疑**，那麼打敗美國的不會是英國或歐洲的力量」。在這本書第四部分（「美國目前的能力」），潘恩論述說，如果目前這個情況再持續下去，殖民各州會越來越富強，會導致各州之間彼此嫉妒。在美國還剛萌芽的時候就組成一個聯盟，眾成員之間就會有善意。

潘恩也指出美國必須發展自己的海軍。絕大多數英國海軍駐防點無論何時都在幾千英里之外，因此無法好好防衛美國海岸。而且，美國不像許多歐洲國家必須靠貿易才能獲得建立海軍的物資，美國本身就相當自給自足，建造船艦港口與維修的物資都具備了。

潘恩在附錄中表示，雖然美國在經濟方面還是個小孩子，但是未來長成一個富強的國家是可以肯定的，但唯有透過自己的立法權，規畫出自己的道路才行。就像先知一般，他寫道：

「新世界的生日即將來臨，一個人類新種族，也許就如歐洲的人數那麼多，即將從這個為期數個月的事件中，獲得自由。」

總評

潘恩對英格蘭政體的批判是過分了一點，但是他必須寫得非黑即白，創造真正的敵人，才能清楚說明美國獨立的好處。雖然現在我們很難相信，但是直到一七七〇年中期，包括華盛頓、傑佛遜及富蘭克林等人，都支持與英國保持臍帶關係，而像潘恩這樣大力疾呼才能顯示，這種避險心態只會傷害美國；必須革命，即使開戰也在所不惜。

華盛頓讚嘆潘恩作品中提出「無法反駁的理由」，並且後來使用了潘恩簡單有力的語言來鼓舞他的軍隊。英格蘭作家考貝特（William Cobbett）寫道：「不管實際上是誰寫下《獨立宣言》，潘恩才是它真正的作者。」不過潘恩無法說服他的朋友傑佛遜把廢奴條文納入《獨立宣言》中，因而播下日後美國南北戰爭的種子。

湯姆斯・潘恩

湯姆斯・潘恩（Thomas Paine）在一七三七年生於英格蘭諾福克一個貴格會（Quaker，按：基督新教的一支）家庭，他是獨子，繼承父業從事馬甲裁縫，後來他成為關稅官員，同時鼓吹提高稅務人員的工資（直到他被開除為止）。一七七四年富蘭克林注意到潘恩，敦促他移民到美國。潘恩出版《常識》同一年，他與大陸軍團（Continental Army）一起作戰，在紐澤西擔任葛林將軍（General Nathaniel Greene）的副官。他也出版了第一本《美國危機》小冊子（總共有十三本），其中有一段文字很著名：「這是考驗人心的時刻。在這次危機中，夏日士兵及陽光愛國者，會畏縮起來不再保家衛國（按：由於當時是冬天，潘恩用夏天和陽光來比喻那些只有在情勢良好時才會出力參戰的人）。然而，堅持到現在的這些人，值得所有男男女女的感謝。」這段文字，在一七七六年聖誕節當天於紐澤西特倫頓戰役開打之前，在革命軍部隊面前宣讀，後來這場戰役獲勝。

一七七七年潘恩被指派為外交委員會祕書長，一七八一年自己出經費前往巴黎，以爭取法國對持續中的獨立戰爭給予金援及道德支持。一七八八年回到英格蘭拜訪父母，並認識了沃斯通克拉夫特及伯克。潘恩從一七九一年起在法國居留長達十年，他代表加來（按：往來法英之間的主要渡港）被選為國民會議（National Convention）議員，協助起草法蘭西共和國的新憲法。他呼籲放逐法國國王路易十六，而非處決，但這項訴求失敗。一七九三年潘恩因為其意見溫和節制而被被監禁在巴黎十一個月，後來因新任美國大使門羅（James Monroe）施壓而獲釋。潘恩在法國期間寫了《人的權利》（*The Rights of Man*，一七九一），這本書是對伯克譴責法國大革命的答辯，以及《理性時代》（*The Age of Reason*，一七九四／一七九五）、《農地正義》（*Agrarian Justice*，一七九七）。

一八〇二年潘恩回到美國，分別住在紐約市以及位於新洛歇爾的農場，這是紐約州為了感謝他對美國革命的貢獻而在一七八四年贈予他的。潘恩死於一八〇九年。

西元前四世紀

克里托

Crito

「那麼，他們難道不會這樣說：『蘇格拉底，現在你打破了與我們定下的盟約及協定。你當初訂約時並沒有受到任何強迫或欺騙，有七十年的時間從容不迫地思考這些協定。在這段時間，如果我們不合你的意，或是我們的約定對你來說不公平，那麼你可以自由離開這個城市。你有選擇，你大可以離開，去拉科代蒙（按：古希臘城邦國家斯巴達的古稱）或克里特島，你經常讚美這兩地的好政府；或者你也可以去希臘其他城邦或是國外。但是，你似乎比其他所有雅典人都更愛國，或是換句話說，喜愛我們的國家法律（誰會喜歡沒有法律的國家呢？），所以你從來沒有轉身就走，連那些跛足的人、盲眼的人、四肢不全的人，都沒有像你這麼安居此地。而現在你卻要逃走，背棄你立下的約定。如果你願意接受我們的建議，蘇格拉底，不要這樣做。不要逃亡，別讓你自己顯得荒謬。』」

總結一句

公民身分讓我們與國家訂下契約。除非移民，否則我們沒有權利駁斥國家的法律。

同場加映

亞里斯多德《政治學》（7章）
托馬斯．霍布斯《利維坦》（20章）
羅伯特．諾齊克《無政府、國家與烏托邦》（34章）

39

柏拉圖

Plato

柏拉圖是一個年輕貴族，他的家族在雅典這個城邦國家中向來占有一席之地。他本人曾經幾次涉足政治，不過他還是對詩比較有興趣，而且在老師蘇格拉底的影響之下，更是熱愛哲學。影響柏拉圖人生最大的一件事，就是西元前三九九年的蘇格拉底之死，罪名是煽動雅典的年輕人。柏拉圖寫了《優西佛羅》（*Euthyphro*）、《辯護篇》（*Apology*）、《克里托》（*Crito*），與《費多》（*Phaedo*），描述這位偉人的受審過程、獄中最後幾天，以及最後的死亡。蘇格拉底自己從未寫過任何作品，而柏拉圖這些文字就是蘇格拉底哲學的最佳演繹，包括著名的「蘇格拉底式對話」，以透過問答的方式觸及事物的最核心。

《克里托》記錄了即將受死的蘇格拉底和富裕友人克里托之間的獄中對話。有關社會契約觀念或是公民與國家之間的關係，這是最早的一篇文字，在後世作品中也一再重現，例如霍布斯的《利維坦》及盧梭的《社會契約論》。蘇格拉底與朋友的這場論辯重點就是，縱使法治是有缺陷的，還是應該鄭重珍視它。

你是瘋了才不走

黎明拂曉前，被關在雅典監獄裡的蘇格拉底醒來，發現他的朋友克里托也在牢房裡。他是一個年紀稍長、神通廣大的好人。蘇格拉底疑惑為什麼克里托不把他叫醒，克里托回答，他希望朋友再度面臨可怕的情境之前，能夠享受些許不被打擾的平靜。

諷刺的是，克里托反而比蘇格拉底還要沮喪及焦慮。他很奇怪為什麼蘇格拉底在這種情況下還能夠這麼冷靜。蘇格拉底回答說，他已經活到這個年紀，如果還怕死就太不對了。他還特地問克里托為什麼要來訪。克里托告訴他，有一艘船即將抵達雅典城外三——英里的蘇尼恩，慶祝提修斯（Theseus）打敗米諾斯文明。根據傳統，此時不能處決囚犯，所以克里托對蘇格拉底說，可能還會多活一天。蘇格拉底不贊同這個推測，他說他夢到一個美麗女人告訴他，還有好幾天才會回到「家」。

克里托懇求蘇格拉底考慮逃亡，不僅是因為不想失去這個朋友，還有一個原因就是，別人不會相信克里托救不出囚犯，別人會以為他沒有努力去試，以為他不願意賄賂當政者。蘇格拉底回答，他不在乎別人怎麼想，最後真相總會水落石出。公眾意見的力量被高估了，而且它無法改變一個人的個性及倫理道德。克里托想的則是，蘇格拉底是不是為了保護朋友而不願逃亡，畢竟，如果被人發現串通共謀，朋友的財產可能不保。他試圖對蘇格拉底保證，賄賂的錢並不是鉅款，而且假如他逃了出去，到哪裡都會受到歡迎，尤其是特薩雷。他還說，蘇格拉底若現在就死，這是不對的，因為他還有可以貢獻很多年的智慧。克里托建議蘇格拉底選一條最容易走的路，而且應該面對他的責任，而這也是蘇格拉底一向主張的美德。

做對的事

蘇格拉底說他不能被朋友影響，他做的決定只會基於理性。他問克里托：某些意見比別的意見更有價值，這是正確的嗎？克里托的回答是肯定的。蘇格拉底說，如果某個人正在受訓做某件事，那麼，誰來稱讚或批評，就是重要的。人會聽從學識淵博、值得尊敬的老師，而不理會那些較無知者的意見。例如說，如果我們聽從健康專家的建議，我們就會活得好；如果我們跟著無知群眾的習慣和態度去做，那我們的健康很快就會搞壞。蘇格拉底說，根據同樣的道理，喪失心智和道德的人會覺得人生不值得活。為了避免如此，我們必須根據一個普世道德標準來活，而不是群眾的期望，雖然這些人對我們有生殺大權。克里托同意這一點，但他希望朋友能現實看待自己的處境。蘇格拉底的回答還是讓他失望了，蘇格拉底說，姑且不說別人對我們的權力，真正重要的不是生命本身，而是**好的**生命，亦即基於追求榮譽及正義而存在的生命。如果是這樣的話，要考慮的問題就是，蘇格拉底閃避法律而逃亡，這是否正確而且符合正義。當然，最大的風險不是死亡，而是做了錯的事，即使自己是被錯誤對待的。

蘇格拉底說，如果我們遵守任何法律，就應該全部都遵守，就算我們認為這些法律是錯的。這並不表示我們和法律是平等的。的確，在法律之前，公民的地位就類似於兒子之於父親，或是員工之於老闆。只要他認為自己是這個家或公司的一分子，那麼就應該遵守父親或老闆的法律。兒子明白到父親的優越地位，可能有時能夠安撫父親；同樣地，公民也應該讓國家來決定如何做才是符合正義，而且當國家有需要的時候就要出征參戰。

聽從法律

蘇格拉底把雅典城邦的法律想像成一個對他說話的實體。法律說的沒錯，蘇格拉底幾乎從來沒有離開過雅典。難道他在雅典過得不開心嗎？審判期間，他甚至沒有提出要求驅逐出境以代替死刑，就算蘇格拉底現在決定逃亡而移居國外，那麼他會立刻成為該國的敵人，因為他不能遵守雅典的法律，又怎麼會覺得應該遵守他國的法律？況且，如果蘇格拉底逃亡，那只會確立法官的判決是對的，說他腐化了雅典的年輕人，因為他是如此無視於法律及秩序。因此，法律最終告訴他：「不要聽從克里托的建議，而是要聽從我們。」

到這個地步，克里托很清楚了，蘇格拉底真的會聽從他想像出來的法律意見。蘇格拉底的最後一句話是：「就讓我遵從上帝為我明確設定好的道路吧」。」

總評

對蘇格拉底來說，法律是由人制定的，但卻屬於一個神聖的計畫，使永恆真理成為明證。希臘神祇特蜜斯（Themis）代表的是神聖秩序、法律及習俗，現代我們經常以正義女神作為代表，她的客觀性被眼罩蒙蔽，手上拿著一個秤。雖然審判蘇格拉底的法官根本就不客觀，但是蘇格拉底還是覺得，如果人不遵守法律，那就是當面唾棄正義這個觀念。

柏拉圖

柏拉圖生於西元前四二八年，我們對他的早年生活所知甚少。他在蘇格拉底死後遍遊希臘各地、義大利和埃及，與哲學家歐幾里德（Eucleides）及畢達格拉斯學派的思想家交流。四十幾歲時回到雅典，創立著名的柏拉圖學院（Academy），成為雅典知識生活的中心。他的學生之一是亞里斯多德。

柏拉圖曾數次參與政治，第一次是在雅典敗於伯羅奔尼撒戰爭（Peloponnesian War）之後，還有就是恢復民主之後一年。不過這個經驗使他幻滅，他的結論是，改革只能透過一個徹底的新式政府。

柏拉圖把他理想中的國家寫成《理想國》（*The Republic*）一書（見《一次讀懂哲學經典》的評論），其中也記載了他的正義理論、對心靈三部分的解釋，以及著名的洞穴寓言。柏拉圖死於西元前三四八年。

1945

開放社會及其敵人

The Open Society and Its Enemies

「現在我比以前更明白，即使我們最大的問題也是來自於為了造福廣大同胞而迫不及待的心態，雖然這是值得欽佩、正當的，但也是危險的。」

「自由的敵人向來是以破壞手段來對付捍衛自由者，而且幾乎總是能成功說服那些老實好意的人。」

總結一句

以中庸之道來解決社會問題，將仍保有自由權利，而且不把所有責任都推給政府。

同場加映

漢娜・鄂蘭《極權主義的起源》（6章）

亞里斯多德《政治學》（7章）

以撒・柏林《自由的兩種概念》（8章）

弗雷德里希・海耶克《通向奴役之路》（19章）

卡爾・馬克思&弗里德里希・恩格斯《共產黨宣言》（29章）

40

卡爾・波普爾

Karl Popper

波普爾對文明的定義是，從封閉的部落式小型社會，轉移到能夠實現人類真正自由的開放式大型社會。但與開放社會的概念正好相反，歷史持續不斷湧現反動的浪潮及狀態，想讓人性返回到控制型社會。的確，一九三八年希特勒入侵奧地利，促使波普爾動筆寫《開放社會及其敵人》。波普爾和他的朋友海耶克一樣，他們關切的是，社會科學及哲學無法看清，「國家社會主義」的社會會為了維繫其存續，而使用不妥當的方法。

這本書的第一冊內容特地把柏拉圖拉下神壇，揭露柏拉圖其實是極力鼓吹封閉式社會。第二冊主要重心放在馬克思，論述馬克思所認為的新社會的「必然性」是建立在一小套觀念上，並為可怕的不自由政權建立基礎。波普爾絕對相信柏拉圖和馬克思都是動機良善，甚至是非常好的人。但是，這就是波普爾的要點。這種政權正是來自於「為了造福廣大同胞而迫不及待的心態」。相反地，開放社會並不是要建立一個烏托邦、上帝之城、偉大的理想國，或是勞工的樂園。開放社會的願望比較中庸，是要找出針對特定問題的一個一個解方，而且保有個人自由及責任。波普爾說，與其絕頂聰明，不如還是通情達理比較好。

柏拉圖的「詛咒」

波普爾說，由於柏拉圖活在一個戰爭及動亂的時代，他發展出的信念是「所有社會改革都是腐敗、墮落或退化的」。唯一有意義的是那些絕對的、看不見的運作力量，柏拉圖稱之為「觀念」（Ideas）。真理、美、正義等等，這些是完美而不會改變的。建立在這些「觀念」上的靜止國家（arrested state），就比較不會腐敗。

柏拉圖認為，國家可能會因為階級戰爭、物質及經濟自利而腐敗。首先是榮譽政治（Timocracy），由追求名聲及榮譽的貴族來治理；接著是寡頭政治，由富裕家族統治；接著是民主政治，根據多數人意見來統治，但是事實上是毫無法紀的狀態；最後是專制統治（「第四個，而且是最後一個全民之惡」）。

社會唯一能夠運作的半完美辦法，是透過控制以及讓「對」的人就位，同時保有個人及階級的獨特差異性，以造福整體。柏拉圖避免階級戰爭的解方，是「給予統治階級不能被挑戰的優越地位」。在他的理想國中，只有這個階級可以接受教育，只有這個階級可以掌管武器，其他老百姓就像綿羊或牛隻，以波普爾的說法是「不要殘酷對待，但是要適當地藐視」。不過這個統治階級必須團結，因為家族分裂及經濟自利會導致不忠誠，柏拉圖要實現這一點的方法是，把所有財產及女人小孩全部變成共有。這種社會並沒有真正的階級混雜，而且血緣制度能夠確保較高階級持續產出最高品質的後代。

由於柏拉圖痛恨雅典的政治，波普爾認為柏拉圖的理想國是回到城邦國家出現之前的封閉式部落型社會，由明智的人來統治多數沒有知識的人。由於這套制度是根據人類天生的不平等，因此是穩定的。問題是出在城市型態的社會，它引入社會流動及自私的經濟自利行為，因此導致本質上的不穩定，而造成當時的秩序變革及動亂。

國家比較重要，還是個人比較重要？

雖然柏拉圖的理想國從來沒有實現過，但波普爾認為，它為那些基於集體主義思想，以及「為整體好」而進行社會工程的每一種國家型態，提供了一個原型。我們一再看到，柏拉圖的良善美意是如何地摧毀自由、剝奪眾人的潛能及創造力，因為個人的願望不重要，為社會好才重要。

國家與個人之間，柏拉圖提出一個著名的類比。今天我們傾向於認為，國家的品質與人民的整合貢獻有關，但是柏拉圖的觀點正好相反：只有國家的強盛及正義，才能突顯個人的品質；法律之所以存在，是「為了使眾人建立正確的心智框架，不是讓每個人鬆鬆散散照自己的意思來，而是為了要運用所有人來一起建立城邦」。最暴虐的集體主義及極權主義政權可以追溯到這種想法，整體（the One）

永遠都比群眾（the Many）來得重要。波普爾還引述柏拉圖的《法篇》（*Laws*）：「每一個藝術家……所做的是為了整體的一部分，而不是為了一部分的整體。」的確，即使是為了人民幸福這個高貴的意圖，柏拉圖的國家絕對不能被認為比現代極權國家的設計來得優越，畢竟，極權國家所宣稱的目標也是正義、幸福及繁榮。

在波普爾的時代，大家對柏拉圖還是抱持傳統看法，認為他是卓越的人道主義者，把「上帝之城」堂皇帶入這個世界，卻忽略了理想國的反動成分以及律法。把柏拉圖看成是自由派，又因為柏拉圖《理想國》這本書的英文書名被誤譯為*The Republic*（共和國），就更強化了這種看法。這本書的書名應該叫做「城邦」（The City-State）或「國家」（The State）才對；共和國指的是由人民治理的國家，而柏拉圖的理想國其實是由超級菁英來控制，其中的勞動階級是愚昧癡呆的。

不再有烏托邦

波普爾形容柏拉圖的規畫是「烏托邦工程」，它的問題是它非常有說服力並且吸引人，而且似乎非常理性。但是，究竟有多少智者能夠從頭發想並落實一個成功的高尚社會？創造一個新制度來對付某些社會弊病或解決現存的問題，這個目標無趣多了，但其實這樣的努力會比較有效，因為有更多人參與，參與的人都希望它能成功。妥協通常被視為壞事，但是，比起被迫同意的協定或法令，妥協的結果會比較穩定。況且，所有烏托邦的想法都牽涉到某些人的犧牲，為了更偉大的新理想，他們必須放棄現在擁有的事物。任何不信這套的人都必須噤聲，否則就是打擊別人的士氣。就像列寧曾經脅迫說：「要吃到煎蛋，就不能不把蛋打破。」

波普爾認為，柏拉圖的心智有如藝術家，他能看到一個最完美的願景，並企圖在現實世界中打造出忠於理想的事物。政治本身就是最高層次的藝術，但哪一個有藝術家頭銜的人會願意妥協？就算把畫布弄得乾乾淨淨，也是基於充沛的活力。然而波普爾說：「認為社會應該像藝術品一樣美麗，這種想法很容易造成粗暴的手段。」

對波普爾來說，人並不是某個目標的工具，而是有權利按照個人計畫去刻畫出自己的人生，只要不傷害到別人就好。試圖在人間創造一個天堂樂土，免不了會變成地獄，所以更好的方式是循序漸進，以實證有效的方法合理地逐一解決社會問題。

黑格爾、馬克思，以及歷史主義的缺陷

有些社會哲學看到歷史的某個發展走向，認為表面上的歷史事件是「由特定的歷史或演變法則所控制，發現這套法則就能預知人類的命運」。波普爾把這種看法稱為「歷史主義」（historicism）[1]。他說，有個古老的例子是所謂「被揀選的人」，這些人是上帝的工具，在地上奉行上帝的旨意。其他例

子還包括馬克思主義，認為某個特定階級繼承世間的一切；還有種族主義，它被看作是一種「自然法則」，某個種族天生就勝過其他種族。在所有歷史主義的觀念中，在歷史更寬廣的力量及浪潮之下，個人根本微不足道。

波普爾批評黑格爾是個錯得離譜的哲學家，他認為黑格爾就和柏拉圖一樣崇拜國家（黑格爾的確是普魯士這個國家的第一位正式哲學家）。個人根本比不上國家的道德權威；個人虧欠了國家一切。波普爾認為：「幾乎所有比較重要的現代極權主義觀念，都是直接繼承了黑格爾的觀點。」所有道德權威都投注在國家之中，所以會允許政治宣傳和謊言。戰爭若是為國爭光，就是符合道德的。黑格爾以只為物質目的而活、降格的資產階級人士，來反駁英雄人物的觀點。這些想法激起了德國在第一次世界大戰之前作為崛起勢力的戰士心態。波普爾表示，對於叔本華（Arthur Schopenhauer，按：德國哲學家）這位大力反對民族主義的哲學家來說，黑格爾的想法對德國有壓倒性的影響。

除了歷史的必然性，馬克思在各方面都不同意黑格爾的哲學。馬克思不認為社會工程或修修補補現行制度是可行的，因為處於社會制度中的人，無法客觀看待這個制度，無法真正看到究竟怎麼回事，只是反映出那個更大的力量而已。只有當無產階級變得「有階級意識」，並且理解到被剝削的時候，

1 譯注：主張必須研究與解釋人類歷史的發展，認為了解趨勢便能掌握未來的發展。波普爾批評各種形式的歷史主義，指其根源是決定論與整體論。

改革才會發生。馬克思有一個觀念是，相對於這些比較大的非個人的歷史力量，日常政治和政策制定其實並不重要。

歷史主義者可能會宣稱，唯有某個觀念或某個特定領導者能讓國家達到它的潛能，但是這個看法和相信理性與科學為改良手段正好相反。事實上，歷史主義阻礙了以科學的方法解決社會問題，因為當我們擺出先知的姿態時，就是放棄了對眼前事件應負的個人責任。波普爾認為，要了解人們為什麼會支持宏大的歷史主義觀點，其中的關鍵就在於，它免除了人們的個人責任。畢竟，如果社會的構成是取決於非個人力量，那麼個人的發展也就沒有必要了。

馬克思自認是理性主義者，但是在波普爾的眼裡，理性主義者「不只是支持知識活動，還要觀察及實驗」，也就是說，理性主義者會把經過實證的事實擺在第一位。這是一個合乎理性的方法，我承認自己可能是錯的，而你可能是對的，但是事實將會引導我們走到正確的方向。但柏拉圖或馬克思都不是這樣。他們兩人都是已經有一套想法，而這套想法帶著他們走向錯誤的假設，並鋪陳出整套理論。合乎理性比絕頂聰明更重要，而且其實是牽涉到社會性的施與受。我們不會把自己的想法強加在別人的想法之上。

總評

對柏拉圖來說，「正義」只是「符合國家的最大利益」，無論國家是否富強、團結、穩定。個人自由根本無法與之相比。柏拉圖的敵人是平等及平等主義，是自從培里克里斯（Pericles，按：古希臘雅典政治家）以來就流傳在雅典血脈中的那些價值。這些價值的核心是重新強調個體，就是這一點，讓從前的部落國家轉變成雅典式的民主。波普爾說，令人震驚的是，柏拉圖真正的敵人竟然是個人，在他的階層國家創建工程中，個人只會從中破壞。

如今，有些人響應了這種封閉社會的看法，這些人期望國家做每一件事，或是一有問題就責怪政府。他們沒有掌握開放社會的中心特色：從部落禁忌及固定的社會關係中解放出來，伴隨的是期待你必須負起個人責任。波普爾承認，我們要自立自強確實是一種壓力，不過，這就是活得自由的代價。

卡爾・波普爾

卡爾・波普爾（Karl Popper）於一九〇二年出生於維也納。父親是一個對古典學、哲學、社會及政治議題很有興趣的律師，母親則把對音樂的熱情傳遞給波普爾，他差一點就要以音樂為事業。波普爾就讀維也納大學（University of Vienna）期間深入浸淫左翼政治及馬克思主義，但是在一場學生暴動之後就澈底拋棄它。也是在這段時期，他發現佛洛伊德及阿德勒（Adler，按：奧地利精神醫師與心理學家）的精神分析理論，並且聆聽愛因斯坦演講相對論。在愛因斯坦的批判精神中，完全沒有馬克思、佛洛伊德及阿德勒作品的蹤影，讓波普爾深感驚豔。他在一九二五年取得小學教師文憑，一九二八年獲得哲學博士，隔年獲取在中學教授數學及物理的資格。

波普爾以科學哲學家成名，他的《科學發現的邏輯》（*The Logic of Scientific Discovery*，一九三四，見《一次讀懂哲學經典》的評論）使他聲譽卓著。下一本書是《歷史主義的缺陷》（*The Poverty of Historicism*，一九三六）。波普爾因納粹崛起而被迫離開奧地利，一九三七年他在紐西蘭的坎特伯里大學（University of Canterbury）就職，整個二戰期間他都在這所大學任教。一九四六年移居英格蘭，成為倫敦政經學院的邏輯與科學方法教授。波普爾在一九六五年受封為騎士，於一九六九年退休，之後仍然活躍於寫作、廣播及演講，直到一九九四年去世。

1755

論人類不平等的起源與基礎

Discourse on the Origins and Basis of Inequality Among Men

「在自然狀態中幾乎不存在不平等，因此它的力量及成長是來自人類的能力發展以及心智進步。」

「第一個圍起一塊土地而且想到要說出『這是我的』，還發現人們就這樣相信他的人，就是文明社會的真正創立者。如果有人……向同伴大聲呼喊：『……你昏頭了，你竟然忘記了土地上的果實屬於每一個人，但土地本身不屬於任何人！』將能減少多少悲慘而恐怖的人類處境。」

總結一句

社會腐化了人類和平生活的自然傾向，而政府只會增加並鞏固權力與財富的差異。

同場加映

艾德蒙・伯克《法國大革命的省思》（11章）

愛瑪・高德曼《無政府主義與其他論文》（17章）

卡爾・馬克思＆弗里德里希・恩格斯《共產黨宣言》（29章）

理查・威金森＆凱特・皮凱特《公平之怒》（48章）

41

尚－雅克·盧梭

Jean-Jacques Rousseau

一七四〇年，盧梭是個正在崛起的一號人物。這個在日內瓦出生的知識分子已經移居巴黎，而且和伏爾泰與狄德羅都結成朋友，這些**哲學家**為巴黎的沙龍聚會帶來一股新氣象。在此之前，參與時尚聚會僅限於貴族名門，但在這時候，具有機智及原創洞見卻突然重要起來。當時，盧梭已經因為參與貢獻了狄德羅著名的《百科全書》（*Encyclopedia*）這部啟蒙思考手冊而為人所知，隨後在一七五〇年發表了一篇得獎文章〈論藝術與科學〉而引起一股熱潮。文章中論述，自然狀態中的人類是良善的，使人類腐敗的是文明。這與當時的思想完全背道而馳。接下來那一年，盧梭又參加一次論文比賽。第戎學院（The Academy of Dijon）的問題是：「人類不平等的起源為何？它是由自然法則（Natural Law）賦予的嗎？」這個題目使盧梭得以延續前一篇文章的主題繼續發揮，只是論述的角度不同。這次他的作品沒有贏得比賽，但是仍然相當有影響力。

目前針對不平等及社會正義的辯論，都是根源於盧梭的概念：該被厭惡的並不是人類天生的不平等，因為無論我們喜不喜歡，人在身體上及智力上的確有差異；甚至也不是用人唯才的菁英制度（meritocracy）。該被唾棄的是，社會往往鞏固並擴大了能力與成就上的最初差異，而形成了一種世襲菁英（inherited elite）。盧梭並不是說我們應該試圖扭轉時光回到採集狩獵時代，而是說每一個世代都應該要有一個重設功能的按鈕，這樣一來，某人之所以脫穎而出是因為他做了什麼，而不是因為父母的成就。

盧梭某些關於早期人類的人類學論點，現在看起來似乎不太扎實。他在這方面的大部分知識，是來自閱讀旅行家對非洲及南美洲原住民的描述。但是，他不像人類學家那樣清楚知道，採集狩獵社會也存在著不平等。美洲原住民社會有富裕的貝殼貿易商，阿拉斯加捕魚社會成員則是分成主子和奴隸。不過，盧梭寫道，前現代社會認為不平等是個重大的社會問題，這一點倒是大致正確。前現代社會已經意識到，虛榮、貪婪及嫉妒對社會凝聚力的影響。盧梭的思想到今天還是值得參考，因為他提醒我們兩件事：不平等有其代價，社會設法改善不平等是絕對有道理的。

人類的真正天性

關於那次論文題目中的「自然法則」，盧梭首先指出，人類有理性之前就已經存在某些自然法則了，一個是自我保護的本能，另一個是不喜歡見到另一個人或動物受苦。除非自己的性命受到威脅，否則人類不會傷害另一個人，盧梭認為，這是在知識及理性發展之前就存在的天生法則。他這個說法完全與霍布斯的觀點相反（見20章評論），霍布斯認為，人類天生是貪婪而好競爭的。盧梭寫道：「不斷論述著需求、貪婪、壓迫、欲望及虛榮的這些哲學家，討論的是在社會中形成的自然狀態概念。他們說的是野蠻人，但詳加描繪的是文明人。」

盧梭對早期的人類提出的是另一個觀點，他說早期的人類是自給自足而和平生活的，只有在防衛時才會變得有攻擊性。盧梭說，霍布斯誤判了人類的同情、慷慨、仁慈、憐憫、友誼及博愛的程度。對此我們不會感到意外，因為我們知道連動物都有某種程度的同情心，例如馬會避免踐踏到別的動物，或是動物會因為同類死亡而受到影響。總之，在原始狀態中的人類本能上就具有同情心，不像霍布斯所認為的人類的本能是惡意的。

被社會腐化

盧梭把早期人類的健康生活與現代人許多健康問題做比較。現代社會的窮人不停地辛苦工作，通常吃得很差，甚至沒得吃；有錢人則安逸閒散，而且吃得太好而導致各種疾病。盧梭排斥醫療介入，他主張，如果身體不受干擾，大自然就能提供療癒。現代人勞心勞神，然而早期的人類就像動物一樣單純地因應環境。簡單的自然人不去算計，只是行動，所以更是真正的高貴：

「是理性餵養了虛榮與反省，而這又鞏固了理性。是理性讓人類只為自己。是理性把人和其餘讓他困擾或影響他的事物分開。是哲學使一個人隔離出來，讓他在看到另一個受苦的生靈時，暗自說：『你就去死吧，反正我是安全的。』」

我們大部分的惡行都是自找的，若我們遵循「自然為我們定下的生活方式，單純、未經改變而且遺世獨立」，惡行就不會存在。也許，早期的人類就是因為這種單純，而比我們更優越。盧梭以辯護的語氣問道，是否「有任何人聽過，一個在自由狀態中的野蠻人，曾經想過抱怨自己的生活，而想要自殺嗎？」

不平等是怎麼產生的

盧梭大膽論述，社會並不是建立在人類任何天生的不平等之上，而是演化成一個有權者統治他人的系統。他把不平等分成兩種類型。第一種不平等與生理或心理素質有關，這是很簡單的道理，有些人生來就比較強壯或比較聰明。第二種不平等與有些人變得受人尊重有關，因為這種人比較有錢、比較有名望，或者比較有權力，而使人仰望崇敬。

自然狀態的人生活在小團體，裡面的每個人做一樣的事、具有一樣的知識。在這個小團體裡面，要不平等是不可能的。對照之下，文明社會中各式各樣的成長背景、環境及生活方式，導致「制度上的不平等」(instituted inequality)。有些人生活奢華而且從來不需要工作，但其他人則勞苦終日毫無喘息之時，這完全是以人的出身背景來決定的。

霍布斯把基本狀態下的人描繪為殘暴而且想要統治別人，盧梭卻說，事實上早期的人類是以分享為核心的生活。如果某人被其他人或其他部族攻擊，那他跑到別的地方就好了。初始人類並沒有統治的見識。奴役及統治，是在社會中才被鞏固成各種制度。隨著「理性」增加，人類也變得比較邪惡。和早期人類的獨立比較起來，現代人正是反映了社會的面貌。現代人是受了教育，然而全都是在文化的錯誤及知識的荼毒之下。

盧梭認為，人類在共同的前文明狀態下，擁有一種自然而健康的自尊，後來就變成了虛榮心，也就是與別人相關的驕傲所產生的對自己的熱愛。這種

「對地位、名聲及晉升的普遍欲望……吞噬了我們每一個人……激起並放大了熱情，把所有人變成了競爭對手甚至敵人……讓如此多的競賽者在同樣的跑道上比賽，導致了每一天的各種挫折、成功及災難。」

財產的邪惡

對盧梭來說，財產是不平等的原罪。他說，人類歷史上最好的時光是介於原始人及文明之間的那個時代，那時候人類已經有了組織，但是沒有受到事物分配的制約。只要人類生活在小團體中，所有東西都是共享的，並且只提供自己所需，那麼他們便是快樂的。一旦有人認為他可以得到比均分的一份還要多，財產的驕傲就開始了，人變成在別人的出地或為別人的心智而工作的勞動者，於是壓迫就開始出現。追求更多財產也會導致嫉妒、貪婪，並產生戰爭。

雖然馬克思只在著作中提過幾次盧梭，但盧梭對財產的強烈態度成為馬克思主義的預示。伏爾泰不願放過這種極端看法，他在一本《論集》（*Essay*）的空白處寫著：「什麼！栽植、播種並圍起一塊土地的人，竟然沒有權利擁有辛勤工作的果實！這種不正當的人，這種盜賊，對人類會有好處嗎？看哪，這種乞丐的哲學，他要的是富人被窮人搶劫！」

革命的種子

盧梭寫道，人類來到某個統治者的保護傘下，本來是為了不被暴力傷害，或是為了保護財產，但是在現實情形中，國家卻變成使富人更富並且有權統治其他人的工具。一套新的法則「把巧取豪奪轉化成不可逆的權利，而且為了少數野心人士的利益，從此把人類推向勞動、奴役及悲慘的命運」。

早期的權力及政府形式通常具有某種合法正當性。某人當上國王是經由眾人推舉同意；同樣，上流貴族治理的政體是經過眾人認可的，或者演化成民主政體。然而沒多久，權力竟然是去鞏固貧窮與富裕、主子與奴隸的極端。當統治者給予某個家族貴族或階級特權，就會把這個家族籠絡到當前的權力體系中，並維持這個體系的運作。久而久之，這個體系的存在是為了延續自身的權力及財富，原本對社會的服務就被遺忘了。事實上，「一個家族裡越多人遊手好閒，這個家族就越是顯赫。」盧梭指的是法國的貴族家庭，當時這個國家的社會階級不平等比英格蘭更嚴重。盧梭的論文結尾最後幾行，可以看成是法國大革命的誘因：

「孩童應該管理老人，弱智者應該指揮智者，一大群飢餓的人缺乏需要的食物時，卻有一小群人拚命吃進多餘的食物，無論如何定義，這顯然違反自然法則。」

總評

雖然盧梭從來沒有用過「機會平等」這個詞，但這是他認為任何好的社會應該具備的原則。否則，社會存在得越久，獎賞及福利越是落在那些繼承者身上，而不是掙來的人身上。但是當然，由於人類自我利益的天性，這種平等權利必須事前就講清楚，並且當成普遍原則。羅爾斯著名的「無知之幕」（veil of ignorance）概念就是指出，社會中沒有人能事先知道，自己會是君王或是乞丐、商賈或是僕役。在這種誰都不知道的狀態下，應該如何制定法律，讓所有人都蒙受其利，並且還保有個人自由？社會的目的是「公平」，這種理解正是盧梭的目標，而他的精神繼續存在於今天的社會革命運動中。一個社會不該只為了維持秩序或是保護財產而存在，而必須具有某些道德目的。

尚－雅克・盧梭

尚－雅克・盧梭（Jean-Jacques Rousseau）在一七一二年出生於日內瓦。母親在他出世後幾天就過世了，父親以撒克（Isaac）是個鐘錶匠，培養了他的閱讀喜好，尤其是經典文學，並親自在家教育他。到了十六歲，盧梭成為一個蝕刻學徒，他離開信奉天主教的薩伏伊公國（Savoy），結交了天主教貴族女士華倫夫人（Françoise-Louise de Warens），盧梭喜歡華倫夫人收藏豐富的圖書室，他還學習音樂課程，後來成為音樂教師。二十歲時，盧梭成為華倫夫人的情人。二十幾歲的盧梭仍然專注在音樂上，他創造了一個新的音樂符號系統，三十一歲時為派駐在威尼斯共和國的法國大使工作，但是這並不是正式的外交職位，他覺得自己像個僕人。盧梭回到巴黎，開始與自己的洗衣婦、幾乎不識字的勒瓦瑟（Marie-Thérèse Levasseur）交往。兩人陸續有了五個孩子，但全部都被送進孤兒院。

盧梭是個成功的芭蕾及歌劇作曲家，他的作品曾在一七五二年於法國國王路易十五面前表演，獲得國王同意成為他的贊助人。他對教育非常有興趣，著名作品《愛彌兒》（*Émile*，一七六二），試圖展現如何撫養孩童，讓他們不去試圖主宰別人，而覺得自己與別人平等。盧梭批評了現有教育方式及陳腐教條，因而被天主教教會嚴厲攻擊。他被迫逃到巴黎，這場攻擊讓他變得相當偏激。後來他接受好友休謨（David Hume）的邀請，前往英國尋求庇護，但是後來他與休謨公然反目成仇。滯留英格蘭期間，他開始寫作《懺悔錄》（*The Confessions*），這是最早的自傳作品之一。一七六七年回到法國之後，他繼續完成了《懺悔錄》以及《孤獨漫步者的遐想》（*The Reveries of the Solitary Walker*）。盧梭於一七七八年過世前已經精神崩潰，後來他的遺骸與伏爾泰同樣被安奉在巴黎的先賢祠（Panthéon）。

1906

魔鬼的叢林

The Jungle

「只要在這個高工資的地方待上幾天，就足以讓他們清楚知道這個殘酷的事實：這也是一個高物價的地方，而且這裡的窮人幾乎就和地球上其他角落的窮人一樣窮。」

「包裝工廠裡一直都有不能對外人說的事情在發生，每個人都習以為常。只是不像從前奴隸時代那樣從表面上就看得出來，因為這裡的主子和奴隸沒有膚色的差異。」

「你會開始和某個窮光蛋聊起來，這個人已經在一家店鋪工作了二十年，從來無法存到一分錢，……從來無法去旅行，從來無法去冒險、從來沒有學到任何事、從來不對任何事抱希望。你開始告訴他什麼是社會主義，他會抽抽鼻子然後說：「我對那個沒有興趣——我是利己主義者！」

總結一句

人變得僅僅是可以替換的生產機器時，整個社會都被非人性化了。

同場加映

瑞秋・卡森《寂靜的春天》（12章）

愛瑪・高德曼《無政府主義與其他論文》（17章）

卡爾・馬克思＆弗里德里希・恩格斯《共產黨宣言》（29章）

42

厄普頓‧辛克萊
Upton Sinclair

一九〇四年，年輕的扒糞記者辛克萊，花了好幾週時間在芝加哥的肉品包裝工廠臥底。他工作的報刊是社會主義傾向的《訴諸理性》（*Appeal to Reason*），隔年陸續刊載了辛克萊的虛構作品。一九〇六年雙日出版社（Doubleday）同意出版《魔鬼的叢林》（*The Jungle*）一書，立刻掀起熱議。

辛克萊的目標向來就是呈現美國世紀之交勞工階級的悲慘命運，並以之宣揚社會主義。書中描寫這本小說的主人翁喬治（Jurgis Rudkus）唯有發現社會主義理想，才得到解救而不致被毀掉人生。不過，這本書在現實中造成的真正影響卻是改變了肉品工業的作為。社會大眾非常震驚，買到的牛肉可能是來自患有結核病的牛，香腸可能是受到汙染的，就連先前認為辛克萊是個社會主義偏激分子的老羅斯福總統（Theodore Roosevelt）也嚇得立刻採取行動，在一九〇六年提出兩項空前的法案：《肉品工業法》（Meat Industry Act）及《純食品及藥物法》（Pure Food and Drug Act），而因後者成立的機構就是現在的食品藥物管理局（Food and Drug Administration）前身。

辛克萊後來回顧說：「我想瞄準社會大眾的心，卻意外打中他們的胃。」但是，歷史顯示《魔鬼的叢林》已經達到原來目的。這本書意圖揭露，製作我們日常消費品的勞工所付出的真正社會代價，可以說是現代此類書籍的開山祖師，例如克萊恩的《NO LOGO：顛覆品牌統治的反抗運動聖經》（*No Logo*，見24章的評論）一書揭露，銷售到富裕國家的設計師產品是由貧窮國家勞工製造的整個景況，因此刺激了一整個世代開始對政治感興趣。

辛克萊是個說故事大師，他從大學時期就寫小說維生。雖然《魔鬼的叢林》令人十分不安，卻是一扇很好的窗戶，美國資本主義的殘酷、新式大量製造方式及毫無人性的本質，令讀者大開眼界；同時也讓我們看到，小人物隻身對抗工業托拉斯及大公司，幾乎不可能取得什麼進展。雖然辛克萊被視為政治宣傳小說家的能手，但這本文學作品將會歷久不衰。

錦繡前程

《魔鬼的叢林》故事開始是一場婚禮盛宴，主角是嬌小的十六歲新娘歐娜（Ona）及大塊頭新郎喬治，兩人都是剛從立陶宛來到美國的移民。聽著小提琴手演奏的樂音，賓客們的思緒飄回到祖國的河流、森林及農場，讓他們暫時忘卻芝加哥的貧民窟及酒吧。這場婚禮花費三百美元，他們一年都賺不到這筆錢，但是傳統婚禮是這群人最不願意放棄的事。婚禮讓他們覺得自己像個國王或皇后，就這麼一天，他們靠著這一天的回憶，把日子過下去。

安娜及喬治是跟著一群十二人的小團體來到芝加哥，一路上就被掮客和官員騙走了大部分的錢。他們全不會說英語，到了芝加哥，一個警察把他們送上一列電車，經過一英里又一英里單調而無趣的連棟房屋，都是廉價蓋在過去的大草原上。接近目的地時，他們聞到一股奇怪的臭味。他們所在的地方是芝加哥的集貨場區，此地又被稱作「後院」，他們和其他立陶宛人、波蘭人、斯洛伐克人擠在分租公寓裡，一間房最多擠到十二人。

有一個也是立陶宛來的聯絡人帶這群人去看「包裝城」，每天有二萬頭牛豬及五千隻羊，被火車送來這裡宰殺並加工處理。整片包裝城唯一的綠意是包裝公司辦公室前的一片草地，工廠裡產出堆積如山的培根、香腸、罐頭肉、香料雞肉、豬油及肥料。他們目睹豬隻從後腿被吊起來，割喉，然後由一列工人來處理，每個人都有一項特定工作。包裝城的布朗及德倫工廠僱用了三萬個男工女工。在大量生產自動化的時代之前，這裡是有史以來最大的勞工及資本集散地。工廠周遭的當地人口是二十五萬人，工廠生產出來的肉品供銷給三千萬美國人食用，並運銷到世界各地。純樸的喬治精神昂揚，他覺得自己即將成為這個偉大營運計畫裡的一分子了。

這群人把他們的存款都投入購置「新」家，後來發現房子已經屋齡十五年，而且是用便宜的材料蓋成的。這些房子是一場騙局，居住者只要遲交一個月金額，房產就馬上會遭到拍賣，賣給其他不走運的家庭。喬治、歐娜及其他人買的房子過去幾年已經被轉手賣過不下四次。

鄰居馬約斯金（Majauskiene）奶奶告訴他們，包裝城已經來了一波又一波歐洲移民——德國、愛爾蘭、波蘭、斯洛伐克，現在來了立陶宛，所有人都是工廠受雇員。這些包裝工廠從他們身上榨取每一分勞工價值，完了之後再替換成更便宜的勞工。然而，這群人還是對未來懷抱希望。

工作到死

雅德薇嘉（Jadvyga）及米可洛斯（Mikolas）也想結婚，但是米可洛斯做的是危險的牛肉去骨工作，這種工人經常會被劃傷，而且不是每個都能復原。在芝加哥氣溫零下的冬天，剖開動物屍體的工人不准戴手套，他們的手凍僵了，很容易發生意外。過去三年米可洛斯因為血液中毒必須待在家中好幾個月，他的工資是按件計酬的，所以收入頓減。可以回去工作時，他得要清晨六點就在包裝廠前等待，看看是否有機會能被派到工作。

和喬治及安娜一起抵達的團體中包括好幾個小孩，但是就連小孩也不能倖免於包裝城。雖然聯邦法律規定十六歲以上的孩童才能工作，但是包裝公司不會檢查年紀。畢竟，童工只拿大人工資的三分之一，讓公司省下很多錢。十四歲的史坦尼斯拉夫（Stanislav）在生產豬油罐頭工廠的部門找到工作，一天工作十小時，把罐頭放到一台擠出油脂的機器下面。工廠沒有窗戶，所以一年之中有半年時間，他幾乎見不到陽光。

工人們經常生病，冰庫工人常犯風溼症，彈羊毛工人常遭受酸蝕。肥料工人身上臭氣沖天，而且永遠無法擺脫這股臭味。屠宰場工人冬天受凍，夏天有些人會中暑而死。煮肉工人有時候會掉進鍋爐裡。如果有哪個工人能夠毫髮無傷活下來，就會被要求「加快」到無人性的超高速，以達成利潤目標。工資和按件計酬的費率一直降低，而不是升高。勞工速度越快就生產力越高，但令人不敢置信的是，從包裝廠的角度看來，這表示可以付比較少錢給工人。如果哪個工人受夠了，還有很多人可以取代他或她的位置。

辛克萊描述，工人非常害怕失去工作，所以每當工廠參觀團一群穿著光鮮亮麗的男人女人睜眼看著他們「就像看馬戲團動物一樣」，他們一刻都不敢抬起頭來。包裝工廠就像一台大機器，收進工人、吐出受傷生病或榨乾用盡的工人。很少有工人能夠做到十年以上，就算可以，下場可能也是步履蹣跚，只能依靠酒精過活，而且還是酒吧賣貴的酒。

不適合消費

辛克萊還報導了包裝工廠根本蔑視健康安全，令人作嘔。有一個工廠只收老病的牛隻，包括以釀酒廢料「威士忌麥芽」為飼料的牛，這種牛的皮膚會生出大大的疔瘡。這種肉是用來給美國士兵吃的「防腐牛肉」，後來顯示這種肉品害士兵死掉的人數比出任務死亡的多。

喬治後來才知道，德倫製造某種肉品叫做「罐裝雞肉」，其實內容物是豬肉脂肪、牛胃及牛心的混合物。「香料火腿」根本連一盎司火腿也沒有，全部都是化學物品。餿掉的火腿被灌進一種化學物品以掩蓋臭味，發霉發白的香腸泡過硼酸和甘油之後再丟回拌肉機裡重新裝填。肉品儲存工廠裡有好幾百隻老鼠跑來跑去，有時候死掉的老鼠也被攪進去了。沒有人會眨一眨眼。包裝城裡總共有三百六十個肉品檢查員，但是他們被要求的只是別讓病死肉流出伊利諾州。這表示，患有肺結核的閹牛屍體會被悄悄地送到芝加哥去賣。

慢慢沉沒

喬治的父親安塔納斯（Antanas）因為老邁沒有得到工作，他走投無路之下只好賄賂某個人，為了得到一份工作，他必須繳出三分之一的工資。這種不正當利益非常普遍。他的工作是把地上的肉屑鏟起來，讓工廠可以再加進罐頭肉裡。在寒冷潮溼的地窖中工作，他漸漸患了治不好的咳嗽，並且全身痠痛，不久就死了。

隨著《魔鬼的叢林》故事進展，這群人才剛剛能夠付起貸款，但其中一家罐頭工廠要關閉了。更糟的是，喬治的工資被減半，又加上有一隻牛在院子裡亂闖害他腳踝骨折。因為沒有工作了，整個家陷入恐慌。要怎麼付房租、煤球、保險和食物？

辛克萊在故事中加上一件又一件悲劇。喬治發現安娜之所以能保住工作，是因為忍受老闆康諾（Connor）先生的性侵。喬治把康諾打了一頓，然後被送進監獄。放出來之後，他發現他們這群人已經被趕出房子，安娜正要生下第二個小孩。他拿不出錢請醫生，於是安娜死了。

喬治試圖養活家族其他人而回去上工，有一天傍晚回家後發現兒子淹死在凹凸不平街道上的一灘水裡。喬治後來變成農場的流動工人，冬天時回到城市在肉品工廠工作。他沒有家要養了，一個人的狀況比較好些，甚至還晉升為經理，但是發生一場幾乎摧毀包裝產業的大規模罷工，他又失去一切了。

一直到故事快要結束之前，喬治和一個中產階級社會主義者交上朋友，這個人在為勞動狀況做宣傳抗爭，這時候才出現一絲曙光。喬治有了堅貞的信仰，他的掙扎現在有了意義，而不是無謂的悲慘故事了。

總評

《魔鬼的叢林》這本書攻擊所謂的「美國夢」，不盡合理，因為大部分移民能生存下來而且生活好轉，而且，在企業父權主義或激烈的工會運動之下，勞動狀況的確有進步。但是許多人並沒有存活下來，而這些人也應該被大眾記得。

辛克萊可能會很震驚，這個時代許多國家還有血汗工廠，對健康安全規範也不太在意，工資非常微薄，經理對待工人就像主子一般。我們可以安慰自己說，這種情況是任何工業化國家都經歷過的自然「過渡時期」，但是我們還是可以自己決定，不要去買來源不明而且似乎便宜到令人起疑的產品。我們每天使用及消費的東西，並不是只靠科技或資本而生產出來的，這裡面還有**某個人**在某個地方製造，這是《魔鬼的叢林》這部作品給我們的永遠的提醒。

鄂蘭的《人的情況》這本書中，把「勞動」與「工作」區分得很清楚。勞動是我們為了生存而需要做的事，工作是有意義地生產某個事物，這件事物可能會活得比我們更久。很難找到像這樣把兩者的區分表達得這麼精準的了；或者，馬克思強調，資本主義下許多勞動行為具有去人性化的本質，這個說法比辛克萊的書來得更真實。

厄普頓・辛克萊

厄普頓・辛克萊（Upton Sinclair, Jr.）在一八七八年於美國馬里蘭州的巴爾的摩出生。他的父親是個來自南方大家族的酒類業務員，母親是嚴格的聖公會教徒。辛克萊青少年時期全家搬到紐約皇后區，後來他在哥倫比亞大學研讀法律。他以寫作廉價故事及低級趣味小說來養活自己，畢業之後出版了四本小說。這些書銷售並不好，但是《魔鬼的叢林》一作成名，也讓他有資金創立赫利孔家園（Helicon Home Colony），一個位於紐澤西州恩格伍（Englewood）的社會主義烏托邦。

辛克萊持續受到注目，他以書和小冊子揭發美國生活的腐敗面，包括《彈殼鎖》（*The Brass Check*，一九一九），這本書催生了新聞倫理規範。一九二〇年代，辛克萊搬到加州，以社會主義者之姿競選眾議員，兩次都失敗。他繼續在洛杉磯鼓吹公民自由及勞工言論自由，高知名度使他在一九三四年加州州長選舉中贏得民主黨候選人資格。辛克萊最終沒有贏得州長選舉，但是他以「終止加州貧窮」這個政見，在仍然奮力掙脫經濟大蕭條的這個州贏得八十萬張選票。

辛克萊在長長的一生中寫了超過一百部小說及非虛構作品，包括《禁食療法》（*The Fasting Cure*，一九一一）、《蠢孩：美國學校之研究》（*Goslings: A Study of the American Schools*，一九二四）、《油！》（*Oil!*，一九二七）、《我，州長候選人，以及我是如何被打垮的》（*I, Candidate for Governor: And How I Got Licked*，一九三五）。在一九四〇年至一九五三年間，他寫出十一本拉尼巴德（*Lanny Budd*）系列暢銷小說，其中一本贏得一九四三年普立茲小說獎。辛克萊結過三次婚，一九六八年死於紐澤西州。

1974

古拉格群島，一九一八－一九五六

The Gulag Archipelago, 1918–56

「意識型態——就是它讓惡行得到遍尋多時的正當理由，給作惡之人必要的堅定及決心……多虧了意識型態，二十世紀注定要經歷發生在幾百萬人身上的惡行。」

「他們把太獨立、太有影響力的人帶走，還有太能幹、太聰明、太突出的人……因此所有人惶惶不安、被迫緘默，而且無人帶領抵抗。這種求生之道漸漸滲入人心，以前的連繫及友誼都被切斷。」

「一旦提出指控，就必須不計代價成案，無論如何，威脅、暴力及刑求都是無法避免的。」

總結一句

當意識型態結合了澈底的國家權力，殘酷及不正義是無法避免的。

同場加映

漢娜．鄂蘭《極權主義的起源》（6章）

喬治．歐威爾《動物農莊》（37章）

卡爾．波普爾《開放社會及其敵人》（40章）

43

亞歷山大・索忍尼辛

Aleksandr Solzhenitsyn

隨著萬眾矚目的二戰後紐倫堡大審，納粹暴行的恐怖全貌呈現在世人眼前。然而，史達林主義之下的蘇維埃卻似乎是個情有可原的政權，而且許多西方國家的左派仍然認為共產主義是人類的未來。然而，集體農場上的快樂農民、愉悅的工廠工人，這些樣板形象的背後，現實情況卻是大量的流放、飢餓及不正義，規模大到連希特勒都辦不到。

《古拉格群島，一九一八—一九五六》是索忍尼辛為了紀念布爾什維克革命到一九五〇年代這段期間，在蘇維埃政權之下被刑求及謀殺的數百萬人。索忍尼辛經歷八年被下放到古拉格（Gulag），這個字俄語全名為「Glavnoye Upravleniye ispravitelno-trudovyh Lagerey」，即「勞改營管理總局」（按：後來以這個縮詞泛稱所有的蘇聯勞役），被釋放三年後，索忍尼辛在一九五八年開始動筆寫這本書。手稿以油印版被祕密偷帶出蘇聯，一九七三年首度在法國出版，一九七四年在美國及英國出版。索忍尼辛被蘇聯驅逐出境，住在美國；對美國人來說，他是殘酷的蘇維埃政權活生生的見證。

柏林曾經評論：「直到《古拉格群島，一九一八－一九五六》面世以前，共產主義者和其盟友讓追隨者相信，譴責蘇維埃政權的，大部分是資產階級的政治宣傳。」這本書改變了人心與世界，使蘇聯不可能再宣稱它比資本主義及民主更具有道德優越性。就如同萊辛（Doris Lessing，按：諾貝爾文學獎得主）所說：「這本書太重要了，它協助顛覆了一個帝國。」

《古拉格群島，一九一八－一九五六》是根據索忍尼辛的蒐集與筆記，還有二百二十七位匿名見證人的報導、書信及回憶。他沒有想到這些陳述會在有生之年出版，更沒有料到這本書會變成暢銷書、他的肖像會出現在《時代》雜誌的封面，最後還得了諾貝爾文學獎。但是索忍尼辛從來不曾自滿，因為他相信，除非每一個世代都認識到史達林這種恐怖政權，否則，歷史一定會再度重演。

政治犯之地

這本書的書名是因為，索忍尼辛把數百個蘇維埃勞改營視為一個個島嶼，被斷然切除，自外於俄羅斯其他地方。雖然每個勞改營通常相距數千英里遠，卻有一種共同的心理感受，所以形成一個由受壓迫者組成的古拉格國家，這個國家的公民（也就是囚犯）則被稱為政治犯（zeks）。

十月革命之後最初幾個月，列寧建立了強大的體制，包括紅軍、警察及法院，以確保紀律及秩序，並且把不遵從的人送去強制勞動。早在一九一八年，列寧就已經做出古拉格的基本規畫，他在一封電報裡表示：「把所有可疑分子關起來」，並且「保衛蘇維埃共和國，要把它的階級敵人隔離於集中營」。到了一九二〇年末，四十三省中已經有八十四個集中營，而且這種古拉格還一直在擴張。一九二三年，索洛伏基集中營有一千個囚犯，到了一九三〇年則增至五萬。

集中營本是用來關押「可疑分子」以淨化社會，後來卻變成一個建造大型基礎建設的勞役系統，包括蓋鐵路、鑿運河，還有伐木、採礦及開墾偏遠領土。貫通白海（按：俄羅斯西北邊境的一個內海）到波羅的海的運河，不使用任何先進機械設備，完全靠政治犯以勞力揮舞十字鍬和斧頭開鑿而成。這條運河「準時」在一九三三年完成，索忍尼辛估計，開鑿這條運河的死傷人數是二萬五千人。

「工作條款」要求的工作時數非常不合理，而且經常是在天寒地凍的狀況下。勞改營的哲學是「透過勞動來改造」，但是在某些較嚴酷的勞改營根本就是「透過勞動來摧毀」。目標是儘量壓榨囚犯，直到他活活被累死、餓死或是病死。官方配給的食物多半被守衛或勞改罪犯拿走，囚犯為了裹腹，只好吃腐臭的死馬、機器用潤滑油，以及長在樹上的苔蘚。

恐懼的氣氛

索忍尼辛是在一九四五年於普魯士任職蘇維埃軍隊的隊長時被逮捕，他先前在一封給朋友的信中隱晦地批評史達林，因此被以「反蘇維埃政治宣傳」罪名關到古拉格八年。沒有任何審判或上訴機會。

一波波逮捕及殘酷處罰行動，當局宣稱是依法有據，但是法律系統已成為掩蓋國家不法的一層薄膜。一九二六年罪犯條例允許國家介入任何意圖推翻蘇維埃的思想或行動，而且不像大部分法律那樣，這一條規定沒有處罰上限。許多學生被逮捕的罪名是「讚美美國科技」、「讚美美國民主」或「崇洋媚外」。大部分被送到勞改營的是一般俄國老百姓，在這套嚴刑峻法裡最輕的「罪行」是：拿走一袋馬鈴薯或一卷織布線，判刑十年。因為現在生產工具屬於大眾所有，犯了這種事就成為人民公敵。

索忍尼辛提到，有一場在莫斯科舉辦的黨集會，最後結束是向史達林同志致敬。每個人都站起來鼓掌，拚命鼓掌長達十分鐘，沒有人願意率先坐下來。最後終於有一位造紙工廠主管坐下，其他人接著跟進。索忍尼辛寫道，正是這樣一個小小的舉動，讓掌權者「挑出誰是有獨立意志的人」。那個工廠主管當天晚上就被逮捕，被以羅織的罪名判刑十年。他在審訊書上簽結認「罪」之後，審訊官對他說：「以後別當第一個停止鼓掌的人！」

索忍尼辛問：「契訶夫（Chekhov 按：俄國極短篇小說家）會相信現代俄國竟淪落到如此野蠻的狀態嗎？如果他的戲劇作品中的角色經歷過古拉格，那最後一定會進精神病院。」

審訊的邪惡

一個人被逮捕之後，訊問的目標並不是去找出這個人可能做了什麼、或者沒有做什麼，而是「折磨他、榨乾他，讓他產生無助感，如此一來他就會不計代價想要結束這一切，一百件案子中有九十五件是這樣」。審訊幾乎都安排在晚上，被告是被人從床上拖起來，在家人面前被架上囚車，送去莫斯科惡名昭彰的路本揚卡監獄（Lubyanka）。索忍尼辛形容了一些逼供及簽下判決同意書的方法，包括：在不能躺下的垂直式囚房中，不能睡覺長達一週；讓囚犯挨餓忍渴，逼喝鹽水；將冰水或燙水灌進牢房；強迫穿上束縛衣、鞭打屁股、痛揍、關禁閉。在一九三八年以前，刑求是必須要有正式文件才可以進行的，但是幾千人幾千人的逮捕之下，刑求變得很普遍，根本不講究什麼手續了。審訊者為了達成「業績」，權力完全沒有限制。

由於自白是整個系統的基礎，為了得到囚犯的自白就要不擇手段，「最成功」的訊問者所用的方法會被其他人仿效。這些訊問者被稱為「藍帽」，他們知道幾乎所有指控都是被羅織的（他們的口號是：「只要給我們一個人，我們就能成案！」），對他們來說，維持這個系統能夠得到許多好處：權力、穩定的薪資，以及晉升。所以，對於阻礙目標達成、阻擋仕途的囚犯，訊問者何必憐憫呢？

不過，獄卒和當權者還是「需要意識型態論述，以確保擁有他們自己的正當感，不然要不了多久就會發瘋」。就像西班牙的宗教審判者，以神為名，把他們所有的行為合理化，蘇維埃的維安系統所做的一切，都能被歸因於史達林的意志以及無產階級的光榮。索忍尼辛寫道：「多虧意識型態，二十世紀注定要經歷發生在幾百萬人身上的惡行。」多虧意識型態，這種惡行才能由那些仍保有「冷酷明確」眼神的人來執行。

比之前更糟

為了呈現史達林主義之下俄國的殘暴，索忍尼辛經常把這個時代和舊俄沙皇時代做比較。共產主義並沒有為工人帶來一個新的光榮時代，只是把農奴制度替換成另一個更糟糕的制度。畢竟農奴從來不必在日出和日落之外的時間工作，而且禮拜日一定會休假，一年裡還有其他假日。舊俄時代還從來沒有鬧過饑荒。

舊俄沙皇時代，有好幾百條罪行可判死刑，但是實際上一年平均只處決十七個人。但在布爾什維克革命之後，大張旗鼓恢復死刑了。從一九一八年六月到一九一九年十月，僅僅在這十六個月之間，就有超過一萬六千人被槍決。一九三七至一九三八年的這一波，據估計有五十萬個「政治犯」被槍決，另外還有五十萬名「慣竊」。根據索忍尼辛的說法，在莫斯科的契卡總部（Cheka，按：一八一八年由列寧創立的祕密警察組織，即KGB前身），那兩年期間每天晚上槍決兩百人，但事實比這個更糟。現在解密的蘇維埃檔案顯示，一九三七至一九三八年，超過一百五十萬人被拘留，其中六十八萬人被槍決。

索忍尼辛建議製作一本攝影集，把消失在史達林主義之下的每一個人都收在書裡。他在《古拉格群島，一九一八－一九五六》中收錄了六張受難者照片，附記名字以及何時何地被槍決。看到這些肖像，很難不感到震動。

總評

索忍尼辛提到一個危機是，一般讀者會大吃一驚之後心想：「是的，這真是太糟糕了，但是不會發生在這裡的。」他說，真心希望如此，但是在現實中，「所有二十世紀的邪惡，在這個地球上任何角落都可能發生。」平凡普通的人，加上不受限制的權力，會造成恐怖的後果，而且這通常發生在具有一致標準或意識型態，並且排除自由思考的政權。這就是為什麼在史達林政權之下，教育者、知識分子、新聞記者及神職人員成為被攻擊的目標，因為當權者認為，這些人太具有某些獨立於體制的價值觀。

一九五二年史達林死後，情治系統頭子貝理亞（Beria）同年被處死，俄國才出現一絲絲較為自由開放的氣息，包括在古拉格。但是，勞改營還是存在，戈巴契夫（Gorbachev）執政之前，蘇聯的確還是會因為政治因素把人關進監牢（並且隔離政治犯，例如反對派的夏倫斯基（Natan Sharansky））。

《古拉格群島，一九一八－一九五六》全書有三冊，總共一千八百頁，但是艾瑞克森（Edward Ericson）做了很棒的精簡版，保留了大量細節及所有非常重要的洞見。書中有許多俄國歷史，你可能會需要查詢這些歷史事件及人物，才能完全理解索忍尼辛在說什麼。這是一段環繞著權力的歷史及文學之旅，索忍尼辛形容這部作品是新聞報導，實在太過謙抑。他個人獨特的聲音，貫穿了全書。

亞歷山大・索忍尼辛

亞歷山大・以撒耶維奇・索忍尼辛（Alexandr Isayevich Solzhenitsyn）於一九一八年在基斯洛伏次克出生，在他出生前六個月，在俄國軍隊擔任砲兵的父親在一場意外中身亡。索忍尼辛在莫斯科北方的羅斯托夫，由擔任速記打字員的母親撫養長大。雖然他年少時就想當作家，卻在羅斯托夫大學（Rostov University）主修數學與物理，於一九四一年畢業。後來他說，數學訓練救了他，在古拉格他因此被派到比較輕鬆的工作。他的刑期最初待在幾個勞改營，接著是在一個科學機構以及專門關押政治犯的集中營，包括哈薩克的艾基巴斯圖茲，他在那裡做礦工、磚匠以及鑄造廠工作。

服完刑之後不久，索忍尼辛被宣告「永遠流放」，遣送到南哈薩克的寇克－帖雷克三年，他在那裡教小學，並祕密寫作。一直到一九六一年，赫魯雪夫在演講中公然指責史達林的消息傳遍俄國，索忍尼辛才敢出版他的小說《伊萬・傑尼索維奇一天》（*One Day in the Life of Ivan Denisovich*，一九七〇），內容以虛構筆法表現他在艾基巴斯圖茲的日子。出版後受到矚目，但是因為他更勇於對思想檢查提出異議，他的小說《癌症病房》（*Cancer Ward*）及《第一個圈》（*The First Circle*，皆為一九六八年）這兩本書都被查禁了。索忍尼辛被蘇維埃寫作聯盟（Soviet Writers' Union）開除，同時於一九七〇年獲得諾貝爾文學獎，他因為害怕不能再回到蘇聯而沒有出席頒獎典禮。

一九七四年，索忍尼辛被逮捕，由KGB訊問並以叛國罪起訴。他被解送到德國，又在蘇黎世待了一段時間，最後定居在美國弗蒙特州的凱芬迪希。一九九五年他回到俄國居住，二〇〇八年逝世於莫斯科的托茲萊克伏。

1924

三民主義

Three Principles of the People

「我們中國人天生是愛和平的！在一般禮節中，我們強調謙遜，在政治哲學中，我們所持的原則是『不愛殺之人，方能治天下』。因此，中國人和外國人的政治思想是大大不同的。」

「我們必須知道，民主的力量，好比長江黃河的流水一樣，水流的方向或者有許多曲折，向北流或向南流的，但是流到最後，一定是向東的，無論是怎麼樣都阻止不住的。所以世界的潮流，由神權流到君權，由君權流到民權；現在流到了民權，便沒有方法可以反抗。」

總結一句

現代中國的成就是來自復興共產主義之前的民族精神。

同場加映

愛德華．伯內斯《宣傳》（9章）
穆罕達斯．甘地《我對真理的實驗：甘地自傳》（16章）
納爾遜．曼德拉《漫漫自由路》（28章）
孟子《孟子》（30章）

44

孫逸仙

Sun Yat-sen

如今被中國尊稱為第一次人民革命的領導者的孫逸仙，人生經歷竟是相當國際化。孫逸仙高中時期住在夏威夷，後來到香港習醫，讓家族十分驚慌的是，他在香港受到英格蘭傳教士影響而改信了基督教。一八九五年推翻滿清第一次起義失敗之後，他在日本、美國及英國待了幾年。這段流放生活讓他得以研究西方政治，並持續鼓吹民族主義，同時尋求海外華僑的支持。經過無數次從海外策畫的起義事件，一九一一年中國革命，當時孫逸仙正在美國籌募資金。隔年中國成立了第一個共和政體，孫逸仙擔任第一任總統。

孫逸仙的革命組織同盟會改組成國民黨（Kuomintang，按：或譯 Nationalist Party，即民族主義黨），後來孫逸仙被野心勃勃的袁世凱將軍取代而再度流亡，此時這個國家已經分裂成南北。一九二三年，孫逸仙回任成立於南方的共和國的總統。孫逸仙死後，蔣介石奉行三民主義，中國再度統一。當然，一九四八年國民政府被毛澤東擔任主席的共產黨掃至邊陲，蔣介石被迫撤退到福爾摩沙（台灣），延續其自認為合法的中華民國。台灣在美國扶植之下，成為堅定的資本主義。

雖然孫逸仙並不是共產黨，但他在中華人民共和國及台灣都受到高度尊崇。中國的憲法序文中特別提到他，千萬人造訪位於南京的中山陵。每年五月一日國際勞動節以及中國的國慶日，他的肖像會被高掛在天安門上，有兩所大學以他命名。在台灣，孫逸仙肖像可以在學校牆上及紙鈔上見到。孫逸仙在海外華僑社群之中也受到懷念，舊金山、多倫多、墨爾本等地都有他的塑像。

孫逸仙提出的三項主義，民族主義、民權主義、民生主義，合稱為三民主義。他在無數演講中鼓吹，後來集結成書為《三民主義》。中文裡的「民」即人民，「權」即權力或權利。在序言中，孫逸仙描述這三項主義是「救國的主義」，因為這三項主義會確保中國能與其他國家並駕齊驅，並帶給這個國家政治穩定及經濟正義。

民族主義

孫逸仙說，過去的中國人只注重家族或宗族，沒有人注意到中國是一個國家。在外國，「國」（nation）這個字指的是兩個意思，一是有共同背景的人群，一是對於特定領土具有統治權的行政實體。孫逸仙說，在中國卻不是如此。中國是合法的政治實體，中國是一個民族，兩者沒有分別。但他承認，中國這個國家裡有一千萬人並不是中國人，包括蒙人、滿人、藏人及韃靼人，但他表示那些人口並不顯著，相比之下，種族上屬於中國人的四億人口，具有同一血統、同一宗教、同一習慣；這是世界上最大的民族，具有四千年文明，中國應該要和其他各國並駕齊驅。

在「政治力」這一項，孫逸仙舉出曾經屬於中國但被列強奪取的每一樣事物。英國擁有香港及緬甸；日清戰爭後，日本擁有韓國及福爾摩沙（台灣）。西方列強試圖瓜分中國、剝削牟利，但是遭到中國抵抗。孫逸仙的國民黨開始對例如蒙古這樣較小的中國藩屬保證，他們的敵人不是統一的中國，而是意圖入侵並統治中國領土的西方國家。

他呼籲對進口洋貨稽徵保護關稅，尤其是紡織品，因為洋布對中國鄉間的布廠紗廠造成嚴重衝擊。中國的出口追不上進口的速度，因而使中國人變成奴隸。當時中國有許多外國銀行，透過低利、手續費及極差的外幣匯率吸取中國人民的錢。船舶運輸業也都由外國人占盡，尤其是日本；列強在中國租界享有優惠關稅，包括天津、大連、漢口、香港及福爾摩沙，致使中國人每年損失數億美元。外國公司享有特權，在許多商業領域幾乎是一手壟斷。孫逸仙認為，中國至少可以開始發展自己的工業，並建立自己的銀行。

他說當時中國開始興起「世界主義」（cosmopolitanism），這個詞在今日會被稱為全球化。但是他說，中國在這個過程中忘記了民族主義；世界主義的吸引力是一種幻象，只會使中國被列強玩弄於股掌。孫逸仙說，只有民族主義才能使中國成為中國人所有。

國家有危機感、覺得受到威脅時，會傾向於走向富強。孫逸仙認為，這種情況正是當時的中國所缺乏的。在軍事方面，他警告說日本的國力能在十天之內打下中國，美國能派船隻入侵，中國在一個月內就會亡國。而英國擁有戰略基地香港，加上它的海軍，並從澳洲及印度調度後援兵力，不消幾個月也能打下中國。列強之所以還沒有占據中國，唯一的原因是它們忌憚彼此的影響力。

民權

孫逸仙認為，中國歷史的進展是由神權、君權，再到民權。他提到有些人認為中國不適合像美國那樣實行共和，但是他論述說，孔子和孟子其實都推崇民權思想，至少，君主必須得到人民的認可才能統治。孟子說：「民為貴，社稷次之，君為輕。」如果上無道就不配當君主，而是「獨夫」，大家應該反抗他。

孫逸仙還提到，盧梭希望普世人民都能得到更大的自由及權利，這是正確的方向。他提到德意志帝國的皇帝、俄國沙皇及奧地利皇帝都被推翻了，帝國及君權政府在世界各地都在傾覆中，例外的是英國的君主立憲。當然，孫逸仙更關心的是建立一個共和國，而不是一人一票的現實狀況，所以他對民主／民權的理解，可能和我們現在不一樣。他要表達的是，人民主權（sovereignty），和孔子、孟子倡導的概念是一致的。就是這一點，讓今日的中國共產黨宣稱它合乎民主。

孫逸仙說，放棄帝制的另一個原因是，那會帶來內戰，因為有野心的人總是想掌權。而在共和政體就比較不會這樣。當人民擁有主權，土地上每一個人都是自己的「皇帝」，「沒有人會吵著要當皇帝」，那麼發生內戰的機會就大大降低。

孫逸仙還規畫了一個五權分立的中國政府，結合歐洲的行政、立法及司法，但加上源自中國歷史的監察院及考試院，監察院是對所有政府官員監督問責的機關，考試院則掌理公務員的任用資格。

民生

孫逸仙引述一句俗語：「天生一條蟲，地生一片葉；天生一隻鳥，地生一條蟲。」意思是說本來每一樣生物都能得到供應；但是他說，生活在現代的人類，實際情況就沒有這麼直接了。

孫逸仙在勞動「社會問題」上的思想，很明顯是受到馬克思的影響，但是他堅持說，國民黨的民生主義，與社會主義或共產主義是非常不同的。他不同意馬克思認為歷史只是壓迫者和被壓迫者，他觀察到美國及歐洲的勞工階級在社會狀況及生活水準方面，享受著很大的進步。階級矛盾並不是社會進化的原因，而比較應該將它視為社會弊害，只有在人們生活沒有改善時才會蔓延。而且，勞動只是生產貨品及創造剩餘價值的其中一環，不應該是整個社會理論的基礎。孫逸仙說，馬克思在現代工業方面的理解完全錯了。他舉福特工廠為例，工廠的工作時數減少、工資增加、商品價格降低。每個人都是贏家，剝削並不存在。

孫逸仙的想法是，把資本主義和社會主義結合起來，建立一個現代中國文明，國家控制土地和資源分配，來確保最低程度的繁榮，並且具有資本動力（甚至外國資本）以及科技。他的經濟學說在台灣並沒有真正落實，但是他的願景，也就是中國作為民族國家，結合市場制度及社會主義原則（所謂的「具有中國特色的社會主義」），則是現在中國大陸的做法。當代的中國，大致實現了孫逸仙的目標。

總評

閱讀孫逸仙的學說能夠讓你明白，當代中國為何會如此偏執，極力箝制任何分裂運動，只要是它認為歷史上屬於中國的領土，便不肯有一絲一毫的讓步。過去有一段時間缺乏民族意識，所以現在完全不能容忍降低國族意識。

中國是否能延續它的非帝國歷史模式，只在它的影響範圍內占主導地位？或它會希望變成一個強權，以各種方式在世界烙下它的印記？在孫逸仙的觀念中，我們發現一個或許可能的答案，深深牽連在歷史中。在「中國人天性愛好和平」的副標題之下，孫逸仙說中國是強烈反帝國的。他自豪於中國歷來不願侵犯其他國家，而是靠著偉大文明的力量，吸引「進貢國」稱藩歸順；靠著這種現代所謂的「軟實力」吸引鄰國心悅誠服，因此與西方的軍國主義及帝國主義途徑大不相同。

中國的崛起，並不表示它想要和美國、日本或其他國家衝突，或甚至成為世界第一強權。要與美國的軍事力量並駕齊驅，可能要花好幾代的時間。此時此刻，政府的焦點將會是在它的領土內維持中央權力，並增加國家財富及提升生活水準。共產黨知道它最主要的角色不是地緣政治，而是讓人民幸福與繁榮，而這一點，完全符合孫逸仙的願景。

孫逸仙

一八六六年生於中國廣東省的農民家庭，十三歲前往夏威夷檀香山投靠兄長。他很快學會英文，在當地上高中。十七歲短暫回到中國，再前往香港完成學業，一八九二年獲得香港西醫書院醫學學位。一八九四至一八九五年，中國在日清戰爭戰敗，他棄醫投身中國革命運動。第一次起義失敗之後（他童年的朋友陸皓東成為第一位「革命烈士」，在一八九五年被清廷處死），孫逸仙流亡海外。在倫敦遭綁架到中國領事館，但在朋友康德黎（James Cantlie）及英國外交部的協助之下脫逃。孫逸仙在歐洲遊歷學習歐洲政治制度，在這段期間發展出三民主義的思想。

一九〇〇年義和團之亂後，革命熱潮席捲全中國。在日本舉行了一場全中國革命黨代表及華僑商人的集會，眾人決心推翻帝制。一九一一年，武昌市被革命黨人攻下，接著是其他城市，滿清王朝傾覆。一九一六年，孫逸仙與祕書宋慶齡結婚，她在孫逸仙死後成為國民黨要角。由於宋慶齡在中國內戰站在共產黨一方，她在一九五〇年之後的中華人民共和國是重要人物，一九七六年至一九七八年間擔任全國人民代表大會委員長[1]。孫逸仙在一九二五年死於北平。

1 譯注：原文acting head of state，宋慶齡確實曾經兩度代理「國家主席」，不過在原文寫的一九七六至一九七八年間，她的職位是全國人民代表大會委員長。

2013

柴契爾夫人自傳

The Autobiography

「一旦由政府介入而不堅持經濟自由，接下來受損的就會是政治自由了。」

「要克服共產主義的威脅，強力防守是必須的手段，但是還不夠。與其只是阻擋共產主義，我們希望的是以自由來攻擊。」

「我一直相信，如果我們不拋棄自己的優點，我們西方制度終將獲勝，因為它的要點在於個人獨特性、幾乎源源不絕的創造性以及活力。」

「我的政治思想……在於深深地懷疑政治人物改變經濟或社會基礎的能力；政治人物最多能做到的是建立一個架構，讓每個人的才能及美德在其中發揮，而不是被打壓。」

總結一句

成功的社會靠的是個人的發展。如果個人自由被削減，或是把政府當作所有弊病的解藥，就不會實現成功的社會。

同場加映

艾克頓勛爵《自由與權力》(1章)
以撒・柏林《自由的兩種概念》(8章)
弗雷德里希・海耶克《通向奴役之路》(19章)
約翰・米克斯威特＆亞德里安・伍爾得禮奇《第四次國家革命》(31章)
卡爾・波普爾《開放社會及其敵人》(40章)

45

瑪格麗特・柴契爾

Margaret Thatcher

一九七五年，《華爾街日報》形容英國是「歐洲的病國」，它的禍根並不是天然災害，而是「英國政府刻意計算好的政策，以及英國人民放任並接受政府作為」。同年，英國保守黨新任黨魁柴契爾在紐約演講，她同意這個說法，並且指責「一種進步的共識及教條，認為政府應該在各方面積極推展平等：提供社會福利，以及財產及收入的重分配」，結果造成過重的稅賦、阻滯創業、利潤戰爭、把民間存款吃盡的通貨膨脹、政府開支不斷攀升而且政府職能不斷擴大。柴契爾回到英國之後，被執政的工黨攻擊說她「踐踏英國」，事實上，柴契爾所表達的訊息是希望英國即使在社會主義盛行之下，還是能夠重整腳步，繼續繁榮富強。

柴契爾的率直，使她在英國大眾、媒體以及她的政黨中漸獲名聲，除了作為英國首位女性政黨領袖這一點，她開始被更認真看待。隔年初，她在倫敦做了一次外交政策演講，直指當時政府對蘇聯的態度太過自滿，她強調北大西洋公約組織（NATO）及華沙公約組織（Warsaw Pact）之間軍力懸殊，並指出蘇聯的軍備速度比美國快多了。一位蘇聯《紅星報》（*Red Star*）的主筆報導了這次演講，文中形容這位毫不讓步的柴契爾是「鐵娘子」。

《柴契爾夫人自傳》這本書是柴契爾回憶錄《唐寧街歲月》（*The Downing Street Years*，一九九三）及《通往權力之路》（*The Path to Power*，一九九五）的精選版。這本書有七百二十八頁，充滿了細節描述，省略了注解、附錄及冗長的政策討論，但仍保留所有主要事件及議題。除非你有好幾週的時間去閱讀原本的回憶錄，否則這本書最能夠了解柴契爾的心思及哲學。

雖然柴契爾並不像她的英雄偶像邱吉爾那樣富有文采，但她的文筆非常好。意外的是，書中關於個人花絮及回顧的部分不多，例如全家去布列塔尼或康沃爾度假只是寥寥數語帶過，接著花了好幾頁篇幅在寫錯綜複雜的飛彈條約或工會法。她承認自己談論政策及政治的胃口是沒有極限的，而且她非常認真對待公務（例如：她不像布萊爾〔Tony Blair〕在自傳中以不太正式的方式寫「當首相是個什麼情形」）。此外，書裡也能看出柴契爾非常注重細節。眾所周知，她每晚只睡四到五小時，因而更能聽取簡報，所以無論是政治對手、她自己的內閣大臣及外國元首，對她都是聞風喪膽。柴契爾早年是一位化學家，並且受過法律訓練，使她在處理政策事務時採用「法庭辦案」的方式（forensic，她很喜歡這個字眼），而且她非常蔑視那種學無專精，無法掌握核能系統科學或金融政策基礎的政治人物及政府官員。因為英國的社會主義盛行了幾十年，她上台之後推出的是一種新的哲學，所以她十分在乎自己的主張必須完全實施而且滴水不漏。

早年聰慧

柴契爾的父親羅伯茲（Alfred Roberts）是一個雜貨商，全家住在諾丁漢附近的葛蘭特姆，她回憶道，「香味撲鼻的香料、咖啡和煙燻火腿」飄到店鋪樓上全家人住的地方。瑪格麗特和她妹妹從來不缺什麼，的確，她的家庭在一九三〇及一九四〇年代是很興旺的，但是姊妹們都非常警覺，社會上並沒有什麼安全網。葛蘭特姆這個地區的發達，靠的是民間和宗教機構以及此地家族經營的產業，人們並沒有理所當然地指望政府幫忙。羅伯茲一家人的生活圍繞著工作及衛理教會打轉，她相信是父親的這句話「千萬不要因為別人做某件事，你就去做」，讓她受益無窮。在那個時代，衛理公會教徒以及非英國國教徒大部分是偏左派，但這個家庭卻相當不同，他們是屬於保守派的政治思想，在兩次大戰期間，他們的立場與當時強烈的和平主義氣氛相反。瑪格麗特堅信：「個人美德絕對不是政治務實的替代品。」她的父親後來成為葛蘭特姆市長，父女倆的觀點都不符合當時的潮流，他們認為法西斯主義和共產主義只不過是一個硬幣的兩面。他們非常懷疑希特勒在慕尼黑的動機，當二次大戰爆發，羅伯茲家資助了一個逃離維也納的猶太女孩。

瑪格麗特入學牛津大學的索默維爾學院（Somerville College, Oxford）攻讀化學學位，有一度在諾貝爾得主霍吉金（Dorothy Hodgkin）門下學習，她還參加了保守黨學生社團。保守黨在一九四五年大選中敗選時，她還在牛津，她認為，英國社會大眾竟然讓邱吉爾落選，實在說不通。直到後來她才明白，戰爭使得權力集中在政府手上，並培養出一種集體主義的精神；其實，從戰時政府過度到工黨執政下的社會主義，這個轉變並不是那麼大。但保守黨被視為古板守舊或是一群富裕的紈绔子弟，相較之下，工黨比較像是「聰明人」，民眾認為社會主義才是未來。

大約在這個時候，瑪格麗特讀了海耶克剛出版的《通向奴役之路》。她本來就從根本上厭惡集體主義，因此這本書給了她駁斥社會計畫模式的哲學基礎。海耶克顯示出，一切剛開始是天真善意的，但是「為了所有人好」而削減一些經濟自由，無可避免會侵蝕到政治自由。

崛起的權力

畢業之後，瑪格麗特在寇切斯特一家塑膠企業工作，但是政治的吸引力實在太強了。為了代表保守黨競選國會議員而尋求背書支持，她認識了一家塗料及化學公司的常務董事丹尼斯·柴契爾（Denis Thatcher），他是一個死忠的保守黨，年紀大她十歲。一九五〇年選舉，二十四歲的瑪格麗特是最年輕的參選人，她沒有獲勝。兩人結婚之後在倫敦過著愉快的生活，也有機會去羅馬和巴黎度假。瑪格麗特·柴契爾不需要工作養家，於是選讀法律（期間於一九五三年因生下雙胞胎凱蘿及馬克而中斷一陣子），後來成功完成她的律師資格考。她僱用了一個能幹的保母協助育兒，自己從助理律師做起，專門處理稅務法。她克服了黨內人士對她是否能兼顧母職與政治的質疑，終於在北倫敦的芬奇利

（Finchley）這個有贏面的選區獲得提名為候選人。保守黨在一九六六年大選中敗選之後，她有幾週時間在美國遊歷，發現它與英國的過度管制與重稅制度截然不同，令她深受啟發。

一九七〇年，保守黨在希斯（Ted Heath）帶領之下勝選，柴契爾得到第一個職位：教育事務大臣。她認為教育制度「主要受益的是維繫這個制度的人，而不是受教的人」。當時的教育部路線偏左，全力發展大型綜合高中，而她的想法則是「鼓勵多樣性及選擇，而不是『規畫』制度」。她也順利保留了幾所本來要被關閉的精選重點學校（grammar schools，按：又譯文法學校）[1]。不過，她努力要讓小學現代化，必須砍掉有些支出經費，包括免費牛奶，於是當時她就被稱為「搶走牛奶的柴契爾」，《太陽報》（*Sun*）說她是「英國最不受歡迎的女人」。她回憶說，面對這種人身攻擊，許多政治人物撐不下去，但是她選擇繼續做。

希斯政府有許多政策大逆轉，令柴契爾感到越來越幻滅。希斯出於自己的偏好，讓英國加入歐洲經濟共同體（European Economic Community），但是他卻無法翦除工會的力量，仍然延續戰後的共識，即工資和價格必須管控，這是產業界和工會的一項協定。由於工會強大，英國工業缺乏效率並且冗員太多，柴契爾打從骨子裡認為，保守黨必須提出一個激進的另外方案，以維持經濟。她反對希斯的政策方向（希斯在一九七四年下台），柴契爾著手掌理住宅政策，強化她的信念，即自有房屋是民主的基礎，當時英國房屋有四分之一是屬於政府擁有的國宅。

柴契爾的思想越來越受到喬瑟夫（Keith Joseph）的影響，他負責保守黨政策及研究部門，並提供論據顯示政府介入一定會帶來預料之外的代價。當時的大問題是通貨膨脹，柴契爾開始把金融政策當作打擊通膨的手段（或是控制貨幣流入經濟市場中）。在這個階段，她支持喬瑟夫取代希斯擔任保守黨領導人，但是後來卻變成柴契爾自己受到支持，其中有一大部分原因是她在下議院的優秀表現。雖然從歷史上來看，她的崛起似乎是注定的，但是她回憶在一九七五年成為保守黨黨魁時，自己真的是非常震驚。

理論付諸實踐

一九七八年，保守黨推出一波宣傳造勢「工黨沒在工作」（Labour Isn't Working，按：也意指「工黨沒有用」），搭配的圖像是領救濟品的隊伍。當時失業人口達一百五十萬人。在一九七八至一九七九年的「不滿的冬季」，工會大罷工導致街上成堆垃圾無人清理，卡車司機、火車駕駛員、護士，甚至挖墓穴工人都在罷工，加上冬天下雪及淹水，雖然民怨沖天，但這卻幫了保守黨的忙，因為這暴露出實施社會主義政策的結果。這也是一個機會可以爭取到傳統上從來不投票給保守黨，但是已經受夠了工黨首相卡拉漢（Jim Callaghan）的選民。柴契爾對抗工會的決心更堅定了，她開始發展幾項政策，

1 譯注：這種學校在英國的中等教育中具有學術及升學導向之性質，享有中等學校中最優越的地位。

包括投票決定是否罷工的工會選票要以私信郵寄、幾項基礎公共服務禁止罷工，以及減少關門的商家（依法規定員工必須加入工會的商家）。她覺得社會大眾是支持的，但是在一九七九年的選舉中，她完全沒有任何預設，她說：「如果我們輸了，甚至沒有過半，我從來不抱幻想我會再有任何機會。」

事實上那次的選舉結果大贏，比她或任何人預料得到的贏更多（贏得四十三席成為多數），這賦予她改造英國政治的權力。投票給她的包括了技術工人及工人家庭，柴契爾把這些原來很死忠的社會主義者吸引過來，因此有一股強烈的責任感，必須要維持他們的信任。她開始實施工會改革、推動國宅購買方案、降低所得稅（但是提高商品附加稅）、減少薪資及價格及股息管制、刪除幾項計畫控制。此外還解除外匯管制，以鼓勵外資投資英國及英國人向海外投資。政府開始削減公共服務部門，在一九七九年，公部門占全英國勞動人口的三〇%。接下來的十年之內，由於民營化及自然淘汰，這個數字降到二四%。

不過，政府支出降得還不夠阻止約一七%的高通膨率。如果政府開支及債務太多，國民就會被市場處罰，因為借款成本較高，這又會推高利率，而傷害企業。因此柴契爾知道，如果政府沒有處理好國家財政，對經濟成長遲緩就有直接責任；而且當經濟衰退持續加深，對公共荷包的需求會更多。她的首席政策官霍斯金（John Hoskyns）表示，當時政府試圖在高失業率和高通膨的狀況下推行大幅改革，「就好像在山崩時試著紮營」。但柴契爾決心要走這條路線，她對國會講了一段很有名的話：「對那些屏息以待『髮夾彎』（U-turn）這種媒體搏版面用詞的人，我只有一句要說：『你們要彎就去彎，本娘子我是不轉彎的。』」

內閣中還有許多她所謂「懦弱的人」，即偏左的保守黨員，在徵稅和開支方面仍然遵循戰後正統經濟路線。透過改組成功，柴契爾的內閣團隊逐漸能符合她的意志，不過她的市場路線剛開始時不獲閣員青睞。政府的中期財務策略目標是降低通膨，方法是透過限制貨幣供應以及降低政府借款，而在產業政策方面，柴契爾決心要讓英國政府拋下應該屬於私部門運作的事務。她的民營化（英國電信、英國航空、英國鋼鐵、英國利蘭汽車、英國瓦斯等等）是空前創舉。

福克蘭群島

柴契爾很幸運，福克蘭危機來得正是時候。當時她才執政沒幾年，經濟政策還有待時間發酵，但是阿根廷入侵福克蘭群島給了她一個大好機會，展現她絕不讓步的特質。現在已經很少人記得，她的政府如何努力要透過外交來解決，但是當外交手段失敗，她毫不遲疑要奪回福克蘭群島，因為這個島上大多數的人是英國籍。這次軍事行動的成功及對抗侵略者的立場，使她在國外贏得尊重，但是更重要的是，她在國內聲望大增，英國人民當時已經非常習慣接受這個國家的軍事和經濟力都在走下坡。起初美國提出一個模稜兩可的方案，由一個「臨時行政單位」讓阿根廷和英國共治福克蘭群島，但是柴契爾對此極為厭惡，她的朋友雷根總統於是支持她，沒有其他替代方案，唯有武力。她寫道：「難道要由一個平凡的獨裁者來統治女王的臣民，而且用詐欺和暴力來得逞嗎？由我當首相，就絕不容許發生這種事。」

礦工大罷工

從一九七四年開始，英國納稅人繳的稅款中有二十五億英鎊拿去投入煤礦產業，其實這是一項還有前景的產業，條件是必須關閉那些沒有經濟價值的礦場。但是工會不肯，政府為了確保能源的供應及工人的飯碗，而承受相當大的讓步壓力。

因此，當全國礦工工會（National Union of Miners）選出史卡基爾（Arthur Scargill）這個深深厭惡保守黨的強硬馬克思主義者，柴契爾知道她將面臨一場大規模罷工。她的政府已經悄悄開始累積煤礦藏量，以安然度過任何罷工行動。雖然史卡基爾費盡心力發動一場全國性的大罷工，但事實上許多礦場還是繼續在運作，想要繼續工作的工人受到騷擾及欺凌。證據顯示，礦工工會拿了利比亞的格達費上校（Gaddafi）的錢，也得到蘇聯礦工的協助。如果史卡基爾把罷工行動轉變為反資本主義的聖戰，柴契爾對抗它的原則就是，一個人有權利不受騷擾地工作，並且終結工會的鬥爭。最後，一般工會會員反對史卡基爾利用工會作為政治武器，而且史卡基爾想要讓沒有未來的礦場繼續營運，這種違反經濟法則的意圖也看不到未來，長達一年的罷工終於叫停。

自由鬥士

柴契爾執政期間，歷經的國際事件包括冷戰結束、英國殖民地羅德西亞變成辛巴威、與中國協商移交香港、兩伊戰爭、入侵格瑞那達、轟炸美國在貝魯特的海軍總部、蘇聯入侵阿富汗。雖然柴契爾喜歡卡特總統（Jimmy Carter）這個人，但她認為卡特面對共產主義的軟弱態度太不可原諒，還有卡特的限制成長及樽節開支的哲學，和美國標舉的一切都背道而馳。所以雷根出線競選美國總統時，柴契爾很高興找到志同道合的人。對蘇聯的態度，雷根與柴契爾一樣不會滿足於抑制或平衡，而相信必須積極阻撓蘇聯，因為這個國家控制了世界上大量受到壓迫的人。現在我們很難相信，即使蘇聯政權反對者舉出證據，顯示這個政權的道德破產，但是柴契爾和雷根這種觀點竟然是少數，當時大多數西方政治人物和專家學者認為，最好的政策是和平共處。

柴契爾早期對戈巴契夫（Mikhail Gorbachev）的「馴服」（grooming）非常精采。她決定找出一個能夠引進變革時代的蘇聯政治新秀，她邀請了戈巴契夫和夫人蕾莎（Raisa）到訪英國首相鄉間官邸契克斯，他們之間建立了溫暖的交情，但是無論在私下談話或公開發言中，柴契爾仍不留情面地挑戰戈巴契夫，還特別表示蘇聯境內缺乏言論自由和社會運動，並說蘇聯並沒有改變要把全世界變成共產主義的政策，也沒有停止資助各國衝突事件，包括衣索比亞到尼加拉瓜。她表示西方和共產制度的差異在於「社會中的權力分配顯著不同，以及中央控制及壓制的社會」。

當時，雷根和柴契爾都不知道蘇聯的經濟蕭條到什麼程度，因此也不知道蘇聯的政治脆弱性，這個帝國後來迅速一敗塗地，他們兩位和任何人一樣驚訝。

總評

當初選出柴契爾作為首相時，英國民眾並不知道她有多麼激進。她把貨幣主義及自由市場觀念帶進政府，在實踐上是有可取之處。當時傅利曼和海耶克都不是主流經濟學家，但是柴契爾顯示了他們的思想行得通，其學說才逐漸受人重視。柴契爾推動的私有化計畫，使得許多英國人變成股東，這在當時也是新做法，並被世界各國效法。她的「大笨鐘」改革使倫敦變成金融重鎮，吸引了世界各地的資金，成千上萬的人在此工作。她剛上任時的罷工損失是二千九百萬美元，但是後來降到兩百萬美元。在她任內，通貨膨脹降低超過一半，稅賦最高級距從八三%降至四〇%。在外交政策方面，她比雷根更早就譴責共產主義及推廣自由，她認為歐洲應該是一個經濟體以促進貿易流通，但國家對於自己的前途必須保有完整的權力，足見其先見之明。

柴契爾於二〇一三年逝世，她的建樹在當時受到熱烈討論。在她任內，保守黨在北英格蘭及蘇格蘭完全失去支持，變成一個南方富裕地帶的政黨。另一方面，布萊爾的工黨政府也採行了柴契爾的經濟政策（布萊爾派的曼德森〔Peter Mandelson〕曾說過著名的話：「我們現在都是柴契爾派了」）。但是，柴契爾知道她的「改革」並沒有完全實施，而且保有個體自由及限制政府規模的論戰，長期都在上演。就如《經濟學人》寫道：「國家要強盛，人民必須阻擋政府壯大。現在的世界需要的是更多柴契爾主義，而不是更少。」柴契爾成為二十世紀一位偉大的領導者，是因為在那個時代，更大的經濟及政治自由被視為「不切實際」，但卻是柴契爾施政的中心。

1849

公民不服從

Civil Disobedience

「當政府的暴政或無效率嚴重到無法忍受時，所有人都贊成改革的權利，也就是拒絕效忠及抵抗政府的權利。」

「任何一個比鄰居更正義的人，就已經形成一個人的多數。」

「不會有真正自由及獨立的國家，直到國家把個人視為更高而且獨立的權力。」

「大量的人民為國家服務，因此，人的身體主要不是人，而是機器。」

總結一句

人的作為首先應該按照自己的良心，優先於政府實施的任何法律之上。

同場加映

穆罕達斯．甘地《我對真理的實驗：甘地自傳》（16章）
馬丁．路德．金恩《馬丁．路德．金恩自傳》（23章）
納爾遜．曼德拉《漫漫自由路》（28章）
柏拉圖《克里托》（39章）

46

亨利・大衛・梭羅

Henry David Thoreau

新英格蘭地區有一個由知識分子組成的團體「先驗主義者」（Transcendentalists），成員包括梭羅（Henry Ralph Thoreau）、愛默生（Ralph Waldo Emerson）、惠特曼（Walt Whitman）、芙樂（Margaret Fuller）等人，他們相信，知識來自直覺與想像，而不單單只是邏輯與知覺。個體在獨立及自給自足的狀態下是最圓滿的，而且應該信任自己，在對錯判斷上做自己本身的主人。社會及制度的侵入，尤其是組織化的宗教及政治黨派，假如昧著良心，很容易導致個人的腐敗。梭羅以先驗主義思想做了一個著名的生活實驗。在《湖濱散記》（*Walden*，見《一次讀懂自我成長經典》評論）開頭他就寫道：

> 「我進入林中，是因為我想認真生活，只面對人生中最基本的事物，看看我是否無法學到它教給我的事，而不是直到死前才發現，我沒有真正活過。」

美國的一八四〇年代是一段騷動不安的時期，反對蓄奴的北方與贊成蓄奴的南方雙方出現危機。梭羅在一八四六年七月入獄了一個晚上，因為他為了抗議奴隸制度以及美墨戰爭相關的政府政策，而拒絕支付人頭稅。他本來打算要坐牢更久，但是有個匿名捐款人（據說是他的姑媽）為他繳了稅。一八四八年一月，他以這段經驗為基礎，在康科德書院（Concord Lyceum）演講，題目是「個人與政府之間的權利和責任」，內容出版在皮芭蒂（Elizabeth Peabody，按：美國教育家及出版人）的《美學論叢》（*Aesthetic Papers*），後來稱為《公民不服從的責任》（*On the Duty of Civil Disobedience*）或簡稱《公民不服從》（*Civil Disobedience*）。

〈公民不服從〉的基礎既是學術也是文學，內容包括引述孔子、聖經、莎士比亞的《哈姆雷特》（*Hamlet*）及《約翰王》（*King John*）、英國劇作家透納（Cyril Tourneur）及皮爾（George Peele），還有文藝復興時期的天文學家哥白尼（Nicolaus Copernicus）、宗教改革者馬丁・路德。現代讀者可能沒有聽過其中某些引述人物，但是這篇文章的主旨，也就是如果政府的作為被視為不道德，公民有權收回對政府的支持，這項主張歷久彌新，並且超越了當初梭羅提筆為文的初衷。

立法與更高法則

一八四五年，德克薩斯併入美國政府，隨即爆發美墨戰爭，墨西哥戰敗，美國得到許多土地，包括今日的亞利桑那州、新墨西哥州、猶他州及加州。打這場戰爭在國會似乎並沒有經過很多辯論，而且往西擴張到太平洋，被視為是這個國家的「天命」(Manifest Destiny)。雖然受到廣大的群眾支持，但也有許多人認為，入侵一個主權國家，並且在墨西哥的土地上殺害墨西哥人，扭曲了美國的建國精神。這場戰爭不僅是侵略及擴張主義，而且奴隸制度很可能會擴散到新加入的南方州，終生支持廢奴的梭羅不能接受這種事。

他在《公民不服從》中的立場是，根除社會的錯誤不是任何人的責任，但是至少不應該知情而成為社會錯誤的一分子。人應該遵守法律，但是不應該盲目遵從這些法律，或是遵守法律但是違反良心。道德和倫理是「更高法則」，甚至高過大多數人同意的法律位階。

梭羅挑戰了英國哲學家佩利（William Paley）的觀念，佩利主張，因為權宜（expediency），人應該總是要服從政府的。梭羅無法接受把權宜當作一個正義社會的基礎。如果國家可以不正當地把逃亡的奴隸或墨西哥囚犯關起來，就表示「正直的人該去的地方就是監獄」。當某個人被迫在對與錯之間抉擇時，公民不服從以及革命，事實上是唯一的選擇。梭羅指出美國大革命本身就是一個例證。但是他認為，和戰爭及奴隸制度的暴虐比較起來，美國人當初因為拒絕接受英國政府一直調漲稅賦而叛變，這個理由其實還不夠吸引人。採用政府機制來表達反對，這還不夠；表達反對時，個人的行動是非常重要的。梭羅說：「我們應該先是一個人，然後才是人民。」

人與政府

梭羅相信一句諺言：「最好的政府是管最少的政府。」政府「自己從來不曾推動過任何創新」，反而通常是個阻礙。政府存在的目的，是讓個人得以自由去做他要做的事。梭羅說，人們必須像印度橡膠那樣，「跳過立法者不停設下的障礙」。梭羅希望根本沒有政府最好，但是同時他也想要**更好的**政府，不把人當機器或動物、不會無視個人意願而把人送上戰場的政府。

梭羅的公民不服從，最明顯的反面就是蘇格拉底（見39章柏拉圖的《克里托》的評論），蘇格拉底論述說，如果某個人住在一個國家，不遵從國家的法律就是錯的，即使他不同意那個法律。但是梭羅無法忽視一個事實：在一個基於多數統治的民主體制中，人數的重要性會粉碎個人的良心。事情不是看對與錯來決定，而是根據權宜性。政治人物可以被「收買」，或者是講條件，為了自己的選票而支持別人的法案。投票有點像是一場遊戲，其中的道德只有那麼一點點；投票不是決定或定義對錯，因此，個人不應該把涉及道德的重大問題，拱手交給大多數人來決定。

為什麼政府總是迫害少數或不願意順從的個人？難道政府不該聆聽每一個異議人士的聲音，以確保政策沒有缺點或錯誤嗎？政府沒有這樣做，就代表政府的利益在於那些可能不是對的一方，既然如此，公民就可以收回授權許可，按照自己的良心行事：

「如果不正義是政府機器的必然摩擦力的一部分，那就隨它去吧，隨它去吧。或許它將會被打磨得光滑，當然機器一定會耗損……但是如果這件事的本質，讓你變成對他人不義的行為人，那麼我會說，不要遵守法律。讓你的生命成為反摩擦力，去阻止這部機器。」

梭羅很熟悉無政府主義者的作品，例如史賓納（Lysander Spooner）及瓦倫（Josiah Warren），這兩人也來自麻州，不過梭羅的思想更接近現代主張小政府的人或是溫和的自由放任主義者，他們可以接受某種形式的政治組織，但是規模要最小。例如：他從來不介意付公路稅，因為他確實用了路；而且他也很高興稅款付給學校。甚至他也尊敬美國憲法；他討厭的是個別的政府。

要理解梭羅的政治觀點，應該要從他寫作時更廣的形而上脈絡來看，這些觀點是來自一種更深沉的人性方面的理想主義，認為人類已經發展出道德良心與自給自足的狀態，並會採取相應的行動。大部分的人不太會去質疑政治人物的動機，對他們來說，強有力的民主政府沒有什麼問題；但是，對於良心意識很強的人，政治的運作方式似乎已經大打折扣了。他舉出一個生物上的譬喻：「如果植物無法按照天性而活，就會死；人也是一樣。」

總評

公民不服從這個詞，是在梭羅死後才被拿出來用在他的文章，不過這個觀念在美國有很長的傳統。美國大革命的一開始，波士頓茶黨就是認為遠方的政府作為不正義，因此起而反抗；當情況證明應該行使公民不服從的權利，這樣做就非常能彰顯什麼叫做身為一個美國人。梭羅的思想，應該也要放在十九世紀自由主義的脈絡下來看。他寫道：「從完全君權進展到有限君權，從有限君權進展到民主，是一個真正尊重個人的過程……從來沒有一個真正自由而獨立的國家，直到合眾國承認個人是一種更高且獨立的權力。」我們可以看出梭羅的思想可能影響到彌爾，的確，彌爾的《論自由》於十年後才出版。

先驗主義者部分受到印度宗教影響，包括《薄伽梵歌》，這可能讓甘地對梭羅產生興趣。甘地把「美國廢止奴隸制度的主要原因」歸功於《公民不服從》，並且影響他對南非及後來在印度宣傳的非暴力抵抗。金恩在學生時期讀了這篇文章，並引述這是他第一次接觸到非暴力抵抗的理論，以及與其支持政府的政策不如選擇入獄的理念。金恩在自傳中寫道，他「後來相信，對付邪惡採取不合作態度，是一個道德義務，也是與良善合作」。公民不服從是一九六〇年代反戰抗議的核心，還有最近幾年反對社會及經濟不平等的占領運動，以及香港為爭取民主的和平抗議，這些都是梭羅路線的政治行動。

亨利・大衛・梭羅

亨利・大衛・梭羅（Henry David Thoreau）於一八一七年生於麻州的康科德。一八三七年從哈佛畢業之後，他取得學校教師職位，但是因為他拒絕校方使用體罰的要求，因此轉職到父親的鉛筆製造公司。一八三九年他開始比較認真關注自然世界，他在康科德及麥立馬克河上旅行，後來把這段經歷寫成書在十年後出版。

一八四一年至一八四三年間，梭羅加入愛默生的家庭一起同住，華騰湖這片土地就是愛默生所有。梭羅以土地測量、粉刷牆壁以及園丁為業，同時也應邀演講及供稿給雜誌，包括先驗主義期刊《日晷》（*The Dial*）。他的文章〈麻州的奴隸制度〉（*Slavery in Massachusetts*）與《湖濱散記》皆在一八五四年出版。在他死後（一八六二年）才出版《鱈魚角》（*Cape Cod*，一八六五）及《在加拿大的北方佬》（*A Yankee in Canada*，一八六六）。愛默生的文章〈梭羅〉（*Thoreau*）大力讚揚他這位朋友對自然知識的博學與實務技能。

梭羅參與廢奴運動，包括為了解救黑奴而支持地下鐵運動（Underground Railroad，按：北美各地廢奴者組成網絡提供祕密的安全落腳點給逃亡的黑奴）。他見過曾經為奴的道格拉斯，即著名的《美國奴隸道格拉斯自撰生平敘述》（*Narrative of the Life of Frederick Douglass, an American Slave*）作者，梭羅也曾支持試圖提供武器給黑奴而被絞死的布朗（John Brown）。

1835

民主在美國

Democracy in America

「人民統治美國政治世界，就像造物主統治宇宙一樣。他們是所有事物的原因和目標。所有事物都是來自他們，所有事物都被他們吸引進去。」

「在歐洲，我們慣於將躁動氣質、想致富的強烈欲望，以及對獨立的過度愛好，視為對社會非常危險的癖好。但是，正是這些特質，確保美國的共和體制能夠有長久而和平的未來。」

總結一句

民主制度失去了貴族式的精緻，但是以自由及正義作為補償。

同場加映

戴倫・艾塞默魯＆詹姆斯・A・羅賓森《國家為什麼會失敗》（2章）
艾德蒙・伯克《法國大革命的省思》（11章）
亞歷山大・漢彌爾頓＆約翰・傑伊＆詹姆斯・麥迪遜《聯邦黨人文集》（18章）
湯姆斯・潘恩《常識》（38章）
尚一雅克・盧梭《論人類不平等的起源與基礎》（41章）

47

阿勒克西・德・托克維爾

Alexis de Tocqueville

一八三一年，托克維爾前往美國的正式理由是要考察美國獄政，但這只不過是託辭，其實他的企圖心更大：完整分析一八三〇年代的美國社會及政治生活。結果，無論是當時或現在，這本書都是最能寫出美國人的特質、習俗及制度的一部著作。

托克維爾是一個世襲好幾代特權及財富的法國貴族，他本人和他要考察的這個國家，正好截然不同。他對於民主及革命有一種天生的懷疑，這種反差，使得《民主在美國》更顯精采。這本書不是熱情洋溢的旅遊誌，而是充滿對這片新世界缺乏什麼、優點又是什麼的各種評論。這本書因此成為對於各地自由社會的本質以及未來展望的沉思錄。相較於民主的喧囂，托克維爾說威權或貴族政府是「寧靜的」。他的結論是，這種寧靜大多是幻象，因為越是長期處在不以人民利益為依歸的掌權者的壓迫之下，這個政體就會越脆弱，也越會導致革命。

一開始就是平等主義者

「我待在美國期間，好幾樣新奇的事物吸引我，其中最令我震驚的是，人們是普遍平等的。」

托克維爾指出，從早期開始，「美國的土地和貴族的領土制度就是完全相反的」。他說的不只是字面上的意思，也是一個比喻。這片土地沒有豐饒到足以同時維持佃農及地主，而且勞動力也不足，所以大農場也不合理。在美國的做法是，把土地劃分成小塊，讓農民自己擁有自己耕作，因此就打破了農奴制度，崇尚的倫理也是自給自足的個人主義。而這正是新移民想要的。

美國的北方和南方的差異，從一開始就存在了。南方的移民是「沒有資源也沒有個性的探險者」，他們發現那裡沒有黃金，所以很快就引進奴隸，以便從這片土地上賺錢。相比之下，早期的新英格蘭移民比南方移民受過更多教育，既不富也不窮，從一開始就有平等的精神。其中的關鍵在於，清教徒來到美國不是因為經濟上走投無路，而是要尋求政治及宗教自由，這是他們在祖國被剝奪的自由。清教徒在信仰及宗教上非常順從而且臣服，另一方面則深深地不信任所有的政治當局。因此新英格蘭的成功是一種不尋常的結合：對宗教自由的熱愛，以及只要能有宗教自由，對任何政治組織的新觀念都抱持開放態度。這兩個元素，形成了美國政治的基底。

在歐洲，繼承制度一直是社會狀況的驅動力，並形成層層特權，而且「影響好幾代，就連還沒出生的人也受到影響」。托克維爾寫道。但是美國在革命之後就廢除了英格蘭的繼承制度。財富傳給長子的做法不再被當作理所當然，所以財產和財富開始比較自由地流通。任何在英格蘭被認為是上流家庭的成員，經過一代之後就成為普羅大眾，因此美國「掙脫了高貴姓氏及巨大財富的影響」。托克維爾表示，美國人比任何人都喜歡錢，但是通常富不過一代。每一個新生命代表一個空白的畫板，這是古老的歐洲所難以想像的情形。

美國人與政府

「人民主權」這個原則從一開始就是美國文化的一部分，透過市鎮集會等方式，即使最不正式、最地域性、最小規模，也按照這個原則。當然，美國殖民地早期是英格蘭「擁有」的，但是不列顛更關心的是中央集權，因此偏遠鄉鎮通常能在草根的層次發展出政治生活。每個人都要參與政治生活，所以美國人的成長過程中很習慣去描繪自己的命運。地方性基層政府的運作，讓他們看到政府的限制，又加上熱愛自由，所以他們偏好最小化而且非中央式的治理。美國的富強顯示，「沒有什麼悲慘大眾來作為煽動社會的手段」，甚至物質上的不平等也不會變成動盪的溫床，因為每個人都接受，讓你大展身手的地方就在那裡，每個人都要靠自己打天下。

但是寫下《美國憲法》的那些人明白，如果要國民成為一體，還是要有某種程度的中央權力，而且有些事情只有中央政府可以做，例如組織軍隊、建立貨幣制度、郵政服務、鋪設連接全國的主要道路，以及徵稅。政府要大到足以辦好這些事，但是不要大到吸引人去追逐名聲或權力。托克維爾把這一點拿來對比南美洲幾個共和國，它們沒有真正的聯邦結構，所以權力總是由外力**強加**的，而不是分享的。托克維爾說，每一個美國人是按照自己的意願來保衛聯邦，在這樣做的同時，也是保衛自己擁有的土地或鄉鎮。

托克維爾在描述美國政治黨派的章節中指出，雖然這些黨派彼此競爭激烈，但是和其他國家截然不同的是，沒有政黨會去顛覆政府或憲法的基本形式；政治是在處理細節和特定政策。現在，去美國的訪客常常驚訝地發現，媒體爭相討論的爭議性話題，通常不是國家重大議題或沉迷於名流生活。托克維爾很早就觀察到這一點，他表示訪客往往「摸不著頭緒，不知道是要嘆惜這個民族竟然如此鄭重計較這些芝麻小事，還是要羨慕這群人擁有能夠討論小事的幸福」。

這種對小事的關注，不只是一個富強國家的徵兆，也代表人民並不期望政府來解決他們的問題。事實上，當一個美國人想出什麼對人有益的新創事業，他不會去尋求政府支持或要政府資助，而是自己去匯集資源或組成某個協會。因此「這些私人作為的總和，遠遠超過所有政府能夠做到的成果」。這裡我們講的並不是人民權力的某個光榮時刻（像某些法國革命人士看到的那樣），而是人們具有一種與生俱來的權力感受，隨著時間而發展與擴大。《美國憲法》並沒有承諾政府會給大家幸福，政府只是一個公平追求幸福的架構，細節就留給你和你的鄰居，或是你和你的鄰居的聯盟。對托克維爾來說，民間協會是抵抗「多數暴政」的關鍵。

媒體自由

托克維爾寫到美國和祖國新聞報紙的差異。法國的報紙絕大多數是在報導重大事件，此外就是一些廣告。美國的報紙版面有四分之三都是廣告，剩下的是政治新聞及花邊軼事，幾乎見不到歐洲新聞報刊上的深度及熱烈討論。另一個很大的不同是新聞報刊的集中狀況。法國所有的新聞產製都集中在巴黎，而且只有幾家報社在做。但十九世紀的美國因為沒有真正的大都會，新聞比較是地方性而且分散的。任何人都可以辦一份報紙，而且已經有好幾百份報紙，這強化了媒體的多元權力。人們可以發聲，但是因為意見廣泛又多元，就不會產生革命的效應。托克維爾很清楚表明自己的立場：

「越是思考媒體的獨立……我就越是相信，在現代世界，媒體是自由權利（liberty）的首要構成要件。因此，一個決心保持自由的國家，不計代價要求行使這種獨立性，這是正確的。」

民主的風險及好處

托克維爾考察了選舉過程發現，在美國的全國選舉只是冰山的一角。他指出，女人前往政治演講場合「是一種離開家務勞動的休閒活動」，還說「辯論社團是戲劇娛樂的替代品」。習慣說出心裡的話，是一個美國公民基本的日常生活。

托克維爾在整本書中都對他所謂的「多數暴政」表達戒慎恐懼。美國人尊重多數聲音，同樣地，法國在大革命前的舊制度也不質疑君主的智慧。多數人和某個人一樣都可能會濫用權力。如果要平衡這種狀況，他發現美國法院判斷某個特定法條是否違憲的能力，「形成了一個最有力的屏障，一直以來都是抵抗政治集體暴政的措施。」

平等、自由與創新

在貴族社會中，托克維爾表示，只有一些人能夠投入高端的學習及科學中。一個人的身分地位就決定了他會知道什麼。而美國大部分人認為，投入討論、自我學習以及普遍的自我提升，是他們的權利。托克維爾認為，美國的科學探問、藝術及學習方面，比歐洲的水準差，但是他欽佩美國人滿腔熱誠想要知道更多，並且「順著他們自己的方式」獲取知識。

他也觀察到，民主國家的勞動族群不斷提升生產力並且創新，創新是為了減輕工作量，或是在較少時間內做更多工作。在工人生產力提高也不會賺更多的制度中，並沒有這些誘因。美國這個民主國家並沒有君主或貴族的資助，於是目標就是生產出對許多人有用的中等好貨，以銷售給比較多的人。福特的「T Model」讓普羅大眾都能買得起車，托克維爾應該不會意外這種產品是來自美國，而不是法國或俄國。

總評

法國由於財富及教育上的極端不平等，它創造出高超的藝術、建築及文學，使得某些人登峰造極。托克維爾表示，民主社會則是把所有事情抹平，以至於獨特品質被追求數量取代，貴族特性被自我充實的欲望取代。但是，托克維爾在《民主在美國》最後部分寫出他的沉思，他個人何德何能，又怎麼去阻擋如此大規模的潮流？他提醒自己，雖然他的眼睛只看偉大或精美的事物，但是上帝的眼睛卻是平等看待眾人，「在我看來是人類的衰退，在祂眼裡看來卻是進展」。托克維爾舉出拿破崙以及像他自己這樣的人：「我們這個時代的統治者所尋求的似乎只是，利用人來把事物做得很棒；我希望，統治者能多試試，讓人本身成為很棒的人……

現在還沒有任何形式或社會組織，能使一群缺乏氣魄又懦弱的公民成為活力充沛的人。」民主社會缺乏精緻，它們用更正義來彌補。

阿勒克西・德・托克維爾

阿勒克西・德・托克維爾（Alexis de Tocqueville）生於一八〇五年。他的貴族曾祖父在法國大革命時被處決，他的父親是屬於保皇派的地方行政首長，支持法國最後一位波旁王朝君主查理十世。一八三〇年的七月革命之後，老托克維爾失去世襲貴族身分，而且必須辭去凡爾賽地方首長職位。在家族地位不可靠之下，小托克維爾欣然受託前往美國訪問。陪同他的是一位律師及獄政改革者波蒙（Gustave de Beaumont）。《民主在美國》分成兩冊出版，第二冊出版於一八四〇年。這本書非常成功，使得生性害羞的托克維爾成為公眾人物，各界讚譽有加，包括彌爾。

雖然托克維爾所學是法律，也擔任幾項法律職務，但他大部分工作生涯是在政治。在一八三九年到一八四八年間，他是法國下議院（French Chamber of Deputies）議員，倡議去中央化及建立獨立的司法機構。他反對拿破崙三世在一八四八年革命發動的政變，但是仍然協助起草第二共和的憲法。他曾短暫擔任過臨時國民議會的副主席及外交部長，但是在一八五一年退出政壇以專心寫作《舊制》（*The*

Old Regime）及《革命》（*Revolution*）。他與波蒙合寫美國監獄系統的著作在獄政改革上影響很大。

托克維爾在一八五九年因肺結核死於坎城，遺孀莫特麗（Mary Mottley）是他在英國居留期間結識的。托克維爾的母親曾經反對兩人結婚，因為莫特麗是新教徒而且貧困，據說兩人的婚姻生活相當愉快。

2009

公平之怒

The Spirit Level: Why Equality Is Better for Everyone

「在比較不平等的社會中，人與人之間的社會距離比較大，『我們與他們』這種態度比較根深蒂固，缺乏信任及恐懼，犯罪也比較盛行，社會大眾及政策制定者比較會把人關起來，並且對社會的『犯罪成分』採取懲罰態度。」

「事實上，不平等增加了大政府的需要，因為需要比較多警察、比較多監獄、比較多各式各樣的健康及社會服務。這些服務大部分都非常昂貴，而且只有部分有效，但是如果我們繼續這種高度不平等的狀況，就會產生問題，就會永遠需要處理這些問題的社會服務。現在美國有好幾個州花在監獄上的經費比高等教育還要多。事實上，要達成小政府，其中一個最好且最符合人性的方式是，減少不平等。」

總結一句

不平等不只是經濟弱勢者的問題，證據顯示，不平等會拉低每一個人的幸福。

同場加映

娜歐蜜．克萊恩《NO LOGO：顛覆品牌統治的反抗運動聖經》（24章）
約翰．米克斯威特＆亞德里安．伍爾得禮奇《第四次國家革命》（31章）
曼瑟．奧爾森《國家的興衰》（36章）
尚－雅克．盧梭《論人類不平等的起源與基礎》（41章）

48

理查・威金森&凱特・皮凱特

Richard Wilkinson & Kate Pickett

英國流行病學家威金森及皮凱特，長期研究健康不平等或是為何健康關係到個人財富的問題，並合寫了《公平之怒》這本書。流行病學是研究疾病如何控制、散播及預防的學問，它幾乎在定義上就是政治性的。以前，在健康事務上，政府的角色大部分是打擊感染性疾病，現在則比較像是在打一場戰爭，以對抗生活型態失調所導致的疾病，例如心臟病、肥胖及糖尿病。有些疾病在社會的每個階層都會出現，例如乳癌；但是有很多身體及心理疾病則與收入及階級強烈相關。

威金森及皮凱特說，早期的社會主義者認為，不平等通常會帶來偏見並降低社會的和諧度，這種觀點透過資料研究之後，現在已經證實為真。這告訴我們：「不平等會引起分裂，即使小小不同也會造成重大差異。」

實證醫學（evidence-based medicine）看的是什麼有效什麼無效，同樣的道理，他們也呼籲一種新的「實證政治」（evidence-based politics）。意思是說，政策的形塑是由社會科學研究而明確指出，哪一條路能促進更大的社會健康程度。在他們心中，這條路的指標是「平等」。

不平等的心理學

財富本身並不會降低任何健康及社會問題。重點在於在某個特定國家中是如何**分配**財富。威金森及皮凱特解釋，他們的分析只限於有現成資料的已開發經濟體。生活在美國正式定義的貧窮線以下的人，並不是很多人真的沒有足夠的食物可以吃。富裕國家所謂的貧窮通常是表示，必須在基本需求與追上門面之間做選擇，是要把錢拿去付食物和暖氣，還是花整個月的薪水買一隻新手機。作者說：「重點是，我們和別人比起來，是站在什麼位置上。」

不平等和階級之間的關係，在流行病學上的定義是「社會梯度」（social gradient）或「社會距離」（social distance）。整體來說，一個社會的健康與社會問題，與它的社會梯度傾斜度明顯相關。收入差距產生不同生活方式；久而久之，不同的生活方式會導致社會與健康問題積重難返。如果一個國家想要改善學校表現，並不是從教學技巧或班級人數下手，而是要解決財富不平等所造成的社會狀況，導致家長與學生似乎不認為教育是重要的。

遇到較高階級的人時，人們會感覺到位居劣勢。因此顯而易見的是，越是不平等的社會，這種機會更多。威金森及皮凱特表示，法國社會學家布赫迪厄（Pierre Bourdieu）把階級稱為「象徵暴力」

（symbolic violence）。階層嚴明且不平等的社會，人們不是向高一階的人宣洩挫折，而是向比自己低階的人宣洩：「船長踢船艙工人，船艙工人踢貓。」因此也就難怪，在比較不平等的社會中，人們特別關注權勢。但在比較平等的社會中，人們比較關注的是包容及同情。

不平等、社會階級以及地位差異的經驗，是一種「社會性的痛苦」（Social pain）。這告訴我們，為什麼不平等的社會，其社會功能比較不好；這也告訴我們，努力謀求一個比較平等的社會並不是烏托邦的想法，而是很務實的事。畢竟，階級差異越大，就要花費更多去扶持並負擔所有社會弱勢衍生出來的問題。最貧窮族群的健康與社會問題，對社會上的其他人也有不好的影響，這也是其中的一個原因。

過去幾十年來，心理疾病顯著上升。世界衛生組織（World Health Organization）研究，在日本、德國及西班牙，任何時間都有一〇%的人有心理疾病，至於比較不平等的英國、澳洲及紐西蘭，大約是二〇至二五%，美國是收入上最不平等的國家，超過二五%的人有心理疾病。在比較不平等的社會中，人們花比較多時間追逐更高的收入、社會地位、物質財富及擁有物，付出的代價就是人際關係及家庭生活，以及心理健康的副作用。

健康及社會代價

威金森及皮凱特的主要觀察是，越是不平等，健康及社會問題的範圍越大，不只各國如此，在一國之內也是如此。美國的路易斯安那州、密蘇里州、阿拉巴馬州，所得分配最不平等，這幾個州的健康與社會問題也比較嚴重。新罕布夏州、佛蒙特州及猶他州的收入比較沒有那麼不平等，這幾個州的健康與社會問題排名也比較低。住在美國同一個地理區域的貧窮黑人和有錢白人，兩者的預期壽命差距竟然是二十八年。

在好幾個國家中，工作地位低落與健康較差有強烈相關。每個國家都有低位階工作，但是如果有適當的最低工資，就能平衡掉這種工作的心理影響。在收入差距比較小的國家，肥胖問題也比較少。例如，美國有三〇％的成人屬於肥胖，但日本只有二．四％的成人屬於肥胖。肥胖與個人地位感受有強烈相關，比收入或教育程度這些因子更相關。緊張會使得人們以吃來尋求慰藉，特別是高糖高脂的食物，並且喝比較多酒。

越是不平等的國家，教育成就越差。國際學生評量計畫（ＰＩＳＡ）測驗世界各國十五歲的學生發現，比較不平等的社會，數學及語文的整體分數比較差。美國的語文平均分數低，因為社經背景較低的學童拉低了整體分數。具有社會福利歷史以及比較沒有不平等問題的國家，在閱讀方面的社會差異比較小。

在不平等國家中，未成年懷孕情形比較普遍，在美國收入較不平等的幾個州也是如此。未成年就做了媽媽，使得這些年輕女性比較容易被排除在一般職業路徑及社會之外，因此就更強化了她們本來可能就比較低的社經地位。

還有一個與不平等強烈相關的是謀殺率。美國的謀殺發生比率是每百萬人有六十四人，比英國高出四倍，比日本高出十二倍。在美國境內，路易斯安那州的謀殺人數比率是每百萬人有一〇七人，是新罕布夏州的七倍。比較不平等的州和國家，入獄比率也比較高。

書中只有八個國家的資料，但是我們可以得知（和美國夢的迷思相反），美國的社會流動最低，其次是英國，德國居中，加拿大和北歐國家的人民在社會位階向上流動的機會是最高的。

對所有人都有影響

威金森及皮凱特說：「真相是，更不平等的情況，會傷害到我們大部分的人。」比較不平等的社會，不只是窮人，所有的人都是「入獄率高出五倍，臨床肥胖高出六倍，而且謀殺率可能高出好幾倍」。比起較平等社會的所有人口，在不平等國家，就算不計入最貧窮的人口，還是更容易受到這些因素影響。

《公平之怒》的批評者，例如《平等產業的興起》（*The Rise of the Equalities Industry*）作者桑德斯（Peter

Saunders）指出，在美國，不平等及社會問題之間的明顯連結，大部分是以一種政治正確的方式去隱藏真正的問題根源：種族。桑德斯說，美國各州中的大量黑人族群，就是這些問題的最佳預測因素，而不是不平等本身。但是威金森及皮凱特表示，光是美國白人的死亡率就比很多其他社會整體還來得糟。比起同樣收入程度的英國白人，美國白人不分教育程度，明顯比較可能有糖尿病、高血壓、肺疾及心臟病。這就表示，並非種族，而是某種社會特質，能夠預測社會及健康問題。

平等的政治

可能有人會說，不平等的增加只是科技及人口變遷的自然結果，但是威金森及皮凱特並不同意，他們認為不平等是政治樣貌改變的結果：削弱產業工會、透過課稅及福利改變誘因，以及向右傾斜。工資差異變大、稅賦缺乏革新、不再有最低工資、福利被砍等等。不平等完全是一個政治結果，而且可以透過政治來改變。

二〇〇七年，美國三百六十五家最大企業的執行長的薪資所得，比這些企業裡的一般勞工還要高五百倍；許多企業執行長單日薪資就比他手下的職員整年薪水還多。威金森及皮凱特表示，二〇〇七年的薪資差距，大約是一九八〇年的十倍。他們認為不平等變嚴重了，但他們並不主張一定需要一個大政府。瑞典和日本的社會及健康問題以及死亡率都比較低，但是這兩個國家做到平等的方式不同。

瑞典是透過重新分配以及大福利國家，日本是透過較為平等的**稅前**收入。作者還說，公共社會支出占GDP的程度，對於指出社會及健康問題「完全不相關」。政府可能花許多錢試圖防止社會及健康問題，或是必須花很多錢去處理這些問題帶來的後果，但是兩者的問題**根源**，仍然在於不平等。

威金森及皮凱特引用杜克大學（Duke University）及哈佛大學的調查，請受試者看三個沒有註記的圓餅圖。第一個圓餅圖顯示，每五個人就有一個人所擁有的財富和其餘人加起來一樣多；第二個圓餅圖顯示，美國的財富分配不平等的情形；第三個圓餅圖顯示，瑞典的財富分配情形。受試者本身無論是貧窮或富裕、共和黨或民主黨，大約有九〇％的人說，自己比較嚮往在瑞典分配模式的國家。強烈相信自由市場、小政府及個人責任是一回事；但是，住在一個許多人被拋棄的社會，並且要承受伴隨這種意識型態而來的代價，這又是另一回事。

總評

威金森及皮凱特認為，歷史是一條走向更平等的漫漫長路，是一條「人類進步之河」，這條河見證過王權統治的限制以及民主緩慢興起、以法律訂立的平等原則以及廢止奴隸制度、參政權延伸到女性及無財產者、提供免費醫療照顧及教育、更大幅的勞工權利及失業保險，以及掃除貧窮的種種努力。我們很難反駁這條軌道，也很難駁斥他們引用幾百篇經過同儕審閱的研究，指出不平等所帶來的壞處。但是，他們說：「長久以來，經濟成長是造成進步的巨大引擎，如今富裕國家已經結束它的任務了。」這種說法似乎有點牽強。當然，只有成長才能把窮人轉化成中產階級，也只有成長才能創造財富，讓政府這麼熱切地重新分配，不是嗎？

在一九三二年到一九四六年間擔任瑞典總理的韓森（Per Albin Hansson），他的願景是把瑞典打造成一個沒有階級的社會，而且這個願景大部分都實現了。瑞典人並不想要在盎格魯薩克遜國家常見的自由運轉經濟以及社會原子化（social atomization）[1]，而且瑞典人似乎也很滿意他們擁有公民自由的程度。瑞典的例子告訴我們，如果能夠擺脫反對公民權利或共產主義的汙名，二十一世紀的政治很可能會非常強調平等目標，這是傅利曼式的經濟自由主義之外的另一條途徑。

1　譯注：指由於社會最重要的中間組織解體或缺失，而產生的個體疏離孤立、無序互動狀態的社會。

理查・威金森&凱特・皮凱特

理查・威金森（Richard Wilkinson）生於一九四三年，是諾丁漢大學（Nottingham University）社會流行病學名譽教授，以及倫敦大學流行病學榮譽教授。他的著作包括《小心間距：階層、健康與人類進化》（*Mind the Gap: Hierarchies, Health and Human Evolution*，二〇〇二）及《不平等的衝擊：如何讓生病的社會更健康》（*The Impact of Inequality: How to Make Sick Societies Healthier*，二〇〇五）。

凱特・皮凱特（Kate Pickett）是約克大學（University of York）的流行病學教授，二〇〇七年至二〇一二年擔任英國國立健康研究專業科學家。

兩位作者於二〇〇九年成立了智庫「平等信託組織」（The Equality Trust）。

1792

為女權辯護

A Vindication of the Rights of Woman

「仍然有一些孔隙讓男性能夠透透氣，讓他們敢於為自己思考及行動。但是對女人來說，這是極為艱鉅的任務，因為她要克服許多只限於她的性別才有的困難，幾乎需要超人的神力才能辦到。」

「在尚未啟蒙的社會中，膚色、種族、宗教，或在某些被占領的國家還要加上國籍，這些因素，使某些男人不能從事體面的職業；然而所有的女人，光是性別這一項，就使她被斷然拒絕在這些職業之外。」

「是否半數的人類就像可憐的非洲奴隸，注定要受到殘暴對待的歧視？」

總結一句

女人缺乏教育，永遠會是次等公民。

同場加映

艾德蒙．伯克《法國大革命的省思》（11章）

約翰．斯圖亞特．彌爾《女性的屈從地位》（32章）

湯姆斯．潘恩《常識》（38章）

尚－雅克．盧梭《論人類不平等的起源與基礎》（41章）

49

瑪麗・沃斯通克拉夫特

Mary Wollstonecraft

沃斯通克拉夫特的祖父在倫敦從事織布業，擁有產權；父親愛德華（Edward）從上一輩繼承了一小筆財產，應該足以讓他及妻子與七個子女不愁吃穿了。然而在十八世紀英格蘭從事商業貿易，是進入上流社會的一道障礙，所以無能的愛德華並沒有擴張生意，而是把所有財產都投注在攀登社會階梯，因此全家遷出倫敦，買了一棟鄉間宅邸。沃斯通克拉夫特從青少女時期就眼看著父親為了裝出紳士派頭而把全家拖入窘境，她也不喜歡父親飲酒的習性，以及對待家人的專制作風。由於英格蘭的長子繼承法，這個家就算還剩什麼錢，也注定是要留給年紀長幾歲的哥哥奈德（Ned）。女人不能以自己的名義擁有土地，而且一旦結婚就失去所有的獨立性。沒有任何法律保障女人不被丈夫毆打，不能訴請離婚，也沒有權利得到夫婦的財產或收入。女人只是丈夫的財產。

沃斯通克拉夫特看到母親的悲慘處境，堅強的她決心永遠不結婚，但這就表示，她必須找到一個養活自己的方法。她曾經是一位巴斯上流夫人的女伴，在二十幾歲時，花了幾年時間創辦了一所新學校，位於北倫敦的紐因頓格林，這個地方是非英國國教徒的聚集地（不過她本人信奉英國國教）。但這個事業沒有成功，而且還使她負債，但是她因此發展出了自己的教育哲學。

一七八七年，沃斯通克拉夫特開始為一份新期刊《分析評論》（*Analytical Review*）擔任審稿人，透過這份工作，她結識了許多改革派的作家及思想家，包括潘恩。同年她出版了自己的第一本書《女兒的教育思考》（*Thoughts on the Education of Daughters*），接著很快又出版了一本小說《瑪麗》（*Mary: A Fiction*）。她是立志成為女作家的先鋒之一，她在寫給妹妹艾芙琳納（Everina）的信中說：「我要成為一個新品種的第一人，我對這項嘗試激動到顫抖。」而且她是真的要以寫作來養活自己。出版先鋒喬瑟夫・詹森（Joseph Johnson）幫她很多忙，提供她翻譯工作並印行她所寫的所有作品；山謬・詹森（Samuel Johnson，按：獨立編纂出具有代表性的詹氏字典）則是她的指導者及朋友。

除了受到家庭狀況的影響，還有一項很大的因素形塑了沃斯通克拉夫特的想法，那就是法國及美國的革命運動。她在當老師的時候認識了一位牧師普萊斯博士（Rev. Dr. Richard Price），這個牧師支持法國革命並開始擾動了一個想法：也許英格蘭本身就需要進行一個根本上的改變。普萊斯的觀點促使伯克寫下他對王權、財產及傳統的保衛之作《法國大革命的省思》，為了回應這本書，潘恩則寫了《人的權利》。沃斯通克拉夫特在一七九〇年出版的小冊子《為人權辯護》可以視為對伯克的公開信，也受到廣泛的討論及評論。當時，女權對很多人來說仍然是個荒唐的想法，但是平等主義者會挑戰當前的秩序，沃斯通克拉夫特覺得是時候推出她的想法了。一年多之後，《為女權辯護》出版了。書賣了三千冊，比起潘恩的暢銷書並不算很多，但是這本書為她帶來長遠的名聲，好的壞的都有。這是提出女性權利的第一本書，在美國及英國都有讀者。我們所知的是美國副總統亞當斯（John Adams）的妻子艾比蓋兒・亞當斯（Abigail Adams）讀過這本書後還對丈夫施壓，在他建立新憲法的工作中要「記得眾多女性們」。

《為女權辯護》在那個時代中是個指引，這可以從她的序文最後一句醒目的文字看出：「有些女人能支配她們的丈夫，也不因此貶低自己，因為支配靠的永遠是聰明才智。」這本書抨擊了女性不過是漂亮物品這種想法，它是波娃的《第二性》、葛瑞爾（Germaine Greer）的《女太監》（*The Female Eunuch*）、傅瑞丹（Betty Friedan）的《女性的奧祕》（*The Feminine Mystique*）、沃芙（Naomi Wolf）的《美貌的神話》（*The Beauty Myth*）等女性主義作品的鼻祖。

沃斯通克拉夫特開始請求法國政治家塔利蘭德（Talleyrand）在籌畫新的法國國家教育制度時，要將女孩納入考量。另外，當時提到女性角色及教育的幾個出版著作，其中最著名的是盧梭的觀念，沃斯通克拉夫特都持續給予回應。

女性有多麼不同？

沃斯通克拉夫特思考：是天性還是文明而讓女人與男人如此不同？她說，女性就像是被種在過肥土壤中的花朵，「力量與能力都因美貌而犧牲」。花朵盛開一時，但是葉子很快就凋萎，這株植物從來無法達到成熟狀態。針對這一點，她主要是譴責教育，尤其是教育女性的男性教育者，他們「更關心的是把她們變成有誘惑性的情婦，而不是理性的妻子」。因此，女性把時間花在尋找愛情，而不是去獲取女性因本身才能而應得的尊重。

但是，女性最終要給的交代，不是對男人，而是對上帝。畢竟，男人是容易犯錯的。雖然創造兩性時就有天生的不同，才能讓人類物種繼續繁衍，但是上帝當然是給兩性一樣的美德能力，至少理性的能力是類似的。沃斯通克拉夫特承認，男性在體格上比較有優勢，但是她觀察到，男性對此並不滿足，還進一步貶低女性。反之，女性的存在只是為了吸引男性的注意及奉承，而「不是去獲取男性的心，能對她產生永久的興趣」。這是悲劇，因為女性和男性一樣，「來到世上是為了開展才能」，而不是把時間花在「永恆的童年」。如果美德是永恆及普世的，那麼是什麼原因，讓女人不去發展和男人同等分量的美德？無能的女人，無論表面上多麼有魅力，都不可避免地成為被蔑視的物體。兩性的企圖心都必須是成為一個有個性的人，並且發展身心。

為了成長而不是為支配而受教育

盧梭在他的小說《愛彌兒》（一七六二）表達的教育想法，並沒有包括女孩的教育，但沃斯通克拉夫特認為盧梭應該有責任這麼做。如果連那個時代公認的啟蒙典範人物，也只是把女性看作是男性的樂趣及幫手，那麼要把它糾正過來可得費一番工夫了。

在婚姻中，女性就像優雅的藤蔓，被視為是代表男性的堅實橡樹的裝飾品。沃斯通克拉夫特感嘆，如果丈夫有這麼穩定及可靠就好了；他們還比較像是「體型超大的孩子」。但是因為女性的養成過程及缺乏教育，作為男人的妻子也差不多和丈夫一樣無能。她們做事沒有條理，因為從來沒被教過方法或理性。她們只能從日常生活及社會的觀察中「抓緊時間」(in snatches)學習，而且沒有一個具有抽象知識的人來檢驗這些女性的發現。女性的心智領悟力一直都被犧牲，以符合外表好看或有魅力的要求，甚至因為缺乏運動或肢體上的訓練，連女性的身體都只是半發展的狀態。

男性被訓練成為一個專業工作者，但女性被訓練成只是期待「人生最大事」的婚姻，導致女性的心靈空洞，因此在她們的生活中充滿許多小小的煩惱和興趣。沃斯通克拉夫特質問：「道德主義者是否會假裝主張，半數的人類應該被鼓勵停留在毫無作為及愚昧的默許之中？」她指出，女性受教育的目的並不是要女性的權力超過男人，而是要長出超越女性自己的力量。

在《為女權辯護》的最後，她提出一個讓男女共同受教的全國教育制度。她說，寄宿學校是殘暴及放縱的溫床，會讓人的心智在早年就腐敗。至於另一個極端是在家私塾教育，會讓兒童產生一種膨脹的自我。畢竟，這些孩子的地位比他們的家庭教師還要高。對沃斯通克拉夫特來說，英格蘭的教育制度為了培養出那麼幾個大人物及天才，代價卻是讓大多數人沒有受教育，或是受到不適合的教育。

她在腦海中規畫的非寄宿學校，包括男女合班上課，而且要穿制服以消除階級意識感。要讓學生在廣闊的校地上奔跑，坐著不可以超過一小時。比較不聰明的男女生會分開去學習實務工作或貿易，或是為將來在家務就業做準備，而比較聰明或富裕的學生就繼續學習語言及更多進階學科。沃斯通克拉夫特認為，如果學校辦得更平等，社會就有希望變得更平等。她寫道，兒童「應該送到學校去和一些同輩相處，因為只有同輩的刺激，我們才能正確地看待自己」。

在歷史脈絡中的女性平等

沃斯通克拉夫特寫道：「我們無法證明女性在本質上比男性低等，因為她一直以來都受到壓抑。」就像士兵及奴隸，因為沒有受教育，女性必須盲目屈從於權威，但是她們的地位並不代表任何天生的狀態，而是透過「文明」的苛刻協定才如此的。

沃斯通克拉夫特抱怨的不只是女性在社會中的地位，而是社會本身，富裕人家的笨兒子什麼事都不用做就能享清福，但女性卻只是一件財產。社會應該基於才能、能力及美德的發展，但卻是無情地按照性別、階級及財富來組織。她希望有朝一日，男人與女人能夠彼此尊重與感受對方，既不是「因為食色本性而裝樣子獻殷勤，也不是自居保護者那種傲慢施恩的態度」。她譴責女性缺乏選舉代表，當時那個時代，總人口中只有一％（也就是擁有財產的男性）可以投票。她甚至預示了未來女性應該有直接的代表。

總評

一九二九年，吳爾芙（Virginia Woolf）在一篇著名的論文中，把沃斯通克拉夫特的生命比喻為一個實驗。這個實驗的一個重要部分是她的感情關係。她和畫家弗賽利（Henry Fuseli）很親近，當她建議要和弗賽利夫妻共三人住在一起生活時，讓弗賽利的太太非常警戒。沃斯通克拉夫特在法國大革命一開始時移居巴黎，之後與一個美國貿易商及探險家伊姆雷（Gilbert Imlay）相戀，她懷了他的孩子芬尼（Fanny），但是這對戀人最後沒有結婚，她心碎地回到英格蘭。最後她與戈德溫（William Godwin）結婚，戈德溫因為寫出激進的《政治正義》（*Political Justice*，一七九三）而成名，書中攻擊的事物就包括婚姻制度。雖然當時是因為她懷孕使得戈德溫不得不同意結婚，而且夫妻住在不同房子裡，但是據說兩人共度愉快的時光。

沃斯通克拉夫特生下女兒之後就死了，女兒瑪麗（Mary）就是後來《科學怪人》（*Frankenstein*）的作者，並且是詩人雪萊（Percy Bysshe Shelley）的妻子。戈德溫以率直的筆法為妻子寫傳記，不幸卻引起謠言說沃斯通克拉夫特品行不端。一直到維多利亞時期的女權運動者，例如福西特（Millicent Garrett Fawcett）開始寫出沃斯通克拉夫特的事蹟，她的名聲才獲得平反。艾略特（George Eliot）、奧斯汀（Jane Austen）、詹姆斯（Henry James）、勃朗特（Charlotte Brontë）、白朗寧（Elizabeth Barrett Browning）以及早期社會主義者歐文（Robert Owen）等人，都表示受惠於沃斯通克拉夫特，還有彌爾及妻子哈麗葉（Harriet Taylor Mill）的論文《女性的屈從地位》（*The Subjection of Women*）出版於一八六九年，晚了《為女權辯護》七十五年。無政府主義者高德曼也表示受到沃斯通克拉夫特的影響，目前推崇她的人包括評論伊斯蘭社會女人地位的索馬利作家阿麗（Ayaan Hirsi Ali）。

如果沃斯通克拉夫特的聖杯是兩性平等關係，那麼她所追求的目標，直到今日已經落實的則是女性受到適當教育的權利。在她的時代一百年後，英國女性才能進入大學，甚至到今天，世界上還有一些地方，男性仍然認為女孩不應該上學。沃斯通克拉夫特的精神與她們同在。

瑪麗・沃斯通克拉夫特

瑪麗・沃斯通克拉夫特（Mary Wollstonecraft）在一七五九年生於倫敦的史拜托菲爾德斯，她在倫敦及北英格蘭成長。她曾在巴斯為一個貴婦當女伴，後來在一個富裕的盎格魯－愛爾蘭家庭金斯柏若斯（Kingsboroughs）擔任家庭教師。她後來回到倫敦，成為「英國雅各賓」（English Jacobins）這個改革及寫作團體的成員，這個團體將法國大革命視為人類的未來。但是當她看到法國的恐怖時代（The Terror）時，滿腔熱情也緩和了下來。在巴黎，她與伊姆雷展開一段坎坷的關係，一七九五年曾試圖服鴉片自殺，但是被伊姆雷救起。為了讓這段關係能繼續下去，她代表伊姆雷到北歐辦理商務。這段旅程她寫下《瑞典、挪威及丹麥之旅居信札》（*Letters Written during a Short Residence in Sweden, Norway and Denmark*），隔年出版，銷量不錯。最後終於與伊姆雷分手之後，她在泰晤士河投河自盡，但是被打撈起來救活了。一七九七年三月，她嫁給戈德溫，同年九月過世。沃斯通克拉夫特其他作品包括《瑪麗》（一七八八）及一本童書《真實生活的原創故事》（*Original Stories from Real Life*，一七九一），由布萊克（William Blake）繪製插圖。

2008

後美國世界

The Post-American World

「這本書不是說美國的衰落，而是其他國家的興起。」

「開放是美國最大的優點……美國的成功不是因為政府計畫得當，而是因為社會的活力。美國興盛是因為它對全世界開放——對商品及服務開放，對想法及發明開放，以及最重要的是，對人及文化開放。」

總結一句

即使在各國急速崛起的世界中，美國仍將維持政治上的優勢地位，因為它的權力是由經濟實力撐腰的。

同場加映

塞繆爾・杭廷頓《文明衝突與世界秩序的重建》(21章)

保羅・甘迺迪《霸權興衰史》(22章)

約瑟夫・奈伊《權力大未來》(35章)

50

法理德・札卡瑞亞

Fareed Zakaria

一九八二年，來自印度的十八歲學生札卡瑞亞剛下飛機時，並不太清楚美國到底是個什麼樣子。這兩個國家的關係只能說還在起步，但是他非常驚訝的是，美國人沒有什麼朋友，而且性格樂觀，雷根本人就是一個代表。當時剛剛發生過一連串的社會變動，例如尼克森辭職下台、能源危機、伊朗人質危機、加上蘇聯崛起、高失業率及通貨膨脹，即使如此，美國還是認為自己與眾不同、得天獨厚，並且樂觀展望未來。

札卡瑞亞在耶魯及哈佛求學十年之後，於《外交事務》擔任編輯，是美國外交政策圈的新秀。九一一之後，他在《新聞週刊》（*Newsweek*）主編任內寫了一篇文章〈為什麼他們討厭我們〉，獲得全國讚譽。他本人是穆斯林移民，非常適合對美國提出局外人觀點。他的專業能力持續在每週一集的CNN國際事務節目上發揮。

二〇〇六年至二〇〇七年美國經濟正繁榮時，札卡瑞亞寫了《後美國世界》這本書，但是一直到二〇〇八年全球金融危機爆發時才出版。雖然他並沒有預測到會發生金融危機，但他在二〇一一年修訂版的前言中論述，由於「大衰退」起源自美國，這只會加速過渡到一個不再預設由美國人主導的世界。許多新興國家並沒有跟著美國衰退，而且的確也擁有前所未見的回復力及獨立性。

不是你，是他們

札卡瑞亞表示，他並不是說美國正在衰敗，其實美國還是有很多優點能夠保持它在世界上的歷史貢獻。應該說是，美國的許多優點被世界上其他國家複製了。因此他的書不是在講美國的衰落，而是「其他國家的崛起」。

札卡瑞亞從歷史觀點上來說，從羅馬帝國之後，美國是最能主導全球的國家，甚至比其他國家合起來還要強大。但是我們忘記了，才不到一百年前，世界還是多頭的，當時有數個歐洲政府競逐權力，但後來被冷戰的雙方美國及蘇聯取而代之。一直到一九九一年冷戰結束之後，世界上才剩下唯一的超級強權。這種一極化的世界可能只是歷史一時脫軌，而且與經濟現實並不相符。札卡瑞亞說，在未來的世界秩序中，「經濟勝過政治」。未來的四大經濟體中，有三個（中國、印度、日本）不是西方國家。目前有許多國家正在快速成長，每年至少成長四％，富裕的工業化國家則掙扎於債務、成長泥沼以及失業率。從二〇〇〇年到二〇〇七年，即使在這段期間發生了九一一事件、伊拉克及阿富汗戰爭、俄羅斯新形成的好戰性、北韓建立核武、伊朗可能取得核武能力等等，全世界的每人收入仍是有史以來成長最快的（平均三·二％）。

札卡瑞亞寫這本書的時間，是在印度及中國的成長率大幅放慢之前，因為在二〇一四年，印度降至四·五％，中國降至七·四％。然而，這兩個國家擁有大量人口，這表示即使是成長幅度中等，它們仍然會是二十一世紀接下來的經濟與政治大戲中的要角。

不再需要你

札卡瑞亞回憶印度獨立協商那段期間，英國派駐印度最後一任總督蒙巴頓（Louis Mountbatten）對甘地說：「如果我們就這樣離開，會發生大混亂。」甘地回答：「是的，但那是我們的大混亂。」今天，世界上有許多地方對西方國家的標準論述及假設，提出分析批判並且駁斥。例如中國官員就很不服氣，為什麼西方世界瞧不起中國援助蘇丹而獲取該國的石油，但美國長久以來也是為了同樣理由而扶持沙烏地阿拉伯的中世紀王室。有一些新興國家不再熱切融入西方主導的國際體制，這些國家乾脆就彼此結盟（例如：印度並不像美國那樣把伊朗視為威脅，所以這兩個國家的連結是很強的）。札卡瑞亞說，這種轉變不是要激怒美國或是西方世界，而是因為「世界從憤怒轉為冷漠，從反美主義轉為後美國主義」。

對大部分的外人來說，美國似乎是心胸狹隘、只看見自己，卻不斷對其他國家發成績單。美國大力宣揚自由貿易，但是對外貿易占美國GDP的百分比，並沒有像德國那麼多；美國的貿易障礙和保護主義都很高。美國過去五十年來對全世界推廣的事物，像是自由市場、自由貿易、移民、科技及商業創新，其他國家已經適用到甚至比美國還要好。札卡瑞亞說，美國把世界各國全球化了，但是最後卻忘了把自己全球化。

和平崛起？

過去三十年來，中國的經濟每八年就翻一倍。現在中國在二十四小時之內出口的貨物量，和一九七八年一整年一樣多。全世界成長最快的二十個城市都在中國。它的外匯存底比日本多一倍，比歐盟多三倍。

中國的經濟崛起讓世人大吃一驚，但是札卡瑞亞提出的問題是，這對全球政治的意義是什麼。歷史顯示，生活水準上升，人民會想要政治自由。馬克思是第一個注意到市場經濟會傾向民主，而現在中國的經濟越來越自由。有一個年輕的中國記者告訴札卡瑞亞：「最聰明的人不是學經濟改革的。他們學的是政治改革。」中國會越來越像新加坡嗎？它相對上比較開放自由，但還是維持一黨專政。中國共產黨為了生存，必須尋求更大的合法性。札卡瑞亞表示，真正的民主是混亂的，但是另一方面，比較不會有革命的風險。

探究到最後，中國的意向也許並不重要，真正影響它的是國土規模及成長率。然而，札卡瑞亞提出，中國還有另一條通向強權之路。它知道不可能比得上美國的軍事霸權，所以可以專注在維持並發展它的主權及商業力量。這條路線的影響力是慢慢來的，和「虛張聲勢又傲慢自大」的美國不一樣，這是中國正在成長的「軟實力」之一，中國也許會比美國更能以智取勝。

印度的不同

札卡瑞亞表示，中國和印度之間已經不存在什麼競賽了。中國的經濟比印度強四倍（中國的每人GDP大約是六千七百美元，印度則只有一千二百五十美元），而且中國還在快速成長。印度還有三億人口每天只靠一美元生活。但是，一九九七年到二〇〇七年這十年之間，印度脫貧的人口比之前整整五十年還要多，而且印度的人口分布非常有利。未來幾年，印度將會享受到「青年暴增」，而中國則會因為一胎化政策而將導致青年斷層。印度還具有其他優勢，例如英語（札卡瑞亞說印度人「能夠流利說出全球化這個字」）以及民主。到印度的訪客會抱怨道路顛簸、機場破爛，的確，印度的基礎建設永遠不會像中國那樣，因為政府不能一下令就完成建設。札卡瑞亞表示：「民主造成民粹、迎合及推遲。但是民主也會帶來長期的穩定。」印度有獨立的法院、中央銀行、真正透過選舉產生的議會，並且與西方國家交好。最後，印度還擁有許多第一流的私人國際企業，而中國大部分是國營企業。

札卡瑞亞說，印度的進展受制於統治階層及顢頇的官僚系統；中央政府很難實施經濟或外交政策改革，經常受制於地方利益及壓力團體。札卡瑞亞把今日的印度與十九世紀晚期的美國做比較，當時美國的內政問題使它遲遲無法成為強權；一八九〇年，美國經濟比當時的世界強權英國還要好，但是在政治及軍事方面，大致上還是籠罩在歐洲各國強權之下。美國花了好幾十年才讓它的外交影響力和經濟力相符，原因是國家權力虛弱、政治結構去中央化，就和今日的印度一樣。

為什麼美國不會衰退

札卡瑞亞身為一個歸化的美國人，而且他的生計倚賴美國的媒體企業，若是大力鼓吹美國衰落，對他反而不利。他在最後一章的「美國目標」中花了很多篇幅闡述，為什麼他對這個國家的未來還是樂觀的。有些人會把美國和帝國時期的英國做比較，但是札卡瑞亞認為這樣的類比並不正確，主要原因是美國經濟強勁，一百三十年來是世界最大的經濟體，占世界經濟產值的四分之一，而且已經大約穩定了一個世紀。英國的海軍把財政拖垮，而美國國防支出只占全國每年產值的五%，算是負擔得起。美國的國防支出比排在它後面的十四個國家加起來還要多，全球軍事研發經費光是美國就占了一半。隨著每年GDP一年一年成長，美國的優勢地位只會繼續維持下去。它的科技及娛樂優勢也不會喪失。奈米科技和生技科技都是由美國企業主導，美國也擁有全世界最棒的大學，事實上這一點可能很長一段時間不會改變。

在負面部分，札卡瑞亞討論了平庸的美國學校制度、低儲蓄率、管制增加、手續繁瑣、高營業稅、政府僵局、醫療制度成本、中產階級消失、製造業工作外移等問題。他說，問題在於「一個『能夠有所作為』的政府被安上『什麼都做不了』的政治程序」，被「金錢、特殊利益、羶色腥媒體，以及意識型態攻擊團體」給控制住了。

如果這些問題至少能夠部分解決，未來看起來是光明的。到二〇三〇年，美國人口可能會增加六千五百萬，但歐洲人口正在快速老化，而且歐洲大陸越來越不願意接受外來移民，而移民會讓經濟成長更多。與此同時，美國繼續接受高技術且具有企圖心的幾百萬移民。札卡瑞亞表示，移民是讓它不會變成衰退強權的關鍵。人口包含各種族及背景的美國將會成為第一個真正的「世界國家」，將能帶進不同的觀點以及動能。這些論點，在這本書出版之後幾年已經得到證實。

總評

札卡瑞亞最喜愛的運動是網球，它正好可以拿來類比他的主要論點。在一九八〇年代，進入美國公開賽有一半球員是美國人，然而到了二〇〇七年，只有二十個美國人。並不是美國球員變弱了，而是許多其他國家（俄羅斯、南韓、西班牙、塞爾維亞）開始培養頂級球員，因此球賽也不再限於傳統網球三大國——美國、英國及澳洲。「換句話說，並不是美國在過去二十年來表現不好。而是突然之間每個人都加入戰局了。」美國人一直以來都是資本主義大國，但是現在其他國家也在複製其金融優點。

札卡瑞亞表示，美國向來憂慮它會喪失優勢，但是這種擔憂卻沒有實現。現在我們很難相信，在一九八〇年代，美國有多麼焦慮日本會在科技及財富上超越美國。事實上，日本經歷了多年蕭條，而美國則產生了許多橫掃世界的科技公司，而且GDP和人口都大幅成長。美國對新想法、人的多元性以及創業動能，都是非常開放的，其他國家只能複製。然而，美國要維持霸權地位，只有在它對所有人都有利的情況下，標舉它認為普世的自由價值及想法。札卡瑞亞說，作為泱泱大國，不能只顧自己的權力而已。

法理德・札卡瑞亞

法理德・札卡瑞亞（Fareed Zakaria）在一九六四年於孟買出生。他的父親拉斐克（Rafiq）是一名伊斯蘭學者、作家及政治家，曾協助促成印度獨立；母親法蒂瑪（Fatima）是一名新聞記者及編輯。

札卡瑞亞在耶魯就讀時，是該大學的辯論社團政治聯合會（Political Unions）社長，並且擔任《耶魯政治月刊》（*Yale Political Monthly*）編輯。他的老師之一是保羅・甘迺迪（Paul Kennedy，見22章評論）。

在哈佛攻讀博士時，札卡瑞亞在杭廷頓及柯恩（Robert Keohane）門下受教。一九九二年他成為《外交事務》的管理編輯，並開始在哥倫比亞大學教授國際關係。二〇〇〇年到二〇一〇年擔任《新聞週刊》編輯，目前則為《華盛頓郵報》專欄主筆。他在CNN的節目《法理德・札卡瑞亞的全球GPS》（*Global Public Square*）從二〇〇八年播出至今。其他專書包括《從財富到權力：美國世界角色的不尋常起源》（*From Wealth to Power: The Unusual Origins of America's World Role*，一九九八）及《自由的未來：美國國內和國際間的偏執民主》（*The Future of Freedom: Illiberal Democracy at Home and Abroad*，二〇〇三）。

謝辭

我的書大部分主題是關於個人發展、心理學及哲學，但是在成為作家之前，我的興趣是在政治及政府。我在大學時主修這些科目，後來在公共政策領域開創事業。因此，很高興繞了一大圈之後回到這個主題寫了這本書，重新探索好幾年前我曾經讀過、現在又發現到的新的重要文本。

我非常感謝下列的人幫助我寫作《一次讀懂政治學經典》。

我在與出版人布萊里（Nicholas Brealey）的討論中，持續修改這五十本書的清單以及導論。

藍斯黛（Sally Lansdell）幫我編修文稿以供出版。這五十本經典書籍所牽涉到的驚人資訊及洞見非常之多，精簡擇要寫出是很不容易的任務。

齊力克（Ruth Killick）處理這本書的公關事宜，並且讓它在初期就受到矚目。

史萊特（Ben Slight）協助英國辦公室的行銷業務，崔斯納（Chuck Dresner）負責北美的行銷業務。布萊里則繼續努力讓這本書以其他語言面世。

瑞波卻里（Stephen Repacholi）以好幾則評述提供大量的編務及研究協助，在本書成形過程中做了很棒的宣傳。

出這本書兩個月之前，我的身體健康出了狀況，讓我非常感謝這一切，包括有機會寫作這些書。我算是復原得相當迅速，這要感謝我的姊妹卡洛琳（Caroline）和特瑞莎（Teresa）從澳洲趕來幫忙，還有其他家人朋友，以及塔瑪拉與碧翠絲．盧卡斯（Tamara and Beatrice Lucas）改變她們的作息安排，以照顧我的女兒。

我要把這本書獻給莎拉．拉凡斯可（Sarah Ravenscro，生於一九四五年），她在本書付梓階段過世。莎拉以個人生命實踐了自由、平等與力量。

一位希臘將軍的著名戰爭敘事，敘述雅典帝國崩亡的戰爭。這是第一本基於事實的戰爭歷史觀點，影響了好幾代的歷史學家及政治科學家。

44. **埃里克・沃格林**（Eric Voegelin）《新政治科學》（*The New Science of Politics*，1987。）
一位具有影響力的政治哲學家的論文，內容是現代政治宗教，包括馬克思主義、國家社會主義、黑格爾主義、尼采主義以及海德格主義。對沃格林來說，最適合用「諾斯底派」（gnostics，按：又稱靈知或靈智派，為基督教發展初期的異端）來描述這些思想家，他們努力要在地球創建上帝的國度；而沃格林則是提倡回歸亞里斯多德式的政治。

45. **肯尼思・沃爾茲**（Kenneth Waltz）《國際政治理論》（*Theory of International Politics*，1979）
國際關係中的重要著作，提出「現實主義」觀點，認為國家安全是國家最首要的目標，領導者起起落落是看他們的能力是否能讓國家更富強。

46. **邁克爾・沃澤爾**（Michael Walzer）《正義與非正義戰爭：通過歷史實例的道德論證》（*Just and Unjust Wars: A Moral Argument with Historical Illustrations*，1976）
從雅典攻擊米洛斯島到越戰美萊村大屠殺，從巴爾幹戰事到第一次伊朗戰爭，沃澤爾檢視了軍事理論、戰爭犯罪以及戰利品的相關道德課題。

47. **魏柏夫婦**（Sidney Webb & Beatrice Webb）《社會研究方法》（*Methods of Social Study*，1932）
魏柏夫婦創立了社會主義路線的費邊社（Fabian Society），對英國愛德華時代的公共政策有巨大的影響，為福利國家提供理論基礎，並成立倫敦政經學院（London Economics School）來加強研究貧窮及不平等問題。

48. **馬克斯・韋伯**（Max Weber）《以政治為志業》（*Politics as a Vocation*，1918）
這位偉大的社會學家最出名的是他的官僚體系理論，他也提出了倫理政治的領導原型。理想的政治人物必須要對議題懷抱熱情，並且願意採取某個可能不受歡迎的立場。

49. **黃宗羲**《明夷待訪錄》（1663）
這位明朝政治學者一直以來都是中國民主改革者的啟發人物，他強調由下而上依法而治的政府，而且要得到人民的認可，而不是只靠專制命令。

50. **尤金・薩米爾欽**（Yevgeny Zamyatin）《我們》（*We*，1921）
這本反烏托邦小說背景設定在西元二十六世紀，描述僅有一個國家「聯眾國」（OneState）中的生活，是一個嚴密組織化的極權社會，由權力強大的「無所不能者」統治。歐威爾《一九八四》及蘭德《一個人的頌歌》（Anthem）主要就是受這本書影響。

Power: The Politics of Leadership，1960）
這位哈佛政治科學家對美國總統及個人風格的代表性研究，他認為總統權力和司法及立法之間的連結是虛弱的。

37. **皮耶－約瑟夫．普魯東**（Pierre-Joseph Proudhon）**《什麼是財產？權利原則與政府原則之研究》**（*What Is Property? An Inquiry into the Principle of Right and of Government*，1840）
普魯東是第一個宣稱自己是無政府主義者的人，他有一句名言：「財產就是竊盜」。他把財產區分為「善」與「惡」。善的財產是一個人或一群人付出勞動的結果，而惡的財產則是剝削其他人得來的，包括租金及利息。這是無政府主義者批判資本主義的精髓。

38. **艾茵．蘭德**（Ayn Rand）**《阿特拉斯聳聳肩》**（*Atlas Shrugged*，1957）
蘭德相信，她的理性自我中心的客觀主義哲學，以小說的形式呈現會造成最大的影響。雖然這本書的文學性不是非常高，卻充滿力量，是一本對集體主義的警示，並且是對自由放任式資本主義及超自由主義的頌歌。

39. **穆瑞．羅斯巴德**（Murray Rothbard）**《致新自由：自由主義者宣言》**（*For a New Liberty: The Libertarian Manifesto*，1973）
這位美國經濟學家及政治理論學家，在自由主義運動浪潮中提出這本相當有影響力的著作，他認為自由市場以及自願的人類行動，在供應社會需求及欲望方面，比政府來得更有效率而且更公平。書中提出的自由主義解方，範圍涵蓋了汙染、貧窮、戰爭、對公民自由的威脅，以及教育。

40. **卡爾．施密特**（Carl Schmitt）**《政治性的概念》**（*The Concept of the Political*，1932。按：德文書名 *Der Begriff Politischen*）
施密特是德國法律理論學者，這本具有影響力的書指出，要理解政治生活，最好把它視為敵友之間的區別，就像是道德可以被理解為善與惡、經濟學可以被理解為有利潤和無利潤。為了確保國家安全，國家必須用這種方式把其他國家分門別類。

41. **赫伯特．斯賓賽**（Herbert Spencer）**《國家權力與個人自由》**（*The Man versus the State*，1884）
斯賓賽這本英國維多利亞時期偉大的政治哲學，並沒有像他的演化理論那麼出名，但是一直都很有影響力。斯賓賽提出警告，中央集權政府的奪權與浪費，他說：「在社會中……美好的自我調節原則會把一切保持在均衡狀態……企圖以立法管制某個社群一切行動，不會有什麼好處，只會更糟。」

42. **列奧．施特勞斯**（Leo Strauss）**《自然權利與歷史》**（*Natural Right and History*，1953）
史特勞斯是一位知名政治哲學學者，在這本書中，他主張道德與政治中的對錯差異，在論述過程中同時也反駁了哲學上的相對論以及現代政治思想中的虛無主義（nihilism）。他相信，哲學及政治哲學是錯綜複雜的，他在芝加哥大學建立了一個現代政治保守主義的知識基礎，教過的學生包括「新保守主義者」伍夫維茲（Paul Wolfowitz）及評論家布倫（Allan Bloom）等等。

43. **修昔底德**（Thucydides）**《伯羅奔尼撒戰爭史》**（*The History of the Peloponnesian War*，**西元前五世紀**）

27. **李光耀**（Lee Kuan Yew）《從第三世界到第一世界》（*From Third World to First*，2000）
這位新加坡政治家被世界各國領導人公認是聖人，他在幾十年間打造出一個富裕的民族國家，這段故事十分引人入勝。

28. **沃爾特・李普曼**（Walter Lippmann）《民意》（*Public Opinion*，1922）
批評美國媒體及民意的經典作品，內容主要聚焦在美國報紙，不過許多批判也適用於電視及網路。李普曼關注「知情同意的製造」，啟發了喬姆斯基對自由市場媒體產業的嚴厲批判。

29. **麥爾坎・X**（Malcolm X）《麥爾坎・X的自傳》（*The Autobiography of Malcolm X*，1965）
麥爾坎敘述他在政治及精神上的覺醒，回溯他改信伊斯蘭教的歷程，以及改宗如何轉變他，從小混混變成為黑人權力發聲，故事相當精采。一九六五年他被暗殺之前，就已經把美國種族主義的抗爭，視為對抗偏狹及封閉心態的更廣泛抗爭中的一部分。

30. **約翰・米爾斯海默**（John Mearsheimer）《大國政治的悲劇》（*The Tragedy of Great Power Politics*，2001）
這位芝加哥大學教授的「攻勢現實主義」觀點引起熱議。他認為各國不只是認命接受權力安排的平衡（守勢現實主義），而是積極尋求霸權地位以宰制他國。各國相信，透過介入干涉及先發制人，才能在不確定中生存繁榮。

31. **雷夫・米利班**（Ralph Miliband）《資本主義社會的國家》（*The State in Capitalist Society*，1969）
英國戰後首要馬克思主義思想家的主要著作（他是英國工黨政治人物艾德・米利班〔Ed Miliband〕的父親），這本書解構了資本主義國家，顯示它並不是一個中性體制，而是反映出主導的資本階級的利益。令人驚訝的是，它非常切合目前的政治現況。

32. **孟德斯鳩**（Montesquieu）《法意》（*The Spirit of Laws*，1748）
孟德斯鳩主張權力分立以及牽制行政權，這些想法深深影響了美國憲法。

33. **巴林頓・摩爾**（Barrington Moore）《獨裁及民主的社會起源》（*Social Origins of Dictatorship and Democracy*，1966）
政治分析比較的經典作品，認為某個國家的農民與地主之間的關係，比其他任何因素更能決定該國最後是走向民主、共產或是法西斯。

34. **湯瑪斯・摩爾**（Thomas More）《烏托邦》（*Utopia*，1516）
湯瑪斯・摩爾是真正在政壇上打滾的政治人物，他是英王亨利八世的顧問大臣，最後卻被這位國王處死。至今學者仍在爭論，摩爾想像出來的社會是否能當真，還是確實能夠替代他當時所處的世界。不過，烏托邦這個詞一直以來都是政治論述的中心。

35. **雷茵霍爾德・尼布爾**（Reinhold Niebuhr）《道德的人與不道德的社會》（*Moral Man and Immoral Society*，1932）
尼布爾是美國神學家及思想家，他認為個人道德在本質上無法與共同政治生活相配。面對集體的殘酷現實，身為一個人要如何行動，無法取得一致性。

36. **理查德・紐斯塔特**（Richard Neustadt）《總統的權力：領導的政治》（*Presidential*

18. **尤爾根·哈伯瑪斯**（Jürgen Habermas）**《公共領域的結構轉型》**（*The Structural Transformation of the Public Sphere*，1962。按：德文書名 *Strukturwandel der Öffentlichkeit*）
十八世紀時，由於公民社會的需要而形成一個新的「公共領域」，它滋養了理性的成長，並且形成對國家權力的一個平衡，但是後來被商業主義及消費主義腐蝕。
19. **強納森·海德特**（Jonathan Haidt）**《好人總是自以為是：政治與宗教如何將我們四分五裂》**（*The Righteous Mind: Why Good People Are Divided by Politics and Religion*，2013）
一位社會心理學家的暢銷書，解釋了為什麼自由派（按：又稱改革派）、保守派、以及自由放任派（按：又稱古典自由派）對於對錯會有如此不同的直覺。書中內容引證自出色的研究。
20. **大衛·哈伯斯坦**（David Halberstam）**《出類拔萃之一群》**（*The Best and the Brightest*，1969）
引人入勝地描述美國菁英如何陷入越戰泥沼中，為外交政策發展及決策提出教訓。
21. **格奧爾格·威廉·弗里德里希·黑格爾**（G. W. F. Hegel）**《法哲學原理》**（*Philosophy of Right*，1820）
黑格爾試圖把道德論、自然權利、法哲學、政治理論以及現代國家社會學，加以系統化，放進「歷史哲學」的框架中。
22. **伊曼努爾·康德**（Immanuel Kant）**〈論永久和平〉**（*Perpetual Peace: A Philosophical Sketch*，1795）
康德在一七九五年寫這篇論文，正值法國大革命戰爭平息期間。他認為巴塞爾條約（Treaty of Basel）是一個示範，將來的文明國家也許能夠限制戰爭的破壞性。
23. **考底利耶**（Kautilya）**《政事論》**（*The Arthashastra*，**西元前四世紀**）
這本書是古印度的治國之道、經濟政策及軍事策略，赤裸裸的政治現實考量觀點，被拿來與馬基維利做比較。
24. **羅伯特·基歐漢**（Robert Keohane）**《霸權之後：世界政治經濟中的合作與紛爭》**（*After Hegemony*，1984）
如果沒有霸權，世界是否仍能繁榮並維持和平？基歐漢以現實政治分析（realpolitik analysis）舉出反證，認為國際架構已經建立起來，並不需要有一個強權造成威脅才會導致國家之間的合作。
25. **依本·赫勒敦**（Ibn Khaldun）**《歷史緒論》**（*Muqaddimah*，1377）
阿拉伯學者赫勒敦未完成的歷史巨著，記載了他所認為最好的政府，依他的定義是「一種防止不正義的制度，除了它自己犯下的不正義之外」。他贊成伊斯蘭國家，但是他也受到亞里斯多德的理性影響。赫勒敦觀察到，所有文明到最後崩解的原因是豪奢，政府開始對人民過度課稅，而且侵蝕人民的財產權利。
26. **亨利·季辛吉**（Henry Kissinger）**《大外交》**（*Diplomacy*，1994）
近代這段國際政治歷史的展開，其發端就是《西發里亞條約》（Treaty of Westphalia）。政治家季辛吉認為，美國把例如民主這樣的理想放在個別國家的野心之上，而扭轉了國家制度。這本書應該和季辛吉二〇一四年作品《世界秩序》（*World Order*）一起閱讀。

Opposition，1972）
被稱為「美國政治科學家的院長」的道爾，認為民主政治最好是用以下兩個變項來檢驗：競爭者或政黨之間的競爭程度，以及選舉參與程度。我們應該邁向「多元政體」，它是高度競爭且高度參與的。

10. **弗雷德里克・道格拉斯**（Frederick Douglass）**《美國奴隸道格拉斯自撰生平敘述》**（*Narrative of the Life of Frederick Douglass, an American Slave*，1854）
這本《美國奴隸道格拉斯自撰生平敘述》是第一本由逃亡的奴隸敘述奴隸制度的書，悲慘的故事中也顯示奴隸制度造成的後果，包括家庭生活被毀、極端貧窮，以及缺乏教育。這是廢奴運動中的關鍵作品。
11. **雅克・依路**（Jacques Ellul）**《政治宣傳：人類態度的形成》**（*Propaganda: The Formation of Men's Attitudes*，1973）
依路是法國神學家、無政府主義者，在這本書中，他解釋了政治宣傳如何超越政治而使個人奉獻順從。他的洞見之一是，那些收看最多媒體內容的人，最容易受到政治宣傳影響。
12. **弗朗茲・法農**（Frantz Fanon）**《大地上的受苦者》**（*The Wretched of the Earth*，1961。按：法文書名 *Les Damnes de la Terre*）
法農全心疾呼阿爾及利亞掙脫法國統治者的掌握，世界各地的被殖民者引為解放聖經，不過，書中倡導暴力則困擾了許多讀者。
13. **貝蒂・傅瑞丹**（Betty Friedan）**《女性的奧祕》**（*The Feminine Mystique*，1963）
傅瑞丹這本暢銷書掀起「第二波」女性主義，聚焦在女性因為性別刻板印象而放棄發展潛能，這本書引起各界警覺到女孩的教育不平等問題，還有我們應該要更期待女性從事有意義的事業與工作。
14. **桃莉絲・基恩斯・古德溫**（Doris Kearns Goodwin）**《無敵：林肯不以任何人為敵人，創造了連政敵都同心效力的團隊》**（*Team of Rivals: The Political Genius of Abraham Lincoln*，2005）
林肯邀請共和黨總統提名時的政敵，加入他的第一圈幕僚群，建立起一個團結有力的內閣，挺過南北戰爭的試煉。這本書是最近這幾年最受歡迎的美國歷史作品之一，也是歐巴馬總統的最愛。
15. **安東尼奧・葛蘭西**（Antonio Gramsci）**《獄中札記》**（*The Prison Notebooks*，1929-1935。按：義文書名 *Quaderni del carcere*）
二十世紀首要的馬克思主義思想家葛蘭西，主要的洞見是「霸權」，或是資本主義政權如何維持自身地位。他說，「並非奪取國家，而是成為國家本身」（One does not take, but *becomes* the state）。
16. **吉曼・基爾**（Germaine Greer）**《女太監》**（*The Female Eunuch*，1970）
雖然書中許多引證已經過時，但是葛瑞爾這本書在一九七〇年代是情欲政治的核心。她描繪出卑屈的郊區女性禁錮自身情欲，意圖引起社會結構重組，尤其是在家庭和經濟方面。
17. **切・格瓦拉**（Ernesto Che Guevara）**《論游擊戰》**（*Guerrilla Warfare*，1960）
在這本書中，切・格瓦拉勾勒出在對抗加勒比式的獨裁制度時，游擊戰士所持的方針。但是這本書也被當作是普世通用的革命手冊。

再加五十本政治學經典

1. **珍・亞當斯**（Jane Addams）《民主與社會倫理》（*Democracy and Social Ethics*，1902）
社會改革家亞當斯相信，民主並不只是一套法律，而是一個所有公民的道德責任義務。被動地相信所有人類的內在尊嚴是不夠的；我們應該每天都從自己的人際關係中，澈底檢視種族、性別、階級及其他偏見。
2. **米哈伊爾・巴枯寧**（Mikhail Bakunin）《上帝與國家》（*God and the State*，1871）
這位俄國無政府主義者，或說是「自由派的革命社會主義者」最著名的作品，在當時這位理論家幾乎就和馬克思一樣出名。
3. **弗雷德里克・巴斯夏**（Frederic Bastiat）《法律》（*The Law*，1850）
這本書寫於法國大革命後不久，它警告說，在現實中，新的「民主」秩序就表示國家被特殊利益狹持，透過徵稅、規費、轉移付款等等，搶劫國家。法律逐漸成為一個由國家使用的創造性實體，而不是擁護個人自由，也不會利益眾人。這本反社會主義經典在海耶克《通向奴役之路》之前一百年就出版了。
4. **傑瑞米・邊沁**（Jeremy Bentham）《道德與立法原理導論》（*An Introduction to the Principles of Morals and Legislation*，1789）
這位偉大的功利主義思想家說，要建立一個正義的社會，最可行的方式是客觀計算出最大幸福及最少痛苦。
5. **威廉・貝佛里奇**（William Beveridge）《跨部會報告書：社會保險及聯合服務》（*Report of the Inter-Departmental Committee on Social Insurance and Allied Services*，1942）
被稱為《貝佛里奇報告書》，這位英國經濟學家提出的建議，就是現代福利國家的藍圖。這本報告書鎖定五項「重大邪惡」：骯髒、無知、欲望、安逸、疾病。這份報告首次提出國民保險計畫（National Insurance scheme），並且呼籲成立國民醫療保健服務（National Health Service）。
6. **羅伯特・卡羅**（Robert Caro）《權力之路：林登・詹森的執政時期》（*The Passage of Power: The Years of Lyndon Johnson IV*，2012）
卡羅寫出詹森一生的權威著作之第四本，包括甘迺迪刺殺事件，以及這位新總統巧妙利用權力來確保民主黨推動的法案立法成功，包括民權法案。
7. **愛德華・卡爾**（Edward Hallett Carr）《二十年危機》（*The Twenty Years' Crisis 1919-1939*，1939）
這本書在第二次世界大戰爆發前夕出版，隨即就被公認是定義出國際關係這門學科的開山之作。卡爾批評過度信任國際條約及國際聯盟（League of Nations），認為國家權力還是政治上的主要力量。
8. **諾姆・杭士基**（Noam Chomsky）《從人民身上取得利益：新自由主義和全球秩序》（*Profit Over People: Neoliberalism and Global Order*，2011）
喬姆斯基對新自由主義的定義是，公眾把權利讓渡給企業，結果大家都蒙受教育及醫療服務的淪落，以及最貧與最富人口之間的不平等加劇。
9. **勞勃・道爾**（Robert Dahl）《多元政體：參與及反對》（*Polyarchy: Participation and

Paine, T. (2013) *Common Sense*, London: Waxkeep Publishing.（湯姆斯・潘恩《常識》）

Plato (1969) *The Last Days of Socrates: Ethyphro, The Apology, Crito, Phaedo*, trans. H. Tredennick, London, Penguin.（柏拉圖《蘇格拉底最後的日子》）

Plato, *Crito*, trans. B. Jowett, Internet Classics Archive, http://classics.mit.edu/Plato/crito.html（柏拉圖《克里托》）

Popper, K. (1966) *The Open Society and Its Enemies, Vols I & II*, London: Routledge.（卡爾・波普爾《開放社會及其敵人》）

Rousseau, J.-J. (1984) *A Discourse on Inequality*, trans. and intro. M. Cranston, London: Penguin.（尚－雅克・盧梭《論人類不平等的起源與基礎》）

Sinclair, U. (1965) *The Jungle*, London: Penguin.（厄普頓・辛克萊《魔鬼的叢林》）

Solzhenitsyn, A. (1986) *The Gulag Archipelago*, London: Harvill Press.（亞歷山大・索忍尼辛《古拉格群島》）

Sun Yat-sen (1963) *The Three Principles of the People: San Min Chu I*, trans. F.W. Price, Taipei: China Publishing Company.（孫逸仙《三民主義》）

Thatcher, M. (2013) *Margaret Thatcher: The Autobiography 1925–2013*, London: Harper Press.（瑪格麗特・柴契爾《柴契爾夫人自傳》）

Thoreau, H.D. (2004) *On the Duty of Civil Disobedience*, Gutenberg.org, http://www.gutenberg.org/files/71/71.txt（亨利・大衛・梭羅《公民不服從》）

Tocqueville, A. de (1964) *Democracy in America*, New York: Washington Square Press.（阿勒克西・德・托克維爾《民主在美國》）

Wilkinson, R., & Pickett, K. (2010) *The Spirit Level: Why Equality Is Better for Everyone*, London: Penguin.（理查・威金森＆凱特・皮凱特《公平之怒》）

Wollstonecraft, M. (2001) *Vindication of the Rights of Woman*, Kindle public domain edition.（瑪麗・沃斯通克拉夫特《為女權辯護》）

Woodward, B., & Bernstein, C. (1998) *All the President's Men*, London: Bloomsbury.（卡爾・伯恩斯坦＆鮑勃・伍德華《總統的人馬》）

Zakaria, F. (2011) *The Post-American World: Release 2.0*, London: Penguin.（法理德・札卡瑞亞《後美國世界》）

高德曼《無政府主義與其他論文》）

Hamilton, A., Madison, J., and Jay, J. (2003) *The Federalist Papers*, ed. C. Rossiter and notes by C. R. Kesler, New York: Signet.（亞歷山大・漢彌爾頓＆約翰・傑伊＆詹姆斯・麥迪遜《聯邦黨人文集》）

Hayek, F.A. (1994) *The Road to Serfdom*, Chicago, IL: University of Chicago Press.（弗雷德里希・海耶克《通向奴役之路》）

Hobbes, T. (2002) *Leviathan*, Gutenberg.org, http://www.gutenberg.org/ebooks/3207（托馬斯・霍布斯《利維坦》）

Huntington, S. (1997) *The Clash of Civilizations and the Remaking of World Order*, London: Simon & Schuster.（塞繆爾・杭廷頓《文明衝突與世界秩序的重建》）

Kennedy, P. (1989) *The Rise and Fall of the Great Powers: Economic Change and Military Conflict from 1500–2000*, London: Fontana Press.（保羅・甘迺迪《霸權興衰史》）

King, M.L. (2000) *The Autobiography of Martin Luther King, Jnr.*, ed. C. Carson, London: Abacus.（馬丁・路德・金恩《馬丁・路德・金恩自傳》）

Klein, N. (2010) *No Logo*, 10th anniversary edition, London: Fourth Estate.（娜歐蜜・克萊恩《NO LOGO：顛覆品牌統治的反抗運動聖經》）

Locke, J. (2003) *Two Treatises of Government and A Letter Concerning Toleration*, New Haven, CT: Yale University Press.（約翰・洛克《政府論兩篇》）

Machiavelli, N. (2004) *Discourses on the First Decade of Titus Livius*, trans. N. Hill Thomson. Gutenberg.org, http://www.gutenberg.org/files/10827（尼可洛・馬基維利《論李維》）

Mandela, N. (1994) *Long Walk to Freedom*, London: Abacus.（納爾遜・曼德拉《漫漫自由路》）

Marx, K. and Engels, F. (1998) *The Communist Manifesto*, London: Electric Book Company.（卡爾・馬克思＆弗里德里希・恩格斯《共產黨宣言》）

Mencius (2003) *The Mencius*, trans. and intro. D.C. Lau, London: Penguin.（孟子《孟子》）

Micklethwait, J., & Wooldridge, A. (2014) *The Fourth Revolution: The Global Race to Reinvent the State*, London: Allen Lane.（約翰・米克斯威特＆亞德里安・伍爾得禮奇《第四次國家革命：重新打造利維坦的全球競賽》）

Mill, J.S. (2008) *The Subjection of Women*, Gutenberg.org, http://www.gutenberg.org/files/27083（約翰・斯圖亞特・彌爾《女性的屈從地位》）

Morgenthau, H. (1993) *Politics Among Nations: The Struggle for Power and Peace*, rev. Kenneth W. Thompson, New York: McGraw-Hill.（漢斯・摩根索《國際政治：權力與和平的鬥爭》）

Nozick, R. (1974) *Anarchy, State, and Utopia*, Oxford: Basil Blackwell.（羅伯特・諾齊克《無政府、國家與烏托邦》）

Nye, J. (2011) *The Future of Power*, New York: Public Affairs.（約瑟夫・奈伊《權力大未來》）

Olson, M. (1982) *The Rise and Decline of Nations: Economic Growth, Stagflation, and Social Rigidities*, New Haven, CT: Yale University Press.（曼瑟・奧爾森《國家的興衰：經濟成長、停滯與社會僵化》）

Orwell, G. (1989) *Animal Farm*, London: Penguin.（喬治・歐威爾《動物農莊》）

英文參考書目

◎許多政治學的偉大著作已經有多種版本及翻譯。其中不少著作已經成為公版書，不過讀者還是應該查一下所在國家的著作權歸屬。以下清單提供讀者在研究本書時的版本指引。

Acemoglu, D., & Robinson, J. (2013) *Why Nations Fail: The Origins of Power, Prosperity and Poverty*, London: Profile.（戴倫・艾塞默魯＆詹姆斯・A・羅賓森《國家為什麼會失敗：權力、富裕與貧困的根源》）

Acton, J.E. (1956) *Essays on Freedom and Power*, London: Thames & Hudson.（艾克頓勛爵《自由與權力》）

Alinsky, S. (1989) Rules for *Radicals: A Practical Primer for Realistic Radicals*, New York: Vintage.（索爾・阿林斯基《判道：改變國家的基進力量》）

Allison, G., and Zelikow, P. (1999) *Essence of Decision: Explaining the Cuban Missile Crisis* (2nd edn), New York: Longman.（格雷厄姆・艾利森＆菲利普・哲利考《決策的本質：解釋古巴飛彈危機》）

Angell, N. (1913) *The Great Illusion: A Study of the Relation of Military Power in Nations to Their Economic and Social Advantage*, London: William Heinemann.（諾曼・安吉爾《大錯覺：軍事力量與國家優勢的關係》）

Arendt, H. (1967) *The Origins of Totalitarianism* (3rd edn), London: Allen & Unwin.（漢娜・鄂蘭《極權主義的起源》）

Aristotle, *Politics*, trans. B. Jowett, The Internet Classics Archive, http://clas-sics.mit.edu//Aristotle/politics.html（亞里斯多德《政治學》）

Berlin, I. (1969) *Four Essays on Liberty*, Oxford: Oxford University Press.（以撒・柏林《自由的四篇論文》）

Bernays, E. (2005) *Propaganda*, New York: Ig Publishing.（愛德華・伯內斯《宣傳》）

Burke, E. (1968) *Reflections on the Revolution in France*, ed. and intro. C.C. O'Brien, London: Penguin.（艾德蒙・伯克《法國大革命的省思》）

Carson, R. (1968) *Silent Spring*, London: Penguin.（瑞秋・卡森《寂靜的春天》）

Churchill, W. (2005) *The Second World War: Volume 1, The Gathering Storm*, London: Penguin.（溫斯頓・邱吉爾《風起雲湧》）

Clausewitz, C. (1976) *On War*, ed. and trans. M. Howard and P. Paret, Princeton, NJ: Princeton University Press.（卡爾・馮・克勞塞維茨《戰爭論》）

Fukuyama, F. (2012) *The End of History and the Last Man* (20th anniversary edition), London: Penguin.（法蘭西斯・福山《歷史的終結與最後之人》）

Gandhi, M. (1957) *An Autobiography: The Story of My Experiments with Truth*, Boston, MA: Beacon Press.（穆罕達斯・甘地《我對真理的實驗：甘地自傳》）

Goldman, E. (1910) *Anarchism and Other Essays*, New York: Mother Earth Publishing.（愛瑪・

一次讀懂政治學經典 / 湯姆・巴特勒—鮑登（Tom Butler-Bowdon）著；林麗雪譯.
-- 一版. -- 臺北市：時報文化，2019.11；560面；14.8×21公分. --
譯自：50 politics classics
ISBN 978-957-13-8006-3（平裝） 1.推薦書目
012.4 108017610

一次讀懂政治學經典
50 POLITICS CLASSICS

作者 湯姆・巴特勒–鮑登（Tom Butler-Bowdon）｜**譯者** 林麗雪
主編 湯宗勳｜**特約編輯** 文雅｜**責任編輯** 廖婉婷｜**責任企劃** 王聖惠｜**美術設計** 兒日｜
電腦排版 宸遠彩藝
董事長 趙政岷｜**出版者** 時報文化出版企業股份有限公司 10803台北市和平西路三段240號1-7樓
發行專線 （02）2306-6824｜**讀者服務專線** 0800-231-705・（02）2304-7103｜**讀者服務傳真** （02）2304-6858
郵撥 1934-4724時報文化出版公司｜**信箱** 10899臺北華江橋郵局第99信箱
時報悅讀網 http://www.readingtimes.com.tw｜**電子郵箱** new@readingtimes.com.tw
法律顧問 理律法律事務所 陳長文律師、李念祖律師
印刷 勁達印刷有限公司｜**一版一刷** 2019年11月22日｜**定價** 新台幣650元

時報文化出版公司成立於一九七五年，並於一九九九年股票上櫃公開發行，
於二〇〇八年脫離中時集團非屬旺中，以「尊重智慧與創意的文化事業」為信念。